21世纪普通高校会计学系列精品教材

管理会计学

颜 敏 秦洪珍 主编

清华大学出版社
北 京

内容简介

本书既注重向企业管理者提供短期经营决策、长期投资决策等有用信息，又兼顾战略管理、人力资源管理、环保管理理念和能力的培养及管理会计前沿知识的了解和掌握，比较全面地反映了管理会计“现代”特色内容，充分体现出了会计与管理、会计与其他相关学科结合的特点，突出培养读者利用会计理念和方法加强企业管理、提高经济效益服务的能力，特别是参与企业决策的水平和能力。本书主要供财会专业本科生管理会计课程教学使用，对于会计及其他企业管理实务工作者等会计信息使用者和相关培训学习来说，也是一本比较理想的读物。

图书在版编目(CIP)数据

管理会计学 / 颜敏，秦洪珍主编．--北京：清华大学出版社，2013(2019.8 重印)
(21 世纪普通高校会计学系列精品教材)
ISBN 978-7-302-32670-0

Ⅰ.①管… Ⅱ.①颜…②秦… Ⅲ.①管理会计-高等学校-教材 Ⅳ.①F234.3

中国版本图书馆 CIP 数据核字(2013)第 122372 号

责任编辑：杜 星
封面设计：漫酷文化
责任校对：宋玉莲
责任印制：刘祎淼

出版发行：清华大学出版社
网 址：http：//www.tup.com.cn，http：//www.wqbook.com
地 址：北京清华大学学研大厦 A 座　　**邮 编**：100084
社 总 机：010-62770175　　**邮 购**：010-62786544
投稿与读者服务：010-62776969，c-service@tup.tsinghua.edu.cn
质量反馈：010-62772015，zhiliang@tup.tsinghua.edu.cn
课件下载：http：//www.tup.com.cn，010-62770175-4506
印 装 者：北京嘉实印刷有限公司
经 销：全国新华书店
开 本：185mm×230mm　　**印 张**：21.75　　**字 数**：436 千字
版 次：2013 年 8 月第 1 版　　**印 次**：2019 年 8 月第 4 次印刷
定 价：38.00 元

产品编号：047375-01

21 世纪普通高校会计学系列精品教材

编委会名单

总　序

郑州航空工业管理学院是新中国成立以来较早开设会计学专业的院校，其师资力量雄厚，教学严谨，认真负责，已在会计教育方面积累了丰富的经验，在教材建设方面奠定了基础。改革开放后，为适应社会主义市场经济建设的要求和会计改革在制度与理论、实务方面发生的变化，自20世纪90年代，郑州航空工业管理学院已组织骨干教师编撰出版了多部会计专业教材，使教材建设得到显著推进。从2010年起，郑州航空工业管理学院又着手"21世纪普通高校会计学系列精品教材"编撰工作。经过精心策划与组织研究，以及在全院教学骨干努力撰稿与反复修订之后，目前已全部完稿，将与清华大学出版社合作出版这套系列精品教材。这套最新系列教材在总结以往教材使用经验的基础上，全面地、具有创新性地改革了教材结构与内容，在改革中推陈出新，形成了完善的会计专业教材体系。精品教材体系涵盖了会计本科教学的全部主干课程，它由16本教材组成，包括《基础会计学》、《财务会计学》、《成本会计学》、《管理会计学》、《高级财务会计学》、《会计学》、《审计学》、《会计信息系统》、《财务管理学》、《税务会计学》、《政府与非营利组织会计》、《银行会计学》、《财务报表分析》、《会计基础实验教程》、《会计综合实验教程》、《会计信息系统实验教程》。从整体上研究，这套精品教材的基本特色在于：

第一，教材体系框架设计完整，内容衔接、布局合理，体现了专业知识的全面性、系统性和层次性。精品系列教材不仅为开展会计本科专业教学提供了具有教学引导力度与科学研究深度的内容，而且还为非财会类专业学生学习提供了具有针对性、切实性的教科书。在会计专业本科教学方面，这套教材体现了三个层次的结合：一是初级、中级和高级专业课程教材的结合，如初级层次的《基础会计学》、中级层次的《成本会计学》和《管理会计学》等与高级层次《高级财务会计学》的结合；二是体现了会计一般业务和特殊业务的结合，如讲授会计一般业务的《财务会计学》和讲授特殊业务的《政府与非营利组织会计》的结合等；三是体现了会计理论和实践教学的结合，如这套教材中包含的三本实验教程，做到了以实践实证理论，以理论指导、提高实践。

第二，教材编写定位清晰，注重于培养综合能力，契合了会计专业本科培养目标。随着市场经济改革的深入，政府与实务界对会计人才培养提出了更高的要求和期望，面向未来的会计专业学生培养不能仅仅依靠传统会计类课程的教学，而且还必须融入更多相关学科和跨学科领域知识的结合与储备，以实现学生专业能力的整合提升与兼容。这套教材以培育财经复合型实用人才为目标，注重培养学生的综合能力，采用统一、规范的教材编写体例，通过大量案例、习题和启发性思考题，为学生综合专业素质的提升进行了有益的尝试，体现了学科之间的交叉、渗透与融合，破除了就会计讲会计与研究会计问题的传统做法。

第三，教材内容丰富新颖，写作深入浅出，突出了课程的实用性和可操作性。如在引导学生研究新问题方面，基于实体经济和虚拟经济协调发展对会计学教育提出的更高要求，以及随着市场经济的深入发展，虚拟经济在市场经济中显示出来的不可忽视的重要作用，在教材中通过对虚拟经济环境下会计新问题的研究，引导学生正确认识实体经济与虚拟经济之间的关系，以此提高学生的知识面和研究新问题的能力。近些年来国际会计准则的改革和发展明显地反映与体现了虚拟经济对实体经济的影响与冲击，在这一背景下，会计作为协调经济社会发展的重要支撑力量，必须直面这些变化和趋势，做出相应调整。这套教材较好地处理了新经济问题对经济社会发展带来的影响，积极引入实务中出现的最新经济业务实例，尤其是引入了具有典型虚拟经济特征的案例与业务，正确而通俗易懂地对其进行研讨性讲解，并在教学案例和课后习题的编写上体现了这一特点。

第四，教材之间的内容组织得当，避免了重复和方便了教学。这套教材在内容设计上有合理分工，如《财务会计学》不涉及税务处理的内容，而集中在《税务会计学》中系统进行阐述；再如《会计基础实验教程》设计的实验内容侧重培养学生基本的分析和解决专业问题的能力，而《会计综合实验教程》设计的实验内容则侧重培养学生综合的分析能力，使学生熟练掌握会计核算的全部工作流程。

第五，内容新颖，兼顾稳定性与前瞻性，显示了教材的先进性。精品教材在全面、系统地介绍各门课程基础知识的同时，注重吸收国内外的最新理念，体现会计学科的发展趋势。如《基础会计学》吸收了国际财务报告准则的最新改革成果，将《财务报告概念框架：报告主体》、《财务报告概念框架第一章：通用目的财务报告的目标》等内容融入其中，其他相关教材均以我国2007年执行的会计准则体系为指导撰写，并融入我国会计改革和发展的最新成果，使学生在系统掌握相关知识结构的基础上，能够及时了解学科发展的前沿动态。

会计教材建设是会计教育改革的重要基础性环节，没有优秀教材便不能培养出优秀的学生。我向读者推荐这套具有一定创新力度的精品教材，并衷心期望郑州航空工业管理学院今后能不断总结教材在实际教学应用中的经验，推出更多更好的专业教材，为会计教育事业的发展作出贡献！是为序。

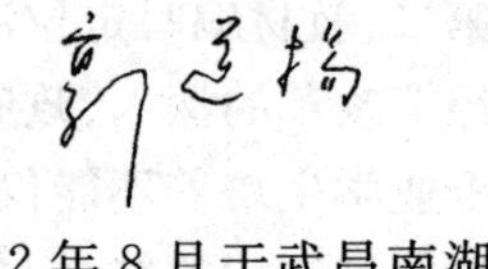

2012年8月于武昌南湖

前　言

世界经济形势变幻莫测，国内经济发展日新月异，市场竞争环境日益激烈。企业要在这种充满风险的竞争中抓住机遇，规避风险，主动出击，求得发展，实现企业价值最大化，就必须重视和做好企业内部管理工作。这对会计工作提出了越来越高的要求：会计理论工作者要不断进行会计理论的深入研究和创新，会计实务工作者要积极探索并在先进的会计理论指导下开拓会计工作新领域，以使会计能够更好地服务于经济的发展，特别是满足企业生产经营管理的需要。

管理会计把会计与管理结合起来，为加强企业管理、提高经济效益服务，既是实现企业管理现代化的手段，又是企业现代化管理的一项重要内容。管理会计把会计与其他相关学科结合起来，不断进行会计与其他学科的交叉研究、会计学科的前沿探索、会计学科新领域的开拓，并逐步形成、发展和完善其理论方法体系，指导会计实务工作者向企业管理者提供短期经营、长期经营、战略管理、人力资源管理和与环保要求协调发展的大量对决策有用的信息，深入参与企业的相关决策。

我国管理会计的主要内容是从以美国为代表的西方发达资本主义国家引进的，经过多年消化和研究，形成的"传统"管理会计内容和方法已经相对稳定，并在实践中发挥着重要而良好的作用。近年来国内外的管理会计实践和理论探索不断发展，又形成了具有"现代"特色的管理会计内容。作为反映管理会计全面内容的教材，必须从理论、方法和内容体系上对这些都有充分的反映。于是，我们在多年教学和研究的基础上，根据掌握的最新资料，经过多次讨论、修改，按照本系列教材的要求编写成本书。

本书共分10章，编写分工如下：第一章、第三章、第六章及附录由颜敏编写；第二章、第四章由索建宏编写；第五章、第十章由秦洪珍编写；第七章由谢海洋编写；第八章由陈杰编写；第九章由张永国编写。

本书由颜敏教授和秦洪珍教授担任主编，负责组织撰写、审阅、修改、总纂和定稿。

我们在本书的编写中力求体系结构合理，内容比较全面、系统地反映管理会计发展的新领域，但由于获取的资料还不够翔实，加上水平有限，书中观点引起争议甚至出现缺点错误在所难免。我们将对此负责，并恳请读者和专家学者进行交流和批评指正。

在本书的编写过程中，我们参阅了有关学者大量的相关著作和文章，在此表示衷心的感谢。

本书主编

2013年2月

目　录

第一章 总 论

本章学习提示

本章重点：管理会计的概念、内容、特点、职能、方法。

本章难点：管理会计与财务会计的关系、管理会计的方法。

管理会计是随着社会经济和科学技术的发展、经营管理的需要，在借鉴和吸收其他学科研究成果的基础上，发展形成的会计学科中的一个分支。管理会计同传统的财务会计有着密切的联系，但它主要是对内提供经营管理所需要的各种会计信息并参与经营管理、战略管理。

第一节 管理会计的形成和发展

一、管理会计的定义

如同对“会计”概念的认识和描述一样，有关组织机构和会计学者根据各自的认识和把握，从不同的角度对管理会计定义进行了描述。

1952 年，会计师国际代表大会正式提出“管理会计”术语，但对其定义则各不相同。美国会计学会于 1958 年和 1966 年先后两次为管理会计提出了以下定义：“管理会计是指在处理企业历史和未来的经济资料时，运用适当的技巧和概念来协助经营管理人员拟订能达到合理经营目的的计划，并做出能达到上述目的的明智的决策。”显然，此时他们将管理会计的活动领域限定于微观，即企业。

1981 年，美国全国会计师联合会的一个下属委员会在其颁布的公告中指出：“管理会计是为管理当局用于企业的计划、评价和控制，保证适当使用各项资源并承担经营责任，而进行确认、计量、累积、分析、解释和传递财务信息等的过程。”并指出管理会计同样适用于非营利的机关团体。这一定义扩大了管理会计的活动领域，指明管理会计的活动领域不仅限于“微观”，还应扩展到“宏观”。

1982 年，英国成本和管理会计师协会发表了一个正式观点，把审计以外的会计各个组成部分都归入管理会计的范围。在这个意见中，给管理会计下的定义是：“对管理当局提供所需要的信息的那一部分会计工作，使当局得以确定方针政策；对企业的各项活动进行计划和控制；保护财产的安全；向企业外部人员（股东等）反映财务状况；向职工反映财务状况；对各个行动的备选方案作出决策。为此，需要确定为达到各项目标而制订的计划（编制长期计划）；确定短期经营计划（编制预算/编制盈利计划）；对实际业务进行记录（财务会计和成本会计）；采取行动纠正偏差，将未来的实际业务纳入轨道（财务控制）；获取并控制各种资金（司库）。”

1988 年，国际会计师联合会财务和管理会计委员会对管理会计作了如下定义：“管理会计是指在企业内部，对管理当局用于规划、评价和控制的信息（财务的和经营的）进行确认、计量、积累、分析、编报、解释和传播的过程，以保证其资源的利用并对它们承担经管责任。”

20 世纪 80 年代初，西方管理会计学的理论被介绍到我国。我国会计学者在解释管理会计定义时，提出了以下主要观点：①管理会计学是一门新兴的综合性边缘学科。②管理会计是一个服务于企业内部经营管理的信息系统。③管理会计是西方企业会计的一个分支。④管理会计是一种为管理部门提供信息服务的工具。例如，李天民认为，“管理会计主要是通过一系列专门方法利用财务会计提供的资料及其他有关资料进行整理、计算、对比和分析，使企业各级管理人员能据以对日常发生的一切经济活动进行规划与控制，并帮助企业领导作出各种决策的一整套信息处理系统”。又如，余绪缨提出了管理会计是由微观管理会计、宏观管理会计和国际管理会计三个部分组成的管理会计体系，其中微观管理会计“从微观上研究如何为提高企业经济资源的配置效益（体现在项目的投资效益上）和使用效益（体现在项目建成投产后的经济效益上）提供有用信息”；宏观管理会计“从宏观上研究如何在整个国民经济范围内，为提高经济资源的配置效益（建设项目从国民经济看的投资效益）和使用效益（项目建成投产后从国民经济看的经营效益）提供有用信息”；国际管理会计“研究如何为在跨国经营活动中最大限度地提高经济资源的配置效益和使用效益提供有用信息”。

综上所述，管理会计定义可以从广义和狭义两个方面去理解。广义的管理会计是指现代会计系统中区别于传统会计的，体现会计预测、决策、规划、控制和责任考核评价等会计管理职能的那部分内容。现代会计系统既包括宏观管理会计和国际管理会计，又包括微观管理会计。因此，这个概念既揭示了微观管理会计的本质，又可以反映正在形成的宏观管理会计和国际管理会计的一般特征。

狭义的管理会计或者叫微观管理会计，是现代企业会计的一个分支，是以强化企业内部经营管理，实现最佳经济效益为最终目的，以现代企业经营活动为对象，通过对财务等信息的深加工和再利用，实现对经营过程的预测、决策、规划、控制和责任考评等职能的一种管理活动。它是一种侧重于在企业内部经营管理中发挥作用的会计，同时又是企业管理的重要组成部分。

二、管理会计的形成

管理会计的形成与发展是寓现代会计的形成与发展之中的。现代会计的形成和发展与生产力的进步和商品经济的发展是密不可分的。管理会计作为现代会计系统中的一个分支，同样也不例外。1494 年，由于意大利地中海城市海外贸易、商业和金融业的发展，最早全面论述复式簿记原理的重要著作，意大利数学家卢卡·帕乔利的《算术、几何及比例概要》一书在威尼斯出版。在该书中，帕乔利提出了“复式簿记平衡原理”，这被认为是会计发展史上的第一个里程碑，是会计史上的一次重大的变革——从单式簿记发展到复式簿记，被会计史学家认为是现代会计开始形成的一个重要标志。

19 世纪中叶，具有强大生命力的股份有限公司这种企业组织形式出现了，对会计提出了新的更高的要求。它要求会计围绕正确确定“分期损益”这一中心环节解决问题，包括如何进行会计期间的确定、资本支出与收益支出的划分、固定资产折旧的计算、资产的计价、收入实现的确认等。这些问题的正确处理，对股份制企业经营机制的正常运行及健康发展关系极大。为维护企业内外有经济利益关系的集团和社会公众的利益，客观上要求各个企业遵守规范化的会计程序和规则，此即“公认会计原则”制定和实施的主要原因。“公认会计原则”的形成和发展，标志着财务会计进入一个新的发展阶段——现代财务会计阶段。

19 世纪中叶以后，股份有限公司巨额筹资，生产规模扩大，生产设备增多，引起间接费用在成本中所占的比重越来越多，加上产品品种日趋多样化，使间接费用的分配和吸收成为成本计算面临的一大难题。同时市场竞争的压力也要求企业正确计算产品成本，为产品定价提供客观依据。因此，复式簿记原理开始纳入成本计算系统，并逐渐实现了成本会计记录与财务会计记录的有机结合。这一目标的实现经历了一个较漫长的历史过程。正如美国著名会计学家保罗·加纳所指出的：“工厂记录与财务记录的结合，在进入 20 世纪以前，是以相当缓慢的速度发展着的，直到 1920 年，才创立了全部具体的结合方法。”成本会计向纵深发展，从单纯的事后成本计算发展到成本计算与成本控制相结合，以更好地为降低成本服务。具体的表现是从原始的实际成本计算向标准成本系统发展。至此，管理会计的雏形已经形成。

（一）执行性管理会计阶段——早期管理会计的形成

19 世纪末 20 世纪初，产业革命加速了资本主义经济的发展，生产规模的社会化和激烈的自由竞争，要求彻底改变单纯凭经验和主观臆断的管理方法，于是泰勒的科学管理理论应运而生。1911 年，被西方誉为“科学管理之父”的泰勒在《会计月刊》上发表了著名的《科学管理原理》一书（后又出版单行本），从而开创了企业管理上的一个新纪元。“泰勒制”的核心是：通过对工人操作的动作和时间的研究，制定额定的工作量和工资标准，用来考核和评价实际工作。列宁于 1918 年曾对“泰勒制”作过全面分析，指出：“资本主义在这方面的最新发明——泰勒制，也同资本主义的其他一切进步的东西一样，有两个方面，一方面是资产阶级剥削的最巧妙的残酷手段；另一方面是一系列的最丰富的科学成就，即按科学来分析人在劳动中的机械动作，省去多余的笨拙动作，制定最精确的工作方法，实行最完善的计算和监督制度等。”可见，“泰勒制”的主要作用是提高生产和工作效率。通过他所倡导的所谓时间与动作研究，来制定一定条件下可以实现并被认为是最有效率的标准，以此作为评价和考核的依据，以促使生产的各个方面实现高度的标准化。

随着“泰勒制”的广泛实施和劳动工资制度的改革，在会计业务中增加了“标准人工成本”和“成本差异”的核算，即出现了标准人工成本法。它的出现，改变了会计只进行事后计算的传统模式，严密的事先计算开始引入到会计体系中来，为企业进行事前计算和事中控制、加强成本管理和降低成本提供了方法。另一位管理学专家甘特把这种管理方法引申到材料和制造费用的管理中去，出现了“标准材料成本”和“标准制造费用成本”。它们与“标准人工成本”共同组成了标准成本系统。这些内容在当时只是作为原有会计体系中的一个附带部分而存在。1919 年，美国成本会计师协会的成立加快了标准成本的推广。此后，美国会计学界经过近 10 年的争论，正式将标准成本纳入了会计系统，出现了真正的标准成本会计制度。与此同时，预算控制、变动成本法和利润坐标图等方法相继出现，部分学者开始提出“管理会计”概念，且有相关著作问世。1922 年，奎因斯坦和麦金西分别出版了《管理会计：财务管理入门》和《预算控制》；1924 年，麦金西又出版了《管理会计》；布利斯出版了《通过会计进行经营管理》等著作。据此，可以认为：以泰勒的科学管理理论为基础，以标准成本和预算控制为主要支柱的早期执行性管理会计，在 20 世纪二三十年代已初步形成。

（二）决策性管理会计阶段——现代管理会计的形成

第二次世界大战以后特别是 20 世纪 50 年代以后，资本主义经济的迅猛发展为现代管理会计的形成打下了现实基础。此时，资本主义经济的主要特点表现在：第一，现代科学技术突飞猛进并广泛用于生产，使生产力获得高速发展；第二，资本进一步集中，企业规模日趋扩大，跨国公司大量涌现，市场竞争更加激烈，企业经营更趋复杂化。这些特点对企业管理提出了相应的新要求：一方面要求企业内部管理更加合理化、科学化；另一方面要求企业具有灵活多变的反应能力和适应能力，以免在激烈的竞争中被淘汰。前述"泰勒制"，其主要作用是降低消耗，提高投入产出之比，进而提高生产经济效果。而"果"并非都有益。只有将"果"与企业外部联系，并被外部——市场接受，才能体现为"益"。要提高经济效益，必须加强企业整体决策的科学性。只有决策正确，生产效率高，才有益处。"泰勒制"只重视对生产过程个别环节的高度标准化和高效化管理，而忽视了企业管理的全局和企业与外部的关系，这在新的形势下显得本末倒置；不把人当做具有主动性和创造性的劳动者，而只作为机器的附属物来管理，这势必引起劳动者的强烈不满，因而难以达到应有的效果。因此，"泰勒制"必将被新的管理科学理论所替代。新的管理科学理论——现代管理科学是管理研究和管理技术的总称，它广泛吸取了自然科学和管理科学的新成就，形成了以运筹学和行为科学为主要支柱的理论和方法。其中，运筹学为企业决策和规划提供了理论和技术方法，如以西蒙为代表的决策论（属于运筹学的一个分支）认为"管理的重心在于经营，经营的关键在于决策"，通过分析、评价，从多种可行方案中选择最优方案的决策问题事关重大。行为科学从心理学和社会学的角度提供了管理人和控制人的理论，较好地适应了战后经济的特点和要求。

现代管理科学的发展以及在企业管理中的成功应用，使得会计重点转向对经济过程的控制和事前预测决策。传统会计方法已不能满足经营管理的需要。

为适应现代管理的需要，线性规划、概率论等多种数学方法日益渗透到会计领域，使会计学科越来越多地利用自然科学的方法和成果，这一切都为现代管理会计的形成奠定了理论和方法基础。一方面，早期管理会计的技术方法得到了进一步的发展。例如，标准成本会计和预算控制不仅保留下来，而且吸收了运筹学、行为科学等方面的研究成果，形成了以目标管理为前提的标准成本制度；利润坐标图从主要用于解析过去的经济活动，发展为根据企业的主客观条件，运用本量利分析进行经济合理的选择，成为科学预测、决策和计划、控制的手段；另一方面拓展了会计的管理职能，即从解释过去转向控制现在和筹划未来。借助于运筹学中的理论和技术，建立了经营决策会计、投资决策会计，以行为科学为基础，建立了责任会计方法体系。

会计内容上和职能上的深刻变化，使原有的会计定义和方法已经概括不了变化后的现实。为了不断推进会计理论的研究，以满足企业管理发展的需要，管理会计必然会被促使从传统的会计中分离出来，形成一门以现代管理科学为基础、以决策分析为主要支柱、与财务会计并列的新型会计学科——现代管理会计。管理会计体系基本形成之后，由于它能更充分地发挥会计的管理职能，在改善企业经营管理和提高经济效益方面起到了十分重要的作用，受到了企业界和会计界的高度重视，因而它的各种专门方法和技术得到了广泛的推广应用。

1952 年，会计师国际代表大会正式提出"管理会计"术语，开始了对管理会计的理论研究。20 世纪 60 年代，美、英等发达国家陆续将管理会计学课程作为高等院校会计专业和其他财经管理专业的主干课程。西方会计学者撰写了大量的管理会计教材、专著和论文，其内容广泛涉及预测决策会计、规划控制会计和责任会计。1972 年，美国全国会计师联合会成立了独立的“管理会计协会”。1985 年，英国也成立了“成本和管理会计师协会”。它们分别出版专业性刊物《管理会计》月刊，并在全世界发行。1980 年至 1988 年 2 月，美国会计学会所属的管理会计实务委员会发布了 14 个《管理会计公告》，作为解决管理会计问题的指导原则。在管理会计的理论研究中，数量经济分析、风险分析、数理统计推断、运筹学、管理工程学、现代决策论、控制论、信息论、系统论、心理学、行为科学以及电子计算机技术被广泛应用，极大地丰富了管理会计学的内容。1980 年 4 月，国际会计师联合会在巴黎召开第一次欧洲会计专家会议，讨论如何在世界范围内推广和应用管理会计问题。

三、管理会计的发展

（一）“高级管理会计”的诞生

现代管理会计仍处于一个不断发展的过程之中。20 世纪 80 年代，管理会计出现了一些新的发展趋势。在管理会计的内容方面，由于原有管理会计的方法和技术，是以大量生产为特征，以成熟产品为对象，以确定数据为条件，已经适应不了日益复杂的经济现实，满足不了灵活多样的经营管理的要求。为此，以引入“不确定性”条件和“代理理论”为主要内容的“高级管理会计”出现了，它标志着管理会计朝着精密化和科学化又前进了一步。

1. 数学模型被大量地引入到管理会计的研究中

1982 年，罗伯特·卡普兰出版了《高级管理会计》，其“高级”之处在于大量引入“不确定性”条件和进行严密的数学分析。除此之外，在已发表的管理会计研究论文中，运用数学方法进行研究的论文所占比重越来越大，内容几乎涉及现代管理会计的各个方面，所用的数学方法也趋向多样化。

2. 行为科学理论丰富和发展了管理会计研究的内容

“高级管理会计”理论的另一“高级”之处在于对“代理理论”的深入研究。到 20 世纪 70 年代，管理会计研究者开始认真思考如何对待被考核的人，特别是对高级管理人员的考核。人们逐渐认识到，需要设计一套管理奖励制度，以促使企业的管理者和所有者即“代理人-雇主”之间战略目标协调一致，并对此进行了大量的研究。“代理理论”围绕着使所有者和管理者之间分担风险的非数量化模型，对各种奖励计划进行了分析。

3. 现代管理会计的视野已开始由微观转向宏观

在资本和生产日益国际化的条件下，跨国公司应运而生并迅速发展。如何在跨国经营中最大限度地提高经济资源的配置效益和使用效益，成为现代管理会计研究的另一个新领域。

（二）现代管理会计的发展

20 世纪 70 年代以来，在高科技蓬勃发展的新形势下，在全球性竞争日趋激烈的强大压力下，美、日等许多国家的厂商纷纷将高科技发展所取得的新成果广泛应用到生产中去，使生产管理显示出许多革命性的变革，使会计面临新的前所未有的挑战，并相应地取得了一系列新的发展，成为当代会计科学发展的大趋势之一。

近一二十年新出现的建立在高科技基础上的生产，其基本特征是电脑化和自动化程度有了显著提高。主要表现在电脑辅助制造系统和电脑集成制造系统的广泛使用。另外，数字化经济、知识经济、环境经济日益纵深的发展，使企业自动化生产、适应顾客多元化生产达到一个崭新的水平，并为企业适应顾客复杂多变的需求提供了技术上的保证和经济上的可行。这必然带来企业管理上的重大变化。适时生产系统（简称"适时制"）、全面质量管理、企业资源计划、价值链管理等就是在新的技术基础上形成的管理上的新观念、新理论和新方法。同这些新的管理理论和方法相适应，管理会计在原有的基础上不断创新，形成了不少新的领域，如作业成本计算、存货控制、质量成本管理会计、人力资源管理会计、环境管理会计、平衡计分卡等，以使其自身不断同企业生产经营中所处的新的环境和条件相适应，不断满足企业生产经营中更新、更高的要求。

地区经济一体化、世界经济一体化的发展，包括资本市场全球化的发展，使国内、国际两个市场的竞争日趋激烈，从而要求进一步加强科学宏观调控的能力和力度。这导致了在管理会计理论和方法应用方面，在时间、空间等观念方面都得到了扩展而形成了新的管理会计领域，如国际管理会计、战略管理会计等。

要适应新的技术经济条件，管理会计需要在诸多方面加以持续改进。在 21 世纪，管理会计的发展空间广阔，前景远大，任重而又道远。

四、管理会计在我国的应用和发展

我国会计在预测、决策、规划、控制和考核等方面并非一纸空白。如 20 世纪 50 年代的班组经济核算，60 年代的指标分解、资金归口管理，80 年代的经济责任制等都是责任会计的各种形式。50 年代的重点工程建设及目前的各项重点工程建设中的预测、决策及投资项目的可行性分析，以及几十年来的成本管理和财务管理的经验等，都有可资借鉴和总结的内容。70 年代末期，我国开始系统地引进西方管理会计的理论和方法。部分企业在管理中已开始应用保本点分析、变动成本法、投资决策、存货控制等管理会计方法。随着现代企业制度的建立和完善,管理会计在我国企业中应用的广度和深度均有所加强。某些企业开始设立专门的管理会计机构。1996 年,我国开始第一次将“管理会计”课程作为全国会计师资格考试中的独立课程进行考试。1997 年,《会计研究》杂志专门就管理会计在我国的实际应用问题进行有奖征文讨论。这一切都表明,管理会计无论是在我国的实际应用中,还是在理论研究上都已开始呈现出蓬勃发展的趋势。

五、管理会计形成与发展的根本原因

综上所述,管理会计形成与发展的根本原因可概括如下:科技生产力的进步是管理会计形成和发展的根本原因,现代化大生产和商品经济的高度发展是管理会计形成和发展的现实基础,现代管理理论的完善和发展是管理会计形成和发展的理论基础。

第二节 管理会计的内容及其与相关学科的关系

一、现代企业会计系统

现代企业会计系统由财务会计、成本会计和管理会计三个主要领域构成。

财务会计主要是利用复式记账法反映或核算已发生的各项经济业务,或者说是对实际发生的各项经济业务进行确认和计量。其会计信息主要是为了对外报告,即是为了向股东、债权人、政府机构以及其他企业外部有经济利害关系的使用者提供财务状况和经营成果方面的信息。因而,财务会计必须要遵守“公认会计原则”的要求。

成本会计主要是遵照成本管理的七个环节,对企业已经发生或将要发生的各项成本费用进行预测、决策、计划、控制、核算、分析和考核。成本会计既要运用复式记账法对已发生的各项成本费用进行计量和反映,还要运用预测、决策等方法对未发生的成本费用进行预测和决策,同时还要对正在发生的成本费用进行控制和分析,对已发生的成本费用进行考核。成本会计作用的时效既有过去,也有现在和未来。其职能既有核算,也有决策、控制和考核。但成本会计的信息只对企业内部的管理者提供。

管理会计主要是利用财务会计和成本会计提供的信息,对未来的行动方案进行决策,对正在发生的各项经济活动进行控制,为企业内部的经营管理服务。其作用的时效是未来和现在,其职能有预测、决策、规划、控制和考核。它与财务会计和成本会计均有联系。管理会计要利用财务会计提供的历史信息;成本会计可以说是管理会计的前身,但管理会计的发展

已超出了成本会计的范围。两者的内容互有交叉。

二、管理会计的内容

管理会计是一门正在发展中的新兴学科，其理论和方法尚未形成科学、严密的体系。同时管理会计侧重于为企业内部经营管理服务，不受公认会计原则的制约，因此，其内容在中外会计界尚未统一，也不可能完全统一。但就管理会计的基本内容而言，纵观现有的大部分管理会计教材和著作，大体上是一致的。主要包括决策会计和控制会计两部分。

（一）决策会计

决策会计又叫决策与规划会计，是以企业经营目标为依据，在缜密地预测分析基础上，运用各种专门方法，分析评价长、短期决策的经济效果，为各级管理人员提供各种有用的信息。规划是根据决策所确定的目标，经过反复地综合平衡，形成一个完整的全面预算体系。它是企业和各方面生产经营活动的统一纲领，也是评价和考核工作成果的基本尺度。其基本内容包括以下两点。

(1) 决策分析及作为其前提的预测分析。

(2) 全面预算及责任会计中的责任预算部分。

（二）控制会计

控制会计又称控制与业绩评价会计，是以全面预算为基础，通过标准成本系统等对企业的成本实施有效的控制；通过责任会计对企业内部各单位实施控制和考核，协助企业管理当局实现既定目标。这里的“控制”包括分析执行过程和评价工作业绩。其基本内容包括：①标准成本系统；②存货控制；③责任会计。

管理会计的基本内容除了上述决策会计和控制会计外，还应包括成本-业务量-利润的分析。它是以成本性态分析为前提，进行盈亏临界点分析和目标利润的规划，同时阐述变动成本计算的理论和特点。它既是决策和控制的重要工具，又是学习管理会计的必备基础知识。

三、管理会计与财务会计的关系及其特点

管理会计从传统的会计中分离出来后，与财务会计并列而存在，形成会计学科的另一大领域。管理会计的特点就是相对于财务会计而言所具有的某些特色或显著的区别。因此，有必要从管理会计和财务会计的联系与区别中掌握管理会计的特点。

（一）管理会计与财务会计的联系

管理会计与财务会计都是现代会计系统中的有机组成部分，它们之间有许多联系，主要表现在以下几个方面。

1．管理会计与财务会计的原始资料基本上是同源的

管理会计需要使用财务会计输出的某些资料，通过加工、改制和延伸，使其符合内部经营管理的需要，管理会计没有必要另行组织一套原始数据。

2．管理会计与财务会计的主要指标相互渗透

财务会计提供的历史性的资金、成本和利润等指标，既是管理会计进行长、短期决策分析的重要依据，又是分析、评价和业绩考核的主要资料。管理会计中确定的预算、标准等数据是财务会计日常核算的基本前提。因此，管理会计和财务会计的主要指标体系和内容应该一致，尤其是企业内部的会计指标体系更应同步实施，才能达到有效的控制和管理。

3．管理会计和财务会计的最终目标是一致的

管理会计和财务会计作为经济管理的组成部分，它们所提供的会计报告都是为有关方面的经济决策服务，都是为了改善经营管理，提高经济效益。

4．管理会计和财务会计都面临不断自我完善和发展的问题

不论是管理会计还是财务会计，都需要与不断发展的社会经济环境相适应。因此，管理会计和财务会计的联系可以归结为：同源分流，殊途同归。

（二）管理会计与财务会计的区别

尽管管理会计和财务会计之间存在许多联系，但两者毕竟是现代会计的两大分支，在诸多方面均有所区别。

1．目标侧重点不同

财务会计主要是向企业外部有利害关系的各方提供资料，管理会计主要服务于企业内部的经营管理。

2．基本职能不同

财务会计主要是核算和监督，管理会计主要是决策与控制。

3．基本对象不同

财务会计是对企业全局已发生的各项经济业务进行反映，管理会计是对企业全局或局部未发生和正在发生的经济活动进行决策和控制。

4. 方法不同

财务会计主要采用复式记账法对实际经济业务进行确认和计量，并涉及一些初等数学知识；管理会计方法灵活多样，主要有决策和控制方法，并大量涉及高等数学知识。

（三）管理会计的特点

基于以上所述，管理会计的特点主要表现在以下几方面。

1. 侧重于为企业内部经营管理服务

管理会计的主要目的是为企业内部各级管理人员提供有效经营和最优决策的信息，为加强企业内部的经营管理和提高经济效益服务。财务会计虽然也为企业内部提供基本的财务信息，但其主要目的是为企业外部有经济利害关系的各方提供信息。管理会计这种服务对象或基本目标方面的特点是管理会计最本质的特点。正是由于这一特点，才决定并派生出了其他特点。

2. 筹划未来，控制现在

为了有效地服务于企业内部的经营管理，一方面要求管理会计运用其特有的理论和方法，对生产经营方面将要采取的各种方案进行科学的预测分析，并以此为基础进行决策分析和编制预算，即筹划未来的经济活动；另一方面，为确保规划的经营目标能得以实现，还必须切实地控制现在。管理会计这一事前筹划、事中控制的特点是其基本职能的客观反映，也是由管理会计的目标特点派生出的时间特点，具体反映了管理会计职能作用的时间阶段。与此相对比，财务会计主要是解释和描述过去，通过记账、算账、报账，反映实际完成的交易事项，对企业的财务状况和经营成果作历史性的描述。

3. 更具灵活性

由于管理会计侧重于为企业内部的经营管理服务，因此，在很多方面都具有灵活性，如不受公认会计原则的制约；结构比较松散；工作程序不固定，表现在决策分析作出的时间、对经济过程的控制时间、管理报告编制报出的时间均不固定，只要内部经营管理需要，管理会计应随时工作；方式方法灵活多样，管理会计大量借鉴了其他相关学科的方法，如预测学中的数理统计和数学方法，运筹学中的决策论、线性规划，行为科学中对人的管理思想和方法等，目的是为了满足其基本职能的需要。财务会计必须严格遵守公认会计原则的要求，必须按照统一的凭证→账簿→报表的会计程序进行工作，并定期提供会计报告。

4. 信息特征不同

管理会计所提供的信息与财务会计信息具有不同的特征，具体有：特定性和针对性，管理会计所提供的信息是针对某一个特定的问题作出的，如生产经营决策中的品种选择问题、投资决策中的某一项目可行性分析等;不定期性,管理会计根据需要不定期地提供各级管理人员所需的管理报告;相对准确性和不具备法律效力,管理会计提供的信息大多是针对未来的经营决策,因而不可能绝对准确,因为是预计而非事实,因而也不具备法律效力;种类多,管理会计提供的信息既有定量指标,也有定性指标,如责任会计中提供的有关员工的精神状态和工作态度的信息。也就是说,只要是对企业内部经营管理有用的信息,管理会计都应尽可能地随时提供。财务会计由于是对既定的事实进行反映,因此,其信息必须绝对准确且精确,并且具有法律效力,它提供的信息绝大多数是用货币计量且定期提供的。

5. 广泛应用数学方法

管理会计为了适应现代化管理的需要,越来越多地运用许多现代数学方法,以帮助解决各种复杂的经济问题。例如,应用"回归分析法"进行产量-成本的依存关系分析;应用"线性规划法"确定各有关生产要素之间的最优组合;应用"库存论"原理进行"经济订货量"、"经济生产批量"的计算;应用"概率论"进行各种预测分析和决策分析等。数学方法的广泛应用,表明管理会计正在不断走向成熟和完善。因为"一门科学只有成功地应用数学时,才算达到了真正完善的地步"。①

6. 更加关注管理过程和人的作用

现代管理会计不仅看重实施管理行为的结果,而且更为关注管理的过程。在管理会计观念中,企业中的每一个人都是财富和效益的创造者,属于可开发的人力资源,决不能将其看成被管制的对象。因此,在企业管理中,要注意行为科学的应用,要培养合格人才,核算人力资源成本,并且要密切注意管理过程及其结果对企业内部各方面人员心理和行为的影响,要千方百计地调动人们的积极性,充分发挥人们的主观能动性。

7. 对从业人员的素质要求更高

鉴于管理会计的方法灵活多样,体系缺乏统一性和规范性,无固定的工作程序可循,因此,管理会计水平的高低在很大程度上取决于会计人员素质的高低。同时,由于管理会计工作需要考虑的因素比较多,涉及的内容较复杂,也要求从事这项工作的人员必须具备较宽的知识面和较深厚的专业造诣,具有较强的分析问题和解决问题的能力及果断的应变能力。再加上管理会计所涉及的问题大多关系重大,尤其是决策工作决不允许素质较低的人员瞎参谋。因此,相对于财务会计工作需要操作能力强、工作细致的专门人才承担来说,管理会计工作需要由复合型高级会计人才来承担。

---

① 保尔·拉法格.忆马克思[M].//回忆马克思 恩格斯.北京:人民出版社,1973:7.

第三节　管理会计的职能和地位

一、管理会计的职能

管理会计的职能是指管理会计实践本身存在的必然性所决定的内在功能。管理会计不同于财务会计，它可以综合地履行更加广泛的职能。它的职能从财务会计单纯的事后记录和反映扩展到把规划未来、控制现在和解析过去有机地结合起来，具体可概括为五个方面。

（一）预测经济前景

预测是指通过科学的方法预计推测客观事物未来发展的必然性和可能性的行为。管理会计发挥预测经济前景的职能，就是按照企业未来的总目标和经营方针，充分考虑经济规律的作用和经济条件的约束，选择合理的量化模型，如成本性态分析模型、本量利分析模型等，有目的地预计和推测企业未来销售、利润、成本和资金的变动趋势和水平，为企业经营决策服务。

（二）参与经济决策

决策是在充分考虑各种条件和可能的前提下，按照客观规律的要求，通过一定的程序对未来实践的方向、目标和方法作出决定的过程。决策既是企业经营管理的核心，也是各级各类管理人员的主要工作。由于决策工作贯穿于企业管理的各个方面和整个过程的始终，因而作为管理有机组成部分的管理会计必然具有决策职能。企业的重大决策，都应该有会计部门参加。管理会计人员应该根据决策目标，搜集整理资料，采用科学的方法进行定量分析，作出正确的财务评价，最终筛选出最优的行动方案，帮助经理人员提高决策的科学性。

（三）规划经营目标

管理会计的规划职能是通过编制各种预算来实现的。它要求企业在最终决策方案的基础上，形成能反映整个企业在某一时期内的总目标和任务的全面预算，并对全面预算进行分解，形成各个责任单位的责任预算，使各责任单位明确各自的目标和任务，从而合理有效地组织协调供、产、销及人、财、物之间的关系，并为控制和考核创造条件。

（四）控制经济过程

控制是为了使企业的经济活动严格按照决策预定的轨道卓有成效地运行。这一职能的发挥要求将对经济过程的事前控制同事中控制有机地结合起来。也就是要求事前确定科学可行的各种目标，即预算，并以其作为进行日常经营管理的依据，对预算执行情况进行记录和计量，对执行过程中实际与预算之间发生的偏差进行原因分析，及时采取措施加以调整和改进，确保经济活动的正常进行。

（五）考核评价经营业绩

充分调动人的积极性，进行责任核算和管理是现代企业管理的一项重要内容。管理会计履行考核评价经营业绩的职能，是通过建立责任会计制度来实现的。即对企业内部各责任单位的责任预算执行情况进行分析，总结成绩，发现问题，明确差异责任，从而为奖惩制度的实施和未来工作改进措施的形成提供必要的依据。

二、管理会计的地位

一个现代化企业生产规模大、生产经营活动极为复杂，只有建立各种职能机构，配备各种专门人才，确立各部门的责任、权限和利益的相互关系，才能使它们既独立又协调地开展各项工作，达到企业预定目标。

在西方国家企业内部，职能部门大体分为两大类：生产部门和服务部门。生产部门负责处理生产经营的基本活动，同企业的基本目标直接相联系；服务部门为生产部门提供专门服务，支持协助生产部门有效地开展工作。主管财务的副总经理领导的主计长（相当于我国的总会计师）和财务主任，属于服务部门。他们在企业中居参谋地位，行使参谋职能。其中，主计长负责：①编制预算和进行控制；②编制报告和解释情况；③业绩评价和接受咨询；④税务管理；⑤向政府机关报告；⑥保护财产安全；⑦进行经济评价等。财务主任主要负责：①筹集资金；②与投资人联系；③筹措短期资金；④与银行往来并委托银行保管；⑤放账和收账；⑥处理企业投资业务和保险业务等。

在西方国家，主计长是会计机构的最高负责人，在企业中有较高的地位，是企业高级职员之一，负责财务会计、管理会计、税务会计和内部审计工作等。其下配备有管理会计师、成本会计师、财务会计师及税务、预算、审计和计算机专家等分管各专门领域。管理会计师的作用在主计长七项职责中的前三项表现得尤为明显。管理会计、财务会计、税务会计等在主计长领导下，共同组成一个有效的会计信息系统。

第四节 管理会计的方法

一、管理会计方法体系概述

由管理会计的基本职能和特点所决定,管理会计所采用的方法不同于财务会计方法。财务会计方法是属于描述性方法,重点在于如何全面、系统地反映企业的生产经营活动。管理会计所采用的方法属于分析性的方法。按管理会计的具体内容可以分为基础方法、决策会计方法和控制会计方法。

(1) 基础方法包括成本性态分析法、本量利分析法、变动成本计算。

(2) 决策会计方法包括定价决策分析方法、生产决策分析方法、投资决策现金流量法、更新决策分析方法。

(3) 控制会计方法包括全面预算编制方法、标准成本控制方法、存货控制方法、责任业绩考核评价方法。

由于是按具体内容分类,因此,方法之间并非彼此孤立,而是相互联系的。如生产决策分析方法中需要用到本量利分析法。

二、管理会计方法的特点

管理会计方法的基本特点是运用分析性方法。主要表现为以下两方面。

(一) 差量分析法贯穿始终

管理会计方法体系中有一个贯穿始终的特点,即进行差量分析。如决策分析中对边际收入减去边际成本的差量即边际利润的分析,对现金流入量减现金流出量的差量即现金净流量的分析,控制会计中对标准成本与实际成本的差量即成本差异的分析等,都是差量分析的典型。通过差量分析,可以简捷准确地进行决策方案的比较和选择,可以对控制效果和经营业绩进行客观准确的评价。

(二) 适时应用边际分析法

边际分析法是管理会计中常用的分析方法。边际是一种因变量相对于自变量微量变化所形成的精确变化率,反映了变量之间的函数关系。如边际成本和边际收入等均表现了成本、收入与业务量(产销量)之间的关系。边际分析是考察事物运动变化规律的一种方法。通过边际分析,可以使企业管理部门具体掌握生产经营中有关变量联系和变化的基本规律,从而有预见性地采取措施,经济有效地运用企业的人力、物力和财力,实现各有关因素的最优组合,最大限度地提高经济效益。

思考题

1. 什么是管理会计?
2. 管理会计是如何形成和发展的?其根本原因是什么?发展趋势如何?
3. 管理会计有哪些基本内容?它与财务会计、成本会计的关系如何?应如何完善其内容体系?
4. 管理会计有哪些特点?如何理解?
5. 如何理解管理会计的基本职能?
6. 为什么说管理会计的形成是会计发展史上的重要里程碑?
7. 管理会计方法与财务会计方法有何不同?为什么?

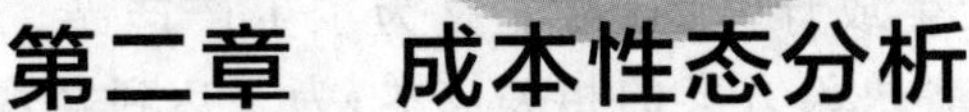

第二章　成本性态分析

★本章学习提示

本章重点：成本的概念，成本性态的概念，成本性态分析。

本章难点：相关范围的理解，成本性态分析。

第一节　成本在管理会计中的作用

一、成本的概念

在我国传统会计学中，成本通常被解释为：在一定条件下企业为生产一定产品所发生的各种耗费的货币表现。

在西方财务会计学中，成本被解释为：企业为获取某项资产或达到一定目的而付出的以货币计量的价值牺牲，成本的形成既可以通过牺牲一项资产来实现，也可以通过产生某项负债而导致未来付出价值牺牲的方式来实现。

在现代管理会计中，成本是指企业在生产经营过程中对象化的、以货币表现的为达到一定目的而应当或可能发生的各种经济资源的价值牺牲或代价。

显然，管理会计的成本概念与传统财务成本概念有所不同。具体表现在以下几个方面。

(1) 成本计算和归集的对象不同。在传统的产品成本计算中，产品成本是以产品为成本计算和归集的对象。在管理会计中，也需要计算成本。如在决策过程中，对有关方案进行选择时，若要比较有关方案的成本高低，就需要分别计算各个方案的相关成本，而这时的成本计算是以每一个决策方案为对象；在控制过程中，往往需要计算与某个责任中心或责任单位有关的可控成本、责任成本等，而此时成本计算对象则为相应的责任中心或责任单位。因此，管理会计中的成本计算对象可以是某一个决策方案或某一个被考核的责任单位等。

(2) 目的不同。成本对象的多样性源于管理的目的不同，管理会计中的成本是为了达到一定的管理目的而发生或计算的，并非是为了生产产品。如为了达到正确评价决策方案的目的，需要预计各决策方案的相关成本；为了达到客观评价各责任单位经营业绩的目的，需要计算各责任单位发生的责任成本。因此，不同的管理目的会有不同的成本。

(3) 时态不同。传统的产品成本是实际发生的成本，如制造成本法中要求成本计算必须真实可靠，以实际发生的成本为计算依据。管理会计中的成本主要是未发生而可能发生的成本，如决策过程中计算的各种成本，或是在控制过程中正在发生的成本；另外，也包括在业绩评价中实际发生的成本。

二、成本在管理会计中的具体作用及其分类

成本在管理会计中具有十分重要的作用。在决策方案的评价过程中，评价有关方案的优劣无非是两个标准：成本最低，或收益最大。而成本往往对收益起着制约作用。因此，在决策会计中，有关方案相关成本的预计是决策程序的重要一环。如在定价决策中，无论是成本加成定价法，还是最优价格定价法，都需要计算成本或边际成本；在零部件自制与外购决策中，需要比较自制成本和外购成本；在固定资产更新决策中，需要比较新旧设备的年使用成本等。在对经营活动实施控制的过程中，主要的控制内容就是对经营过程中发生的成本进行控制，如控制会计中的标准成本控制、存货成本控制和责任成本控制等。因此，成本在管理会计中自始至终都处于中心地位。

企业根据不同的管理需要，用不同的标准来划分成本。通常的分类是根据成本发生的领域将其分为生产成本和非生产成本，再根据具体费用的性质和用途，将生产成本分为直接材料、直接人工、制造费用，将非生产成本分为销售费用、管理费用、财务费用。但是这种分类只能满足企业对外报告的需要，不能适应企业进行科学的决策分析和有效的成本控制的需要。为了适应管理会计基本内容和职能的需要，在管理会计中，需要在传统财务成本分类的基础上，再对成本作如下分类。

(1) 按成本与决策方案相关与否分类，分为相关成本和无关成本。

(2) 按某个责任单位对成本的可控性分类，分为可控成本和不可控成本。

(3) 按成本与业务量的依存关系分类，分为变动成本和固定成本。

这些成本分类的具体含义将在以下有关章节中详细论述。

第二节　成本性态及其分类

一、成本性态的概念

成本性态是指在相关范围内，成本总额与业务量之间的依存关系，又称成本习性。换句话说，成本性态是指成本对业务量变化而表现出来的特性。

这里的业务量(以下用 x 表示)是指企业在一定的生产经营期内投入或完成的经营工作量的总称。业务量可以用多种计量单位表示，包括绝对量和相对量两类。其中，绝对量具体又可细分为实物量、价值量和时间量三种形式；相对量可以用百分比或比率等形式反映。业务量的不同计量单位在一定条件下可以互相换算，具体使用什么计量单位应视管理要求和现实而定。在一般条件下，业务量通常是指生产量或销售量。

这里的成本总额(以下用 y 表示)主要是指为取得营业收入而发生的营业成本费用，包括：全部生产成本和销售费用、管理费用及财务费用等非生产成本。由于开展业务活动，不可避免地要消耗各种资源；而为一定目的所消耗的资源的货币表现就是成本。因此，成本与业务量之间存在着必然的联系。如果将业务量视为自变量，成本视为因变量，则这种联系在数量方面可表现为函数关系：$y=f(x)$。

对成本与业务量之间依存关系的分析，是企业进行经营决策分析的出发点，也是管理会计的基础。成本按其性态分类可以分为固定成本、变动成本和混合成本三大类。

二、成本性态的分类

(一) 固定成本

固定成本是指成本总额在一定时期和一定业务量范围内不随业务量变动而变动的成本。这里的总额可以是某一项成本的总额，也可以是若干项成本的合计。但单位固定成本(即每一单位业务量负担的固定成本)则与业务量的变动成反比例变动关系。

例如，安达公司为生产汽车配件甲向某单位租用厂房，租期两年，每月租金 10 000 元，配件产量根据生产需要确定。据此可画出图 2-1 和图 2 2 所示的产品产量与租金之间的关系图。

1. 固定成本总额(用 a 表示)的不变性

这一特点在直角坐标图上表示，固定成本就是一条平行于 x 轴的直线。其总成本模型为 $y=a$，如图 2-1 所示。

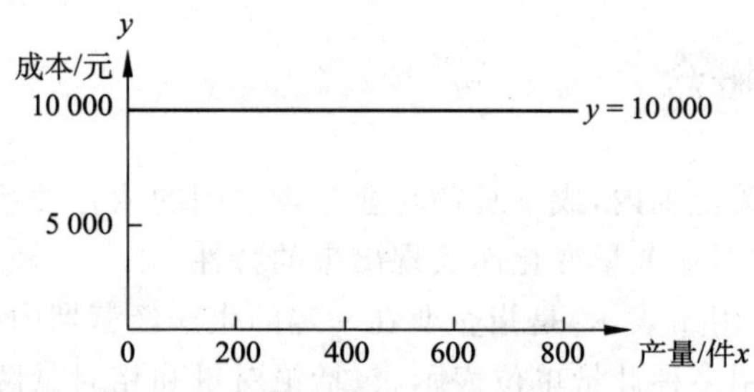

图 2-1　租金总额与配件甲产量关系图

2. 单位固定成本(用 a/x 表示)的反比例变动性

单位固定成本的反比例变动性即单位固定成本随着业务量的增加而逐渐减少，其单位成本模型为 $y=a/x$，反映在坐标图上是一条反比例曲线，如图 2-2 所示。

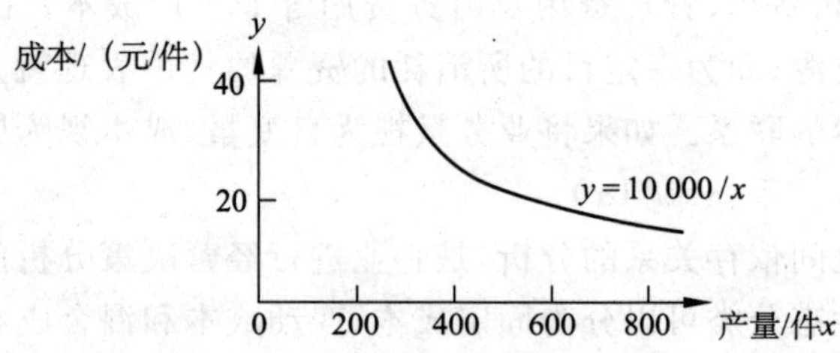

图 2-2　单位产品租金与配件甲产量关系图

根据企业管理部门对固定成本的可控程度，还可以将固定成本进一步分为“约束性固定成本”和“酌量性固定成本”两类。

约束性固定成本是指企业管理部门在日常经营活动中很难控制并改变其数额的固定成本。这是企业生产经营能力一经形成后必然要发生的最低支出，即使生产中断也要发生。例如，非工作量法计提的固定资产折旧费、管理人员的基本工资、保险费等。由于这类成本反映的是形成和维护企业最基本生产经营能力的成本，也是企业经营业务必须负担的最低成本。因此，又称经营能力成本。

酌量性固定成本是指企业管理部门在日常经营活动中可以控制并能改变其数额的固定成本。它可以由企业管理者根据不同时期经营管理的需要增加或减少，是一种可调整的固定成本。如研究开发费、培训费、经营性租赁费、广告费和业务招待费等。

划分约束性固定成本和酌量性固定成本，有利于企业寻求不同的成本降低途径。对于约束性固定成本来说，由于其总额不变，降低成本的途径只能是充分利用现有生产能力，提高产量，相对降低单位产品中的固定成本。任何降低这类成本总额的企图都必须以缩减企业的生产能力为代价，这将意味着企业的经营能力被破坏，可能影响企业长远目标的实现。酌量性固定成本可以由企业管理者根据未来的实际需要和财务负担能力加以调整，因此，可以从降低绝对额的角度出发，根据具体情况精打细算，厉行节约，在保证不影响生产经营的前提下减少它们的支出。

（二）变动成本

变动成本是指成本总额在一定时期和一定业务量范围内，随业务量变动而成正比例变动的成本。例如，构成产品实体的各种原材料、生产工人计件工资、按产量法或工作量法计提的固定资产折旧费等。例如，安达公司生产的汽车配件甲每件需要消耗 A 材料 1 000 元，产量与消耗的该原材料成本的关系如图 2-3 和图 2-4 所示。

1. 变动成本总额（用 bx 表示）的正比例变动性

在平面直角坐标图上表现为一条以单位变动成本为斜率的直线。其总成本模型为 $y=bx$，如图 2-3 所示。

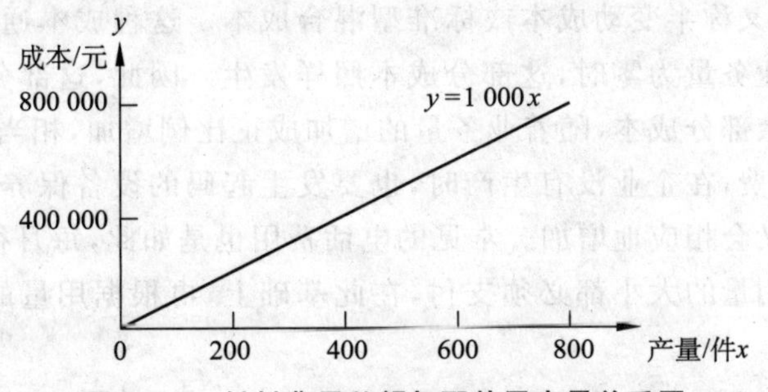

图 2-3　A 材料费用总额与配件甲产量关系图

2. 单位变动成本（用 b 表示）的不变性

在坐标图上，单位变动成本是一条平行于横轴的直线，其成本模型为 $y=b$。如图 2-4 所示。

了解了变动成本的特性，可以知道，要想降低变动成本，必须设法降低单位产品消耗的各种材料等，亦即单位变动成本。同时，这一特性也是企业进行决策分析的前提。

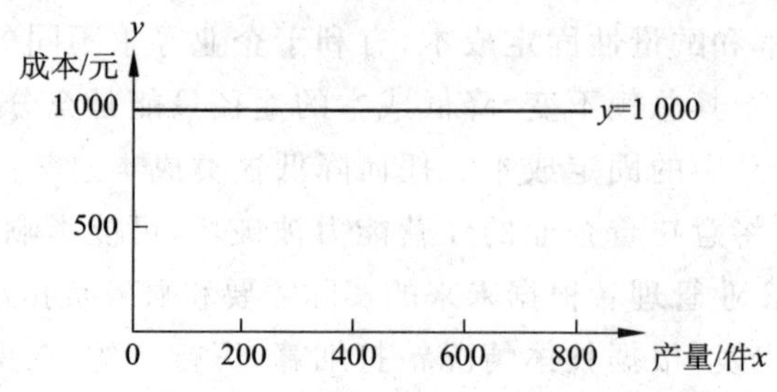

2-4 单位产品 A 材料费用与配件甲产量关系图

（三）混合成本

混合成本是指在一定条件下，成本总额随着业务量变动不成正比例变动的成本。

从成本性态来看，固定成本和变动成本只是两种极端的类型。前者与业务量无关，后者与业务量成正比例变动。在实际工作中，大多数成本与业务量的关系介于两者之间。即一方面它们随业务量的变化而变化，但另一方面它们的变化又不与业务量的变化成正比例关系，此即为混合成本。按照混合成本与业务量变动趋势的不同，混合成本又可以分为以下四种。

1. 基数型混合成本

基数型混合成本又称半变动成本或标准型混合成本。这种成本通常有一个基数，与业务量的变化无关，即业务量为零时，这部分成本照样发生。因此，这部分成本相当于固定成本；在此基础上的其余部分成本，随着业务量的增加成正比例增加，相当于变动成本。例如，企业发生的设备维修费，在企业没有生产时，也要发生起码的设备保养支出，但随业务量的增加，维修保养费用又会相应地增加。常见的电话费用也是如此，每月往往有一个固定的交费基数，不管企业使用量的大小都必须支付，在此基础上，再根据用量的大小乘以单价计算支付。如图 2-5 所示。

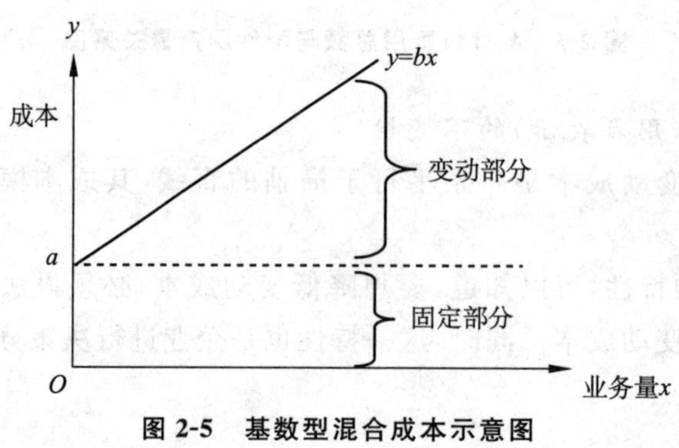

图 2-5 基数型混合成本示意图

2. 阶梯型混合成本

阶梯型混合成本又称半固定成本。这种成本在一定的业务量范围内是固定的，当业务量增长到一定限度，其发生额就跳跃到一个新的水平，并在一个新的业务量范围内保持不变，直到出现另一个新的跳跃为止。将此变化反映在坐标图上，其成本随业务量的增长呈现出阶梯状增长趋势。企业的检验员工资等具有这种性质。如图 2-6 所示。

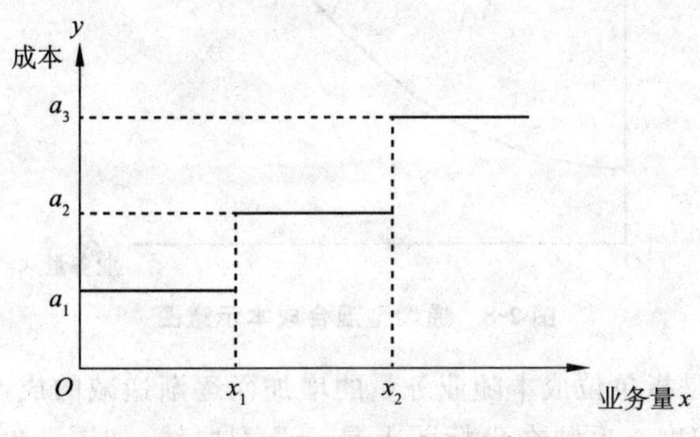

图 2-6　阶梯型混合成本示意图

3. 低坡型混合成本

低坡型混合成本又称延期变动成本。这种成本在一定的业务量范围内保持总额固定不变，当业务量增长超出了这个范围，成本就与业务量的增长成正比例变动。如职工的超额计奖工资，职工在未超过正常工作定额之前，只能得到基本工资；超过了正常工作定额之后，还会得到按超额部分和计件单价计算的超额奖励工资。如图 2-7 所示。

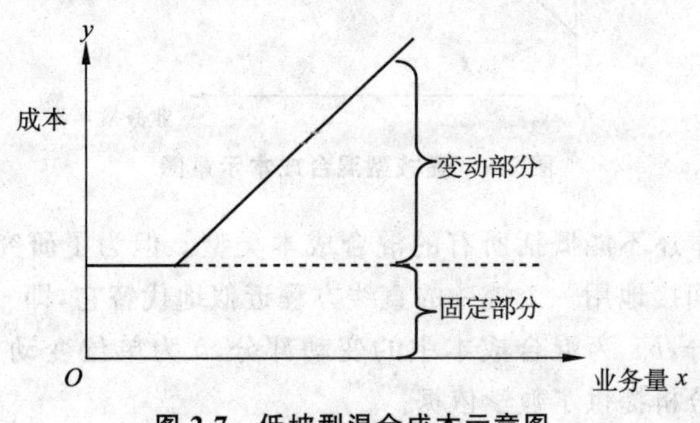

图 2-7　低坡型混合成本示意图

4. 曲线型混合成本

这种成本随业务量的增长而呈曲线增长。它与业务量的依存关系不是一种直线关系，而是非线性关系。具体可以分为递增型和递减型两种。

递增型混合成本是指单位成本随业务量的增加而逐渐增加的成本，显然其成本总额的增长幅度大于业务量的增长幅度。在坐标图上表示为一凹形曲线，如图 2-8 所示。如各种违约金、罚金、累进计件工资等都属于这类成本。

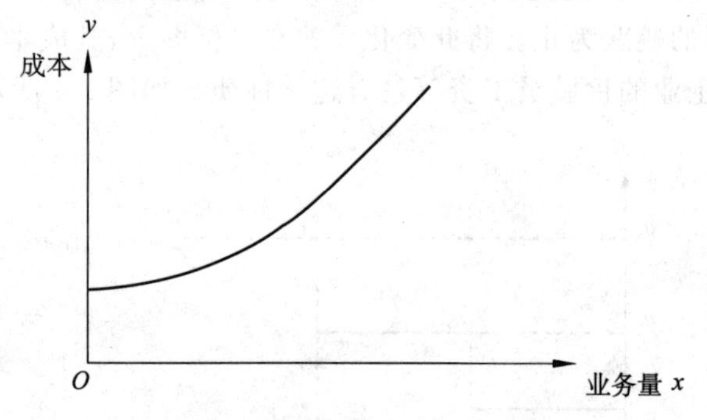

图 2-8　递增型混合成本示意图

递减型混合成本是指单位成本随业务量的增加而逐渐递减的成本，成本总额的增长幅度小于业务量的增长幅度。反映在坐标图上是一凸型曲线，如图 2-9 所示。如热处理使用的电炉设备，在预热后进行热处理的电费，随着业务量的增加而逐步下降；又如供货单位根据采购量的大小给予折扣的那部分原材料成本也属于这类成本。

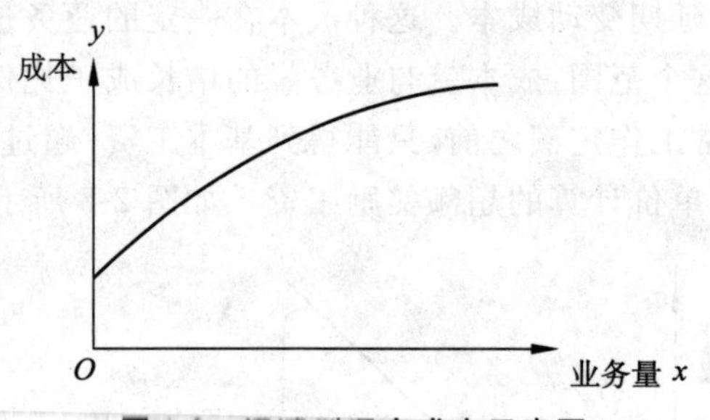

图 2-9　递减型混合成本示意图

以上四种混合成本还不能概括所有的混合成本类型。但为了研究方便，无论哪一种混合成本都可以直接或间接地用一个统一的直线方程近似地代替它，即 $y=a+bx$。其中，a 为混合成本中的固定部分，bx 为混合成本中的变动部分，b 为单位变动成本，y 为混合成本。这为以后的成本性态分析提供了数学依据。

三、相关范围

相关范围是指使固定成本和变动成本的性态保持不变的有关期间和业务量的特定范

围。如前所述，在介绍固定成本和变动成本定义时，总要加上“在相关范围内”这一状语。超出这个范围，固定成本总额不变和单位变动成本不变的性态将不能保持，所有成本大都将呈现混合成本的特性。例如，固定资产折旧费在设备数量确定、折旧方法选用直线法的情况下是固定成本，但如果业务量扩大，超出现有设备的生产能力，需要增加设备，固定资产的折旧费就会提高，如图 2-10 所示。又如，单位材料成本和人工成本在一定范围内是稳定不变的，但在产品投产初期，由于工人劳动熟练程度差，生产率低，单位产品材料成本和人工成本是较高的，不稳定的；当业务量增加到一定程度后，各项消耗稳定在一定水平，有关单位成本不再变化，变动成本总额表现为一个正比例直线方程，这才成为真正意义上的变动成本；当业务量突破这一相关范围继续增长时，又会出现新的不经济因素，如加班加点、废品率上升等，单位成本又会上升。如图 2-11 所示。

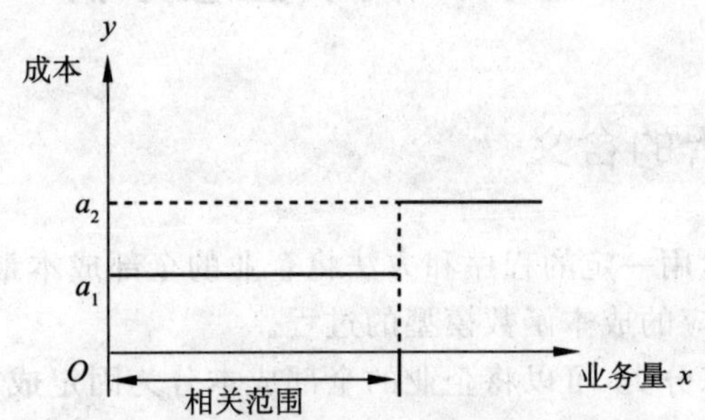

图 2-10　固定资产折旧费与相关范围业务量关系示意图

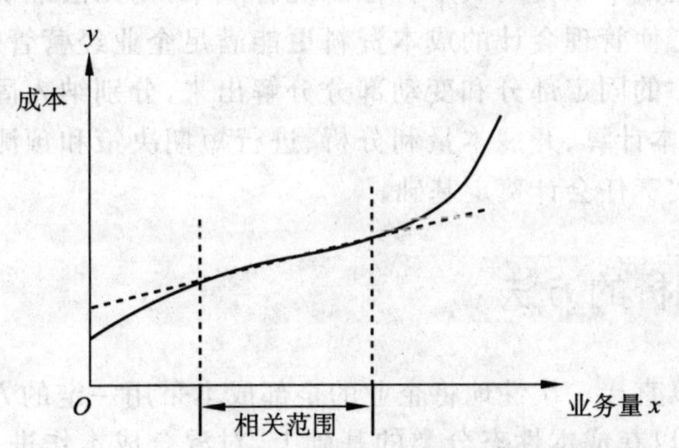

图 2-11　产品成本与相关范围业务量关系示意图

为了使直线方程 $y=a+bx$ 成立，就必须保持固定成本和变动成本的性态。为此，可以无限缩小相关范围，因为，在很小的相关范围内，任何成本都会呈现出固定成本和变动成本的特性，但在实际工作中无此必要。通常只要不影响决策的结果，成本性态的划分不要求十分准确，模型与原形之间的差别就可以接受。因此，相关范围的时间限度通常确定为一年，业务量限度通常确定为现有设备的设计生产能力。

由于相关范围的客观存在，使得各项成本性态的划分具有相对性、暂时性、可转化性。不应对成本性态作绝对理解。相对性是指在同一时期，同一成本项目在不同企业可能具有不同的性态。因而不能盲目照搬别人的成本性态分析结论。暂时性是指就同一企业而言，同一成本项目在不同时期可能有不同的性态。因此，企业必须根据情况的变化，适时进行成本性态分析。可转化性是指在同一时空条件下，某些成本项目可以在固定成本和变动成本之间实现相互转化。如某项零件自己生产时，所需设备的折旧费是固定成本；而委托外单位生产时，按件支付的加工费用则是一种变动成本。

第三节　成本性态分析

一、成本性态分析的含义

成本性态分析是指运用一定的程序和方法将企业的全部成本最终分解为固定成本和变动成本两大类，并建立相应的成本函数模型的过程。

通过前述的成本性态分类，可以将企业的全部成本分为固定成本、变动成本和混合成本三大类。对于固定成本和变动成本，由于其显著的特性，可以清楚地看出降低这两类成本的途径。而对于兼有固定成本和变动成本特性的混合成本，则无法准确地把握成本与业务量之间的依存关系。为了使管理会计的成本资料更能满足企业经营管理的各方面需要，有必要进一步将混合成本中的固定部分和变动部分分解出来，分别纳入固定成本和变动成本中去，从而为应用变动成本计算、开展本量利分析、进行短期决策和预测分析、全面预算、标准成本系统的控制及落实责任会计奠定基础。

二、成本性态分析的方法

成本性态分析可以直接一次性地将企业的全部成本采用一定的方法分解为固定成本和变动成本两大类；也可以在成本性态分类的基础上，对混合成本作进一步的分解，将其分为固定成本和变动成本，再纳入全部固定成本和变动成本之中。

常用的成本性态分析的方法有以下六种。

（一）个别确认法

个别确认法是在掌握有关项目成本性态的基础上，对每项费用的具体内容和开支标准进行分析,逐项分解,使其分别归属于固定成本和变动成本的一种方法。这种方法看似简便,实际分析工作量很大,一般适用于规模较小或成本项目较少的单位的成本性态分析。

假设某生产车间本期产量为50 000件,发生的制造费用项目的成本性态用个别确认法情况如表2-1所示。物料消耗的混合成本按其固定成本部分和变动成本部分的比例划分。

表2-1　生产车间制造费用项目成本性态分析表　单位:元

费用项目	固定成本	变动成本	混合成本	合计
折旧费	50 000			50 000
电费	10 000	20 000		30 000
管理人员工资	30 000			30 000
物料消耗	20 000	60 000	20 000	100 000
制造费用合计	110 000	80 000	20 000	210 000

物料消耗混合成本分摊比例＝20 000÷(20 000＋60 000)＝0.25

物料消耗混合成本中的固定部分＝20 000×0.25＝5 000(元)

物料消耗混合成本中的变动部分＝20 000－5 000＝15 000(元)

则表2-1中制造费用中的固定成本＝110 000＋5 000＝115 000(元)

制造费用的变动成本＝80 000＋15 000＝95 000(元)

则单位变动成本为1.9元。因此,制造费用成本模型为

$$y=115\,000+1.9x$$

(二)技术测定法

技术测定法是根据工程项目在正常生产过程中投入产出的关系,分析确定在实际业务量基础上其固定成本和变动成本的水平,并揭示其变动规律的一种方法。例如,在进行工程项目的可行性分析时,工程设计能力中规定了在一定条件下材料、燃料、动力及机器小时等的消耗标准,这些标准较为准确地反映了正常生产条件下的投入产出规律。因此,可以此作为依据,进行成本性态分析。但技术测定法只适合于投入产出关系比较稳定的企业,若企业已发生较大的技术改革,或生产能力发生重大变动,则不适合采用这种方法。

(三)合同确认法

合同确认法是根据经济合同的数额或有关收费单位的具体规定来确认成本性态的方法。如电话费、保险费,水、电、气费等均可以按照与供应单位的约定来确定成本的性态。例如电话费,电信局每月向用户收取的基本费用,可以看做是固定成本,另外按照用户的通话次数计收的费用则是变动成本。

上述三种方法都是直接根据成本的性质来分析和判断其成本性态的。下面介绍三种根据历史数据,并运用一定的数学方法进行相应的数学处理来分析成本性态的方法。

(四)高低点法

高低点法是根据一定时期内业务量和成本的最高最低点并运用直线方程原理进行成本性态分析的一种方法,又叫两点法。该方法是通过观察一定范围内各期业务量和成本所构成的全部坐标点,从中选出高低两点坐标,根据两点连成一线的直线方程原理,求解出反映成本变动规律的成本模型 $y=a+bx$。

该法的关键是根据高低点的坐标值求出单位变动成本 b 和固定成本 a:

$$b=\frac{\text{最高业务量的成本}-\text{最低业务量的成本}}{\text{最高业务量}-\text{最低业务量}}$$

$$a=\text{最高业务量的成本}-\text{单位变动成本}\times\text{最高业务量}$$

或,

$$a=\text{最低业务量的成本}-\text{单位变动成本}\times\text{最低业务量}$$

需要注意的是,选择高低点一般应以自变量,即业务量的高低为准。

【例 2-1】 已知企业产品成本(混合成本)及业务量的历史数据如表 2-2 所示。

表 2-2　产品成本(混合成本)及业务量的历史数据

月份	业务量/吨	产品成本/万元
1	185	1 370
2	215	1 510
3	245	1 400
4	300	1 600
5	280	1 600
6	275	1 520
合计	1 500	9 000

要求:用高低点法进行成本性态分析。

[解]表 2-2 的资料中,最高点是 4 月份,最低点是 1 月份。可按上述公式计算如下:

$b=\frac{1\,600-1\,370}{300-185}=2$(万元/吨)

$a=1\,600-2\times300=1\,000$(万元)

反映产品成本变动趋势的模型为

$y=1\,000+2x$

高低点法分解成本简便易行,但只以诸多历史数据中的高点和低点两个极端情况来确定一条直线，并以该直线代表所有历史数据，其结果将是不太准确的。因此，这种方法只适合于历史各期成本变化趋势比较稳定的企业使用。

（五）散布图法

散布图法又称布点图法。该方法是指将若干期业务量和成本的历史数据标注在用业务量和成本构成的坐标图上，形成若干个散布点，然后通过目测画一条尽可能接近所有坐标点的直线，并据此来推测固定成本和变动成本的一种成本性态分析法。此法又称目测画线法。

用例 2-1 的资料来说明散布图法。

根据例 2-1 的对应数据，可作散布图如图 2-12 所示。

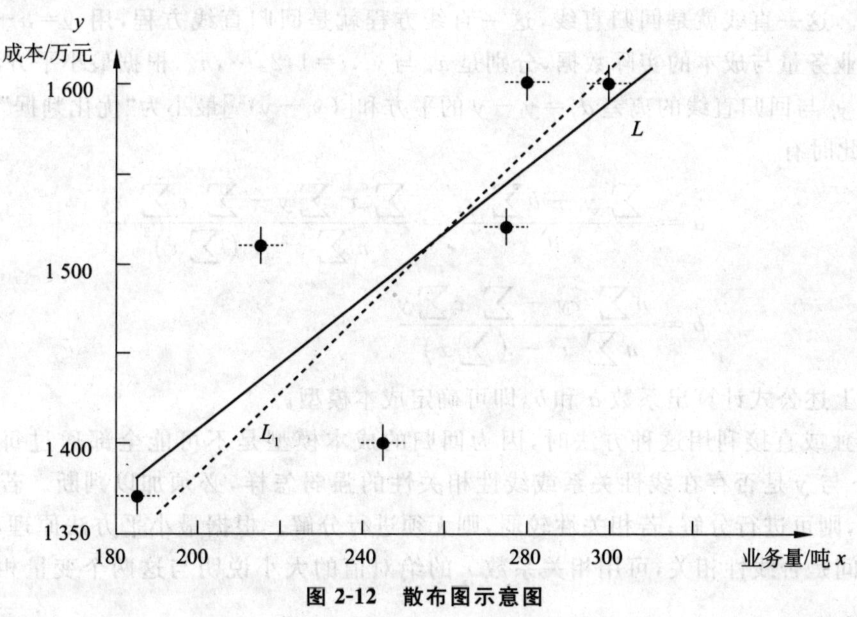

图 2-12　散布图示意图

在图 2-12 中，可以目测并画出成本变动趋势直线 L。而 L 与 y 轴（$x=0$ 时）的交点，即为产品成本中的固定部分 a；单位变动成本 b 是这条直线的斜率。在图 2-12 上任取一点，将对应的 x、y 值代入下式中，可求出 b 值：

$$b=\frac{y-a}{x}$$

利用散布图法分解成本，综合考虑了一系列观测点上业务量与成本的依存关系，因此，分解的结果较高低点法准确。但目测的成本直线因人而异，不同人员绘出的直线可能出入较大（见图 2-12 中，也可能画为虚线 L_1），有时误差还可能比较大。

（六）回归直线法

回归直线法是根据最小平方法原理(也称为最小二乘法原理)，从大量历史数据中计算出最能反映成本变动趋势的回归直线方程，并以此作为成本模型的一种成本性态分析方法。

在上述的散布图中，依据散布点的趋势，通过目测可以画许多反映 x 与 y 关系的直线。其中，有的直线距离图中大多数点近一些，用这些直线表示 x 与 y 的内在联系与实际情况比较符合；有的直线距离图中大多数点较远，用这些直线则不能准确地表示 x 与 y 的内在联系。其中必有一条直线最接近图上各散布点，这条直线也最能精确地反映 x 与 y 之间的内在联系，最能代表各成本数据的平均水平，以这条直线的方程作为成本性态分析的结果也是最准确的。这一直线就是回归直线，这一直线方程就是回归直线方程，用 $y=a+bx$ 表示。设有 n 组业务量与成本的实际数据，分别是 x_i 与 y_i，$i=1,2,\cdots,n$。根据最小平方法原理，将实际数据 y_i 与回归直线的离差 $d_i=y_i-y$ 的平方和$[(y_i-y)^2]$最小为"优化判据"，其中 $y=a+bx_i$。此时有

$$a=\frac{\sum y_i-b\sum x_i}{n}=\frac{\sum x^2\sum y-\sum x\sum xy}{n\sum x^2-\left(\sum x\right)^2}$$

$$b=\frac{n\sum xy-\sum x\sum y}{n\sum x^2-\left(\sum x\right)^2}$$

根据上述公式计算出系数 a 和 b，即可确定成本模型。

在单独或直接利用这种方法时，因为回归的成本模型是不可能全部通过每个回归数据点的，x 与 y 是否存在线性关系或线性相关性的强弱怎样，必须加以判断。若 x 与 y 相关性较强，则可进行分解；若相关性较弱，则无须进行分解。根据最小平方法原理，为了判断 x 与 y 之间是否线性相关，可用相关系数 r 的绝对值的大小说明与这两个变量相关程度的密切与否。

$$r=\frac{n\sum xy-\sum x\sum y}{\sqrt{\left[n\sum x^2-\left(\sum x\right)^2\right]\left[n\sum y^2-\left(\sum y\right)^2\right]}}$$

r 的取值范围一般在+1 与−1 之间。当 $r=0$ 时，说明 x 与 y 完全不相关；当 $r=1$ 时，说明 x 与 y 完全正相关；当 $r=-1$ 时，说明 x 与 y 完全负相关。一般在管理会计中，我们把 r 的取值范围规定为 0 到 1 之间，并且只要 $r\geqslant 0.8$，就认为变量之间存在较强的线性相关，可以使用回归直线法。

【例 2-2】 仍然以例 2-1 中的数据为例，用回归直线法进行成本性态分析。

[解]为了便于进行有关计算，现将有关数据列于表 2-3 中。

表 2-3　　回归直线法数据底稿

月份(i)	x_i	y_i	x_iy_i	x_i^2	y_i^2
1	185	1 370	253 450	34 225	1 876 900
2	215	1 510	324 650	46 225	2 580 100
3	245	1 400	343 000	60 025	1 960 000
4	300	1 600	480 000	90 000	2 560 000
5	280	1 600	448 000	78 400	2 560 000
6	275	1 520	418 000	75 625	2 310 400
n=6	1 500	9 000	2 267 100	384 500	13 547 400

首先计算相关系数：

$$r=\frac{6\times 2\ 267\ 100-1\ 500\times 9\ 000}{\sqrt{(6\times 384\ 500-1\ 500^2)(6\times 13\ 547\ 400-9\ 000^2)}}=0.81$$

r=0.81，说明 x 与 y 之间具有较强的线性相关性，存在着线性关系，可以用直线方程描述其变动趋势。

其次将有关数据代入公式，可得

$$b=\frac{6\times 2\ 267\ 100-1\ 500\times 9\ 000}{6\times 384\ 500-1\ 500^2}=\frac{102\ 600}{57\ 000}=1.8(\text{元/吨})$$

$$a=\frac{9\ 000-1.8\times 1\ 500}{6}=1\ 050(\text{元})$$

成本模型为

$y=1\ 050+1.8x$

回归直线法计算的结果比高低点法和散布图法精确，但计算过程较烦琐，公式不易记忆，适用于计算机操作。

1. 管理会计中的成本与传统产品成本有何区别？
2. 什么是成本性态？成本按性态可分为哪几类？
3. 什么是固定成本？什么是变动成本？各有何特性？混合成本又可分为哪几类？
4. 什么是相关范围？它对成本性态有何影响？
5. 什么是成本性态分析？有哪些分析方法？这些方法各有什么优缺点？
6. 为什么说回归直线法建立的成本模型代表性最强？

练习题

练习题1

以下是企业部分有关成本资料：

(1) 组成产品实体的原材料。

(2) 生产产品的工人计件工资。

(3) 车间主任的工资。

(4) 车间水电费。

(5) 按工作量法计提的生产设备折旧费。

(6) 公司广告费。

(7) 各项办公费。

(8) 按直线法计提的固定资产折旧费。

要求：试判断上述各项成本分别属于何种成本性态。

练习题2

下表是企业1—5月份的成本与产品产量资料。

月份	产量/件	变动成本/千元	固定成本/千元	混合成本/千元	总成本/千元
1	3 000	300	200	250	750
2	2 000	200	200	200	600
3	3 500	350	200	300	850
4	4 000	400	200	320	920
5	4 400	440	200	380	1 020

要求：

(1) 用高低点法将总成本完全分解为固定成本和变动成本，并建立成本模型。

(2) 预计该企业6月份产量为4 500件，试预测其总成本。

练习题3

下表是公司1—5月份的维修成本数据。

月份	机器工作/小时	维修成本/元
1	3 500	600
2	4 000	620

续表

月份	机器工作/小时	维修成本/元
3	2 500	550
4	4 500	850
5	4 100	820

要求：用高低点法将维修成本分解为变动成本和固定成本，并列出成本模型。

练习题 4

下表是企业 1～6 月份的水电费数据。

月份	业务量/千工时	水电费/万元
1	0	4.00
2	1	5.00
3	2	6.50
4	2	7.50
5	0	4.00
6	4	10.00

要求：用回归直线法进行成本分解，并列出成本模型。

练习题 5

下表是公司 4 个月的销售量和销售成本资料。

月份	销售量/千件	销售成本/千元
1	3	5
2	4	6
3	2	4
4	6	7

要求：

(1) 用高低点法建立成本模型。

(2) 用回归直线法建立成本模型。

(3) 预测销售量为 7 千件时的总成本。

练习题 6

下表是企业全年 12 个月的业务量及维修费数据。

月份	业务量/千小时	维修费/元
1	95	7 500
2	80	7 800
3	125	9 500
4	90	8 200
5	105	8 500
6	115	8 400
7	130	9 100
8	70	7 200
9	80	7 300
10	120	9 000
11	140	9 300
12	110	8 900

要求：

(1) 用高低点法进行成本性态分析，并列出成本模型。

(2) 用回归直线法进行成本性态分析，并建立成本模型。

(3) 若计划月份预计业务量为 150 千小时，维修费将达到多少(用高低点法分解的数据计算)？

第三章　本量利分析

本章学习提示

本章重点：本量利分析的关系式，保本点、保利点的计算公式及其运用，企业经营安全程度评价指标，多品种条件下本量利分析的加权平均法，本量利分析图。

本章难点：本量利分析图，企业经营安全程度评价指标，多品种条件下本量利分析，利润敏感性分析，经营杠杆系数。

成本-业务量-利润分析所提供的原理、方法在管理会计中有着广泛的用途，同时它又是企业进行决策、计划和控制的重要工具。

第一节　本量利分析的意义

一、本量利分析的基本含义及其公式

本量利分析，即成本-业务量-利润的分析，是指在一定条件下，以数学化的会计模式和图形对成本、业务量、利润三者之间的依存关系进行分析，旨在为企业的预测、决策和规划提供必要的财务信息。最早的关于本量利分析图的文字记载出现在1904年的美国，1922年美国哥伦比亚大学一位会计学教授提出了完整的保本分析理论。20世纪50年代以后，本量利分析在西方会计实践中得到广泛的应用，理论也更趋完善。

本量利分析是一种易于理解、简单易行但又比较重要的定量分析方法，被广泛地应用于企业的预测、决策、规划经济活动与成本控制等方面。本量利分析主要应用于以下几个具体方面：①预测保本点；②规划目标利润；③预测目标利润销售量和目标利润销售额；④进行利

润的敏感性分析;⑤用于企业的短期经营决策。

在本量利分析中,需要考虑以下几项相关因素:固定成本 a,单位变动成本 b,销售量 x,单位售价 s,税前净利 P。这些变量之间的关系可以用下式表示:

$$\begin{aligned}P&=sx-bx-a\\&=sx-(bx+a)\\&=\text{销售收入}-(\text{变动成本}+\text{固定成本})\end{aligned}$$

本量利分析的各种数学模型便是在上述公式的基础上建立起来的,故上述公式可称为本量利分析的基本公式(本章没有特别说明时,公式中出现上述字母所代表的含义同上式)。

二、本量利分析的作用和前提

本量利分析的主要作用是通过对销售量、成本、售价和利润的分析,寻求降低成本、提高收入、确保目标利润实现的途径。企业可以将本量利分析运用于预测、决策、规划和控制等诸多方面。运用于预测中,可以进行目标利润的预测和规划;运用于决策中,可以进行生产决策、定价决策及不确定性分析;运用于控制中,可以根据本量利关系编制全面预算,进行成本控制等。

要运用上述本量利分析的基本公式进行分析,必须明确以下前提。

(1) 成本性态分析前提。必须先进行成本性态分析工作,将企业的全部成本分解为变动成本和固定成本,并建立成本模型。

(2) 相关范围及线性假设前提。即有关成本性态和单位售价水平总是处于相关范围内保持不变。在一定的期间和业务量范围内,成本和销售收入可以表现为一条直线。

(3) 产销平衡和品种结构稳定前提。即假设只生产一种产品时,生产量总是等于销售量,能实现产销平衡;在生产多品种产品时,各品种的结构比重基本不发生变化。这种假设的目的是为了使分析人员集中注意价格、成本和业务量对利润的影响。

(4) 变动成本计算前提。即企业的产品成本是按变动成本计算原则计算出来的,所有的固定成本均作为期间成本处理。

明确上述前提,是为了方便简捷地运用本量利分析的基本公式。此外,上述前提从反面提醒我们:在实际工作中,上述各种前提并非永远成立,因此,企业在进行本量利分析时,必须动态地把握企业的经营条件、市场与价格、生产要素、品种结构等因素的实际变动情况,结合使用风险性分析和敏感性分析等技术,并考虑现实的完全成本法,调整修正本量利分析的结论,克服本量利分析的局限性。

三、边际贡献

边际贡献是指产品的销售收入减去相应的变动成本的差额,又称贡献毛益或创利额。边际贡献减去固定成本之后是利润。每种产品边际贡献并不是企业的最终利润,但它的高低可以反映每种产品为企业创造利润能力的大小,即它提供了各种产品的盈利能力。因此,边际贡献具有弥补固定成本和创造利润的特性。

边际贡献通常有以下三种表现形式:单位边际贡献 cm,边际贡献总额 Tcm,边际贡献率 cmR。公式如下:

$$cm=s-b$$

$$\begin{aligned}Tcm &= sx-bx \\ &=(s-b)x\end{aligned}$$

$$\begin{aligned}cmR &= \frac{cm}{s}\times 100\% \\ &= \frac{s-b}{s}\times 100\% \\ &=1-\frac{b}{s}\times 100\%\end{aligned}$$

式中,$b/s\times 100\%$即变动成本与销售收入的比率,称为“变动成本率”,以 bR 表示。

则边际贡献率和变动成本率的关系如下:

$$cmR+bR=1$$

$$cmR=1-bR$$

可见,边际贡献率高的产品或企业,变动成本率低,创利能力大,反之亦成立。

根据本量利分析的基本公式,边际贡献、固定成本和税前净利之间的关系如下:

$$P=Tcm-a$$

或

$$Tcm=a+P$$

$$a=Tcm-P$$

当 $Tcm>a$,$P>0$ 时,企业有利润;

当 $Tcm=a$,$P=0$ 时,企业处于不盈不亏状态;

当 $Tcm<a$,$P<0$ 时,企业发生亏损。

【例 3-1】 某公司生产一种甲产品 400 件,销售单价每件 100 元。甲产品的成本资料如下:直接材料 14 000 元;直接人工 8 000 元;制造费用 8 000 元,其中,变动制造费用 2 000

元，固定制造费用 6 000 元；推销及管理费用 8 000 元，其中，变动费用 2 200 元，固定费用 5 800元。

要求：计算该产品边际贡献总额、单位边际贡献、边际贡献率、变动成本率和税前净利。

[解](1) 边际贡献总额。

$Tcm=sx-bx=(100\times400)-(14\ 000+8\ 000+2\ 000+2\ 200)=13\ 800$(元)

(2) 单位边际贡献。

$cm=Tcm\div x=13\ 800\div400=34.5$(元)

(3) 边际贡献率。

$cmR=cm\div s\times100=34.5\div100=34.5\%$

(4) 变动成本率。

$bR=1-cmR=1-34.5\%=65.5\%$

(5) 税前净利。

$P=Tcm-a=13\ 800-(6\ 000+5\ 800)=2\ 000$(元)

第二节　保本条件下的本量利分析

一、盈亏临界点

(一) 盈亏临界点的概念

盈亏临界点是指企业的经营处于不盈不亏状态或保本状态时的销售量或销售额。又被称为保本点或损益两平点。也就是说，在该业务量水平上，企业的销售收入等于总成本，边际贡献等于固定成本。可见，盈亏临界点是企业的一项重要指标，企业销售量只有达到了盈亏临界点水平才能保本；要想取得利润，企业的销售量必须大于盈亏临界点才行。

(二) 单一品种条件下的盈亏临界点计算

当企业只生产一种产品时，盈亏临界点有两种表现形式：盈亏临界点销售量 x_0，盈亏临界点销售额 y_0。其计算公式分别如下：

$$x_0=\frac{a}{s-b}$$

$$=\frac{a}{cm}$$

$$y_0 = \frac{a}{(s-b)/s}$$

$$= \frac{a}{cmR}$$

【例 3-2】 某企业只生产一种产品乙，其售价 10 元/件，单位变动成本为 6 元，企业固定成本总额为 10 000 元。要求计算盈亏临界点销售量(件)和销售额。

[解]保本点销售量＝10 000÷(10－6)＝2 500(件)

保本点销售额＝10 000÷[(10－6)÷10]＝25 000(元)

以上计算表明，企业只有生产并销售 2 500 件乙产品，其边际贡献为 10 000(＝4×2 500)元时，才能恰好补偿固定成本，使企业保本。

（三）多品种条件下的盈亏临界点计算

当企业同时生产多种产品时，每种产品具有不同的边际贡献和不同的计量单位，因此，企业的综合盈亏临界点无法用实物量来计算和表示，而只能用金额表示，即计算综合盈亏临界点销售额。有以下几种计算方法。

1. 综合边际贡献率法

这种方法是将各种产品的边际贡献和销售收入分别汇总，计算综合边际贡献率，然后据此测算综合盈亏临界点销售额。

$$综合边际贡献率=\frac{各种产品边际贡献之和}{各种产品销售收入之和}\times 100\%$$

$$综合盈亏临界点销售额=\frac{固定成本}{综合边际贡献率}$$

【例 3-3】 某厂计划期内同时生产甲、乙、丙三种产品，计划期内固定成本总额为 13 650 元，其他有关资料如表 3-1 所示。

表 3-1　　其他有关资料

品种	销量/件 ①	单价/元 ②	单位变动成本/元 ③	销售收入/元 ④＝①×②	边际贡献/元 ⑤＝①×(②－③)
甲	1 000	40	28	40 000	12 000
乙	3 000	10	6	30 000	12 000
丙	1 500	20	10	30 000	15 000
合计				100 000	39 000

要求：计算综合盈亏临界点销售额。

[解]根据上述资料可得

综合边际贡献率＝ $\frac{39\ 000}{100\ 000}$×100％ ＝39％

综合盈亏临界点销售额＝ $\frac{13\ 650}{39\%}$ ＝35 000(元)

2. 加权边际贡献率法

这种方法是先计算各种产品的边际贡献率，并以各产品的销售比重为权数计算加权边际贡献率，然后根据加权边际贡献率计算综合盈亏临界点销售额，最后再分别计算各种产品的盈亏临界点销售额。计算公式如下：

加权边际贡献率＝∑(产品的边际贡献率×该产品的销售比重)

综合盈亏临界点销售额＝固定成本总额÷加权平均边际贡献率

某种产品盈亏临界点销售额＝综合保本点销售额×该种产品的销售比重

某种产品盈亏临界点销售量＝该种产品盈亏临界点销售额÷该种产品的销售单价

【例 3-4】 根据例 3-3 资料，用加权边际贡献率法计算综合盈亏临界点销售额和各产品的盈亏临界点销售额。

[解]甲产品边际贡献率＝(40－28)÷40×100％＝30％

乙产品边际贡献率＝(10－6)÷10×100％＝40％

丙产品边际贡献率＝(20－10)÷20×100％＝50％

甲产品销售比重＝40 000÷100 000×100％＝40％

乙产品销售比重 30 000÷100 000×100％＝30％

丙产品销售比重＝30 000÷100 000×100％＝30％

加权边际贡献率＝30％×40％＋40％×30％＋50％×30％＝39％

综合盈亏临界点销售额＝ $\frac{13\ 650}{39\%}$ ＝35 000(元)

甲产品盈亏临界点销售额＝35 000×40％＝14 000(元)

乙产品盈亏临界点销售额＝35 000×30％＝10 500(元)

丙产品盈亏临界点销售额＝35 000×30％＝10 500(元)

两种方法计算的加权边际贡献率、综合盈亏临界点销售额结果相同。事实上，上述两种方法的实质是一样的，公式也可以相互推导，只是它们分别适用于掌握资料详略程度的不同情况。综合边际贡献率法可以只需要掌握或预计全厂总的销售收入和边际贡献水平，就可以计算综合盈亏临界点销售额，而不必了解每种产品的资料，因此，比较简单。加权边际贡献率法则需要了解各种产品的详细资料，同时它也能提供各种产品的盈亏临界点销售额，因而，相对来说，该法更为具体，更为有用。

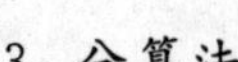

3. 分算法

分算法是指在一定条件下，将全厂固定成本按一定标准在各种产品之间进行分配，计算每种产品的盈亏临界点销售额，然后，再将各种产品的盈亏临界点销售额汇总，求得综合盈亏临界点销售额。

分算法的关键是要合理分配固定成本，对于专属于某种产品生产时发生的固定成本即专属固定成本，如生产某种产品的专用设备的折旧费及基本维修费，应由该产品负担；对于应由多种产品共同负担的固定成本即共同固定成本，则应选择合适的分配标准进行分配。常用的分配标准有销售额、产品重量、长度、体积、工时、边际贡献或材料耗用量等。

【例 3-5】 仍沿用表 3-1 所列资料，假定固定成本 13 650 元中甲产品应负担的专属固定成本为 1 950 元，其余为甲、乙、丙三种产品应负担的共同成本。

要求：以各种产品边际贡献为标准，用分算法计算各种产品的盈亏临界点销售额和企业综合盈亏临界点销售额。

[解]甲产品应负担的固定成本$=1\,950+\dfrac{13\,650-1\,950}{39\,000}\times 12\,000=5\,550$(元)

乙产品应负担的固定成本$=\dfrac{13\,650-1\,950}{39\,000}\times 12\,000=3\,600$(元)

丙产品应负担的固定成本$=\dfrac{13\,650-1\,950}{39\,000}\times 15\,000=4\,500$(元)

甲产品盈亏临界点销售额$=\dfrac{5\,550}{40-28}\times 40=18\,500$(元)

乙产品盈亏临界点销售额$=\dfrac{3\,600}{10-6}\times 10=9\,000$(元)

丙产品盈亏临界点销售额$=\dfrac{4\,500}{20-10}\times 20=9\,000$(元)

综合盈亏临界点销售额$=18\,500+9\,000+9\,000=36\,500$(元)

4. 主要产品边际贡献率法

如果企业生产经营的多种产品中有一种是主要产品，其他产品的销售比重及提供的边际贡献很小，或是无足轻重的副产品，为简化计算，可以按主要产品的边际贡献率来计算综合盈亏临界点销售额。计算公式如下：

$$\text{综合盈亏临界点销售额}=\frac{\text{固定成本}}{\text{主要产品边际贡献率}}$$

这种方法的依据在于主要产品必然是企业生产经营的重点，其所提供的边际贡献应是补偿企业全部固定成本的主要来源。该法适用于主要产品比较突出或便于划分的企业。因此，应以何种标准来确定主要产品是应用该法的关键。

5. 联合单位法

联合单位法是指在事先掌握多种产品之间客观存在的相对稳定的产销实物量比例的基础上，将多种产品组合成单一的联合单位产品，确定每一联合单位的单价和单位变动成本，计算联合单位产品的盈亏临界点销售量和销售额，最后再确定每种产品的盈亏临界点销售量和销售额的方法。

如果企业生产的多种产品的实物量之间存在着较稳定的数量关系，而且产销平衡，就可以用联合单位代表按实际实物量比例构成的一组产品。例如表 3-1 中甲、乙、丙三种产品的实际销售量为 1 000，3 000，1 500，若选定甲产品为标准产品，则甲、乙、丙三种产品的销量比为 1∶3∶1.5，一个联合单位就相当于 1 个甲产品、3 个乙产品和 1.5 个丙产品的集合。在此基础上，以联合单位和各种产品的单价及单位变动成本来计算联合单价和联合单位变动成本，并确定联合盈亏临界点。

【例 3-6】 仍按例 3-3 资料，以甲产品为标准产品，用联合单位法计算综合盈亏临界点和各种产品的盈亏临界点。

[解]联合单位的构成是：甲∶乙∶丙＝1∶3∶1.5

联合单价＝40×1＋10×3＋20×1.5＝100(元/联合单位)

联合单位变动成本＝28×1＋6×3＋10×1.5＝61(元/联合单位)

综合盈亏临界点销售量＝13 650÷(100－61)＝350(联合单位)

综合盈亏临界点销售额＝350×100＝35 000(元)

甲产品盈亏临界点销售量＝350×1＝350(件)

乙产品盈亏临界点销售量＝350×3＝1 050(件)

丙产品盈亏临界点销售量＝350×1.5＝525(件)

甲产品盈亏临界点销售额＝350×40＝14 000(元)

乙产品盈亏临界点销售额＝1 050×10＝10 500(元)

丙产品盈亏临界点销售额＝525×20＝10 500(元)

二、盈亏临界图

盈亏临界图是利用平面直角坐标系，将有关因素对盈亏临界点的影响集中在一张图上直观而形象地反映出来。利用盈亏临界图，不仅可以研究有关因素对盈亏临界点的影响，还可以清楚地看出有关因素的变动对边际贡献及利润的影响，因此也称为本量利分析图。

(一) 基本图

基本盈亏临界图的绘制方法如下：①建立直角坐标系，横轴代表销售量，纵轴代表成本和销售收入；②在纵轴上找到固定成本数值，以点(0，a)为起点画条平行于横轴的线，即固定成本线；③以点(0，a)为起点，以单位变动成本 b 为斜率绘出总成本线；④以点(0，0)为起点，以单价 s 为斜率绘出总收入线；⑤总成本线与总收入线相交点所对应的销售量即为保本销售量，相交点所对应的销售额即为保本销售额。

以例 3-2 的数据，绘制用实物量表示的盈亏临界图，如图 3-1 所示；以例 3-3 数据绘制用金额表示的盈亏临界图，如图 3-2 所示。

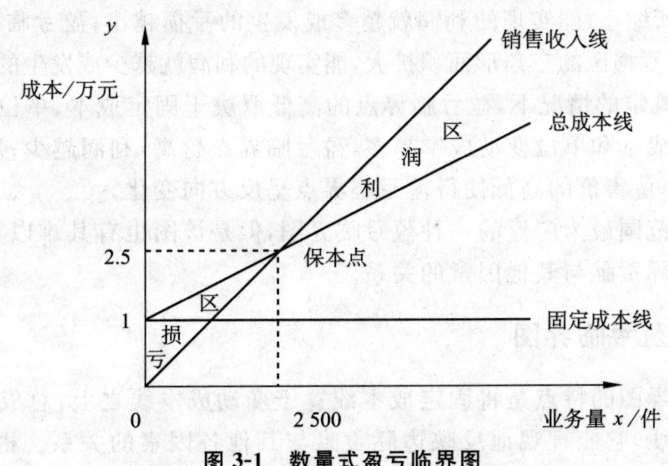

图 3-1　数量式盈亏临界图

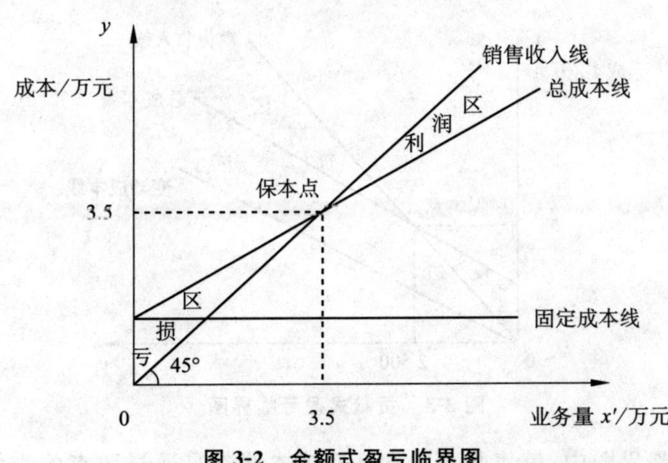

图 3-2　金额式盈亏临界图

在金额式盈亏临界图中，其横轴 x' 表示的是销售额 sx，销售收入线与横轴的夹角为 45°，反映的是销售收入与盈亏临界点等变量之间的关系，此时销售收入线为 $y=x'$，总成本线为

$$y=a+bx=a+b\cdot sx/s=a+b/s\cdot sx=a+bR\cdot sx=a+bR\cdot x'$$

该图主要用于多品种条件下的盈亏临界点分析。

从图 3-1 中可以看出以下几点。

(1) 在盈亏临界点不变的情况下,凡是销售量超过盈亏临界点一个单位的业务量,就可获得一个单位的边际贡献的盈利;销售量越大,能实现的盈利额就越多。反之,若销售量低于盈亏临界点,就发生亏损,销售量越小,亏损额越大。

(2) 在销售量不变的情况下,盈亏临界点越低,利润区的三角形面积就有所扩大,亏损区的三角形面积就有所缩小,能实现的利润就越多或发生的亏损越小;盈亏临界点越高,利润区的三角形面积缩小,亏损区的三角形面积扩大,能实现的利润就越少或发生的亏损越多。

(3) 在销售量既定的情况下,盈亏临界点的高低取决于固定成本、单位变动成本和单位售价的多少。固定成本和单位变动成本越多,盈亏临界点越高,利润越少;反之,盈亏临界点越低,利润越多。单位售价的高低使得盈亏临界点呈反方向变化。

基本图是应用范围最为广泛的一种盈亏临界图,但是该图也有其难以克服的缺点,即从该图中无法反映边际贡献与其他因素的关系。

(二) 贡献式盈亏临界图

贡献式盈亏临界图的特点是将固定成本线置于变动成本线之上,总成本线是一条平行于变动成本线的直线,它能直观地反映边际贡献与其他各因素的关系。根据例 3-2 中的资料绘制的贡献式盈亏临界图如图 3-3 所示。

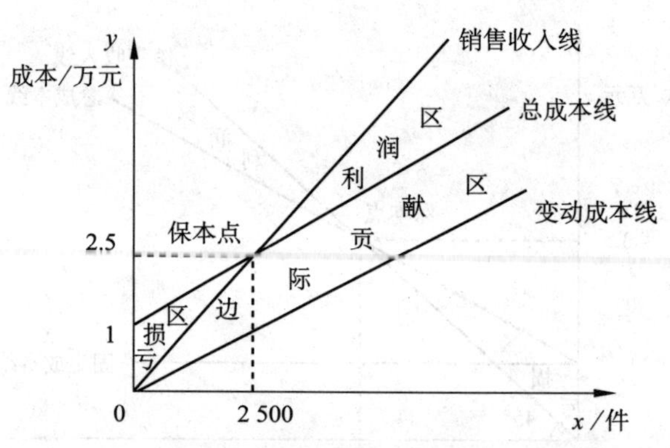

图 3-3 贡献式盈亏临界图

在贡献式盈亏临界图中,销售收入线和变动成本线都是通过原点的直线,两条线之间垂直于横轴的距离为边际贡献,在边际贡献与固定成本相等处所对应的业务量即总收入线与总成本线的交点为盈亏临界点。

从图 3-3 中可以看出以下几点。

(1) 边际贡献率 cmR 越大，利润区域越大；反之，边际贡献率越小，利润区域也越小。边际贡献率的高低，直接影响着利润的多少。

(2) 只要单价大于单位变动成本，必然有边际贡献存在。

(3) 边际贡献应当首先补偿固定成本，只有超过固定成本的部分才构成企业的利润。

(4) 产销量达到保本点以后产生的边际贡献构成了利润的增加部分。

（三）利量式盈亏临界图

为了更简明地反映利润和业务量的依存关系，可以省略成本因素，制作利量图。根据例 3-2中的资料绘制的利量式盈亏临界图如图 3-4 所示。

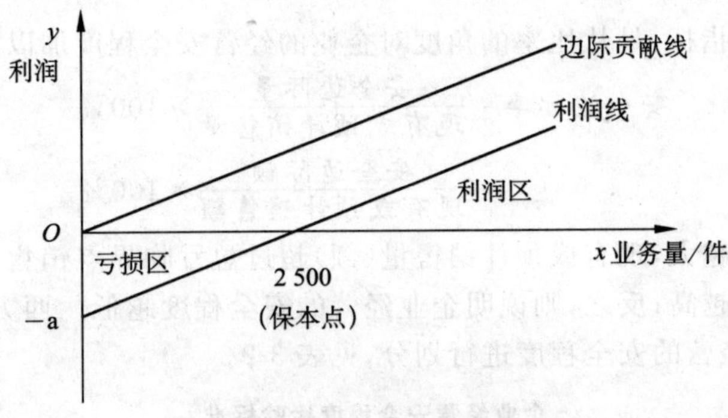

图 3-4　利量式盈亏临界图

在利量图中，横轴表示业务量，纵轴表示利润或边际贡献。在绘制时，可以单位边际贡献（横轴为销售量时）或边际贡献率（横轴为销售额时）为斜率，先画一条边际贡献线。然后过纵轴上的负数的固定成本总额作一条平行于边际贡献线的直线，即利润线。利润线与横轴的交点为盈亏临界点。

该图可以在既定的条件下，清晰地反映出业务量变动对利润的影响。它的不足之处是不能显示业务量变动对成本的影响。

三、安全边际与保本作业率

（一）安全边际

安全边际是指企业现有或预计的销售量（额）超过盈亏临界点销售量（额）的差额，表示企业现有或预计销售量（额）与盈亏临界点的距离。它反映了企业实际经营的安全程度。具体表现形式有以下三种。

1. 安全边际量

这是一种绝对量指标，是从业务量的角度反映企业经营的安全程度。计算公式如下：

安全边际量＝现有或预计销售量－盈亏临界点销售量

2. 安全边际额

这也是一种绝对量指标，是从销售额的角度加以反映。计算公式如下：

安全边际额＝现有或预计销售额－盈亏临界点销售额
＝(现有或预计销售量－盈亏临界点销售量)×单价
＝安全边际量×单价

3. 安全边际率

这是一种相对量指标，是从比率的角度对企业的经营安全程度加以揭示。计算公式为

$$安全边际率=\frac{安全边际量}{现有或预计销售量}\times 100\%$$
$$=\frac{安全边际额}{现有或预计销售额}\times 100\%$$

安全边际值(率)越大，现有或预计销售量(额)超过盈亏临界点销售量(额)的数额越大，企业经营的安全程度越高；反之，则说明企业经营的安全程度越低。西方企业曾根据安全边际率的不同，将企业经营的安全程度进行划分，见表 3-2。

表 3-2　企业经营安全程度检验标准

安全边际率	10%以下	10%～20%	20%～30%	30%～40%	40%以上
安全程度	危险	不安全	较安全	安全	很安全

需要说明的是，表 3-2 中的安全程度与安全边际率的对应关系只是一个参考。不同行业、不同企业或不同时期，经营环境不同，安全程度与安全边际率的关系也会发生变化。

安全边际与盈亏临界点之间还具有如下关系：

$$盈亏临界点销售量=\frac{固定成本\times 安全边际量}{税前净利}$$

$$盈亏临界点销售额=\frac{固定成本\times 安全边际额}{税前净利}$$

由于盈亏临界点销售量已补偿了企业全部固定成本，因此，盈亏临界点以上的销售量即安全边际部分只需补偿其变动成本，其差额即边际贡献就是企业的利润。所以，安全边际与税前净利之间具有如下关系：

税前净利＝安全边际量×单位边际贡献
＝安全边际额×边际贡献率

销售利润率＝安全边际率×边际贡献率

（二）保本作业率

保本作业率又叫“达到盈亏临界点（保本点）的作业率”，是指盈亏临界点销售量（额）与企业正常销售量（额）或应达到的销售量（额）的比率。计算公式如下：

$$保本作业率=\frac{盈亏临界点销售量（额）}{正常销售量（额）}\times 100\%$$

该项比率表明盈亏临界点占正常业务量的比重，比率越低，企业越安全，越有利。也就是说，保本作业率表明了企业在保本状态下对生产经营能力的利用程度。

如果企业的正常生产经营能力与现有或预计销售量相当，则保本作业率与安全边际率具有如下关系：

$$安全边际率+保本作业率=1$$

【例 3-7】 某企业盈亏临界点销售额为 26 000 元，现有销售额 40 000 元，正常销售额 400 000 元。

要求：

(1) 计算安全边际额。

(2) 计算安全边际率和保本作业率，并加以评价。

(3) 若企业销售利润率为 20%，计算边际贡献总额。

[解](1) 安全边际额＝40 000－26 000＝14 000(元)

(2) 安全边际率＝14 000÷40 000×100%＝35%

保本作业率＝26 000÷40 000×100%＝65%＝1－35%

企业经营程度安全。

(3) 边际贡献率＝销售利润率÷安全边际率×100%

＝20%÷35%×100%＝57%

边际贡献总额＝销售额×边际贡献率＝40 000×57%

＝22 800(元)

四、有关因素单独变动对盈亏临界点和安全边际的影响

（一）有关因素单独变动对盈亏临界点的影响

从公式 $x_0=\frac{a}{s-b}$ 可知，影响盈亏临界点的因素有三个：固定成本、单位变动成本产和单价。

1. 固定成本单独变动对盈亏临界点的影响

固定成本是盈亏临界点计算公式的分子，固定成本的变动会使盈亏临界点呈同方向变动，即固定成本升高，盈亏临界点也会提高，使企业经营向不利方向发展；反之，盈亏临界点下降，对企业经营有利。

2. 单位变动成本单独变动对盈亏临界点的影响

单位变动成本单独变动使得单位边际贡献或边际贡献率向相反方向变动，从而会改变盈亏临界点计算公式的分母，单位变动成本降低，边际贡献扩大，盈亏临界点降低，对企业经营会产生有利影响；单位变动成本升高，边际贡献减少，盈亏临界点提高，对企业经营不利。因此，单位变动成本与固定成本一样，都会使盈亏临界点向同方向变动。

3. 单价单独变动对盈亏临界点的影响

单价单独变动会引起单位边际贡献或边际贡献率向同方向变动，因而会改变盈亏临界点计算公式的分母。当单价上升时，边际贡献上升，盈亏临界点下降，使企业经营状况向好的方向发展；单价下降时，盈亏临界点上升，对企业经营不利。

4. 产品品种结构变动对盈亏临界点的影响

在企业生产多品种时，品种结构的变化也会影响盈亏临界点。如前述多品种条件下盈亏临界点的计算中，若采用加权边际贡献率法计算，公式如下：

$$\text{综合盈亏临界点销售额}=\frac{\text{固定成本总额}}{\text{加权边际贡献率}}$$

$$\text{加权边际贡献率}=\sum\text{各种产品边际贡献率}\times\text{该产品销售比重}$$

当固定成本不变时，即使每种产品的单位变动成本和单位售价不变，但如果产品品种结构变化即各产品销售比重相互发生变化，则将很有可能影响到加权边际贡献率，进而影响到盈亏临界点。

（二）有关因素单独变动对安全边际的影响

从“安全边际量＝现有或预计销售量－盈亏临界点销售量”和有关因素单独变动对盈亏临界点的影响分析可看出，影响安全边际的因素有四个：固定成本 a、单位变动成本 b、单价 s 和现有或预计销售量 x。

1. 固定成本单独变动的影响

由于固定成本单独变动会使盈亏临界点向同方向变动，因此，在现有或预计销售量不变时，固定成本升高，盈亏临界点提高，安全边际会减少；反之亦然。从另一方面说，安全边际反映了企业经营的安全程度，固定成本升高，企业经营将不太安全，故安全边际的变动与固定成本的变动是互为反向的。

2. 单位变动成本单独变动的影响

单位变动成本对安全边际的影响与固定成本相同，也将使安全边际与之呈反方向变动。

3. 单价单独变动的影响

单价单独变动会导致盈亏临界点呈反方向变动，因此，在现有或预计销售量不变时，单价升高，盈亏临界点下降，安全边际增加；反之亦然。即单价变动将使安全边际向同方向变动。

4. 现有或预计销售量单独变动的影响

在固定成本、单位变动成本、单价等因素不变时，盈亏临界点也将不变，此时，若现有或预计销售量上升，安全边际也将扩大；反之，现有或预计销售量下降，安全边际也将下降。即安全边际与现有或预计销售量呈同方向变化。

第三节　盈利条件下的本量利分析

一、有关因素变动对利润的影响

（一）实现目标利润有关因素的计算

企业经营的主要目的之一就是要实现目标利润，只有考虑了利润的本量利分析过程才是完整的本量利分析。保本条件下的本量利分析即盈亏临界点分析只是本量利分析的一个特例或抽象处理。盈利条件下的本量利分析就是在利润不为零的前提下进行的。

1. 实现目标利润业务量的计算

实现目标利润（简记做 TP）的业务量是指在单价和成本水平既定的前提下，为确保事先确定的目标利润的实现，而应当达到的销售量或销售额。根据利润计算公式，可得实现目标利润的销售量 X 的下列计算公式：

$$X = \frac{a + TP}{s - b}$$

$$= \frac{a + TP}{cm}$$

实现目标利润销售额 X' 的计算公式为

$$X' = \frac{a+TP}{(s-b)/s} = \frac{a+TP}{cmR}$$

【例 3-8】 某企业只生产一种产品，其售价为 10 元/件，单位变动成本为 6 元，企业固定成本总额为 10 000 元。企业计划年度的目标利润为 15 000 元。要求：计算实现目标利润的业务量。

[解]根据公式可得

X=(10 000+15 000)÷(10−6)=6 250(件)

X'=6 250×10=62 500(元)

2. 实现目标利润的成本计算

在其他因素既定的条件下，成本水平应该达到实现目标利润水平，可根据下式计算：

$$b = \frac{sx-a-TP}{x} = s - \frac{Tcm}{x}$$

$$a = sx - bx - TP = Tcm - TP$$

【例 3-9】 根据例 3-8 的资料，假定预计销售量为 5 000 件。

要求：

(1) 计算在其他因素不变的情况下，单位变动成本应如何变化才能实现目标利润 15 000元？

(2) 计算在其他因素不变的情况下，固定成本为多少时能实现目标利润 15 000 元？

[解]b=(10×5 000−10 000−15 000)÷5 000 =5(元)

a=10×5 000−6×5 000−15 000=5 000(元)

即单位变动成本要从原来的 6 元下降到 5 元，或固定成本降到 5 000 元，都能实现目标利润。

3. 实现目标利润的单价计算

在其他条件已知的情况下，实现目标利润的单价可以用下式计算：

$$s = \frac{bx+a+TP}{x} = b + \frac{Tcm}{x} = b + cm$$

【例 3-10】 根据例 3-8 的资料，假定预计销售量为 5 000 件。

要求：计算在其他因素不变的情况下，售价应如何变化才能实现目标利润 15 000 元？

[解]s=(6×5 000+10 000+15 000)÷5 000 =11(元)

即单位产品售价从原来的 10 元提高到 11 元，就能实现目标利润。

(二) 有关因素单独变动对利润的影响

根据 $P = sx - bx - a = (s-b)x - a$，影响利润变化的因素包括单位售价、销售量、单位变动成本、固定成本等四个因素。

从公式可以看出，sx 是 P 的增项，所以在其他因素不变的情况下，当单价提高，sx 增加，所以利润增加。反之则利润下降。

企业生产的产品一般都会提供边际利润，否则就会停产，所以$(s-b)$一般是大于零的，所以$(s-b)x$ 也是 P 的增项，在其他因素不变的情况下，当销量增加，利润增加。反之则利润下降。

从公式可以看出，bx 是 P 的减项，所以在其他因素不变的情况下，当单位变动成本增加，bx 增加，利润随之下降。反之则利润增加。

从公式可以看出，a 是 P 的减项，所以在其他因素不变的情况下，当固定成本 a 增加，利润随之下降。反之则利润增加。

在企业实际生产经营活动中，影响利润的有关因素往往不是孤立发生变化的，而且一个因素的变动往往会导致其他相关因素发生变化。例如，单价的提高会使销售量下降；要想降低单位变动成本，就可能因采用先进设备而增加固定成本等，这就需要加以综合考虑从而使利润最大化。这属于短期经营决策的问题，将在第五章详细介绍。

二、利润敏感性分析

利润敏感性分析是指通过对制约利润的有关因素进行具体分析，确定各因素变动对利润的影响程度的一种分析方法。它对目标利润的预测具有积极的指导意义。影响利润的各种因素如单价、成本、销售量等在实际经济生活中是经常变动的。但它们对利润的影响程度并不相同，即使在它们变动方向和变动幅度完全一样时也是如此。例如，单价的升高会导致利润的增长，而成本只有降低才会使利润增长；同时当二者变动幅度相同时，利润的变动幅度也不一定一样。有些因素只要略微变化，利润就发生很大变动，我们称利润对该因素的敏感性高；有些因素虽然变动幅度较大，但利润只发生微小的变动，我们称利润对该因素的敏感性低。显然，利润对各因素的敏感性不同，人们对它们的重视程度也就有所区别。对敏感性系数高的因素，人们会给予更多的关注；对敏感性系数低的因素则不必作为分析的重点。利润敏感性分析就是要计算有关因素的敏感性系数和将导致利润发生质变(利润$\leqslant 0$)的各因素的下限临界值，以利于进行目标利润规划。

（一）有关因素利润敏感性系数的计算

假定影响利润的只有单价 s、单位变动成本 b、销售量 x 和固定成本总额 a 等四个因素，同时为便于科学考察各因素对利润影响程度的大小，假定各因素均按同一幅度变动，并且都能导致利润增加。

【例 3-11】 某公司生产甲产品 1 000 件，单价 50 元，单位变动成本 30 元，固定成本总额 10 000 元。假定单价增长 1%，销售量增长 1%，单位变动成本降低 1%，固定成本降低 1%。

要求：

(1) 计算利润对各因素变动的敏感性即各因素的敏感性系数。

(2) 分析并总结各因素敏感性系数的规律。

［解］(1) 设 P_0 为各因素变动前的利润，P_1 为各因素单独变动后的利润，P_s'、P_b'、P_x'、P_a'为单价 s、单位变动成本 b、销售量 x、固定成本 a 的利润敏感性系数。

$P_0=s_0x_0-b_0x_0-a_0=50\times1\ 000-30\times1\ 000-10\ 000=10\ 000$(元)

① 当单价 s 增长 1%时，

$s_1=s_0(1+1\%)$

$P_1=s_1x_0-b_0x_0-a_0$

$=50\times(1+1\%)\times1\ 000-30\times1\ 000-10\ 000=10\ 500$(元)

利润变动率$=(P_1-P_0)\div P_0\times100\%$

$=(10\ 500-10\ 000)\div10\ 000=5\%$

即当单价上升 1%时，利润增长 5%。此即为利润对单价的敏感性，或者说是单价的利润敏感性系数。可根据本例推导出单价的利润敏感性系数的计算公式如下。

单价的利润敏感性系数：

$P_s'=(P_1-P_0)\div P_0$

$=(s_1x_0-s_0x_0)\div P_0$

$=[s_0(1+1\%)x_0-s_0x_0]\div P_0$

$=(s_0x_0+s_0x_0\times1\%-s_0x_0)\div P_0$

$=s_0x_0\times1\%\div P_0=50\times1\ 000\times1\%\div10\ 000=5\%$

② 当单位变动成本降低 1%时，

$b_1=b_0\times(1-1\%)$

$P_1=50\times1\ 000-30\times(1-1\%)\times1\ 000-10\ 000=10\ 300$(元)

利润的变动率$=(10\ 300-10\ 000)\div10\ 000\times100\%=3\%$

当单位变动成本降低 1%时，利润增长 3%，即单位变动成本的利润敏感性系数为 3%。可根据本例推导出单位变动成本的利润敏感性系数的计算公式如下。

单位变动成本的利润敏感性系数：

$P_b'=(P_1-P_0)\div P_0=(-b_1x_0+b_0x_0)\div P_0$

$=[-b_0(1-1\%)x_0+b_0x_0]\div P_0$

$=b_0x_0\times1\%\div P_0$

$=30\times1\ 000\times1\%\div10\ 000=3\%$

③ 当销售量 x 增长1%时，

$x_1=x_0\times(1+1\%)$

$P_1=(50-30)\times1\,000\times(1+1\%)-10\,000=10\,200$(元)

利润变动率$=(10\,200-10\,000)\div10\,000\times100\%=2\%$

当销售量增长1%时，利润增加2%，即销售量的利润敏感性系数为2%。可根据本例推导出销售量的利润敏感性系数的计算公式如下。

销售量的利润敏感性系数：

$$
\begin{aligned}
P_x'&=(P_1-P_0)\div P_0\\
&=[(s_0x_1-b_0x_1)-(s_0x_0-b_0x_0)]\div P_0\\
&=[(s_0-b_0)x_0\times(1+1\%)-s_0x_0+b_0x_0]\div P_0\\
&=(s_0-b_0)x_0\times1\%\div P_0\\
&=cm_0x_0\times1\%\div P_0\\
&=(50-30)\times1\,000\times1\%\div10\,000=2\%
\end{aligned}
$$

④ 当固定成本 a 降低1%时，

$a_1=a_0(1-1\%)$

$P_1=50\times1\,000-30\times1\,000-10\,000\times(1-1\%)=10\,100$(元)

$$
\begin{aligned}
\text{利润变动率}&=(P_1-P_0)\div P_0\times100\%\\
&=(10\,100-10\,000)\div10\,000\times100\%=1\%
\end{aligned}
$$

当固定成本降低1%时，利润增长1%，即固定成本的利润敏感性系数为1%。可根据本例推导出固定成本的利润敏感性系数的计算公式如下。

固定成本的利润敏感性系数：

$$
\begin{aligned}
P_a'&=(P_1-P_0)\div P_0=(-a_1+a_0)\div P_0\\
&=[-a_0(1-1\%)+a_0]\div P_0=a_0\times1\%\div P_0\\
&=10\,000\times1\%\div10\,000=1\%
\end{aligned}
$$

(2) 各因素利润敏感性系数的排列规律总结如下。

①单价敏感性系数最高；②单价敏感性系数与单位变动成本敏感性系数之差等于销售量敏感性系数，即 $P_s'-P_b'=P_x'$；③销售量敏感性系数与固定成本敏感性系数之差等于1%，即本例中设定的各因素变动率 $P_x'-P_a'=1\%$；④销售量敏感性系数不可能最低；⑤当单位变动成本大于单位边际贡献时，各因素敏感性系数排列如下：$P_s'>P_b'>P_x'>P_a'$；⑥当单位变动成本小于单位边际贡献时，各因素敏感性系数排列如下：$P_s'>P_x'>P_b'$。

(二) 有关因素下限临界值的计算

影响利润的因素发生变动，利润也将随之变动。为保证利润大于等于零即不亏损，各因素变动对利润负面影响时必须有一个限度(称为该因素下限临界值)。为此,需要计算各因素的下限临界值。

【例 3-12】 根据例 3-11 的资料,计算利润大于等于零时各因素的下限临界值。

[解](1) 单价 s 的最小允许值。

当利润 $P=0$ 时,

$s=(a+bx)\div x$

$=(10\ 000+30\times 1\ 000)\div 1\ 000=40$(元)

单价变动率$=(40-50)\div 50\times 100\%=-20\%$

(2) 单位变动成本 b 的最大允许值。

当利润 $P=0$ 时,

$b=(sx-a)\div x$

$=(50\times 1\ 000-10\ 000)\div 1\ 000=40$(元)

单位变动成本变动率$=(40-30)\div 30\times 100\%=33\%$

(3) 销售量 x 的最小允许值。

当利润 $P=0$ 时,

$x=a\div(s-b)=10\ 000\div(50-30)=500$(件)

销售量变动率(%)$=(500-1\ 000)\div 1\ 000\times 100\%=-50\%$

(4) 固定成本 a 的最大允许值。

当利润 $P=0$ 时,

$a=sx-bx=50\times 1\ 000-30\times 1\ 000=20\ 000$(元)

固定成本变动率$=(20\ 000-10\ 000)\div 10\ 000\times 100\%=100\%$

(三) 利润敏感性分析的运用

1. 测算各种因素以任意幅度单独变动时对利润的影响程度

【例 3-13】 根据例 3-11 的资料和各因素利润敏感性系数的计算结果,假定单价和单位变动成本分别上升了 5%。

要求:计算这两个因素单独变动后给利润带来的影响。

[解]依例 3-11 的结果,当单价上升 1%时,利润敏感性系数为 5%,则当单价上升 5%时,利润变动率$=5\%\times 5\%\div 1\%=25\%$

即利润将上升 25%。

同理,单位变动成本降低 1%时,利润敏感性系数为 3%,则当单位变动成本上升 5%时,利润变动率$=5\%\times 3\%\div(-1\%)=-15\%$

即利润将下降15%。

2. 测算为实现既定的目标利润变动率应采取的单项措施

【例3-14】 根据例3-11的资料和各因素利润敏感性系数的计算结果，假定目标利润比基期利润增长30%。

要求：计算为实现目标利润变动率应采取的单项措施。

[解]已知当单价 s、单位变动成本 b、销售量 x、固定成本 a 分别变动（上升或下降）1%时，利润敏感性系数分别为5%，3%，2%和1%。当目标利润变动率为30%时，

单价变动率＝30%×1%÷5%＝6%

单位变动成本变动率＝30%×(－1%)÷3%＝－10%

销售量变动率＝30%×1%÷2%＝15%

固定成本变动率＝30%×(－1%)÷1%＝－30%

企业只要采取以下任何一项单项措施就可以完成利润增长任务，即单价上升6%，单位变动成本降低10%，销售量增长15%，固定成本降低30%。

3. 测算确保企业不亏损的各因素变动率的极限

当目标利润在原有的基础上下降100%，即目标利润等于零时，各因素的变动率就是确保企业不亏损的极限，也就是各因素的下限临界值。

【例3-15】 根据例3-11的资料和各因素利润敏感性系数的计算结果，计算确保企业不亏损的各因素变动率的极限。

[解]当利润变动率＝－100%时，

单价变动率极限＝－100%×1%÷5%＝－20%

单位变动成本变动率极限＝－100%×(－1%)÷3%＝33%

销售量变动率极限＝－100% ×1%÷2%＝－50%

固定成本变动率极限＝－100% × (－1%)÷1%＝100%

在每一因素单独变动时，只要产品单价的降低率不超过20%，销售量的降低率不超过50%，单位变动成本的超支率不超过33%，固定成本的超支率不超过100%，企业就不会亏损。

由本例可见，利用利润敏感性系数，通过相对数分析确保企业不亏损的各因素变动率的极限即下限临界值，其结果同按绝对数的计算结果（例3-12）完全相同，但计算过程更为简单。

有一点需要说明的是，从上述举例可以看出，敏感性系数的计算需要有一个分析基准点，即研究各因素和利润变化的起点。在上述各例中，均以例3-11所给定的资料为基准点。各因素利润敏感性系数均是由基准点的因素值决定的，在不同的基准点上，各因素的敏感性

系数也不会相同。如根据例 3-11 的资料算出单价、单位变动成本、销售量和固定成本的敏感性系数分别是 5%,3%,2%和 1%,这些敏感性系数只是以例 3-11 的资料为基准点计算出来的,并非适用于任何情况。当基准点发生变化后,应重新计算各因素的敏感性系数。在某一基准点上计算出的各因素敏感性系数只能用于以此为起点的各因素变化及其引起的利润变化分析。

三、经营杠杆系数

(一) 经营杠杆的意义

经营杠杆是指因为固定成本的存在而使利润的变动幅度大于销售量的变动幅度的现象。或者说当利润对销售量的敏感性系数大于 1 时,就可称为具有经营杠杆效应。如上述利润敏感性分析中,当销售量增长 1%时,利润增长率为 2%。下面从本量利分析的基本公式入手做一分析。

$$P=sx-bx-a=sx-(b+a/x)x$$

从该公式可以看出,当其他因素不变时,如果销售量 x 上升,会引起销售收入 sx 同步增长,而成本则不然,由于固定成本总额 a 不变,所以单位固定成本 a/x 会随 x 上升呈反比例变化即下降,因此,成本$(b+a/x)x$ 随 x 的增长幅度将小于销售收入 sx 的增长幅度,故利润总额会发生更大幅度的增长。当固定成本 a 等于零时,

$$P=sx-bx$$

只有此时,利润总额 P 的增长幅度才会和销售收入 sx 及成本总额 bx 的增长幅度相等,也就是说等于销售量 x 的增长幅度。但任何企业不可能没有固定成本,因此,经营杠杆效应在企业中是客观存在的。

(二) 经营杠杆系数的计算

经营杠杆系数又叫经营杠杆率(简记做 DOL),是指在一定的业务量基础上,利润的变动率相当于产销业务量变动率的倍数。其理论公式为

$$经营杠杆系数=\frac{利润变动率}{产销业务量变动率}$$

设在其他因素不变时,业务量变动率为 x',变动前的业务量为 x_0,变动后的业务量为 $x_1=x_0(1+x')$,利润变动率为 P,变动前利润为 $P_0=cm_0x_0-a_0$,变动后的利润为 $P_1=cm_0x_1-a_0$,

$$P'=(P_1-P_0)/P_0=(cm_0x_1-cm_0x_0)/P$$
$$=[cm_0x_0(1+x')-cm_0x_0]/P_0=cm_0x_0\cdot x'/P_0$$

则经营杠杆系数 $DOL=P'/X'=(cm_0x_0\cdot x'/P_0)/x'=cm_0x_0/P_0$

$$=\frac{\text{基期边际贡献总额}}{\text{基期利润总额}}$$

【例 3-16】 根据例 3-11 的资料,预测下一年度的经营杠杆系数。

[解]下一年度的经营杠杆系数

$DOL=cm_0x_0/P_0=(50-30)\times 1\,000/10\,000=2$

即利润的变动率是业务量变动率的 2 倍。

(三) 经营杠杆系数的变动规律

(1) 只要固定成本不等于零,经营杠杆系数必定大于 1。

因为 $a>0$ 时,$cmx-a=P$

则 $cmx>P$,所以 $DOL>1$。

同理,当固定成本等于零时,经营杠杆系数等于 1。

(2) 在其他因素不变的情况下,业务量上升,经营杠杆系数下降;业务量减少,经营杠杆系数增大。

因为经营杠杆系数还可以表示为下式:

$$DOL=1/(1-a/cmx)$$

从该式中可以看出,DOL 与 x 是反向变化的。

(3) 在其他因素不变的情况下,固定成本上升,经营杠杆系数上升,二者的变动方向是相同的。经营杠杆系数与固定成本的关系可用下式表示:

$$DOL=1+a/P$$

(4) 在其他因素不变的情况下,单价上升,经营杠杆系数下降,二者的变动方向相反。经营杠杆系数与单价的关系可用下式表示:

$$DOL=1/[1-a/(s-b)x]$$

(5) 当业务量不变时,经营杠杆系数越大,利润的变动幅度就越大,因而风险也就越大。

(6) 经营杠杆系数与销售量的利润敏感性系数及安全边际率具有如下关系。

① $DOL=P_x'\times 100$

或　$P_x'=DOL\times 10\%$

② 经营杠杆系数与安全边际率是互为倒数的关系。

因为

$$安全边际率=\frac{安全边际}{销售收入}$$

$$=\frac{销售收入-盈亏临界点销售额}{销售收入}$$

$$=1-\frac{盈亏临界点销售额}{销售收入}$$

$$=1-a/(s-b)\times s\div sx=1-a/[(s-b)x]=1-a/cmx=P/cmx$$

$$经营杠杆系数=cmx/P$$

所以，经营杠杆系数与安全边际率是互为倒数的关系。

（四）经营杠杆系数在利润预测中的应用

1. 预测业务量变动对利润的影响

【例 3-17】 已知某企业基期的边际贡献总额为 100 000 元，基期实现的利润为 50 000 元，若预测预算期销售量将提高 10%。

要求：计算预算期利润的变动率和利润预测额。

[解]DOL＝100 000÷50 000＝2

利润变动率＝2×10%＝20%

利润预测额＝50 000×(1＋20%)＝60 000(元)

2. 预测保证利润实现的销售量变动率

【例 3-18】 假定某企业基期实现的利润为 300 000 元，预测下年的目标利润为 360 000 元，企业下年经营杠杆系数为 1.6。

要求：测算保证目标利润实现的销售量变动率。

[解]利润变动率＝(360 000－300 000)/300 000×100%＝20%

销售量变动率＝20%÷1.6＝12.5%

1. 什么是本量利分析？有何作用？
2. 什么是边际贡献？有何表现形式与特性？
3. 什么是盈亏临界点？如何测算？
4. 哪些因素会影响盈亏临界点？如何影响？
5. 什么是安全边际？有哪些表现形式？如何计算？与利润有何关系？
6. 什么是利润敏感性分析？影响利润变动的因素有哪些？各因素对利润的影响有何规律？

7. 什么是经营杠杆系数？如何计算？有何作用？

练习题

练习题 1

某企业生产经营甲产品，单位变动成本为 30 元，预计销售 600 件，固定成本 8 000 元，目标利润 4 000 元。

要求：测算实现目标利润的产品单价。

练习题 2

利达公司生产和销售一种乙产品，单价为 5 元，单位变动成本为 2 元，公司固定成本 30 000元，销售量 28 000 件。

要求：

(1) 计算盈亏临界点并作盈亏临界图。

(2) 计算安全边际。

(3) 测算税前利润。

练习题 3

利达公司经过市场调查，预计产品单价若提高到 6 元，其他因素不变，预计销售量为 20 000件。

要求：重新计算以下各项。

(1) 新的盈亏临界点、安全边际、可实现的税前利润。

(2) 要使税前利润比提价后的税前利润再提高 15%，应销售多少件？

(3) 如果通过增加广告费 6 000 元来达到实现税前利润 60 000 元的目的，销售量应为多少？

练习题 4

(1) 单一产品，如下表所示。

企业	单价/元	销售量/件	变动成本/元	固定成本	单位边际贡献/元	税前利润/元
甲		600	18 000		20	2 000
乙	60			12 000	30	9 000
丙	40	500	5 000	16 000		

(2) 多种产品，如下表所示。

产品	销售额/元	变动成本/元	边际贡献率/%	固定成本/元	税前利润/元
A	40 000		20		2 000
B		28 000		12 000	30 000
C	56 000	39 200		6 800	

要求：计算上述情况下的未知数。

练 习 题 5

某企业生产经营甲、乙两种产品，固定成本为 60 000 元，其中甲产品专属部分为 12 000 元；两种产品都是对 A 材料进行加工，甲产品单位 A 材料标准用量 50 千克，乙产品单位 A 材料标准用量 70 千克。甲产品单价 45 元，单位变动成本 25 元；乙产品单价 88 元，单位变动成本为 60 元。

要求：用分算法测算甲、乙产品的盈亏临界点和企业综合盈亏临界点。

练 习 题 6

某企业生产经营 A,B,C 三种产品，固定成本为 45 900 元。单价分别是：A 产品 100 元，B 产品 120 元，C 产品 160 元；单位变动成本分别是：A 产品 80 元，B 产品 90 元，C 产品 112 元；销售量分别是：A 产品 600 件，B 产品 500 件，C 产品 500 件。

要求：分别用综合边际贡献率法、加权边际贡献率法和边际贡献保本率法，测算企业综合盈亏临界点和各产品盈亏临界点。

练 习 题 7

某企业经营一种产品，正常销售量为 8 000 件，实际销售量为 7 000 件。单价 50 元，单位变动成本 30 元，固定成本 120 000 元。

要求：

(1) 计算保本作业率、安全边际和销售利润率。

(2) 如果其他条件不变，要求销售利润率达到 16%，销售量应为多少？

练 习 题 8

某企业生产经营一种产品，基期单价为 60 元，单位变动成本为 36 元，销售量为 1 000 件，固定成本为 20 000 元。

要求：

(1) 计算基期盈亏临界点销售额和税前利润。

(2) 计算各因素的利润敏感性系数。

(3) 如果计划期的目标利润预计为 6 000 元，测算在其他因素不变的情况下，各有关因素应如何变动才能实现目标利润？

练习题 9

某企业基期固定成本为 80 000 元，销售量 500 件，利润 20 000 元。

要求：

(1) 计算经营杠杆系数。

(2) 如果计划期追加 8 000 元广告费，预计销售将增长 20%，利润将是多少？

(3) 如果计划期目标利润为 40 000 元，固定成本保持在 88 000 元水平，需要增加多少销售量？

第四章　变动成本计算

本章学习提示

本章重点：变动成本计算的概念和内容，完全成本计算的概念和内容，两种成本计算的分期营业净利润差额的变化规律，两种成本计算的优缺点及配合使用。

本章难点：变动成本计算与完全成本计算的比较，两种成本计算的分期营业净利润差额的变化规律，两种成本计算的优缺点及配合使用。

第一节　变动成本计算及其与完全成本计算的比较

分析成本性态，将成本划分为固定成本和变动成本，这是管理会计的着手点。在此基础上，进行变动成本计算，能为企业的管理经营提供诸多重要的经济信息。

一、变动成本计算的含义及理论依据

变动成本计算(variable costing)亦可译做“变动成本法”。它是在20世纪30年代起源于美国，到了50年代，随着企业经营环境的改变、竞争的加剧，人们意识到传统的成本计算越来越难以满足企业内部管理的需要，企业的管理者要求会计提供更加有用的信息，以便加强对经济活动的事前规划和日常控制，于是变动成本计算开始受到人们的普遍重视。到了60年代，它已风靡欧美，成为管理会计的一项重要内容。

变动成本计算又被称为“直接成本计算”(direct costing)，或“边际成本计算”(marginal costing)，是指在组织常规的产品成本计算过程中，以成本性态分析为前提，只将变动生产成本作为产品成本的构成内容，而将固定生产成本及非生产成本作为期间成本，按贡献式损益

确定程序计量损益的一种成本计算模式。

在变动成本计算模式下，产品成本和期间成本的构成内容如图 4-1 所示。

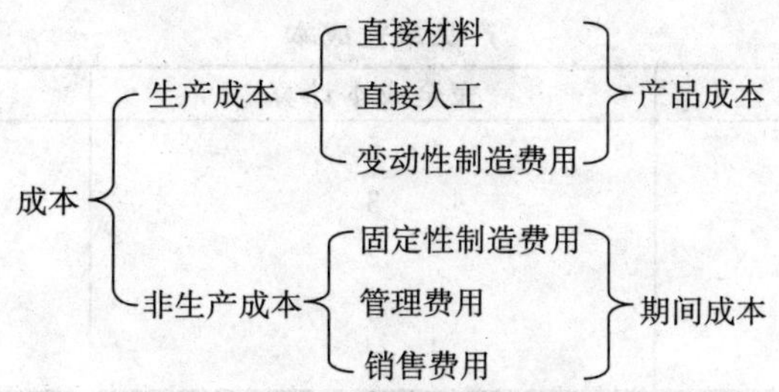

图 4-1　变动成本计算的成本构成

变动成本计算产生以后，人们就把传统的成本计算模式称为“完全成本计算”(full costing)，又译做“完全成本法”。即在产品成本计算时，把直接材料、直接人工、变动性制造费用与固定性制造费用全部计入产品成本和存货成本，期间成本只包括非生产成本。由于将固定性制造费用也计入产品成本和存货成本，所以，这种成本计算模式又被称为“吸收成本法”(absorption costing)(又译为“归纳成本计算”)。

在完全成本计算模式下，产品成本和期间成本的构成如图 4-2 所示。

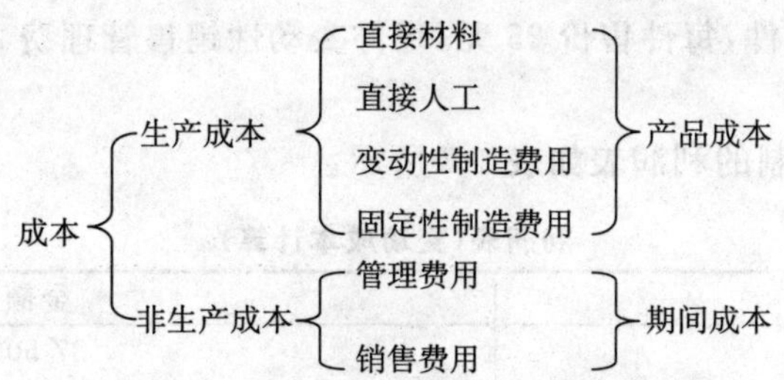

图 4-2　完全成本计算的成本构成

与完全成本计算相比，变动成本计算有以下主要特征。

(1) 以成本性态分析为前提。只有进行了成本性态分析，制造费用才被分为变动性制造费用和固定性制造费用，进而生产成本才可以被划分为变动生产成本(包括直接材料、直接人工、变动性制造费用)和固定生产成本(即固定性制造费用)。

(2) 变动成本计算在产品成本和期间成本的划分口径上具有如下特征：产品成本只包括直接材料、直接人工、变动性制造费用等变动生产成本，期间成本包括固定性制造费用和非生产成本中的管理费用、销售费用等。如图 4-1 所示。

【例 4-1】 某企业只生产一种甲产品，有关资料如下。

全年生产 2 000 件，每件直接材料 5 元，直接人工 3 元，变动性制造费用 2 元，固定性制造费用全年共 12 000 元。

两种产品成本计算确定的产品单位成本如表 4-1 所示。

表 4-1　　产品单位成本　　单位:元

项　目	完全成本计算	变动成本计算
直接材料	5	5
直接人工	3	3
变动性制造费用	2	2
固定性制造费用	6	
单位成本	16	10

(3) 变动成本计算在损益确定程序上采用贡献式损益确定程序计算损益,即:

销售收入

减:变动成本(变动生产成本+变动非生产成本)

边际贡献

减:固定成本(固定生产成本+固定非生产成本)

税前净利

【例 4-2】 仍以例 4-1 中的成本资料为基础,再假定该厂本年生产甲产品 2 000 件,期初无存货,本年销售 1 500 件,每件售价 25 元,每件变动性销售管理费 2 元,固定性销售管理费共计 1 000 元。

按变动成本计算编制的利润表如表 4-2 所示。

表 4-2　　利润表(变动成本计算)　　单位:元

项　目	金额
销售收入(25 元×1 500)	37 500
销售产品的制造成本:	
(1) 期初存货	0
(2) 本期产品生产成本(10×2 000)	20 000
(3) 期末存货(10×500)	5 000
小计	15 000
边际贡献(制造部分)	22 500
销售及管理费:	
变动部分(2 元×1 500)	3 000
边际贡献(最终)	19 500
固定成本:	
(1) 固定性制造费用	12 000
(2) 固定性销售及管理费	1 000

续表

项　目	金额
小计	13 000
营业净利润	6 500

显然，这种按变动成本计算编制的利润表与传统的利润表有很大不同。若仍以上述例 4-2 的资料为依据，按完全成本计算所编制的传统的利润表如表 4-3 所示。

表 4-3　　　　**利润表（完全成本计算）**　　　　单位：元

项　目	金额
销售收入（25 元×1 500）	37 500
销售产品的制造成本：	
（1）期初存货	0
（2）本期产品生产成本（16×2 000）	32 000
（3）期末存货（16×500）	8 000
小计	24 000
销售毛利	13 500
销售及管理费：	
（1）变动部分（2 元×1 500）	3 000
（2）固定部分	1 000
小计	4 000
营业净利润	9 500

变动成本计算区别于完全成本计算，将固定性制造费用作为期间成本来处理，是基于以下理由。

第一，产品成本应该只包括变动生产成本。在管理会计中，产品成本应是那些随产品实体的流转而流转，只有当产品销售出去时才能与相关收入实现配比，得以补偿的成本。按照变动成本计算的解释，产品成本必然与产品产量密切相关，在生产工艺没有发生实质性变化，成本消耗水平不变的情况下，所发生的产品成本总额应当随着完成的产品产量成正比例变动。如果不存在产品这个物质承担者，就不应当有产品成本存在。因此，在变动成本计算下，只有生产成本中的变动部分才构成产品成本的内容。

第二，固定性制造费用应当作为期间成本处理。在管理会计中，期间成本是指那些不随产品实体的流转而流转，而是随企业生产经营持续期间长短而增减，其效益随时间的推移而消逝，不能递延到下期，只能于发生的当期计入利润表，由当期收入补偿的成本。期间成本于发生当期直接转作本期费用，不能计入期末存货并随产品实体的流转而递延至下期。

与完全成本计算不同的是，变动成本计算下的产品成本不包含固定性制造费用，而是将其作为期间成本，直接计入当期损益。因为，固定性制造费用主要是为企业提供一定的生产经营条件而发生的，这些条件一经形成，不管其实际利用程度如何，有关费用照样发生。同产品的实际生产没有直接联系，并不随产量的增减而增减。也就是说，这部分费用所联系的是会计期间而非产品，其效益随着时间的推移而逐渐丧失，不能递延到下一会计期间。因此，固定性制造费用应当与非生产成本同样作为期间成本来处理。

二、变动成本计算运用举例

【例 4-3】 大华公司 20×1 年全年只生产一种甲产品，当年产量为 2 000 件，产品全部完工。期初没有存货，本期共销售产品 1 800 件，单价 100 元。甲产品的实际成本资料如下。

生产成本：150 000 元

包括：直接材料　70 000 元

　　　直接人工　40 000 元

　　　制造费用　40 000 元

　　　其中：变动性制造费用　10 000 元

　　　　　　固定性制造费用　30 000 元

非生产成本：40 000 元

包括：管理费用　10 000 元

　　　其中：变动部分　1 000 元

　　　　　　固定部分　9 000 元

　　　销售费用　30 000 元

　　　其中：变动部分　10 000 元

　　　　　　固定部分　20 000 元

要求：按变动成本计算确定产品成本、存货成本以及该年的营业净利润。

[解]产品总成本＝变动生产成本＝70 000＋40 000＋10 000＝120 000(元)

单位产品成本＝120 000/2 000＝60(元)

销货成本＝60×1 800＝108 000(元)

期末存货成本＝120 000－108 000＝12 000(元)

或

期末存货成本＝(2 000－1 800)×60＝12 000(元)

营业净利润的计算可通过编制贡献式利润表来确定，结果如表 4-4 所示。

表 4-4　　　　　　　　　　　　利　润　表　　　　　　　　　　　　单位:元

项　目	金额
销售收入	180 000
销售产品的制造成本:	
(1) 期初存货	0
(2) 本期产品生产成本	120 000
(3) 期末存货	12 000
小计	108 000
边际贡献(制造部分)	72 000
期间成本:	
固定性制造费用	30 000
管理费用	10 000
销售费用	30 000
小计	70 000
营业净利润	2 000

三、两种成本计算的比较

变动成本计算是不同于传统的完全成本计算的成本计算模式。通过变动成本计算能为企业提供边际贡献及变动成本等诸多的用于企业内部决策和控制的信息资料。为了更深入地了解变动成本计算的特点,现将其与传统的完全成本计算加以分析比较。概括起来,两者大致有以下几方面的区别:应用的前提条件不同,产品成本及期间成本的构成内容不同,销货成本及存货成本的水平不同,销货成本的计算公式不完全相同,损益计算的程序不同,提供信息的用途不同。

(一) 应用的前提条件及产品成本和期间成本构成的内容不同

变动成本计算是以成本性态分析为基础,将全部成本划分为变动成本和固定成本两大部分。尤其要把具有混合成本性态的制造费用按其与业务量的关系分解为变动性制造费用和固定性制造费用两部分。

完全成本计算首先要求把全部成本按其经济用途分为生产成本和非生产成本。凡在生产环节为生产产品发生的成本就归属于生产成本,最终计入产品成本;发生在流通领域和服务领域由于组织日常销售或进行日常行政管理而发生的成本则归属于非生产成本,作为期间成本处理。

两种成本计算对固定性制造费用的处理是不同的。变动成本计算将其与销售费用和管理费用等非生产成本一起作为期间成本来处理，产品成本只包含生产成本中的变动部分；而完全成本计算则是把固定性制造费用与变动生产成本一道作为产品成本的构成内容，仅把销售费用及管理费用等非生产成本作为期间成本处理。

以上两点区别可归纳为表 4-5。

表 4-5　　两种成本计算应用的前提条件和成本构成内容

	变动成本计算	完全成本计算
应用的前提条件	以成本性态分析为基础	以成本用途分类为基础
成本划分的类别	变动成本 　变动生产成本 　　直接材料 　　直接人工 　　变动性制造费用 　变动非生产成本 　　变动性销售费用 　　变动性管理费用 固定成本 　固定生产成本一固定性制造费用 　固定非生产成本 　　固定性管理费用 　　固定性销售费用	生产成本 　直接材料 　直接人工 　制造费用 非生产成本 　销售费用 　管理费用
产品成本包含的内容	变动生产成本 　直接材料 　直接人工 　变动性制造费用	生产成本 　直接材料 　直接人工 　制造费用
期间成本包含的内容	变动非生产成本 　变动性销售费用 　变动性管理费用 固定成本 　固定性制造费用 　固定性管理费用 　固定性销售费用	非生产成本 　销售费用 　管理费用

【例 4-4】 仍沿用例 4-3 的资料，要求分别采用变动成本计算和完全成本计算确定该公司的产品成本和期间成本。

[解]依例 4-3 的资料，分别按变动成本和完全成本计算确定的产品成本和期间成本如表 4-6 所示。

表 4-6　　产品成本及期间成本计算表　　单位：元

项　目		完全成本计算		变动成本计算	
		总成本	单位成本	总成本	单位成本
产品成本	直接材料	70 000	35	70 000	35
	直接人工	40 000	20	40 000	20
	变动性制造费用	10 000	5	10 000	5
	固定性制造费用	30 000	15		
	合计	150 000	75	120 000	60

续表

项　目		完全成本计算		变动成本计算	
		总成本	单位成本	总成本	单位成本
期间成本	固定性制造费用			30 000	
	销售费用	30 000		30 000	
	管理费用	10 000		10 000	
	合计	40 000		70 000	

本例的计算结果表明，按变动成本计算要比按完全成本计算确定的产品总成本与单位产品成本小，而前者的期间成本却大于后者。这种差异是由于两种成本计算对固定性制造费用的处理原则不同引起的，它们共同的期间成本是销售费用和管理费用等非生产成本，共同的产品成本内容是变动生产成本。

（二）销货成本和存货成本的计价比较

采用完全成本计算时，将全部生产成本在已销产品和存货（库存产成品和在产品）之间进行分配，从而使一部分固定性制造费用被期末存货吸收并递延到下一会计期间，另一部分则作为销货成本的一部分被计入当期损益。在变动成本计算中，固定性制造费用被作为期间成本直接计入利润表，无须再转化为销货成本和存货成本，销货成本和存货成本中只包括变动生产成本。由此可见，完全成本计算所确定的存货成本和销货成本均大于变动成本计算所确定的水平。

【例 4-5】 仍以例 4-3 的资料为基础。要求：分别按变动成本计算和完全成本计算确定产品的存货成本和销货成本，并分析两者出现差异的原因。

[解]计算结果如表 4-7 所示。

表 4-7　　存货成本和销货成本计算分析表　　单位：元

项　目	完全成本计算	变动成本计算	差额
期初存货成本	0	0	0
本期产品成本	150 000	120 000	+30 000
合计	150 000	120 000	+30 000
单位产品成本	75	60	+15
期末存货量	200	200	0
期末存货成本	15 000	12 000	+3 000
本期销货成本	135 000	108 000	+27 000

计算结果表明，按变动成本计算确定的期末存货成本只包括变动生产成本 12 000 元（200×60），而按完全成本计算确定的期末存货成本 15 000 元中，除了包括 12 000 元的变动

生产成本外，还包括了3 000元(15×200)的固定性制造费用，由此造成了两者之间出现了3 000元的差异。同样，在计算本期销货成本时，变动成本计算只包括了108 000元(1 800×60)的变动生产成本，而完全成本计算除了这108 000元的变动生产成本外，还包括了1 800件已销产品所分担的固定性制造费用27 000元(15×1 800)，从而导致两者在计算本期销货成本时出现了27 000元的差异。

需要指出的是，两种成本计算都可按以下公式计算销货成本，即：

本期销货成本＝期初存货成本＋本期发生的产品成本－期末存货成本

但在前后期生产成本水平不变(即单位变动生产成本和固定成本总额均不变)的条件下，变动成本计算下的期初、期末单位存货成本和本期单位产品成本三者相等，所以可按下列简化公式计算销货成本。即：

本期销货成本＝单位产品成本(即单位变动生产成本)×本期销售量

由于完全成本计算确定的单位产品成本中将固定性制造费用按各期产量分摊，所以，只有前后期生产成本水平不变，并且各期产量相等时才可按上述简化公式计算销货成本。

(三) 损益确定程序上的比较

两种成本计算在成本的计算内容上有区别，因此也会影响到营业净利润的计算。变动成本计算以成本性态分类为前提，销售收入首先用来补偿变动成本，计算出边际贡献；然后再用以补偿固定成本，从而确定出营业净利润，我们将其称为“贡献式”损益确定程序。而完全成本计算以成本按经济用途分类为前提，首先用销售收入扣减已销产品的销货成本，计算出销售毛利；然后用销售毛利减去非生产成本，从而确定出营业净利润。我们称其为“传统式”损益确定程序。

两种成本计算下不同的损益确定程序计算的分期损益及其所提供的信息有所不同，我们做一分析比较。

1. 营业净利润的计算方法不同

在贡献式损益确定程序下，营业净利润按下列步骤和公式计算：

销售收入－变动成本＝边际贡献

边际贡献－固定成本＝营业净利润

上式中，

变动成本＝本期销货成本＋变动性非生产成本

＝单位变动生产成本×销售量＋单位变动性非生产成本×销售量

固定成本＝固定性生产成本＋固定性非生产成本

＝固定性制造费用＋固定性非生产成本

在传统式损益确定程序下，营业净利润按下列步骤和公式计算：

销售收入－销货成本＝销售毛利

销售毛利－非生产成本＝营业净利润

上式中，

销货成本＝期初存货生产成本＋本期生产成本－期末存货生产成本

2. 利润表编制方面有区别

由于成本计算以及营业净利润的计算方法不同，使得两种成本计算下所编制的利润表在格式及其所提供的指标方面也有所不同。

【例 4-6】 仍以例 4-3 所列资料为依据。

要求：分别按两种成本计算编制利润表。

结果见表 4-8。

从表 4-8 中我们可以发现，两种成本计算编制的利润表除了格式不同外，它们所提供的信息指标也有所不同。按完全成本计算所编制的传统式利润表提供了销售毛利以及不同成本项目的资料。而按变动成本计算编制的贡献式利润表则提供了边际贡献以及变动成本和固定成本等用于企业内部管理的信息资料。

我们还注意到，对于销售费用、管理费用和财务费用（本例中未涉及）这些非生产成本，两种成本计算尽管扣除的位置不同，但结果却是一样的。完全成本计算是将这些非生产成本作为期间成本，从销售毛利中扣减。变动成本计算尽管将其分为变动部分和固定部分，但变动部分作为变动成本的一部分在计算边际贡献前被扣除，而固定部分则作为固定成本的一部分在边际贡献后扣除。尽管扣除的位置不同，但丝毫不改变它们作为期间成本的性质。

表 4-8　　**两种成本计算方法下的利润表**　　单位：元

传统式利润表	
销售收入（100×1 800）	180 000
销货成本：	
期初存货成本	0
本期产品成本	150 000
期末存货成本	15 000
小计	135 000
销售毛利	45 000
非生产成本：	
管理费用	10 000
销售费用	30 000
小计	40 000

续表

传统式利润表	
营业净利润	5 000
贡献式利润表	
销售收入(100×1 800)	180 000
变动成本：	
销货成本(60×1 800)	108 000
变动管理费用	1 000
变动销售费用	10 000
小计	119 000
边际贡献	61 000
固定成本：	
固定性制造费用	30 000
固定性管理费用	9 000
固定性销售费用	20 000
小计	59 000
营业净利润	2 000

由此我们在应用变动成本计算时，仅为了确定营业净利润，就不必将这些非生产成本分解为固定和变动两部分，而是把它们同固定性制造费用合并在一起扣减。这种变通的变动成本计算可按下列步骤和公式确定营业净利润，即：

销售收入－销售成本＝制造边际贡献

制造边际贡献－(固定性制造费用＋非生产成本)＝营业净利润

上式中，

销售成本＝单位变动生产成本×销售量

仍以例 4-3 所示的资料为依据，我们可按变通的变动成本计算确定营业净利润。

首先计算出制造部分的边际贡献，即制造边际贡献，再减去固定性制造费用及非生产成本。详见表 4-4。

制造边际贡献＝100×1 800－60×1 800＝72 000(元)

营业净利润＝72 000－(30 000＋30 000＋10 000)＝2 000(元)

计算结果表明，变通方法和原来的计算结果是完全一致的。

至于两种成本计算所确定的分期损益水平是不是一定不相等，它们之间有什么规律联系，我们将在下一节具体分析。

通过以上我们对两种成本计算的比较分析，可以看到两者之间存在诸多差异。归根结底，这是由于为了满足与企业有关的不同信息需求者对企业经营管理信息的不同需求而引起的。

第二节　两种成本计算分期营业净利润差额的变化规律

一、两种成本计算分期营业净利润差额分析举例

下面根据不同产销量关系来分析两种成本计算分期营业净利润之间差额的关系。

（一）产量稳定，销量变动

在分析不同产销量关系下两种成本计算分期营业净利润差额的变化规律时，我们首先假定各期成本消耗水平不变。这样，产量稳定意味着各期产品单位成本保持不变，销售量变动表明各期的期初期末产成品的库存不相同。

【例 4-7】　表 4-9 是京华公司最近连续三年的有关产销业务量、成本以及售价等资料。

表 4-9　　**京华公司连续三年有关资料**

业务量/件	第 1 年	第 2 年	第 3 年	合计
期初存货量	0	0	1 000	0
当年生产量	4 000	4 000	4 000	12 000
当年销售量	4 000	3 000	5 000	12 000
期末存货量	0	1 000	0	0

售价、成本资料/元		单位产品成本/元			
		完全成本计算		变动成本计算	
每件售价	20				
生产成本		变动生产成本	10	变动生产成本	10
单位变动成本	10	固定生产成本	2.5		
固定成本总额	10 000				
销售及管理费用					
单位变动成本	0.3				
固定成本总额	4 100	单位产品成本	12.5	单位产品成本	10

几项假定：

（1）每期生产量指当期投产且全部完工产量（即各期期末均无在产品）。

（2）每期销售量中不存在销售退回、折让和折扣问题。

（3）各期成本水平不变（单位变动成本和固定成本总额均不变）。

（4）各期售价不变（产品质量与市场销路不变）。

（5）存货计价按照先进先出法。

（6）假定各期财务费用为零。

要求：根据资料，分别按两种成本计算确定各期营业净利润。

［解］由于本例中比较两种成本计算的内容是营业净利润，因此，按变动成本计算时可采用简化的计算方法。可先计算出制造边际贡献，再减去期间成本，其结果也为营业净利润。分别按两种成本计算确定的营业净利润如表 4-10 所示。

表 4-10 **利润表** 单位：元

项目	第 1 年	第 2 年	第 3 年	合计
完全成本计算：				
销售收入	80 000	60 000	100 000	240 000
销货成本：				
期初存货成本	0	0	12 500	0
本期产品成本	50 000	50 000	50 000	150 000
期末存货成本	0	12 500	0	0
小计	50 000	37 500	62 500	150 000
销售毛利	30 000	22 500	37 500	90 000
非生产成本：				
销售及管理费用	5 300	5 000	5 600	15 900
营业净利润	24 700	17 500	31 900	74 100
变动成本计算：				
销售收入	80 000	60 000	100 000	240 000
销货成本	40 000	30 000	50 000	120 000
制造边际贡献	40 000	30 000	50 000	120 000
期间成本：				
固定性制造费用	10 000	10 000	10 000	30 000
销售及管理费用	5 300	5 000	5 600	15 900
合计	15 300	15 000	15 600	45 900
营业净利润	24 700	15 000	34 400	74 100

比较两种成本计算编制的利润表及营业净利润数据，可以发现以下几点。

第 1 年，两种成本计算所求得的营业净利润是相等的。这是由于当年期初存货量与期末存货量相等，也就是本期生产量等于销售量。本例中期初期末存货量都是零，即产销绝对平衡，这种情况下，采用完全成本计算时，随期初存货转入当期，或随期末存货转至下期的固定性制造费用都为零。所以，从结果来看，两种成本计算的营业净利润相等。

第 2 年，按完全成本计算的营业净利润比按变动成本计算的结果大 2 500 元(17 500－15 000)。这是由于该年期末存货量增加了 1 000 件，也即产大于销 1 000 件，而按完全成本计算的每件存货成本较变动成本计算大 2.5 元，也即完全成本计算下单位产品负担的固定性制造费用。因此，按完全成本计算就要把期末存货 1 000 件中包含的固定性制造费用 2 500元转入下一年度，本期已销产品 3 000 件只负担了 7 500 元的固定性制造费用，而变动成本计算不论产销量如何变化，总是将该期的固定性制造费用 10 000 元全部计入当期损益。因此，完全成本计算的营业净利润就会比变动成本计算的结果多 2 500 元。

第 3 年，按完全成本计算的营业净利润比按变动成本计算的结果小 2 500 元(31 900－34 400)。这是由于该年的期末存货量为 0，而期初存货量为 1 000 件，即产小于销 1 000 件。采用完全成本计算把上年转来的期初存货 1 000 件所释放的固定性制造费用 2 500 元(2.5×1 000)转为本期的销货成本，而本期期末存货为 0，也即期末未吸收固定性制造费用至下期。由此，按完全成本计算计入本期销货成本的固定性制造费用为 12 500 元(2.5×5 000)，较按变动成本计算的 10 000 元多出 2 500 元。所以造成了完全成本计算的营业净利润较变动成本计算少 2 500 元。

从较长时间来看，两种成本计算所确定的营业净利润应该趋于一致。本例中，两种成本计算中三年的产销量之和均为 12 000 件，因此，两种成本计算的三年营业净利润之和相等，均为 74 100 元。从长期来看，企业的产销应该趋于一致，各年营业净利润的差异相互抵销，所以，无论按完全成本计算计入销货成本中的固定性制造费用，还是按变动成本计算直接计入各期损益的固定性制造费用，其总额也趋于相同。其结果是对长期的营业净利润之和影响甚微，甚至没有影响。

（二）销量不变，产量变动

销售量稳定意味着各年的销售收入相同，而产量变动则表明在完全成本计算下各年的单位产品成本不同。因为，即使各年的固定性制造费用不变，但产量不同的话，单位产品所分担的固定成本就不同。

【例 4-8】 沿用例 4-7 的各项假定，京华公司最近连续三年的有关产销业务量、成本以及售价等资料如表 4-11 所示。

表 4-11　　京华公司连续三年的有关产销资料

业务量/件	第 1 年	第 2 年	第 3 年	合计
期初存货量	0	2 000	2 000	0
当年生产量	12 000	10 000	8 000	30 000
当年销售量	10 000	10 000	10 000	30 000
期末存货量	2 000	2 000	0	0
售价、成本资料/元	单位产品成本/元			

续表

<table>
<tr><th>业务量/件</th><th colspan="2">第 1 年</th><th colspan="2">第 2 年</th><th colspan="2">第 3 年</th><th colspan="2">合计</th></tr>
<tr><td rowspan="5">每件售价 20
生产成本
单位变动成本 10
固定成本总额 12 000
销售及管理费用
单位变动成本 0
固定成本总额 15 000</td><th colspan="4">完全成本计算</th><th colspan="4">变动成本计算</th></tr>
<tr><th>年度</th><th>第 1 年</th><th>第 2 年</th><th>第 3 年</th><th>年度</th><th>第 1 年</th><th>第 2 年</th><th>第 3 年</th></tr>
<tr><td>变动生产成本</td><td>10</td><td>10</td><td>10</td><td rowspan="2">变动生产成本</td><td rowspan="2">10</td><td rowspan="2">10</td><td rowspan="2">10</td></tr>
<tr><td>固定生产成本</td><td>1</td><td>1.2</td><td>1.5</td></tr>
<tr><td>单位产品成本</td><td>11</td><td>11.2</td><td>11.5</td><td>单位产品成本</td><td>10</td><td>10</td><td>10</td></tr>
</table>

要求：根据以上资料，分别按两种成本计算确定各期营业净利润。

[解]分别按两种成本计算确定的营业净利润见表 4-12。

表 4-12 利 润 表 单位：元

项 目	第 1 年	第 2 年	第 3 年	合计
完全成本计算：				
销售收入	200 000	200 000	200 000	600 000
销货成本：				
期初存货成本	0	22 000	22 400	0
本期产品成本	132 000	112 000	92 000	336 000
期末存货成本	22 000	22 400	0	0
小计	110 000	111 600	114 400	336 000
销售毛利	90 000	88 400	85 600	264 000
非生产成本：				
销售及管理费用	15 000	15 000	15 000	45 000
营业净利润	75 000	73 400	70 600	219 000
变动成本计算：				
销售收入	200 000	200 000	200 000	600 000
销货成本	100 000	100 000	100 000	300 000
制造边际贡献	100 000	100 000	100 000	300 000
期间成本：				
固定性制造费用	12 000	12 000	12 000	36 000
销售及管理费用	15 000	15 000	15 000	45 000
合计	27 000	27 000	27 000	81 000
营业净利润	73 000	73 000	73 000	219 000

比较两种成本计算编制的利润表，从表 4-12 中提供的营业净利润等数据，可以看出在

产量变动、销售量稳定的情况下，有以下几点特征。

(1) 采用变动成本计算，各年的营业净利润都相等。因为每年的销售量相同，而且每年的成本水平和费用都一致，所以各期营业净利润的计算结果也相同。这里各期产量变化对营业净利润的计算并无影响。

(2) 由于三年产量不同，各期单位产品所分担的固定性制造费用也不相等。在完全成本计算中，各期的单位产品成本就会有差异。即使在各期销售量相同的情况下，销货成本也不会相同，从而导致完全成本计算中的各年营业净利润不相等。

(3) 在各年产量变动的情况下，即使各年销售量相同，两种成本计算下的营业净利润也会出现差异。例 4-8 中，第 1 年产大于销 2 000 件，按完全成本计算的营业净利润较变动成本计算的结果大 2 000 元(75 000－73 000)，这是由于完全成本计算中有一部分固定性制造费用随期末存货 2 000 件转移到下期，其金额为 2 000 元(1×2 000)，而在变动成本计算中，不论产销关系如何，固定性制造费用均在当期损益计算中一次扣减。第 2 年尽管产销相对平衡，都是 10 000 件，但由于出现了期初和期末存货，完全成本计算的营业净利润却比变动成本计算多 400 元(73 400－73 000)。原因是期初存货 2 000 件释放了上期的部分固定性制造费用 2 000 元(1×2 000)转入本期，期末存货 2 000 件吸收了本期的部分固定性制造费用 2 400 元(1.2×2 000) 转至下期，因而计入本期损益的固定性制造费用较变动成本计算少 400 元(2 000－2 400)，营业净利润则多出 400 元。第 3 年，产量小于销量 2 000 件，按完全成本计算的营业净利润比变动成本计算少 2 400 元(70 600－73 000)；原因是完全成本计算时，期初存货释放了第 2 年的部分固定性制造费用 2 400 元(1.2×2 000)转入本期，由本期损益承担，期末没有存货，故营业净利润较变动成本计算少 2 400 元。

二、两种成本计算的分期营业净利润出现差额的根本原因

从上述举例中可以看出：①即使前后期成本水平、价格和存货计价方法等都不变，两种成本计算的分期营业净利润可能相等，也可能有差异；②两种成本计算的营业净利润差额的变化并非取决于产销之间的平衡关系。如例 4-7 中的第 1 年两种成本计算的营业净利润相等，而例 4-8 中的第 2 年，尽管产销量相等，完全成本计算的营业净利润却多于变动成本计算的结果。最后需要说明的是，当产量不变，或销量不变时，如在例 4-7、例 4-8 中表现出产大于销时，完全成本计算的营业净利润大于变动成本计算的结果；反之，产小于销时，完全成本计算却小于变动成本计算的结果。如果前后期产销量都发生变化，产销量与营业净利润差额之间的这些关系也将不存在，如例 4-9 所示。

【例 4-9】 仍沿用例 4-8 的相关资料，现只将第 3 年的产销量改变如下。

期初存货量　2 000 件(由第 2 年转来)

本期生产量　3 000 件

本期销售量　4 000 件

期末存货量　1 000 件

要求：分别按两种成本计算确定第 3 年的营业净利润。

[解]在第 3 年产量为 3 000 件的情况下，单位产品成本在两种成本计算下分别为：

完全成本计算　10+12 000/3 000=14(元/件)

变动成本计算　10(元/件)

两种成本计算的第 3 年的营业净利润如表 4-13 所示。

表 4-13　　利　润　表　　单位：元

完全成本计算		变动成本计算	
销售收入	80 000	销售收入	80 000
销货成本：		销货成本	40 000
期初存货成本	22 400		
本期产品成本	42 000		
期末存货成本	14 000	制造边际贡献	40 000
小计	50 400	期间成本	
销售毛利	29 600	固定性制造费用	12 000
非生产成本：		销售及管理费用	15 000
销售及管理费用	15 000	合计	27 000
营业净利润	14 600	营业净利润	13 000

从表 4-13 中可以看出，在产小于销的情况下，完全成本计算的营业净利润仍大于变动成本计算的营业净利润。造成差额的原因是，期初存货 2 000 件释放了 2 400 元(1.2×2 000)的固定性制造费用转至本期，而本期期末存货 1 000 件则吸收了 4 000 元(4×1 000)的固定性制造费用转至下期，因此，造成了完全成本计算中，计入销货成本的固定性制造费用比变动成本计算直接计入损益的固定性制造费用 12 000 元少了 1 600 元(2 400−4 000)，从而使得完全成本计算的营业净利润比变动成本计算多 1 600 元。因此，两种成本计算的分期营业净利润之间的差额与产销量之间的关系并无固定联系。对两种成本计算的分期营业净利润之间差额产生的根本原因分析如下。

通过对两种成本计算中成本的流程以及营业净利润的计算公式比较分析，可以发现以下几点。

第一，销售收入在两种成本计算中，计算及结果完全相同，不会导致两者之间营业净利润出现不相等。

第二，尽管两种成本计算对非生产成本记入利润表的位置和补偿途径不同，但实质相同,都是将其作为期间成本,在当期收入中全部扣除,因而也不会导致两种成本计算营业净利润之间出现差额。

第三,变动生产成本在两种成本计算中均为构成产品成本的内容,随产品成本的流转而流转,因而也不会使分期营业净利润出现差异。

第四,只有固定性制造费用在两种成本计算中的处理方式不同。这是两种成本计算的直接区别。完全成本计算将固定性制造费用分配计入产品成本,随产品实体的流转而流转。而变动成本计算将其作为期间成本的一部分,直接计入当期损益。这将导致两种成本计算的分期营业净利润可能会出现不同。

有人笼统地将两种成本计算分期营业净利润出现差额的原因,归结为是对固定性制造费用的处理方式不同。这种说法难以解释例 4-7 中所揭示的第 1 年的情况,本例中尽管两种成本计算对固定性制造费用处理的方式不同,但其中第 1 年的情况表明,两种成本计算的分期营业净利润也可能会相等。所以,这种说法比较笼统,有失偏颇,没有道出产生差额的根本原因。

准确地说,两种成本计算的分期营业净利润出现差额的根本原因在于两种成本计算计入当期损益的固定性制造费用水平不同。因为在变动成本计算中,计入当期利润表的是当期发生的全部固定性制造费用;而在完全成本计算中,计入当期利润表的固定性制造费用数额,不仅受到当期发生的全部固定性制造费用水平的影响,而且要受到期初存货和期末存货的影响。所以,两种成本计算的分期营业净利润出现的差额,又具体表现为完全成本计算下的期末存货吸收的固定性制造费用与期初存货释放的固定性制造费用之间的差异。

在其他条件不变的情况下,只要某期完全成本计算中期末存货吸收的固定性制造费用与期初存货释放的固定性制造费用的水平不同,就意味着两种成本计算计入当期利润表的固定性制造费用的数额不同,结果必然会使两种成本计算的当期营业净利润不相等。如果某期完全成本计算中期末存货吸收的固定性制造费用与期初存货释放的固定性制造费用的数额相等,就意味着两种成本计算计入当期利润表的固定性制造费用数额相同,即当期所发生的制造费用数额相等,两种成本计算下的当期营业净利润必然相等。

上述关系可由下列公式证明:

$$\begin{aligned}\text{完全成本计算计入当期利润表的固定性制造费用} &= \text{期初存货释放的固定性制造费用} \\ &\quad + \text{本期发生的固定性制造费用} - \text{期末存货吸收的固定性制造费用}\end{aligned} \tag{4-1}$$

$$\text{变动成本计算计入当期利润表的固定性制造费用} = \text{本期发生的固定性制造费用} \tag{4-2}$$

$$\text{两种成本计算计入当期利润表的固定性制造费用差额}=(4\text{-}1)-(4\text{-}2)$$

$$=\text{完全成本计算期初存货释放的固定性制造费用}-\text{完全成本计算期末存货吸收的固定性制造费用} \tag{4-3}$$

在其他因素(销售收入、变动成本、非生产成本)相同的情况下,则下式成立:

$$\text{完全成本计算与变动成本计算确定的当期营业净利润差额}=\text{完全成本计算期末存货吸收的固定性制造费用}-\text{完全成本计算期初存货释放的固定性制造费用} \tag{4-4}$$

式(4-4)的结论也可由两种成本计算的利润计算公式推导:

$$\text{完全成本计算与变动成本计算确定的分期营业净利润差额}=\left(\text{销售收入}-\text{销货成本}-\text{非生产成本}\right)-\left(\text{销售收入}-\text{变动成本}-\text{固定成本}\right) \tag{4-5}$$

上式中,

销货成本=期初存货生产成本+本期生产成本-期末存货生产成本

变动成本=销货成本(变动生产成本)+变动非生产成本

固定成本=固定性生产成本+固定性非生产成本

因为两种成本计算的销货成本中都包含了期初、期末及本期生产成本中的变动生产成本,将以上内容和公式代入式(4-5),可将其简化为

$$\text{完全成本计算与变动成本计算的分期营业净利润差额}=\text{完全成本计算期末存货吸收的固定性制造费用}-\text{完全成本计算期初存货释放的固定性制造费用}$$

通过例4-8中表4-12反映的两种成本计算的分期营业净利润差额和完全成本计算中期初存货释放到各期的固定性制造费用数额与期末存货吸收并递延到下期的固定性制造费用之间的差额两方面的数据,来验证式(4-4)。

第1年,两种成本计算确定的分期营业净利润差额=75 000-73 000=2 000×1-0=2 000(元)

第2年,两种成本计算确定的分期营业净利润差额=73 400-73 000=2 000×1.2-2 000×1=400(元)

第3年,两种成本计算确定的分期营业净利润差额=70 600-73 000=0×1.5-2 000×1.2=-2 400(元)

用式(4-4)不仅能准确地揭示两种成本计算下分期营业净利润出现的差额,也有助于发现两种成本计算下分期营业净利润差额的变化规律。

三、两种成本计算的分期营业净利润差额的变化规律

我们已经发现两种成本计算的分期营业净利润不相等的根本原因是完全成本计算下期末存货吸收的固定性制造费用与期初存货释放的固定性制造费用数额不相等。由此也可总结出两种成本计算下分期营业净利润之间的一般变化规律。

(1) 若完全成本计算期末存货吸收的固定性制造费用等于期初存货释放的固定性制造费用,则两种成本计算确定的营业净利润必然相等,其差额等于零。

(2) 若完全成本计算期末存货吸收的固定性制造费用大于期初存货释放的固定性制造费用,则两种成本计算确定的营业净利润差额必然大于零,即按完全成本计算确定的营业净利润一定大于按变动成本计算确定的营业净利润。

(3) 若完全成本计算期末存货吸收的固定性制造费用小于期初存货释放的固定性制造费用,则两种成本计算确定的营业净利润差额必然小于零,即按完全成本计算确定的营业净利润一定小于按变动成本计算确定的营业净利润。

对上面反映两种成本计算分期营业净利润出现差额根本原因的式(4-4)进行整理,即可得下式:

$$\begin{array}{c}\text{两种成本计算当期}\\\text{营业净利润差额}\end{array}=\begin{array}{c}\text{完全成本计算期末存货}\\\text{的单位固定性制造费用}\end{array}\times\begin{array}{c}\text{期末}\\\text{存货量}\end{array}-\begin{array}{c}\text{完全成本计算期初存货}\\\text{的单位固定性制造费用}\end{array}\times\begin{array}{c}\text{期初}\\\text{存货量}\end{array}$$

用完全成本计算期末及期初存货量以及它们各自单位产品所包含的固定性制造费用这四项因素,来计算两种成本计算的分期营业净利润的差额,这就是差额的简算法。利用简算法公式,有助于了解产销平衡关系与营业净利润差额之间的联系,通过式(4-4),结合本节举例,我们可以发现下列规律。

(1) 当期末存货量不为零,而期初存货量为零时,完全成本计算确定的营业净利润大于变动成本计算确定的营业净利润。此时,期初存货释放的固定性制造费用为零,期末存货吸收的固定性制造费用大于零,后者大于前者,所以,完全成本计算与变动成本计算确定的营业净利润差额大于零。如例 4-7 中的第 2 年和例 4-8 中的第 1 年。

(2) 当期末存货量为零,而期初存货量不为零时,完全成本计算确定的营业净利润小于变动成本计算确定的营业净利润。此时,期初存货释放的固定性制造费用大于零,而期末存货吸收的固定性制造费用为零,前者大于后者,所以,完全成本计算与变动成本计算确定的营业净利润差额就会小于零。如例 4-7 中的第 3 年和例 4-8 中的第 3 年。

(3) 当期末存货量和期初存货量均为零,即产销绝对平衡时,两种成本计算确定的营业

净利润相等。此时,完全成本计算时,期初期末存货中均未含任何成本,亦即所含固定性制造费用也为零,因此,两种成本计算的营业净利润必然相等。如例 4-7 中的第 1 年。

(4) 当期末存货量和期初存货量均不为零,而且其单位产品所包含的固定性制造费用相等(即前后期固定生产成本总额和产量均不变)时,两种成本计算所确定的营业净利润之间的关系取决于当期的产销平衡关系:①当期末存货量和期初存货量相等(即产销相对平衡)时,完全成本计算时期初存货释放至当期的固定性制造费用数额与期末存货吸收至下期的数额相等,两种成本计算确定的营业净利润相等。②当期末存货量大于期初存货量(即产大于销)时,完全成本计算时期末存货吸收至下期的固定性制造费用数额大于期初存货释放至当期的数额,完全成本计算的营业净利润就大于变动成本计算的结果。其差额=单位固定性制造费用×存货增加量。③当期末存货量小于期初存货量(即产小于销)时,完全成本计算时期末存货吸收至下期的固定性制造费用数额小于期初存货释放至当期的数额,完全成本计算的营业净利润就小于变动成本计算的结果。其差额=单位固定性制造费用×存货减少量。

(5) 当期末存货量和期初存货量均不为零,而且其单位产品所包含的固定性制造费用不相等(即各期产量不相等)时,两种成本计算的分期营业净利润差额与产销平衡关系并无规律性联系。但其差额仍可按上述简算公式进行计算,即:

$$\frac{\text{两种成本计算当期}}{\text{营业净利润差额}}=\frac{\text{完全成本计算期末存货}}{\text{的单位固定性制造费用}}\times\frac{\text{期末}}{\text{存货量}}-\frac{\text{完全成本计算期初存货}}{\text{的单位固定性制造费用}}\times\frac{\text{期初}}{\text{存货量}}$$

第三节 两种成本计算的优缺点及配合使用

一、两种成本计算的优缺点

(一) 变动成本计算的优缺点

1. 变动成本计算的优点

(1) 充分体现了“费用与收入相配比”这一公认的会计原则。配比原则要求会计所记录的一定时期发生的收益和费用,必须属于这一期间。也就是在一定的会计期间应以实现的收入为依据,归集相关的费用,并计算损益。变动成本计算正是将生产成本按成本性态分为变动成本和固定成本。变动成本包括直接材料、直接人工和随产量成正比例变动的那部分制造费用,计算损益时,将它们按销售量的比例,把已销产品的变动生产成本作为当期费用同当期收入配比;而将未销售的产品成本转作存货成本以便与未来预期获得的收入相配比。

而固定生产成本，即固定性制造费用，它同产品生产没有直接联系，是为保持生产能力并使它处于准备状态而引起的。它与生产能力的利用程度无关，既不会因产量的提高而增加，也不会因产量的下降而减少，它只是随着时间的推移而消失，故应将其与非生产成本一同列作期间费用，计入当期损益，由当期的收入补偿。

(2) 能提供有效的管理信息，强化企业的经营管理。变动成本计算所提供的变动生产成本和边际贡献资料，对企业的经营管理最为有用。因为它们揭示了业务量与成本变化的内在规律，找出了生产、销售、成本和利润之间的依存关系，提供了各种产品盈利能力等重要信息。所有这些均有利于企业的经营管理者深入地进行量本利分析，用来预测前景，规划未来，控制现在(例如保本点预测、规划目标利润、目标销售量、目标成本、建立弹性预算等)，并且有利于进行短期经营决策。

(3) 便于分清各部门的经济责任，有利于进行成本控制与业绩评价。变动成本计算是以成本性态分析为基础，它所提供的成本资料，对于加强成本控制和科学地进行成本分析有以下几方面的优越性：①可以把由产量变动所引起的成本升降，同由于成本控制工作的好坏而造成的成本升降清楚地区分开来。成本升降的原因很多，为了正确地考核生产部门和供应部门的业绩，可以通过应用变动成本计算，并制定标准成本和弹性预算进行日常控制；②便于成本责任的归属和业绩评价。比如一般情况下，变动生产成本的高低最能反映出生产部门和供应部门的业绩，其完成的好坏应由生产部门和供应部门负责，固定生产成本的高低责任不在生产部门，其高低通常应由管理部门负责。

(4) 促使管理当局重视销售环节，防止盲目生产。采用变动成本计算，不但可以排除产量变动对单位产品成本的影响，同样也便于分析企业的利润指标。在第二节的举例中我们可以看到在销售单价、单位变动成本、销售结构(多品种生产)不变的情况下，采用变动成本计算，不管产量变动与否、如何变动，营业净利润与销售量是保持同向变动的，避免了完全成本计算下的反常现象，这样就可以促使管理当局特别重视销售环节，注意研究市场动态，搞好市场预测，做到以销定产。

(5) 可以简化产品成本计算。采用变动成本计算，把固定性制造费用列作期间成本，从边际贡献中扣除，这样就使产品成本计算中的费用分摊工作大大简化，且可以减少成本计算中的主观随意性。这一优点在生产多品种的企业中尤为突出。

正是由于变动成本计算具有上述优点，因而美国会计学会(AAA)、美国会计人员联合会(NAA)的许多会员以及一些大企业的经理和管理会计学家们都认为变动成本计算不仅适用于内部管理，也适用于外部报告。但由于种种原因，目前在对外报告方面，仍沿用完全成本计算。

2. 变动成本计算的局限性

(1) 变动成本计算不符合传统的成本概念的要求。美国会计学会的成本概念和准则委员会认为“成本是为了达到一个特定的目的而已发生或可能发生的，以货币计量的牺牲”。按照这种传统观点，产品成本就应该包括变动生产成本和固定生产成本两部分。

(2) 变动成本计算不能适应长期决策的需要。长期决策要解决的是增加或减少生产能力，以及扩大或缩小经营规模的问题。从长远来看，固定成本不可能不发生变动，单位变动成本也会由于技术进步和通货膨胀等因素的影响而发生变动。因此，变动成本计算所提供的信息资料，一般不能适应长期决策的需要。

(3) 变动成本计算不便于定价决策。在进行产品定价决策时，既应考虑变动成本，也应考虑固定成本，它们都应该得到补偿。但由于变动成本计算所确定的产品成本只包括变动生产成本，不包括固定性制造费用，使产品成本不能反映产品生产的全部消耗，不能直接据以进行定价决策。

(4) 采用变动成本计算时会影响有关方面的利益。由完全成本计算改为变动成本计算时，一般要降低期末存货的计价，因而也就会减少企业当期的利润，从而会暂时减少国家的税收收入和投资者的股利收益，影响有关方面及时取得收益。

(5) 变动成本与固定成本的划分比较困难。将成本划分为固定成本和变动成本是应用变动成本计算的前提。但在固定成本与变动成本的划分上有一定的假定性，而且有些还需要复杂的数学计算。

(二) 完全成本计算的优缺点

完全成本计算是在事后将间接成本分配给各产品，反映了生产产品发生的全部耗费，以此确定产品实际成本和损益，满足对外提供报表的需要。由于它提供的成本信息可以揭示外界公认的成本与产品在质的方面的归属关系，有助于扩大生产，能刺激生产者的积极性，因而广泛地被外界所接受。在完全成本计算下，只要增加产量，产品成本就可以降低，如例4-8中，在单位变动生产成本和固定生产成本总额不变的情况下，只是由于三年的产量不同，单位产品的完全成本就随产量的减少(分别为12 000件，10 000件，8 000件)而增加(分别为11元，11.2元和11.5元)。第二次世界大战后，西方企业迅速增加固定资产投资规模，使固定生产成本在产品成本中的比重大大提高；而提高产量，就降低了单位产品负担的固定成本，从而使产品成本降低。这种局面就决定了西方会计领域中完全成本计算仍是十分广泛的应用模式。美国会计师协会(AICPA)、美国证券交易委员会(SEC)、美国国内税务总局(IRS)都主张继续采用完全成本计算。

另外，完全成本计算下的成本资料也是企业产品定价的重要基础。

完全成本计算的缺点可归纳如下。

(1) 完全成本计算下的单位产品成本不仅不能反映生产部门的真实业绩，而且也会掩盖或扩大其生产实绩。

【例 4-10】 假定大成公司本年度生产某产品的有关成本数据如下。

单位变动生产成本　　2 元

固定性制造费用总额　　12 000 元

现有两套计划经营方案可供选择：第一个方案是生产 6 000 件产品，其他条件不变；第二个方案是维持上年的 3 000 件产量，但设法通过节约能源、降低消耗等具体措施使本期直接材料、直接人工及变动性制造费用降低 50%，其他条件不变。

要求：从成本降低的角度，分别按两种成本计算分析两个方案的优劣。

[解]在变动成本计算下，第二个方案的单位产品成本为 2×(1－50%)＝1(元)，比去年的 2 元下降了 1 元，而第一个方案的单位产品成本则仍为 2 元，没有变化。从降低成本的角度看，显然第二个方案优于第一个方案。

从完全成本计算的角度看，尽管第一个方案并没有采取任何降低生产消耗的措施，但由于产量由上年的 3 000 件增加到 6 000 件，使单位产品成本由上年的 2＋12 000/3 000＝6(元)自动降低到 2＋12 000/6 000＝4(元)，降低的幅度为(6－4)/6×100%＝33.33%，而真正采取了降低成本措施的第二方案，则只由原来的 6 元下降到了 2×(1－50%)＋12 000/3 000＝5(元)，降低幅度为(6－5)/6×100%＝16.67%，所以，第一个方案优于第二个方案。

可见，从降低成本的角度看，完全成本计算的评价结论可能挫伤有关部门降低成本的积极性，却夸大或掩盖了生产部门的实际业绩。

(2) 采用完全成本计算所确定的分期损益，其结果往往难以为管理部门所理解，甚至会鼓励企业片面追求产量，盲目生产，造成积压和浪费。

有时尽管每年的销售量、销售单价，成本消耗水平等均无变动，但只要产量不同，其单位产品成本和分期营业净利润就会有很大差别，这是令人费解的，上节中的例 4-8 就说明了这个问题。

有时销售量尽管远远超过往年，销售单价和成本消耗水平等均无变动，但会出现营业净利润较往年减少的情况，这也让管理部门难以理解。

【例 4-11】 假定海通公司 20×0 年及 20×1 年的有关资料如表 4-14 上半部分所示。

要求：采用完全成本计算编制利润表。

[解]计算结果见表 4-14 下半部分。

表 4-14　　　　**相关资料及利润表**

基本资料	20×0 年	20×1 年
期初存货量/件	0	6 000
本期生产量/件	16 000	10 000
本期销售量/件	10 000	16 000
期末存货量/件	6 000	0

续表

基本资料	20×0年	20×1年
销售单价/元	30	30
单位变动生产成本/元	12	12
固定生产成本/元	160 000	160 000
销售及管理费用/元	10 000	10 000
传统式利润表(完全成本计算)		
销售收入/元	300 000	480 000
销货成本/元		
期初存货成本/元	0	132 000
本期产品成本/元	352 000	280 000
期末存货成本/元	132 000	0
小计	220 000	412 000
销售毛利	80 000	68 000
销售及管理费用	10 000	10 000
营业净利润	70 000	58 000

以本例的数据可以看出虽然第2年比第1年的销售收入增加了60%[(480 000－30 000)/30 000×100%],销售单价、单位变动成本和固定成本总额均无变化,而第2年的营业净利润却较第1年下降了17.14%[(58 000－70 000)/70 000×100%],这会令人难以信服。

有时甚至在销售量下降的情况下,成本消耗水平和售价等均不变,但由于产量的大幅度增加,反而造成营业净利润增加的奇怪现象。这不但令人费解,而且还会促使企业不顾市场,盲目生产,造成产品的大量积压和人力、物力与财力资源的极大浪费。

【例4-12】 假定红安公司连续两年的有关资料如表4-15上半部分所示。

要求:采用完全成本计算编制利润表。

[解]计算结果见表4-15下半部分。

表4-15 红安公司连续两年相关资料及利润表

基本资料	第1年	第2年
期初存货量/件	0	0
本期生产量/件	10 000	24 000
本期销售量/件	10 000	8 000
期末存货量/件	0	16 000
销售单价/元	8	8
单位变动生产成本/元	2	2
固定生产成本/元	24 000	24 000

续表

基本资料	第1年	第2年
销售及管理费用/元	10 000	10 000
传统式利润表(完全成本计算)		
销售收入/元	80 000	64 000
销货成本/元		
期初存货成本/元	0	0
本期产品成本/元	44 000	72 000
期末存货成本/元	0	48 000
小计	44 000	24 000
销售毛利	36 000	40 000
销售及管理费用	10 000	10 000
营业净利润	26 000	30 000

从本例数据可以看出,尽管第2年销售下降了20%[(64 000－80 000)/80 000×100%],售价及成本水平均无变动,第2年的营业净利润却较第1年增加了15%[(30 000－26 000)/26 000×100%]。

(3) 采用完全成本计算,由于销售成本未按成本性态将变动成本和固定成本分开,因而在预测分析、决策分析和编制弹性预算时就很不方便。

(4) 采用完全成本计算,对于固定性制造费用,往往需要经过繁复的分配手续,而且受会计主管人员的主观判断的影响。

二、两种成本计算的配合使用

如前所述,完全成本计算是依据公认的会计原则来汇集企业在一定期间所发生的生产费用,并据以计算和确定产品成本和分期损益。它主要适用于财务会计系统,用于编制对外财务报告。而变动成本计算是为了满足企业内部经营管理的需要,对成本进行事前规划和日常控制而产生的,它主要适用于管理会计系统,用来编制对内管理报告,为决策提供有用的信息。

尽管人们对变动成本计算的优点已经有了一定的认识,但由于现阶段企业外部的信息利用者仍然要求企业按完全成本计算提供报表,再加上变动成本计算本身存在的固有缺陷,一时还不能用变动成本计算彻底取代完全成本计算。同时,也没有必要花费时间和金钱按双轨制原则另搞一套与完全成本计算平行的按变动成本计算组织的账外账。

比较现实可行的办法是按照单轨制的原则，将两种成本计算结合起来，即在日常按变动成本计算组织核算，随时提供能够满足企业内部需要的管理信息，然后定期将变动成本计算确定的成本与利润信息调整为按完全成本计算模式反映的信息资料，以满足企业外部信息利用者的需要。

下面具体说明单轨制下两种成本计算的配合使用。

（一）账务处理

按照单轨制的原则，平时的成本计算按变动成本计算进行，然后定期调整为完全成本计算模式反映的信息资料。因此，我们可在日常核算时，设置“生产成本”、“库存商品”等账户，且只核算直接材料、直接人工和变动性制造费用；同时，设置暂记账户，如“固定性制造费用”和“存货中的固定性制造费用”账户，据以进行变动成本计算。

定期调整为按完全成本计算反映的信息资料时，可将本期已销产品应负担的固定性制造费用转入损益计算账户，如“本年利润”，将变动成本计算下的分期营业净利润调整为按完全成本计算反映的结果。同时，将“存货中的固定性制造费用”账户的余额，并入“生产成本”和“库存商品”账户，以便在资产负债表中按完全成本计算反映存货价值。

需要指出的是，在单轨制下，必须运用两种成本计算下营业净利润差额的简算法。

（二）简算法的运用

在单轨制下，日常按变动成本核算进行，定期需要调整为对外报告需求的信息时，可按营业净利润差额简算法公式进行，先计算出完全成本计算下期末存货应当吸收的固定性制造费用，进而计算出一定时期内两种成本计算下的营业净利润差额，最后把按变动成本计算确定的营业净利润调整为完全成本计算的结果。调整公式如下：

$$\text{完全成本计算下的营业净利润}=\begin{matrix}\text{变动成本计算下}\\\text{的营业净利润}\end{matrix}+\begin{matrix}\text{按简算法计算的}\\\text{营业净利润差额}\end{matrix}$$

两种成本计算的当期营业净利润差额简算法前已述及，公式即为

$$\begin{matrix}\text{完全成本计算与变动成本}\\\text{计算当期营业净利润差额}\end{matrix}=\begin{matrix}\text{完全成本计算期末存货}\\\text{的单位固定性制造费用}\end{matrix}\times\begin{matrix}\text{期末存}\\\text{货量}\end{matrix}-\begin{matrix}\text{完全成本计算期初存货的}\\\text{单位固定性制造费用}\end{matrix}\times\begin{matrix}\text{期初存}\\\text{货量}\end{matrix}$$

同时，应将日常按变动成本计算确定的存货成本调整为完全成本计算的数额，即：

$$\begin{matrix}\text{完全成本计算下的}\\\text{期末存货成本}\end{matrix}=\begin{matrix}\text{变动成本计算下}\\\text{的期末存货成本}\end{matrix}+\begin{matrix}\text{期末存货应吸收的}\\\text{固定性制造费用}\end{matrix}$$

【例 4-13】 某企业只生产一种甲产品，期初没有存货，本年生产量为 20 000 件，全年销

售量为 18 000 件，存货计价采用先进先出法。甲产品单价为 5 元，生产成本中，每件变动成本为 3 元(其中：直接材料 1.8 元，直接人工 1 元，变动性制造费用 0.20 元)，固定性制造费用全年发生额为 10 000 元，变动性销售及管理费为销售收入的 5%，固定性销售及管理费全年共 5 000 元，产品已全部完工入库。

要求：按单轨制原则，进行完全成本计算与变动成本计算。

[解]按照单轨制原则，日常可按变动成本计算进行核算。如图 4-3 所示。

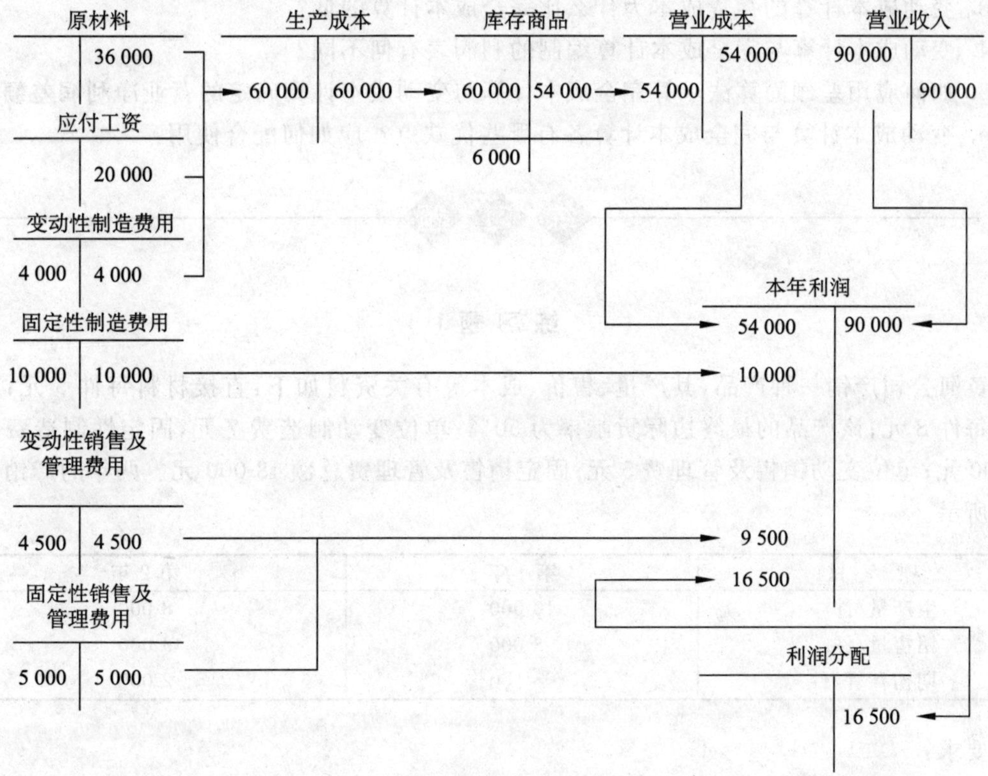

图 4-3　按变动成本计算进行的日常核算

定期对外提供会计报表时，需要对按变动成本计算的结果进行调整。调整步骤如下：

完全成本计算下期末存货吸收的固定制造费用＝10 000/20 000×(20 000－18 000)

＝1 000(元)

完全成本计算与变动成本计算的营业净利润差额＝1 000－0＝1 000(元)

完全成本计算下的营业净利润＝16 500＋1 000＝17 500(元)

完全成本计算下的产成品存货成本＝6 000＋1 000＝7 000(元)

1. 变动成本计算与完全成本计算对直接材料、直接人工、变动性制造费用、固定性制造费用、变动性销售及管理费用、固定性销售及管理费用等项目的处理有何异同?

2. 变动成本计算与完全成本计算对固定性制造费用的处理为何不同?

3. 变动成本计算的存货成本为什么比完全成本计算的低?

4. 变动成本计算与完全成本计算编制的利润表有何不同?

5. 如何应用差额简算法求算完全成本计算与变动成本计算确定的营业净利润差额?

6. 变动成本计算与完全成本计算各有哪些优缺点?应如何配合使用?

练习题 1

黄河公司产销一种产品,其产量、售价、成本等有关资料如下:直接材料每件 5 元;直接人工每件 8 元;该产品的最终边际贡献率为 50%;单位变动制造费 7 元,固定性制造费总额 60 000 元;单位变动销售及管理费 5 元;固定销售及管理费总额 48 000 元。两年的产销量如下表所示。

项　　目	第 1 年	第 2 年
生产量/件	10 000	8 000
销售量/件	8 000	9 000
期初存货/件	0	2 000

要求:

(1) 采用两种成本计算确定期末存货成本。

(2) 采用两种成本计算编制两年的利润表。

(3) 说明两种成本计算的营业净利润为何不同,并采用简算法验证。

练习题 2

永安公司过去对外公开的利润表一贯采用完全成本计算编制,其连续三年的简明资料如下表所示。

项　目	第 1 年	第 2 年	第 3 年
销售收入/元	80 000	48 000	96 000
销售成本/元	50 000	30 000	60 000
销售毛利/元	30 000	18 000	36 000
销售及管理费用/元	15 000	15 000	15 000
营业净利润/元	15 000	3 000	21 000

假定该公司产品的单位变动生产成本为 3 元，其固定生产成本按每件 2 元的基础分摊于产品。该公司这三年的产销情况如下。

项　目	第 1 年	第 2 年	第 3 年
生产量/件	10 000	10 000	10 000
销售量/件	10 000	6 000	12 000

要求：试回答若不通过按变动成本计算编制利润表时，可否知道两种成本计算所确定的营业净利润是否相等？如不相等，变动成本计算的结果是多少？

练 习 题 3

海威公司第 1 年、第 2 年利润表上所列的销售收入及营业净利润数据如下。

项　目	第 1 年	第 2 年
销售收入/元	300 000	450 000
营业净利润/元	55 000	35 000

该公司股东对上列数据颇为不解，因为第 2 年销售收入较第 1 年增加了 50%，营业净利润反而降低。该公司会计主管解释，该利润表数据是按传统的完全成本计算编制的，第 1 年的一部分固定费用转移由第 2 年负担。如按变动成本计算编制利润表，则可揭示真相。经核查这两年的有关资料如下。

项　目	第 1 年	第 2 年
销售量/件	20 000	30 000
生产量/件	30 000	20 000
单位变动生产成本/元	5	5
固定制造费用/元	180 000	180 000
销售及管理费/元	25 000	25 000
单位售价/元	15	15
期初存货量/件	0	10 000

要求：通过两种成本计算说明会计主管的说法是否正确。

第五章　短期经营决策

本章学习提示

本章重点：预测分析方法，决策分析下的特定概念，定价决策分析，生产决策分析，存货控制。

本章难点：决策分析下的特定概念，定价决策分析，生产决策分析，存货控制方法。

管理的重心在于经营，而经营的中心在于决策。规划和控制企业的经济活动有赖于科学的决策分析。决策的正确与否关系到企业经营的成败。决策是行动目标和行动结果之间的桥梁，是行动的指南。企业决策问题可以按多种标准对其进行分类。如按照决策问题的性质及决策结果影响期的长短来分类，企业决策可以分为短期经营决策和长期投资决策两大类。其中，本章所讲的短期经营决策是指只涉及一年以内的经济业务并仅对该期内的收支盈亏产生影响的一类问题的决策。长期投资决策将在本书第六章讲述。

考虑到预测是决策的前提和基础，本章的具体内容包括预测分析、决策分析及需要考虑的特定概念、定价决策分析、生产决策分析和存货控制决策分析等。

第一节　预测分析

企业要想在激烈的市场竞争中立于不败之地，既要了解市场的过去和现在，又要对相关方面的未来发展趋势作出科学的预计和推测，以便为企业制定战略、经营决策、预算编制等提供重要而正确的信息。特别是事前的经营预测分析，在企业管理中应用更为广泛和必要。企业经营预测分析的内容包括销售预测、利润预测、成本预测和资金预测等。掌握并积极应用经营预测的基本方法对提高企业日常管理水平具有积极的意义。

一、预测分析的意义

预测，其基本含义是预先或事前的推测或测定。预测分析，就是指企业经营活动中对未来收支和效益等发展的趋势和水平，运用定性和定量分析理论与方法进行科学推测的一项经济管理活动。预测分析运用数理统计分析的原理和方法，已形成为一门应用范围极为广泛的综合性学科。具体到一个企业，预测分析就包括投资效益预测、经营资金需用量预测、产品销售量预测、成本水平预测、利润水平预测以及企业未来财务状况、资金运营情况预测等。

管理会计中的预测分析，是指运用专门的方法进行经营预测的过程。所谓经营预测，是指企业根据现有的经济条件和掌握的历史资料以及客观事物的内在联系，对生产经营活动的未来发展趋势和状况的预计和测算。

企业生产经营活动成败的关键是决策，而决策的基础是科学预测。预测分析直接为决策服务，是决策前期必不可少的先导工作。没有准确的预测，要作出科学的决策是难以想象的。当然预测不能代替决策，因为预测分析要解决的是如何科学准确地预见或描述未来的问题，而决策的结论则直接支配未来的行动方案。

预测分析也为计划服务，它所提供的许多数据最终被纳入预算，成为编制预算的基础。但预测分析可反复循环进行，并可根据需要选用不同方法，它所提供的信息只具有指导性，起参考作用；而计划或预算的程序则具有相对稳定性，其信息具有严肃性和强制性。预测既可在计划之前进行，也可在计划或预算的执行过程中进行，以指导修正计划或预算。

现代生产力的迅速发展，使社会经济环境发生了巨大变革，企业面临的竞争和风险越来越大。不开展科学的预测分析，就不能预先估计未来的发展趋势，无法积极采取应对措施，难以适应不断变化的形势。但由于现实形势异常复杂、瞬息万变，预测未来便变得十分困难。因经营预测失误而招致决策失败，或因心中无数而坐失良机的情况都在经济生活中屡见不鲜。因此现代企业管理实践中不仅迫切需要开展预测分析，而且还必须讲求预测方法的科学性和预测结论的准确性，企业的决策者要尽可能克服经营管理工作中的盲目性与被动性，经营决策时做到心中有数。

在现代经济条件下科学地开展经营预测既有必要也有可能。这是因为，一方面，任何经营活动不论其繁简程度如何，都具有一定规律可循；另一方面，现代经济本身为在经营预测中应用现代数学方法和计算机技术创造了可能条件，提供了必要的物质基础。

当然，由于人们认识事物发展规律的局限性，特别是未来充满了不确定性，预测分析过程中预测者具有一定的主观性，预测依据具有一定的假定性，预测与实施可能会存在一定的差异性。而对同一预测对象，存在着多种可以使用的方法、技术和模型，所以预测分析又具有方法技术上的多样性。

二、预测分析的方法

预测分析的具体方法很多，而这些方法的选择又受到预测分析对象、目的、时间及精度要求等因素的影响。一般可把预测分析的方法分为定性分析法和定量分析法两大类。

（一）定性分析法

定性分析法又称非数量分析法，是指由有关方面的专业人员根据个人经验和知识，结合预测对象的特点进行综合分析，对事物的未来状况和发展趋势作出推测的一类预测方法。定性主要是确定预测事物未来的发展性质，一般不需要进行复杂的定量分析，适用于缺乏历史定量数据资料或有关变量间缺乏明显的数量关系或难以用数字表示等条件下的事物或状态预测，如产品品种、花色、款式、包装装潢的预测等。定性分析是依靠个人经验、判断能力和直观材料，确定事物发展性质和趋势的一种方法，所以预测人员一般是有经验的管理人员、销售人员、财务人员和工程技术人员等。这里主要介绍三种方法。

1. 个人判断法

采用这种方法，可分别请各位专家就特定的预测对象发表个人定性判断意见，然后将意见集中起来，通过比较、分析，作出预测结论。

2. 会议判断法

采用这种方法，可组织多位专家先进行调查研究，然后以会议形式进行讨论，继而在意见比较一致的基础上作出预测结论。

3. 德尔菲法

这是一种往复判断的方法。采用这种方法，可由企业邀请有关专家参加预测，并指定一位协调人员从中联系、协调、分析和归纳专家的预测意见。为减少顾虑，做到自由而充分地发表个人意见，最好采取函询方式：即由协调人员向有关专家发出调查提纲及政府新发布的有关资料和各种历史数据；专家们根据自己的知识和经验，对预测对象的变化趋势提出书面意见，寄送协调人员；协调人员根据专家们提出的预测意见，对不同的预测值进行分析研究，然后提出新的要求，再次征询专家意见。经过若干次往复，在专家们意见大体一致时，由协调人员对预测结果进行可靠性分析并得出预测结论。

定性分析法可以与定量分析法结合起来应用，借以提高预测的可信程度。

（二）定量分析法

定量分析法，又称数量分析法，是指根据已掌握的大量信息资料，运用统计和数学的方法，进行数量计算或图解，据以建立能够反映影响因素(x)与预测目标(y)之间规律性联系的预测模型($y=f(x)$)的一类预测方法。这里主要概括介绍趋势外推分析和因果关系分析两种方法。

1. 趋势外推分析法

趋势外推分析法是指将时间(t)作为对预测目标(y)的影响因素，通过对预测目标随时间变化情况的分析，预测未来事物的发展进程的分析方法。该方法下建立的预测模型一般可表示为 $y=f(t)$。

该方法单纯以事物本身过去的变化趋势作为预测的依据，它撇开对事物发展因果关系的分析，是基于以下假定：事物发展具有一定的连续性而且其过去和现在的变化趋势也将延续到未来。因此，可借助于历史资料和相关数据，通过一定的数学方法分析出预测对象的某种变动趋势，然后以此为基础来推测各项对象的未来水平。趋势外推分析法又包括加权平均法、移动平均法、趋势平均法和平滑指数法等。

(1) 加权平均法。此法把每个历史数据的重要程度用权数的大小来表示，而后对每个资料与对应的权数之积求和，再以此和除以各权数之和，即为下期(预测期)的预测值。

这种方法的关键是权数的确定。一般地，企业每一期实际业务量变动的结果，其数值偏靠于近期，所以确定权数的一般原则是近期权数大，远期权数小。

(2) 移动平均法。又称简单移动平均法或一次移动平均法。它是从时间序列中取最近数期的实际值计算其平均数，并以此作为下期的预测值，逐期推进。

这种方法实际上就是用一定时期内历史数据的算术平均数作为下期的预测值。在预测对象短期内数据变化不大的情况下，采用此法较为适宜。

(3) 趋势平均法。又称二次移动平均法或趋势移动平均法。其基本预测步骤是：首先，以一组历史数据为基础分别移动计算前后相邻近数期的平均值作为各该期的一次移动平均值；其次，对比各期的一次移动平均值确定出相应的变动趋势值；再次，分别移动计算前后相邻近数期的变动趋势平均数(即二次移动平均)；最后，以基期的一次移动平均值为基础，考虑基期的二次移动平均值来推算预测期的预测值。

(4) 平滑指数法。这是一种复杂的加权平均法。其特点是权数符合指数规律，对不同时期的数据施予不同的权数，时间越久的数据，其权数越小。

2. 因果关系分析法

因果关系分析法是指根据预测目标(y)和非时间影响因素(x)之间存在的因果函数关系，按影响因素的未来变动趋势来推测预测目标未来水平的预测方法。该方法下建立的预测模型一般可表示为 $y=f(x)$。

客观事物的发展变化都有其特定的一种或多种原因，掌握原因变化的趋势，找出预测目标与其相关变量之间的依存关系，从而建立相应的数学模型，预测事物发展变化的结果就是因果预测法。换言之，基于事物因果关系分析的预测方法均可称为因果预测法。例如回归分析法、本量利分析法等。其中，本量利分析法就是根据成本、业务量和利润三变量之间的相互关系原理来预测企业经营中的有关指标的未来水平。其中本量利分析的基本原理及其在预测中的简单应用已在第三章中述及。

(1) 一元线性回归法，又称简单线性回归法。它是通过对两个相互关联的变量的观察、分析，结合直线回归方程，根据自变量的变动来预测因变量发展变动趋势和水平的方法。一元线性回归方程式可表示为

$$y=a+bx$$

式中，y 为因变量，即表示预测目标的变量；x 为相关因素的变量，即自变量；a，b 为回归系数。

(2) 多元线性回归法。它是一元线性回归法的展开和延伸，即一个因变量对应多个自变量且仍保持线性关系。多元线性回归法从某种程度上讲，更切于现实情况。因为，一种经济因素的变动往往受多种因素的影响和制约，而不只是一种。多元线性回归方程的一般形式为

$$y=a+b_1x_1+b_2x_2+\cdots+b_nx_n$$

式中，y 为因变量；$x_1,x_2,\cdots,x_n$ 均为自变量；$a,b_1,b_2,\cdots,b_n$ 均为回归系数。

(3) 非线性回归法。现实经济生活中，一个指标的变动有时虽然同另一个指标有着密切联系，但并不表现为线性关系，而只能用某种曲线方程来表述。此时，就需要借助于非线性回归法来解决。事实上，工业产品产量与成本、商品销售额与流通费用、价格因素对产品销售量与需求量的影响以及消费支出同产品销量之间的关系等都应该而且可以用曲线方程描述。较常用的一元二次回归方程可用以下的一般形式来描述：

$$y=a+bx+cx^2$$

式中，y 为因变量；x 为自变量；a,b,c 为回归系数。

三、预测分析的步骤

预测分析是一项既复杂又细致的工作，一般可按以下步骤进行。

1. 确定预测目标

预测必须首先搞清对什么进行预测，将达到什么目的。预测目标是根据企业经营的总体目标来设计和确定的，既不能盲目随意确定，又不应追求面面俱到，要突出重点。在预测目标确定的同时，还应根据预测的具体对象和内容确定预测的期限和范围。确定预测目标

是做好预测分析的前提，是制订预测分析计划、确定信息资料来源、选择预测方法及组织预测分析人员的依据。

2. 收集和整理资料

预测目标确定后，应着手搜集有关经济的、技术的、市场的计划资料和实际资料。这些资料有过去的纵向资料，有现在的横向资料；有市场信息、同行业的竞争情况，有国内外经济发展趋势等。在占有大量资料的基础上，按照一定方法对资料进行加工、整理、归纳，尽量从中发现与预测对象有关的各因素之间的相互依存关系。

3. 选择预测方法

对不同的预测对象和内容，应采用不同的预测方法，不能一成不变，对于那些可以建立数量模型的预测对象，应反复筛选比较，以确定最恰当的定量预测方法；对于那些缺乏定量资料无法开展定量分析的预测对象，应当结合以往经验选择最佳的定性预测方法。

4. 分析判断

根据预测模型及掌握的未来信息，进行分析判断，揭示事物的变化趋势，并预测其发展结果。

5. 检查验证

通过检查前期预测是否符合当前实际，分析产生差异的原因，来验证预测方法是否科学有效，以便在本期预测过程中及时加以改正。

6. 修正预测值

那些根据数学模型计算出来的预测值可能没有将非计量因素考虑进去，这就需要结合定性分析的结论对其进行修正和补充，使其更接近实际。

7. 报告预测结论

最终要以一定形式通过一定程序将修正过的预测结论向企业的有关领导报告，作为决策的第一手资料。

四、预测分析的基本内容

1. 销售预测

广义的销售预测包括两个方面：一是市场调查，二是销售量预测。狭义的销售预测则专指后者。市场调查是指通过了解与特定产品有关的供销环境和各类市场的情况，作出该产品有无现实市场或潜在市场以及相关市场大小的结论的过程，它是销售量预测的基础。销售量预测又叫产品需求量预测，是指根据市场调查所得到的有关资料，通过对有关因素的分析研究，预计和测算特定产品在未来一定时期内的市场销售量水平及变化趋势，进而预测本企业产品未来销售量的过程。

2. 利润预测

利润预测是指在销售预测的基础上，根据企业未来发展目标和其他相关资料，预计、推测或估算未来应当达到和可望实现的利润水平及其变动趋势的过程。利润预测包括实现利润的测算、目标利润预测、经营杠杆系数预测、利润敏感性分析和风险条件下的利润分析等具体内容。

3. 成本预测

成本预测是指根据企业未来发展目标和有关资料，运用专门方法推测与估算未来成本水平及发展趋势的过程。成本预测包括多项内容，如全部成本预测和单项成本预测；设计成本预测和生产预测；目标成本预测、成本变动趋势预测以及决策成本预测。

4. 资金预测

资金预测是指在销售预测、利润预测和成本预测的基础上，根据企业未来经营发展目标并考虑影响资金的各项因素，运用一定方法预计、推测企业未来一定时期内或一定项目所需要的资金数额、来源渠道、运用方向及其效果的过程。广义的资金预测包括全部资金需用量及其来源预测、现金流量预测、资金分布预测和资金运用效果预测。狭义的资金预测是指资金需用量预测，具体包括固定资产项目投资需用量预测、流动资金需用量预测和追加资金需用量预测。其中有不少内容都在财务管理学中讨论。

第二节　决策分析及需要考虑的特定概念

一、决策分析的意义及分类

决策是指为达到一定目标，根据当前条件和对未来发展情况的预测分析，而对未来多种可供选择的方案或行动所作出的决定。决策是涉及政治、经济、军事、文化、教育、科学、技术等各个领域的管理活动，在这里指的是企业生产经营方面的决策。西蒙(Herbert A Simon)认为“管理就是决策，决策贯穿于管理全过程”。法约尔(Henri Fayol)认为：“管理的重心在经营，经营的重心在决策。”

决策分析是指为作出正确决策而对各种备选方案进行比较分析、权衡利弊、从中选优或决定取舍的整个过程。借助于决策分析，可以实现决策科学化，从而使生产经营活动避免盲目性，减少风险性，最大限度实现甚至超过目标。

企业的决策可以从不同角度，采取不同分类标准对其分类：按决策问题在企业中的地位，可将其分为战略决策和战术决策；按决策问题的性质，可以分为可否决策和择优决策；按决策问题中有关因素的状态，可将其分为确定型决策、风险型决策和不确定型决策；按制定决策的方法，可将其分为定性决策和定量决策；按决策问题的内容，可将其分为投资决策、定价决策、生产决策等；按决策问题涉及的时间及结果的影响期长短，可将其分为短期经营决策和长期投资决策。

二、决策分析的程序、原则和方法

（一）决策分析的程序

决策分析过程究竟要经过哪些步骤，目前表述方法还不统一，但决策分析过程的基本步骤一般归纳为三个。

1. 确定决策目标

即明确要解决什么问题。决策目标通常具有三个方面的特性，即成果的可计量性（数量性）、时间的确定性和责任的明确性。

2. 拟订备选方案，广泛收集资料

围绕决策目标，广泛收集各种资料，包括数量资料和非数量资料，考虑各种可能性，拟订各种可能方案，以备选择。

3. 比较分析选定最优方案或决定取舍

在备选方案中，通过定量、定性分析比较，全面权衡，确定出最优行动方案或决定某特定方案的取舍。

（二）决策分析的原则

为保证决策结果的科学、合理，除遵循决策的一般程序外，还应坚持以下几项原则。

1.“四结合”原则

在决策分析过程中力求做到：内部条件分析与外部环境分析相结合，定性分析与定量分析相结合，目前利益分析与长远利益分析相结合以及局部效益分析与整体效益分析相结合。

2. 信息可靠原则

决策过程中收集的信息必须做到全面、准确、可信度高，这是保证决策结果正确的必要前提。

3. 方案可行原则

要求拟订的备选方案在技术上、经济上都切实可行；否则，决策分析就会失去其现实意义，决策结果也难以落实。

4. 效益满意原则

经济效益和社会效益两方面都必须达到“满意”程度。这里的“满意”较之理论上的“最优”更具实际意义。两利相权取其重，两弊相衡取其轻，都可视为“满意”。

（三）决策分析的方法

决策分析的方法灵活多样。其中，短期经营决策分析常用的方法主要包括差量分析法、边际贡献分析法、本量利分析法、线性规划法、经济批量法以及其他“最优”数学模型决策。长期投资决策分析常用的方法则主要包括平均报酬率法、投资回收期法、净现值法、现值指数法、内含报酬率法、外部收益率法等。上述各种决策分析方法将在本书有关章节结合实例陆续讲述。

三、短期经营决策的内容和特点

短期经营决策通常是指决策结果仅影响或决定企业短期（1 年或一个经营周期及其以内）的经营方向和策略，侧重于从资金、成本、利润等方面进行企业现有资源的有效配置，以获取尽可能大的经济效益而实施的最佳方案选择，主要基于销售循环、生产循环、采购循环的信息流进行产品生产决策、产品定价决策、存货管理决策。

短期经营决策一般不涉及新的固定资产投资，其主要目标在于充分、合理地利用现有资源，使其取得最佳的经济效益。短期经营决策主要有产品定价决策、生产问题决策、存货决策及利润分配决策等，而且每类决策都包括一系列的具体内容，如生产决策包括产品品种决策问题、产品产量最优组合问题、亏损产品应否停产或转产问题、半成品是否进行深加工问题、加工工艺的选择、零部件的自制与外购问题、继续营业还是歇业的选择以及是否接受特殊订货等。

长期投资决策则是指在拟定长期投资方案的基础上，运用科学方法对影响期较长（1 年或一个经营周期以上）的长期投资方案进行分析、评价，从中选取最佳方案的过程。所以与长期投资决策相比，短期经营决策不涉及新的固定资产投资等，属于经营决策的范畴，决策结果只涉及 1 年或一个经营周期及其以内，影响期较短，从而也一般不考虑货币时间价值因素和风险因素，主要采用差量分析法、边际贡献法、本量利分析法以及线性规划等方法。

四、决策分析需要考虑的特定概念

“相关”是决策分析中最重要的概念之一。随着选择方案的变化而发生改变的因素如决策目标的收入、成本，或有关因素如决策目标的业务量范围改变后必须改变决策方案的，都是与决策相关的，我们可称为相关因素。进行决策时，必须从各种因素和收集的大量信息中，剔除对决策不构成影响或决策方案不对其构成影响的非相关因素和信息，从而使决策科学而高效。事实上，决策分析需要考虑相应决策下的相关业务量、相关收入和相关成本三大因素，并在此基础上考虑特定概念及其有关信息。

（一）相关业务量

相关业务量可视为在决策分析中与决策方案选择相关的产量或销量。这与成本性态分析中的“相关业务量”的含义不同。

相关业务量(Q)往往都是指相关业务量范围，见图 5-1(假设各方案都不影响某一业务量下的收入)。如果在一定业务量范围内不影响决策方案的选择，那么这一业务量范围就是无关业务量(图 5-1 中 $Q<Q_1$，$Q_1<Q<Q_2$，$Q_2<Q$)。如果在一定业务量范围内影响决策方案的选择，那么这一业务量范围就是相关业务量(即超越无关业务量范围的业务量范围，图 5-1中跨越 Q_1 或 Q_2 的业务量区域)。实际上，相关业务量对决策方案的影响往往是通过对下面所介绍的相关收入或相关成本的影响实现的(图 5-1 中示例就是通过对相关成本的影响实现的)。在企业短期经营决策中，产品生产工艺(或加工方式)的选择、半成品是否深加工的决策、是否接受特殊价格追加订货、零部件自制还是外购等决策中，都需要认真考虑

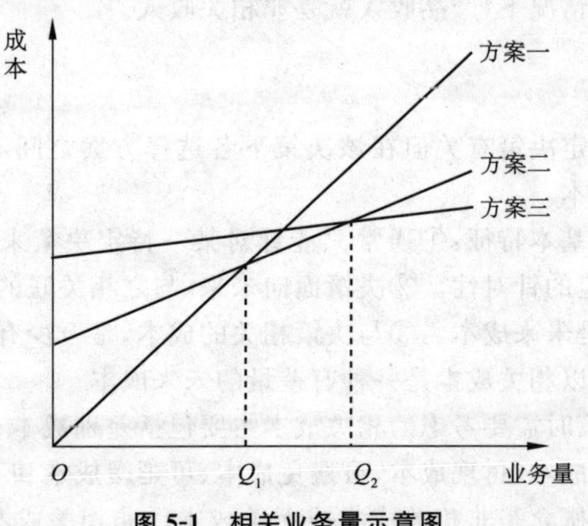

图 5-1　相关业务量示意图

相关业务量问题，而不是笼统地考虑全部产量，而且某一产品的相关收入与相关成本所使用的相关业务量有时也不一定相同。

实践表明，在经营决策过程中，许多对具体决策方案的相关收入和相关成本的确认和计量所发生的失误，往往是由于对相关业务量的判断错误。因此，相关业务量是经营决策中一个不容忽视的重要因素。

（二）相关收入

相关收入是指收入大小与特定决策方案相联系的、在经营决策中必须予以考虑的收入。如果收入的存在或变化与否与经营决策方案选择相关，即若某方案存在，就会发生这项收入，或者改变方案该项收入大小就会发生变化，那么该收入就是相关收入。相关收入的计算，要以特定决策方案的单价和相关销售量为依据。在企业短期经营决策中，半成品是否深加工、特殊价格追加订货是否接受等决策引起的收入的变化都是相关收入。当然，如果产品生产工艺（或加工方式）的选择影响到产品质量从而进一步影响到收入改变，那么收入也是相关收入。

由于决策分析是对多个方案的比较分析，所以在实际决策分析中，相关收入对决策方案的影响往往是通过对差量收入的影响实现的。

差量收入就是指两个备选方案的预期收入的差额。差量收入不为零的收入才是相关收入。管理会计中把不同备选方案的有关指标之间的数量差异统称为“差量”。

与相关收入对立的概念是非相关收入。如果无论是采取哪一项决策方案，均会发生某项收入且不改变其大小，那么该项收入是决策分析的非相关收入，在决策分析中就不予考虑。所以非相关收入是指差量收入为零的收入。在企业短期经营决策中零部件自制还是外购在不影响产品价格的情况下，产品收入就是非相关收入。

（三）相关成本

相关成本是指与特定决策有关但在该决策下各选择方案之间不等或不完全相等，在决策分析中必须考虑的成本。

相关成本具有一些基本特征：①通常只能针对某一特定决策来判断某项成本是否属于相关成本，所以具有一定的针对性。②决策面向未来，与之相关联的成本也只能是未来发生的成本，所以相关成本是未来成本。③与决策相关的成本，是至少有两个选择方案之间不相等、存在差别的成本，所以相关成本是一种有差量的未来成本。

一般而言，进行决策时需要考虑的相关成本主要包括差别成本、边际成本、机会成本、估算成本、专属成本、重置成本、付现成本、可避免成本、可延缓成本和不可延缓成本等。

与相关成本对应的概念是非相关成本或无关成本。非相关成本，是指与特定决策等无关的在决策分析中可以不予考虑的成本。当针对特定决策的各方案都会发生某项成本而且相等时,该成本就是这一特定决策的非相关成本。决策分析中不考虑相关成本会导致决策失误,考虑非相关成本也可能会导致决策失误,因此了解和区分哪些成本是相关成本、哪些是非相关成本是十分必要的。非相关成本主要包括沉没成本、共同成本、不可避免成本等。

区分相关成本与无关成本的意义还在于:第一,在难以得到足够资料的情况下,能有效地进行决策分析。例如,是否经营某一商品的决策,要在事先编制一份完整的利润表是不大可能的,因为这涉及共同成本的分摊。即使勉强编出利润表,也很难作为决策的依据。在此种情况下,就要明确区分哪些是相关成本,哪些是无关成本,舍弃后者,才能作为决策依据。第二,简化分析,集中注意力,保证决策结果的正确性。有时,尽管得到决策分析所需的全部资料,但将相关成本与无关成本混合,容易使整个情况趋于混乱,分散分析者的注意力,从而也有必要区分相关成本与无关成本。要正确地区分相关成本与无关成本,不可一概而论,而必须对具体问题进行具体分析。

【例 5-1】 某企业有一批可修复的废品,现有两种处置方案:降价直接销售和修复后按正常价格销售,有关资料如表 5-1 所示,要求据以区分相关成本和无关成本。

表 5-1　两种处置方案有关收入成本(费用)对比表　　单位:元

项目　　方案	降价直接销售	修复后常价销售
收入	5 000	10 000
生产成本	8 000	8 000
修理费		2 000
管理费	1 000	1 000
销售费	500	500

上例 5-1 中,废品的生产成本及其应分摊的管理费和销售费与目前的决策无关。因为生产成本是过去已经发生的成本,无论采取哪个方案都不能改变其发生额,分摊的销售费与管理费在两个方案中的发生额相同,也不影响目前的决策。以上这些与方案选择无关的成本在决策分析时可不予考虑。本例中的修理费支出是与当前决策有关而必须加以考虑的因素,属于相关成本。

在本例中,两种方案的预期收入不同(差量收入不等于零),也属于相关因素即相关收入,在决策分析时必须加以考虑。

还应注意,相关成本与无关成本是相对的。由于决策的对象不同,决策的期间不同,决策的范围不同,同一成本项目有时属于相关成本,有时属于无关成本。例如,固定成本有约束性固定成本和酌量性固定成本之分,很难笼统地说它是属于相关成本还是属于无关成本。

但无论怎样,相关成本、无关成本及其相应的一些特定概念是决策分析关注和考虑的概念中的重点。

1. 差量成本

差量成本又称“差别成本”或“差额成本”，通常是指一个备选方案的预期成本同另一个备选方案的预期成本之间的差异数。

应该注意，差量成本和变动成本是两个不同的概念，两者在量上也不一定相等。具体地讲，对于具有相同内容但生产能力利用程度不同的两个方案，若固定成本在相关范围内保持不变，差量成本才等于变动成本的增减额，即单位差量成本等于单位变动成本；若产量超出固定成本的相关范围，则此时的差量成本等于变动成本增减额与固定成本增减额之和。

2. 边际成本

边际成本是指成本对业务量无限小变化的变动部分，即成本随业务量无限小变化的变动率。边际成本是总成本关于业务量的一阶导数。但在实际经济生活中业务量无限小的变化是相对的，只能小到一个经济单位（如一批、一个、一只、一件等），再小就失去了经济意义。因此，边际成本是指业务量每增加或减少一个单位而引起的成本变动额。在生产能力的相关范围内，边际成本的表现形式就是增加或减少一个单位的差量成本，也就是单位成本。

与边际成本相对应的概念是边际收入，是指业务量变动一个单位所引起的收入的变动额。

边际收入与边际成本是边际分析中的两个重要概念。两者的差额，即边际利润，更是经营决策分析中的重要指标，利用上述的边际收入与边际成本概念，也有助于解决最优产销量规模、最优售价等问题的决策分析。

3. 专属成本与共同成本

（1）专属成本是指可以明确归属于某种、某批产品或某个部门、某个方案的固定成本。例如，专门生产某种零件或某批产品而专用的厂房、机器的折旧费、某种商品物资的保险费等。联合生产中可以分别归属于各特定产品的成本，即可分成本也应属于专属成本。专属成本在多数情况下是决策分析中应该予以考虑的相关成本。但某些专属成本在特定的决策问题中也可能是无关成本。例如，若干年前购置的某种产品专用设备的折旧费，并不会因停产有关产品而消除，故在分析应否停产该产品时，应将其作为无关成本。

（2）共同成本是指由几种（批）产品、几个有关部门或几个方案共同负担的固定成本，如企业管理人员工资、一般照明费等。此外，也包括应由各“联产品”共同负担的联合成本。共同成本通常应作为无关成本处理。

应该注意到，专属成本与共同成本的划分主要是就固定成本而言的。因为变动成本绝大多数为专属成本，所以没有必要做上述分类。

4. 历史成本或沉落成本

(1) 历史成本是根据过去实际已经发生的支出而计算的成本，也常被称为“实际成本”。传统财务会计中，实际成本是一切资产项目入账的基础。但由于它是过去发生的支出，无论数额多大，都已经成为“历史”，对于目前的决策分析大多无关。

(2) 沉落成本是指那些由过去决策导致发生的已经支付且无法为目前的决策所能改变的成本。例如，以前购置的固定资产的账面价值就属于沉落成本。沉落成本既可能是固定成本，也可能是变动成本(如过时商品购进时发生的变动成本)。沉落成本是典型的无关成本，决策分析时应注意消除其影响。

严格地讲，历史成本与沉落成本并非同义语，但两者在使用时常不做区分，因为绝大多数情况下历史成本都表现为沉落成本。

5. 重置成本

重置成本，又称“现时成本”。它是和历史成本相对应的一个概念，通常是指从目前市场上重新购置一项原有资产所需支付的成本。某些情况下的决策分析只能以重置成本作为相关成本。例如，某商业企业库存甲商品的账面单位成本为 200 元/件，其重置成本为 300 元/件，现有客户拟以 280 元/件的价格大批进货。表面看来，似宜接受报价，因为单位商品按账面成本考虑可以获利 80 元，但从商品重置和继续经营角度考察，显然不宜接受 280 元/件的报价。因为，这个价格不能保证库存商品的实物补偿，以其成交，非但不能盈利，单位商品还要亏损 20 元(280－300)。由此可见，本例中的重置成本是相关成本，账面成本为无关成本。

6. 机会成本与假计成本

(1) 机会成本是指在决策过程中，由于选取最优方案而放弃次优方案所丧失的潜在利益，也即选择目前接受的方案所付出的代价。例如，某商店的一个柜组只能经营 A 或 B 一类商品，不能同时经营两类商品。若经营 A 类商品，年获利 10 000 元；若经营 B 类商品，年获利 12 000 元，据此，现决定经营 B 类商品。另一方案，即经营 A 类商品可能获得的 10 000 元的利润，就是目前方案(经营 B 类)的机会成本。

在决策分析中，必须考虑机会成本，其主要原因是：由于一种资源(土地、资金、人力、技术等)有多种用途或使用的机会，但往往用之于甲就不能再用之于乙，有所得必有所失。为保证资源的最优利用，则要求把放弃的可计量的价值当做所需方案的“成本”考虑，以便使决策分析更为全面、客观。例如，某企业所需一种部件，既可自制，又可外购。直接用于自制的总成本为 1 000 元，直接用于外购的总成本为 1 200 元，若不考虑其他因素，则显然应该采用自制方案。如果不自制，其所占厂房、设备可用于生产其他产品而获利 400 元，则此 400 元即为“自制”方案的机会成本，如将该机会成本考虑进去，“自制”方案的总成本就为 1 400 元，而外购总成本仍为 1 200 元，显然以“外购”为宜。

机会成本显然不是通常意义上的成本，它不是一种实际支出或费用，也不需入账反映，而是失去的收益，这种收益不是实际的，而是潜在的。机会成本相对于被舍弃的方案而存在，对其计量也取决于被舍弃的方案。然而，有的资产项目只有唯一的功能，既不能在其他用途上使用，也不能作为废品出售（如地下水管、煤气管道等），对此类资产进行取舍决策分析时，就无须考虑机会成本，或将机会成本看做零。

(2) 假计成本是机会成本的一种特殊形式。换言之，假计成本在本质上仍属于机会成本的范畴。某些机会成本一目了然，可以直接计算和确认，但另一类机会成本需要推算和估计才能确认，这便是假计成本的含义。例如，企业所拥有的货币资金既可以用于商品购销，也可以用来投资或存入银行以获得收益。显然货币资金用于商品购销，就不能再存入银行获得利息，于是就产生了以存款利息为形式的机会成本，虽然利息收入并未发生，但为决策需要，仍以银行存款利率和商品购销占用的货币资金总额来估算利息。这种估算出的利息收入就是一种假计成本。

7. 付现成本

付现成本，是指由于某项决策而引起的需要在未来近期内用现金支付的成本。对于这一概念的具体理解有两种意见：一种是狭义的理解，指需要立即动用现金的成本。据此，应付账款也为非付现成本；另一种是广义的理解，指折旧费用、摊销费用以外的成本均为付现成本。据此，应付账款也应视为付现成本。

付现成本属于相关成本还是无关成本，应作具体的分析。狭义的付现成本和资金拮据的企业的付现成本显然应作为相关成本；资金宽裕且数额不大的付现成本可作为无关成本。一定条件下，付现成本可能比总成本更具有现实意义，付现成本的高低有可能作为评价备选方案优劣的标准。当企业货币资金拮据，筹资比较困难时，尤其要重点考虑付现成本的高低。某些决策者可能会放弃未来收益较多但付现成本较高的方案，转而选取未来收益较少但目前付现成本也较低的方案。通常，这是一种不得已的选择。例如，某企业有一台主要生产设备因故损坏，造成停工，必须立即修复，否则将造成每天一万元的停工损失。现有两家修理商前来洽谈，其一要价 30 000 元，要求一次付款；其二要价 45 000 元，可以分 3 个月付清，即每月支付 15 000 元。两个备选方案各具特点，前者总成本低，但付现成本高；后者总成本高，但付现成本低。假定企业当时资金拮据，仅有现金 18 000 元，且筹资困难，则只有放弃总成本低的方案而选择付现成本低、总成本高的方案。

还应注意，付现成本可能是固定成本（如临时添置的专用工装模具等），也可能是变动成本，变动成本不一定都要支付现金（如按产量法计提的折旧费等），但付现成本必须理解为未来成本。

8. 可避免成本与不可避免成本

(1) 可避免成本是指当某方案被采用时，相应的成本就发生；当某方案不被采用时，相应的成本也就不会发生的成本。例如,能够为目前决策所改变数额的酌量性固定成本,可由决策者决定是否继续开支或开支多少的成本项目等都属于可避免成本。

(2) 不可避免成本是指发生与否或发生多少不因选择方案不同而改变的成本。例如,在相关范围内的约束性固定成本就是典型的不可避免成本。因为,无论企业生产经营与否,也不管业务量在相关范围内如何变化,这类成本势必发生且数额保持不变。

9. 可延缓成本与不可延缓成本

(1) 可延缓成本是与特定方案相关联,但推迟发生对企业的生产经营无影响或影响较小的成本。当企业目前资源有限制的条件下,企业在择优选用方案时,应考虑现有资源条件,根据轻重缓急将各项目进行排队,从而按资金供应情况依序付诸实施,以便充分有效地利用现有资源,取得最佳的经济效益。

(2) 不可延缓成本是指在时间上不能推迟,否则将会对企业生产经营产生重要影响的成本。例如,污水处理设施项目投资的推迟将导致企业被勒令关闭,那么与污水处理设施投入相关的成本就是不可延缓成本。

无论可延缓成本还是不可延缓成本都与特定的方案相联系,都属于相关成本。两者的区别仅在于:成本发生的时间是否具有"弹性",也即紧迫程度不同。但不可避免成本则不同,它与决策方案无关,本质上属于无关成本。

第三节　定价决策分析

为产品或劳务定价,是企业的一项重要的决策。在大多数情况下,产品和劳务价格都是影响市场需求的重要因素。定价过低,企业的总收入会下降,利润也随之减少;定价过高,企业的总收入也会因产品销路不畅而下降,还影响企业在市场上的竞争力,因此市场的竞争在某种程度上可以说就是价格的竞争,所以企业必须进行科学的定价决策分析,定价决策分析也就成为决策分析特别是短期经营决策中的重要方面,并要求企业综合各种因素如商品的价值、成本的约束、商品的质量、供求关系、价格弹性,针对不同产品、产品寿命周期等不同情况作具体分析。

一、定价决策分析方法

(一) 成本加成定价法

成本加成定价法是在单位成本的基础上按一定的加成比率计算相应的加成额,以确定产品销售价格的方法。成本可以是变动制造成本、完全制造成本和完全成本(包含完全制造成本及其以外的有关管理费用、销售费用等的成本)等。计算公式为

$$价格=单位成本\times(1+加成比例)$$

【例 5-2】 某企业生产A产品,预计全年产量10 000件,直接材料280 000元,直接人工80 000元,制造费用总额240 000元,销售与管理费100 000元,企业采用完全制造成本加成80%进行产品定价。确定该产品的基本售价。

[解]根据上述资料,确定该产品的基本售价为

$$A产品价格=\frac{280\ 000+80\ 000+240\ 000}{10\ 000}\times(1+80\%)=108(元)$$

上述A产品售价108元中包括60元的制造成本和48元的加成,而48元的加成中隐含10元的销售与管理费用,剩余的才是盈利,也就是说,"加成"是以产品制造成本为基础的。

但这里的108元是"基本售价",而不一定是最佳售价。因为,产品销量同产品单价存在着此消彼长的关系,同时,不同的销量也会使产品的单位成本不同,具体来讲,产量越大,单位产品中所分摊的固定成本就越少,在全额成本的定价法下又会影响产品的基本售价。因此,企业在实际定价时,应该围绕上述的"基本售价"设想出多种价格水平(高于"基本售价"或低于"基本售价"),并预计出各种价格水平下相应的销量,然后再进行比较分析,以便确定出能获取最大利润的"最佳售价"。

以上是采用完全制造成本为基数加成,如果采用完全成本加成定价法,由于基数较大,加成比例就应低一些。例如,在我国武器装备的定价自1996年以来一直实行的主要是政府和军方监管下的完全成本加成定价法,加成率为5%,即"军品价格=(军品制造成本+管理费用+财务费用)×(1+5%)"。

变动制造成本加成定价法用于产品的正常定价时,与完全制造成本定价法相比,不同之处仅在于加成基础较小,加成比例应更高一些。

(二) 边际成本定价法

边际成本定价法是根据利润最大化原则来确定产品销售价格的一种方法。产品销售价格提高,则销量一般降低;反之,产品销售价格降低,销量一般增加。但当销量增长超过一定水平时,单位变动成本和固定成本总额又都可能有所提高,所以,产品定价过高或过低,盲目提价或降价,其结果可能都与企业获得最大经济效益的初衷相悖。一般地,当边际收入等于边际成本,或边际利润等于零时,利润最大,此时的价格和销量即为最优价格和销量。

【例 5-3】 某公司A产品的售价及相应的预计销量和成本资料如表5-2所示。

表 5-2　　A 产品的预计售价、销量、成本及边际利润计算表　　单位：元

销售单价	预计销量	销售收入	边际收入	总成本			边际成本	边际利润	利润总额
				固定成本	变动成本	合计			
21	200	4 200	—	1 000	2 000	3 000	—	—	1 200
20.5	250	5 125	925	1 000	2 500	3 500	500	425	1 625
20	300	6 000	875	1 000	3 000	4 000	500	375	2 000
19.5	350	6 825	825	1 000	3 500	4 500	500	325	2 325
19	400	7 600	775	1 000	4 000	5 000	500	275	2 600
18.5	450	8 325	725	1 000	4 725	5 725	725	0	2 600
18	500	9 000	675	1 500	5 250	6 750	1 025	−350	2 250
17.5	550	9 625	625	1 500	6 050	7 550	800	−175	2 075

由表 5-2 可以看出，当边际收入大于边际成本时，降价可增加销售利润；当边际收入小于边际成本时，降价会减少利润。当边际收入等于边际成本，也即边际利润净增加额等于零时，表明再降价便无实际意义，此时的售价即为最佳售价。如表 5-2 中，当售价为 19 元或 18.5 元时，销售利润保持 2 600 元，再降价反而会减少利润。因此，19 元或 18.5 元的单价即为最优价格，即大于或等于零的边际利润中的最小值所对应的售价。

（三）特殊订单定价法

在实际的经营活动中，往往由于产品的个性化需求，企业经常会接到特殊订单。企业通常需要根据客户的需求和自身的情况确定一个可接受的价格底线，这就要用到特殊订单定价法。特殊订单的加工生产往往会增加专属成本，在这种情况下，企业可接受的特殊订单价格不仅要弥补生产该特殊订单要求的产品的各项变动成本，同时也要弥补增加的专属成本。此时，可通过边际贡献分析确定最低售价，相关公式为

$$\text{最低单位边际贡献}=\frac{\text{增加的专属成本}}{\text{该订单需要的产品数量}}$$

$$\text{最低售价}=\text{单位产品的变动成本}+\text{最低单位边际贡献}$$

【例 5-4】 某自行车厂收到一份特殊订单，要求加工个性化自行车 50 辆。为了能加工符合要求的自行车，该自行车厂需要租用一台辅助设备，需要支出 30 000 元租金，自行车的单位变动成本为 1 500 元。

要求：根据上述资料，确定该企业接受该特殊订单的价格底线。

[解]最低单位贡献毛益 ＝ 30 000÷50 ＝ 600(元)

最低售价 ＝ 1 500 ＋ 600 ＝ 2 100(元)

因此，企业需要的单位产品价格至少为 2 100 元。

（四）需求弹性定价法

需求弹性定价法就是根据产品的价格需求弹性来定价。其原则是：价格弹性较大，即对价格变动反应非常灵敏的产品，可采用低价，实行“薄利多销”；反之，则宜采用较高的定价方案，以便在有限的销量内争取厚利。作为定量的分析方法，其基本公式是

$$S=K\cdot Q^{-1/E}$$

式中，S 为产品单价；K 为常数，常根据产品原有的单价 S_0 与需求量 Q_0 求得：$K=S_0\cdot {Q_0}^{1/E}$；Q 为与 S 对应的需求量；E 为该商品的价格弹性系数。

【例 5-5】 某产品根据以往资料，价格弹性系数为 2，单价为 500 元时，每月可销售 8 000 件。现有 10 000 件存货，且要求当月销售完。

要求：根据上述资料，确定产品的售价。

［解］首先计算常数 K。

$K=S_0\cdot {Q_0}^{1/E}=500\times 8\ 000^{1/2}\approx 44\ 721$（元）

则销售量为 10 000 件时，

$S=K\cdot Q^{-1/E}=44\ 721\times 10\ 000^{-1/2}=447.21$（元/件）

即若当月销售 10 000 件时，单价应定为 447.21 元。

二、产品定价决策策略

（一）新产品定价策略

新产品的定价一般都具有较强的不确定性，因为，定价所需的有关信息量常常是捉摸不定的。例如，现行市场对某种新产品的需求量到底有多大以及这种新产品的需求弹性等因素都是很难确定的。此外，该产品在进入市场的初期所需耗费的宣传、推销成本也是难以估计的。因此，对新产品的定价，多通过“试销”的办法来逐步确定。具体来讲，就是在某几个特别选定的地区分别采用不同的价格推销其新产品，以期摸清新产品可能遇到的竞争情况、潜在的销量以及售价与销量之间的关系等，然后再据以确定出能使企业获得最大利润的合理价格。新产品的定价根据不同情况，一般可以采用以下两种基本策略。

1. “撇油性”策略

在没有竞争对手，容易开辟市场的情况下，对新产品的定价采用“撇油性”策略，即在试销初期以较高的价格投放新产品，待以后扩大市场，产品达到成长或成熟阶段时，再把价格逐步降低，此时，企业已经获取了足够的利润。很显然，新产品在试销初期获取巨额利润，必

然会迅速招致竞争,高价很难维持。因此,从某种程度上可以说,“撇油性”是一种短期化的定价策略。

2.“渗透性”策略

在试销初期以低价招揽客户,为新产品打开销路,待该产品在市场上赢得好评后再逐步提价。这种策略试图以试销初期的部分利润牺牲来排除其他企业的竞争,以求在市场上建立长期的领先地位。对于市场上需求量较大,试制投产期较长的新产品定价,采用上述策略较为合适。

(二)系列产品定价策略

系列产品定价,也称分级定价、商品线定价或分档定价,是指企业规格型号较多的某类商品划分为几个级别,为每级商品定一个价格,而不是为每一种商品分别定价的策略。这种定价策略主要依据客户“一分价格一分货”的心理,同时考虑到客户一般只注意价格之间的较大差异而忽略较小差异的习惯而定的。例如,服装店可以将从不同地区、不同渠道购进的男衬衫分为四个档次,分别定价为 45 元、65 元、95 元和 125 元,形成一个男衬衫的价格系列。这种定价策略的主要优点在于:①照顾到客户预定的价格档次目标,较好地满足了不同层次客户的需求;②简化了进货、储存、登记入账等工作,提高了效率;③避免了客户挑选商品的困难,缩短了交易时间,便利了购货双方。

采用系列产品定价策略,应注意两点:①同类商品的档次划分不必太多,以免淡化系列产品定价的优势;②要慎重确定各档次商品的差价幅度。幅度太小,达不到吸引不同目标客户的目的。幅度太大,又会失去购买中间价商品的客户。

(三)心理定价策略

要认真分析判断客户的购买欲望及其经济实力等因素,并区别所购产品的种类,随机应变而为之。例如,对于经济实力较强,在价格方面不会斤斤计较的客户来说,定价可略高一些;反之,则应略低一些。又如,若本企业的产品为客户所急需,而市场上又缺乏其他替代资源,则可制定较高的售价。

(四)根据生产能力定价策略

若企业生产能力已充分利用,任务相当饱满,如果再有新的订单,不妨制定出高于正常利润水平的售价;反之,若企业现有生产能力有较大剩余而又暂无其他更为有利的生产任务时,则应采用低价策略,积极接受订货,只要对方出价略高于单位变动成本,原则上就可考虑。

（五）根据产品质量定价策略

如果产品质量具有明显优势，同类产品望尘莫及，则可制定高价；反之，若产品质量一般，同行竞争者又多，则宜采用低价策略。

（六）竞争性定价策略

若在市场上的主要竞争对手较弱，可先采用较低价倾销的办法，将其逐出市场，然后进行提价；若竞争十分激烈，则宜紧紧追随，在保本微利的前提下，你提价，我提价；你降价，我也降价，以免被逐出市场；如果与竞争对手势均力敌，则可考虑与对方在价格方面签订协议，共同遵守，以免两败俱伤。此外，还可在售后维修服务及零部件的供应等方面改进工作，以增强竞争能力。

第四节　生产决策分析

一、生产决策的内容

产品生产决策是企业生产管理的一项重要内容，这类决策问题十分广泛，归纳起来，可分为生产什么、生产多少、如何生产等三个方面的问题。具体地讲，这三类问题及其所述及的生产决策的内容主要包括以下几项。

1. 产品品种决策

在生产能力一定的前提下，生产哪种产品可以为企业带来最大利益，即品种选择问题。

2. 产品产量最优组合决策

企业产品生产一般都表现为多种产品生产。那么，在各种产品的需求量及各生产部门的生产能力都有限制的情况下，每种产品各生产多少呢？这便是产量最优组合问题。

3. 亏损产品停产或转产决策

这类问题旨在回答：目前会计信息反映出的亏损产品应否停产？应否转产？转产何种产品？

4. 半成品深加工决策

某些企业的半成品既可马上投放市场销售，又可继续进行深加工，直至设计的最后工序。深加工增加成本支出，但产成品相应的售价也比较高，于是就产生了半成品上市销售还是继续加工的选择。

5. 加工工艺的选择

同一种产品往往可以采用不同的工艺、不同的设备进行加工，其各自的生产效率和费用发生特点都不相同，如何根据特定的生产批量来选择最经济的加工工艺和设备便是此类决策所要解决的问题。

6. 零部件自制或外购决策

企业产品生产所需的某些零部件，既可自制，又可外购，如何选择呢？除考虑自制成本形成规律、外购价格因素外，还必须考虑零部件需用量等因素，在综合对以上各项进行成本比较的基础上，最终决定是自制还是外购。

7. 特殊订货决策

企业有时会面临这样的选择：购买者的求购价格还不足以抵补目前产品的成本，是接受这种特殊订货？还是拒绝？对此应进行必要的分析计算方可决策。

8. 继续营业与歇业的选择

企业有时由于市场严峻和竞争激烈等原因，而采取暂时歇业的策略，以便把损失降低到最低程度。继续营业与歇业的选择旨在寻找一个最佳的歇业时机，即回答"最低业务量为多少时不再继续营业的问题"。

从以上内容可以看出，生产决策的特点主要是：内容丰富，方法灵活多样，一般只研究如何利用现有生产能力而不涉及新的投资决策；在决策分析时，基本不考虑货币时间价值因素而非常重视产品成本形成规律、企业生产能力限制及利用程度等因素。而其共同点就是如何更有效地利用现有的生产能力，为企业带来最大的经济效益。

二、生产决策分析的方法

（一）边际贡献分析法的应用

边际贡献法的基本原理，是通过对比各备选方案所提供的边际贡献总额的大小，来确定最优方案的决策方法。其基本程序是：先计算各备选方案的边际贡献总额，其中最大值相应的方案为最优方案。其理论前提是在生产经营决策中，一般不改变生产能力；固定成本总额通常不变；以利润作为价值标准进行决策分析时，只需要比较各方案能够提供的边际贡献总额。

应用边际贡献法进行生产决策分析需要各备选方案的固定成本相同，无专属固定成本发生。如有专属固定成本发生，则应从计算出的边际贡献总额中扣除。此种方法主要适用于不改变生产能力和经营规模条件下有关经营问题的决策分析。

1. *产品品种选择决策分析*

【例 5-6】 某企业拟利用剩余生产能力 30 000 机时来开发新产品，可供选择的产品有市场销量都无问题的甲、乙、丙三种产品，有关资料如表 5-3 所示。要求进行产品开发决策。

表 5-3　　利用剩余生产能力开发新产品有关资料对比表

项　目	甲	乙	丙
单位售价/(元/件)	100	60	80
单位变动成本/(元/件)	40	30	55
单位产品所需机时(机时/件)	50	20	25

[解]因为，新产品是利用剩余生产能力开发的，无须考虑追加固定成本，提供边际贡献总额最多的产品当然就能为企业带来最大的经济效益，所以要判断开发哪种产品能为企业带来最大效益，只需分别计算并比较三个方案(开发三种产品)的边际贡献总额。

甲产品边际贡献总额＝30 000/50×(100－40)＝36 000(元)

乙产品边际贡献总额＝30 000/20×(60－30)＝45 000(元)

丙产品边际贡献总额＝30 000/25×(80－55)＝30 000(元)

所以应开发乙种产品。

本例中，剩余生产能力 30 000 机时为有限资源，也可通过比较单位机时能够提供的边际贡献来确定最优方案。因为，在机时总额一定的前提下，单位机时所能提供的边际贡献越多，边际贡献总额就越大，企业经济效益就越好。

甲产品单位机时所提供的边际贡献＝(100－40)/50＝1.2(元/机时)

乙产品单位机时所提供的边际贡献＝(60－30)/20＝1.5(元/机时)

丙产品单位机时所提供的边际贡献＝(80－55)/25＝1(元/机时)

由于基本原理一样，所以计算结果也相同，即应开发乙种新产品。

上述例子还说明，尽管单位产品边际贡献是反映产品盈余能力的重要指标，但决策分析时直接用它作为方案择优的标准很可能导致决策错误，这是因为各产品耗用生产能力或生产工时等不同，当生产能力或生产工时等有限制时，单位产品边际贡献大的产品并不一定能为企业带来最大的经济效益。

2. *亏损产品停产与转产决策分析*

【例 5-7】 某企业当年生产 A、B、C 三种产品，有关资料如表 5-4 所示。要求年终计算三种产品利润，并作出亏损产品是否停产或转产的决策分析。

表 5-4　　**A、B、C 三种产品产销数量及有关成本资料表**

指　　标	A产品	B产品	C产品
销售量/件	1 000	500	400
销售单价/(元/件)	20	60	25
单位变动成本/(元/件)	9	46	15
固定成本总额/元	18 000(按各种产品的销售金额比例分配)		

[解]根据表 5-4 中的资料在计算各产品边际贡献基础上分别计算出 A、B、C 各产品的盈亏情况，如表 5-5 所示。

表 5-5　　**A、B、C 各产品的盈亏情况表**　　单位:元

指　　标	A产品	B产品	C产品	合计
销售收入总额	20 000	30 000	10 000	60 000
变动成本总额	9 000	23 000	6 000	38 000
边际贡献总额	11 000	7 000	4 000	22 000
固定成本总额	18 000×2÷6＝6 000	18 000×3÷6＝9 000	18 000×1÷6＝3 000	18 000
净利润(净亏损)	5 000	－2 000	1 000	4 000

本例中固定成本总额为 18 000 元，在决策分析时属非相关成本。从上述计算结果可以看出，生产 B 产品亏损 2 000 元，似乎应该停产。因为无论 B 产品是否停产或转产，它总是要发生的。若停产 B 产品，它所负担的 9 000 元的固定成本就将转由 A、C 两种产品负担，结果如表 5-6 所示。

表 5-6　　**停产 B 产品后 A、C 两种产品盈亏情况表**　　单位:元

指　　标	A产品	C产品	合计
销售收入总额	20 000	10 000	30 000
变动成本总额	9 000	6 000	15 000
边际贡献总额	11 000	4 000	15 000
固定成本总额	18 000×2÷3＝12 000	18 000×1÷3＝6 000	18 000
净利润(净亏损)	－1 000	－2 000	－3 000

计算结果表明，停产 B 产品失去了 7 000 元的边际贡献而固定成本总额不变，从而使企业由盈利 4 000 元变为亏损 3 000 元，因此，B 产品不宜停产。

至于亏损产品是否转产的分析，决策标准应该是：若转产产品不占用其他产品的生产能力，且能够提供比亏损产品更多的边际贡献总额，则转产方案可行，否则就不宜转产。

3. 产量组合决策分析

为适应市场对不同产品的需要，并考虑企业生产设备、技术水平及原材料等因素，多数

企业都同时生产几个品种的产品，不同产品的成本结构及盈利水平都不尽相同，因此，各种产品在产量上的不同组合，就会影响企业总的盈利水平。产品产量组合的决策就是要在各种限制条件所允许的范围内，对企业现有资源在各种产品之间作出合理分配，以获取最大的收益。约束条件较多的产品产量最优组合的确定，需借助于最优数学模型法来解决，应用边际贡献法，可解决一些限制因素较少的简单的产量组合问题。

【例 5-8】 某企业本年度拟生产 A、B 两种产品，其中，A 产品在市场上的销量没有问题，而 B 产品的销量最多可达到 2 000 件，该企业拥有的生产能力为 100 000 机时，其他有关资料如表 5-7 所示。A、B 产品的产量应如何组合？

表 5-7 **A、B 两种产品的有关资料表**

指　标	A 产品	B 产品
单价/元	100	50
单位变动成本/元	60	20
单位定额机器小时/小时	20	10
固定成本总额/元	100 000	

[解]根据上述资料，可求出 A、B 产品的单位机器小时的边际贡献分别为 2 元和 3 元，B 产品的创利水平较高，在生产能力有限的情况下，应尽可能地多安排生产 B 产品。然而，B 产品的最大销量为 2 000 件，超过这个产量，就势必形成积压，难以实现预期利润总额。因此，可按 2 000 件的最大销量优先安排 B 产品的生产，其剩余生产能力则全部用于 A 产品的生产：

$$A\text{产量}=\frac{100\ 000-2\ 000\times 10}{20}=4\ 000(\text{件})$$

此时，该企业可获得的最大利润总额为

$$4\ 000\times(100-60)+2\ 000\times(50-20)-100\ 000=120\ 000(\text{元})$$

4. 特殊订货决策分析

应用边际贡献法解决此类决策问题的前提是：利用企业的剩余生产能力来完成特殊订货任务，不涉及追加固定成本问题，因而只要特殊订货能为企业增加边际贡献即可接受，否则不予接受。

【例 5-9】 某企业生产甲产品的年生产能力为 5 000 件，目前的生产状况年产为 3 800 件，单位成本为 70 元，其中，单位变动成本为 60 元，正常单位售价为 80 元。现有一客户，以 65 元的价格要求订货 1 000 件。要求据以作出是否接受订货的决策。

[解]如果接受订货，甲产品的边际贡献总额可在原来的基础上增加：

$$1\ 000\times(65-60)=5\ 000(\text{元})$$

所以应接受此项订货。

利用企业剩余生产能力是否接受特殊订货，虽然理论上说只要特殊订货能为企业增加边际贡献即可接受，否则不予接受，但实务中还要考虑对其他客户的影响，如其他客户得知企业接收追加订货的详细信息后是否会要求退款或退货，对今后正常销售的售价、客户流向等的影响，在综合考虑后才可以进行判断决策。

（二）差量分析法的应用

管理会计中的“差量”，除“差量收入”、“差量成本”外，还派生出“差量边际贡献”、“差量损益”等指标概念。其中，“差量成本”根据不同情况又有“差量变动成本”、“差量固定成本”和“差量总成本”等具体形式。以上有关指标间的关系如下：

差量总成本＝差量变动成本＋差量固定成本

差量边际贡献＝差量收入－差量变动成本

差量损益＝差量收入－差量总成本＝差量边际贡献－差量固定成本

差量分析法就是根据两个备选方案的“差量收入”与“差量成本”的比较来确定哪个方案为优的决策分析方法。如果“差量收入”大于“差量成本”，则前一个方案较优；反之则后一个方案为优。很显然，计算“差量收入”与“差量成本”时，方案的前后排列次序必须保持一致。差量分析法是决策分析中最常用的方法。

差量分析法是针对特定的两个方案进行的，是一种“短中取长”的方法，只能回答特定的两个方案中哪个较好；如果存在两个以上的备选方案，要从中选取最优方案，就需分别两个、两个地进行比较分析，在多次“短中取长”的基础上再行两个、两个地“长中取长”，直至选出最优方案。

差量分析法依据的主要观念是在进行决策分析时，只考虑受方案选择影响的那些收入和成本，而对其他所有不相关的因素均不予考虑。简而言之，差量分析中起作用的只是能引起方案总收入和总成本增减变动的那些因素。

1. 半成品是否深加工决策分析

有的制造业企业的半成品既可以直接出售，也可以进一步加工后再行出售，继续加工的产品售价要比半产品售价高，但相应地也要追加一部分变动成本，还可能追加一定的专属性固定成本，这就需要作出对半成品是否进一步加工的决策。例如，纺织企业生产的棉纱既可以出售，也可以将其继续加工成坯布出售。再如，一些加工装配企业，既可以出售生产的零部件，又可将零部件进一步加工成整机出售。

是否对半产品进一步加工的决策分析，关键是比较继续加工后所增加的收入是否超过其追加的成本。若前者大于后者，则以进一步加工方案为优；反之，若前者小于后者，则以出售半成品的方案为优。

【例 5-10】 某企业生产半成品 A,按每件 10 元的价格直接出售,年产销量为 10 000 件。其单位变动生产成本为 6 元,其中直接材料 3 元,直接人工 2 元,变动性制造费用 1 元,单位变动性销售费用为 0.25 元,固定性制造费用和销售费用分别为 15 000 元和 5 000 元。现有另一种生产方案可供选择,即将半成品 A 继续加工成产成品 B,按每件 14 元的价格售出,产销量不变,为此需追加的成本和费用如表 5-8 所示。企业应直接出售 A 还是应进一步将其加工成 B?

表 5-8　　半成品 A 继续加工成产成品 B 追加成本费用表　　单位:元

成本与费用项目	单位产品	总额
直接人工	1.25	12 500
变动性制造费用	0.25	2 500
变动性销售费用	0.50	5 000
固定性制造费用		5 000
固定性销售费用		4 000
合计		29 000

[解]分析解决此类问题要注意,在将半成品进一步加工成产成品前所发生的成本,在决策分析中属于非相关成本,差量成本直接表现为追加部分的成本。所以有:

差量收入＝10 000×14－10 000×10 ＝40 000(元)

差量成本＝29 000(元)

差量损益＝40 000－29 000 ＝ 11 000(元)

分析结果表明,应将半成品进一步加工后出售。

2. 零部件的自制与外购决策分析

【例 5-11】 某企业生产产成品需用 A 零件 500 件,自制条件下需购置一台 2 000 元的专用设备,单位变动成本为 4 元/件。外购则以每件 6 元的价格购入。要求作出自制或外购的决策。

[解]本例中不涉及收入,只需比较差量成本,自制发生的专属固定成本与决策相关,应予考虑。因此,可分析如下:

自制相关成本＝500×4＋2 000＝4 000(元)

外购相关成本＝500×6＝3 000(元)

差量成本＝3 000－4 000＝－1 000(元)

即外购低于自制成本 1 000 元,应该外购。

【例 5-12】 某企业需用甲零件 10 000 件,自制时可利用富余的生产能力,不需追加固定成本，成本预算如下：单位直接材料为1元/件，单位直接人工成本为1.5元/件，变动性制造费用总额为4 000元，应分摊的固定性制造费用为3 500元，而外购单价为3元/件。请据以作出该零件自制或外购的决策。

［解］自制零件分摊的固定性制造费用3 500元并不因零件的自制与外购而改变，属于非相关成本，应予剔除。所以，自制零件单位相关成本为

1.5＋1＋4 000/10 000＝2.9（元/件）

低于外购单价3元/件，所以应该自制而非外购。

在这里，如果按照财务会计的观点计算自制零件的全部成本，则单位零件的自制成本为

2.9＋3 500/10 000＝3.25（元/件）

据此，就会作出应外购而不宜自制的决策的错误结论。

当然，如果本例中富余生产能力有机会加以利用，则决策结果可能发生变化。例如，如果可将多余设备出租取得租金2 000元，则自制零件相关成本应包括这2 000元的机会成本，此时自制零件单位相关成本为

1.5＋1＋4 000/10 000＋2 000/10 000＝3.1（元/件）

显然，这时应作出外购而非自制的决策。由此可以看出，机会成本在决策分析中也是十分重要的。

3. 亏损产品停产或转产与否决策分析

【例5-13】 以例5-7的资料为例，企业当年生产A、B、C三种产品，有关资料如表5-9所示。年终结算时，A、C两产品分别获利5 000元和1 000元，B产品净亏损2 000元。如果第二年生产销售一如当年，要求用差量分析法进行亏损产品B应否停产的决策分析。

表5-9　A、B、C三种产品产销数量及有关成本资料表

指　标	A产品	B产品	C产品
销售量/件	1 000	500	400
销售单价/(元/件)	20	60	25
单位变动成本/(元/件)	9	46	15
固定成本总额/元	18 000(按各种产品的销售金额比例分配)		

［解］将不停产与停产作为两个比较方案，由于固定成本为非相关成本，所以进行差量分析如下：

差量收入＝(1 000×20＋500×60＋400×25)－(1 000×20＋400×25)＝30 000(元)

差量成本＝(1 000×9＋500×46＋400×15)－(1 000×9＋400×15)＝23 000(元)

差量边际贡献＝30 000－23 000＝7 000(元)

差量分析法的结果也表明企业应该继续生产B产品。

【例 5-14】 在例 5-13 中，设 B 产品停产后可转产 D 产品，预计 D 产品销量为 600 件，单价为 45 元/件，单位变动成本为 30 元/件，请据以确定第二年能否转产 D 产品。

[解]由于不涉及固定成本的变动，可直接比较 B、D 所能提供的边际贡献的大小。

差量总销售收入＝45×600－30 000＝－3 000(元)

差量变动成本总额＝30×600－23 000＝－5 000(元)

差量边际贡献总额＝(－3 000)－(－5 000)＝2 000(元)

即 D 产品比 B 产品能多提供 2 000 元的边际贡献，若转产可使企业的净利总额由原来的 4 000 元提高到 6 000 元，因此 B 产品转产为 D 产品是可行的。

通过计算可以发现，亏损产品应否转产其他产品，在转产无须增加固定成本又能够提供比原来生产亏损产品更大的边际贡献时，转产方案便是可行的，否则就不能转产。

4. 特殊订货决策分析

【例 5-15】 某企业甲产品生产能力为 2 000 件，目前正常销售量为 1 200 件，单价为 10 元/件，单位成本 8 元/件中的单位变动成本为 6 元/件、单位固定成本为 2 元/件。现有一个客户要求追加订货 800 件，最高出价 7.5 元/件，而且对产品包装有特殊要求，从而还需购买一项 800 元的专用设备。请据以决定是否接受该项订货。

[解]此项订货是利用剩余生产能力进行的，原有产品固定成本与决策问题无关，只有追加的专属固定成本和产品单位变动成本才是相关成本。把接受订货和拒绝订货作为两个行动方案，进行如下的差量分析

差量收入＝800×7.5＝6 000(元)

差量成本＝800×6＋800＝5 600(元)

差量损益＝6 000－5 600＝400(元)

计算表明可以接受此项订货。事实上，对方出价高于产品单位变动成本，且边际贡献能超额补偿专属固定成本，就可接受特殊订货。

【例 5-16】 某企业 A 产品的生产能力为 1 000 件，正常产销量为 800 件，售价为每件 10 元，单位变动成本为每件 6 元，年固定成本总额为 1 200 元。现有客户要求以每件 7 元的价格追加订货 300 件，因此，需压缩正常销量 100 件。据此作出应否接受此项特殊订货的决策。

[解]差量分析如下：

差量收入＝(300×7＋700×10)－800×10＝1 100(元)

差量成本＝1 000×6－800×6＝1 200(元)

差量损益＝1 100－1 200＝－100(元)

分析结果表明，不宜接受此项特殊订货。

上述举例说明，如果企业没有剩余生产能力，或者追加的订货数量超过了剩余的生产能力，接受特殊订货时就需要扩大生产能力或者压缩正常销售量，为此要增加固定成本，或以压缩正常销售量为代价（原来正常销售量由于特殊订货低于原来售价故造成净损失），应视为接受订货的相关成本在决策分析中加以考虑。

（三）本量利分析法的应用

本量利分析法用于经营决策分析，是根据各个备选方案的成本、业务量与利润三者之间的依存关系来分析特定情况下哪个方案为优的一种方法。如果决策问题不涉及收入，则本量利分析就简化为本量分析，此时，即依据成本与业务量之间的关系来进行各备选方案的择优：区别不同业务量水平，各方案预计总成本最低者为优，这时就需借助于成本平衡点作出完整、正确的分析结论。

1. 零部件自制与外购决策分析

【例 5-17】　某企业生产需要一种零件，若外购单价 20 元/件；若自制单位变动成本 10 元/件，并需追加固定成本 20 000 元/年。该零件是否宜于自制？

[解]上述问题可以通过“成本平衡点”来解决。设该零件年需要量 X 件，自制与外购方案的“成本平衡点”的年需用量为 X_0 件，则自制成本 $C=10X+20\ 000$（元），外购成本 $C=20X$（元），则有

$20X_0=10X_0+20\ 000$

$X_0=2\ 000$（件）

所求“成本平衡点”如图 5-2 所示。

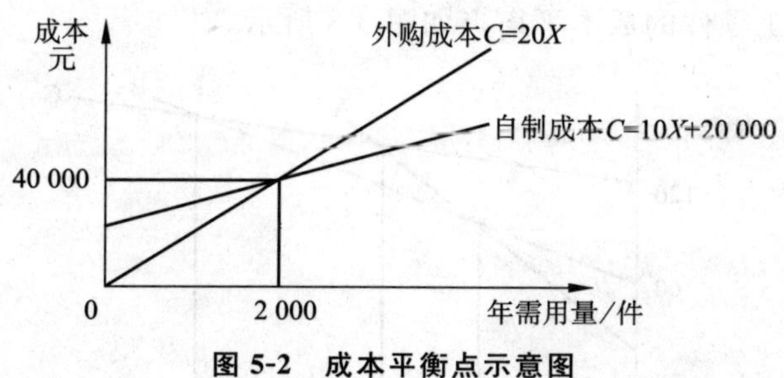

图 5-2　成本平衡点示意图

由图 5-2 可以看出，当零件的年需要量超过 2 000 件时，自制总成本低于外购总成本，以自制为宜。若年需要量在 2 000 件以内，则以外购为宜。

2. 生产工艺（设备）决策分析

企业生产的产品或零件，往往可以用不同的工艺方案进行加工生产，而不同的工艺方案

生产的成本又会有很大差别。一般地，采用先进的工艺方案需要使用加工效率较高的某些专用设备，其单位变动成本可能会较低，而固定成本则较高；不太先进的工艺方案，往往只需要较普通的简易设备，单位变动成本可能会较高，而其固定成本则较低。当产量较大时采用先进的工艺方案会使总成本较低而较为有利，反之采用不太先进的工艺方案较为适宜。

由此可见，对于不同工艺方案（设备）的选择，应和产品的加工批量大小联系起来进行决策分析，找到不同工艺方案之间的“成本平衡点”，而且这里的成本只需考虑各备选方案不同的总成本或单位成本项目（如加工费、工艺装备费），共有的变动成本（如直接材料）和共有的固定成本（如管理人员工资及办公费等）属于非相关成本而无须考虑。

【例 5-18】 某企业生产一种零件，使用 A、B、C 三种生产设备对其进行加工时的成本资料如表 5-10 所示。应采用哪一种设备进行加工？

表 5-10　　三种生产设备加工零件的成本资料

设备名称	单位变动成本（加工费，元/件）	固定成本总额（一次调整准备费，元）
A	0.8	30
B	0.4	60
C	0.2	120

[解]设一次需要该零件为 X，则使用 A、B、C 对其进行加工的成本分别为 $C=0.8X+30$，$C=0.4X+60$，$C=0.2X+120$。设加工该零件时 A、B，B、C，A、C 之间的成本平衡点分别为 X_1，X_2，X_3。则有

$0.8X_1+30=0.4X_1+60$，$0.4X_2+60=0.2X_2+120$，$0.8X_3+30=0.2X_3+120$

可分别求得 $X_1=75$ 件，$X_2=300$ 件，$X_3=150$ 件

三种生产设备加工零件的成本平衡点如图 5-3 所示。

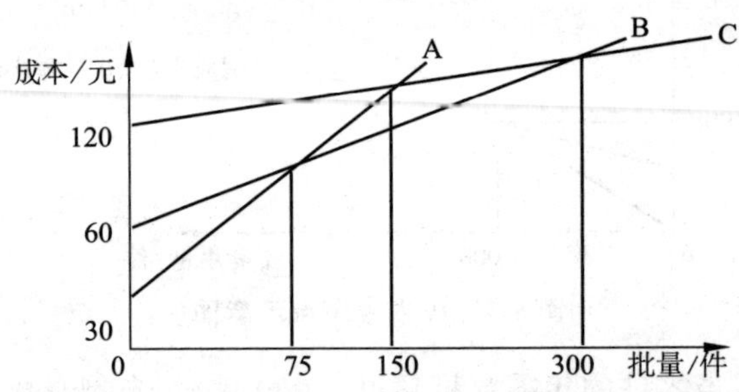

图 5-3　三种生产设备加工零件成本平衡点示意图

从图 5-3 中可以看出，当该批零件批量小于 75 件时，采用 A 种设备成本较低；当批量在 75 件和 300 件之间时，采用 B 种设备较为有利；若批量超过 300 件，则应采用 C 种设备。

同时从图 5-3 中还可以看出，决策只需要 A、B，B、C 之间的成本平衡点，而不需要 A、C

之间的成本平衡点。事实上，只要可采用的工艺方案(设备)A、B、C、D、E、…、X 随着先进性的提高，相关性固定成本增加、单位变动成本降低，则只需要确定 A、B，B、C，C、D，D、E，E、…、X 之间的成本平衡点即可。

（四）线性规划法的应用

线性规划是一种求解“最佳方案”的数学工具。其基本含义是：在一组限制因素(约束条件)中去寻找一个函数的极值时，如果限制因素可用一次方程或一次不等式表示，目标函数也是一次函数，那么就可认为是一个线性规划问题。

显然，利用线性规划是基于一个重要的假定，即各变量之间在客观上具有直线关系或近似直线关系，从而各约束条件和目标函数都可用线性等式或线性不等式来表示。

解决线性规划问题的具体方法很多，主要包括图解法、代数法及单纯形法等。单纯形法是运筹学中解决多产品产量组合等复杂问题的有效决策方法，但手工计算过于烦琐，需要借助于计算机进行，这里仅以产品产量最优组合问题的图解法和代数法相结合为例来说明。

【例 5-19】 某企业生产甲、乙两种产品，其市场的最大订货量分别为 1 000 件和 2 500 件，单位边际贡献分别为 5 元/件和 3 元/件。甲、乙产品均需要经过一、二车间两个车间加工才能完成。一车间最大生产能力为 2 250 工时，加工单位甲、乙产品需要分别耗用 2 工时和 0.5 工时；二车间最大生产能力为 3 750 工时，加工单位甲、乙产品需要分别耗用 1 工时和 1.5 工时。怎样才是甲、乙两种产品的最优组合？

[解] 设 X 为甲产品的产量，Y 为乙产品的产量，CM 为生产两种产品提供的边际贡献总额，则有

目标函数：$CM=5X+3Y$

约束条件：

$$\begin{cases} 2X+0.5Y\leqslant 2\,250 & (1)\\ X+1.5Y\leqslant 3\,750 & (2)\\ X\leqslant 1\,000 & (3)\\ Y\leqslant 2\,500 & (4)\\ 0\leqslant X & (5)\\ 0\leqslant Y & (6)\end{cases}$$

本例的实质是：在同时满足上述六个约束条件的前提下，求得 CM 的最大值及其所对应的 X、Y 的值，也即甲、乙产品的最优产量组合。

以甲产品产量(X)为纵轴，以乙产品产量(Y)为横轴建立平面直角坐标系，把上述六个约束条件反映在坐标图中，如图 5-4 所示，图中 L_1、L_2、L_3、L_4 以及纵轴(X)、横轴(Y)分别代表约束条件中式(1)～式(6)各个方程的边界线，O、A、B、C、D 分别为它们的交点。从图 5-4

中可以看出，满足上述约束条件的可行解一定是在包含边界的凸五边形 $OABCD$ 内。

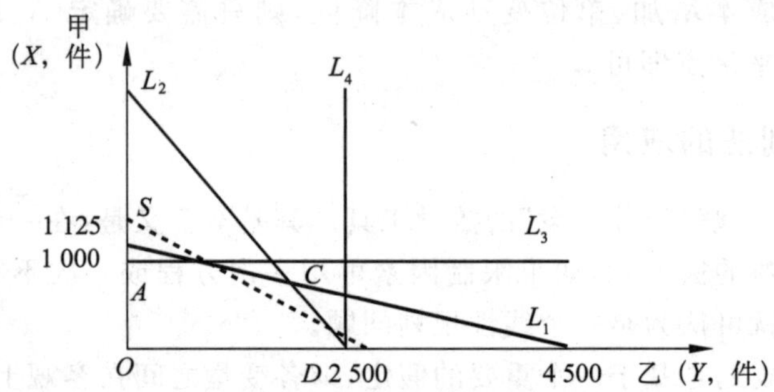

图 5-4 产品最优产量图解法产量组合图

由目标函数可得 $X=-0.6Y+0.2CM$。这是斜率为 -0.6，(纵)截距为 $0.2CM$ 的直线(图中 S)，在这条直线上，两种产品的产量无论怎样组合，两种产品提供的边际贡献总额是相等的(CM)，给 CM 取不同的值，就会形成一组平行线——等利润线，且 CM 越大，截距越大，平行线越往右上方移动。在可行域内向右上方移动，最终等利润线将交于五边形的某一个交点或与两个交点连接的线段重合，此时经过该点或线段的等利润线的纵截距最长即 CM 最大，则该点坐标或该线段上的产量组合即为产品产量的最优组合。就本例而言，等利润线在可行域内利润最大时显然是交于 C 点。

由数学原理也可知，CM 最大值的 X、Y 也一定是 O、A、B、C、D 五个点中的某一个或两个点相连的线段上的值。

据此计算目标函数在 O、A、B、C、D 上的值，分别为

O 点：$X=0, Y=0$，CM(O)=0(元)

A 点：$X=1\ 000, Y=0$，CM(A)=5 000(元)

B 点的值可解下列方程求得：

$$\begin{cases}2X+0.5Y=2\ 250\\X=1\ 000\end{cases}$$

则，$X=1\ 000, Y=500$，CM(B)=6 500(元)

C 点的值可解下列方程求得：

$$\begin{cases}2X+0.5Y=2\ 250\\X+1.5Y=3\ 750\end{cases}$$

则，$X=600, Y=2\ 100$，CM(C)=9 300(元)

D 点：$X=0, Y=2\ 500$，CM(D)=7 500(元)

计算结果表明，目标函数在 C 点处取得最大值，为 9 300 元，其对应的最优产量组合为

甲产品 600 件,乙产品 2 100 件。

（五）不确定条件下的生产决策分析方法

1. 概率分析法的应用

概率分析法在生产决策分析的应用,一般是在产品生产中,当某一指标如销量、成本等不确定时,先计算各方案该指标的期望值(平均值),然后计算比较各方案相应期望值下的成本、边际贡献、利润等指标,从而确定最优方案。

2. 大中取小法

此种方法又称最小的最大后悔值法,它是以各种自然状态下后悔值最小为决策标准的一种方法,也即从最大后悔值中选取最小的一个并把其对应的方案作为最佳方案。其中,后悔值是指当出现某随机事件时,各方案中的最大收益值超过各状态收益值的差额,它表示选错方案将会受到的损失额。大中取小法的决策分析包括三步:其一,分别计算各方案各种自然状态下的后悔值;其二,分别确定各方案的最大后悔值;第三,从最大后悔值中选取最小者,把它对应的方案作为最优方案。

3. 大中取大法

采用这种方法,是假定最佳的或最有利的自然状态出现并从中选取收益值最大的方案为最优方案。显然,这种方法最富于冒险精神,过于乐观,故也称为"乐观法"。

4. 小中取大法

采用这种方法,是假定最不利的自然状态出现并从中选取收益值最大的方案为最优方案。显然,这种方法最为稳健,但不免过于悲观,故也称为"悲观法"。

值得一提的是,决策标准不同,决策结果也可能不相同,故对于不确定条件下的生产决策问题,必须在综合分析的基础上,先行确定决策标准。

第五节　存货控制决策分析

存货,是指企业在日常活动中持有以备出售的产成品或商品、处在生产过程中的在产品、在生产过程或提供劳务过程中耗用的材料和物料等。从存货的定义看可以把其分为三类:一是为生产耗用需要而提供的物资储备,主要包括各种原材料、燃料和低值易耗品等;二是尚未加工完成的在产品(包括需要进一步加工的自制半成品);三是备售的产成品及外购商品。

存货一般占企业流动资产的比重都很大,其管理状况包括其控制水平的高低,对企业财务状况、经营成果和现金流量的影响也很大。因此,加强存货的规划与控制,使存货保持在最优水平上,对企业显得十分重要。

一、存货控制的内容

企业持有存货的目的主要是为解决购料与生产、采购或生产与销售不相配合的困难。在企业的日常活动中,无论何种形式的原材料采购,往往都难以和生产同步,所以企业必须在仓库储存一部分原材料,以避免因购料未及时造成供应中断而延误生产造成停工损失;保存一定库存的在产品可以确保企业各个部件和最终产品的配套装配或生产过程连续进行,减少某一在产品临时性短缺造成窝工或停工等不利影响;储存产成品或商品可以使企业能源源不断地供应顾客,从而避免了存货短缺所造成的销售损失。

一般而言,企业持有充足数量的存货,不仅有利于生产过程的顺利进行,节约采购费用与生产时间,而且能够迅速地满足客户各种订货的需要,从而为企业的生产与销售提供较大的机动性,避免因存货不足带来的机会损失。然而,存货的增加必然要占用更多的资金,这样不仅将使企业付出更大的持有成本(即存货资金占用的机会成本),而且存货的储存与管理费用也会相应增加,影响企业获利能力的提高。因此,如何在存货的成本与收益(包括对企业的机动性影响)之间进行利弊权衡,实现两者的最佳组合,从而寻找企业最合理的存货储备,为企业带来最好的经济效益,就成为存货控制的基本目标。

存货控制的目的是使因持有存货而发生的全部相关成本总额达到最低。这一目的可以通过控制存货形成过程中各种相关成本总额或单位数额和存货批量的水平来达到,因此存货控制应包括存货成本控制和存货批量控制两部分内容。本章有关产品生产决策分析中很重要的就是对存货生产成本的控制,本节所述存货控制主要是对存货采购或生产时间和批量进行的控制,且主要讨论存货批量的控制。

二、存货成本的计算

为了更加深入地理解可以通过控制存货批量达到控制存货成本的目的,有必要先对耗费在存货上的全部相关成本和相关的业务量作一说明。

(一) 相关成本

与存货批量相关的成本,主要有四项。

(1) 储存成本。储存成本是指存货在储存过程中发生的全部成本,通常包括付现成本和资本成本。

付现成本包括支付给储运公司的仓储费、按存货价值计算的保险费、存货陈旧报废损失、年度检查费用以及企业为仓储而发生的仓库保管人员职工薪酬、仓库维修费、水电费、仓库建设成本分摊等。

资本成本，直接的表现是存货占用资金而需支付的利息或占用费，对于自有资金，则是由于投资于存货而不投资于其他可盈利的资产或有关方面的机会成本。为简化起见，在此不予考虑该成本。

在储存成本中，有一部分为固定成本，它是与储存存货数量的多少或储存时间长短无关的成本，如仓库保管人员的计时工资、仓库建设成本摊销(即折旧)等；另一部分为变动成本，它与存货数量的多少及储存时间的长短有关，也是订货批量确定(将影响库存量及存储时间)时应予考虑的成本。

(2) 订货成本。订货成本是指为了获得存货而发生的采购成本以外的成本，包括采购部门的一般性管理费用(如办公费、水电费、折旧费等)、采购部门或有关人员的职工薪酬、采购业务费(如差旅费、邮电费、检验费、挑选整理进仓费、付款手续费等)。

订货成本中，一部分是为维持采购部门正常活动所必需的成本费用，它是与订货批次无关的固定成本(如折旧费、计时工资、办公费用等)；另一部分则是与订购次数有直接关系的成本，即随着订货次数的增加而成正比例增加。

后一部分订货成本与每次订货数量的关系，应从两个方面来看：一方面，每次订货数量尽管不同，但耗费的成本相同，故可认为与每次订货数量无关。但从另一方面来讲，当存货全年需用量确定时，每次订货数量与全年订货次数成反比例关系，故这部分订货成本与每次订货数量成间接的反比例关系。如某材料年需用量为 100 000 千克，每次订货会使订货成本增加 400 元，若每次订购 10 000 千克，全年需订货 10 次，订货成本会增加 4 000 元；若每次订货量为 1 000 千克，则全年需订货 100 次，订货成本会增加 40 000 元。因而，在订货的批量确定过程中必须考虑这部分订货成本。

(3) 缺货成本。缺货成本也叫缺货损失，是指由于存货存储不足，不能及时满足生产或顾客需要而给企业造成的各种损失费用总数，包括停工待料损失，因没有大量购买而丧失的购货折扣损失，因临时购买而造成额外的高价支出或额外的运输费用、延期交货支付的罚金、商品存货不足失去销售的机会损失(包括顾客不能得到需要的商品而损失的特定销售以及顾客不满意而不再回来或其他顾客也因此不来而对以后销售造成的损失)等。

存货成本中的缺货成本大多是机会成本，一般不反映在会计记录中，因而难以计量，甚至其意义被低估或忽视。但是，缺货成本和前面的两种成本一样真实存在，在某些情况下它可能比记录的成本大得多。例如，当商品创利额比较高时，缺货成本可以超过储存成本的好几倍。因此，在存货控制中应计算或合理估算单位缺货成本(单位存货短缺一次或缺货一年给企业带来的平均损失)。

(4) 采购成本。采购成本是指购入存货本身的成本,它通常包括买价和运杂费。买价和运费总额都与采购数量有关,买价总额还与单价有关。

当存货采购单价和单位运杂费在一定范围内的采购批量固定,而不随每次采购数量的多少变化时,采购总成本将与存货总采购数量的多少成正比例变化。这种正比例变动并不因每次采购的数量的多少而改变。而当单价和单位运杂费随着每次采购数量的多少发生变化时,如商业折扣的存在,采购总成本将会因每次采购数量的不同(从而导致获取的折扣率不同)而不同。在这种情况下,确定全年每次采购数量时,必须考虑采购总成本的高低。

根据以上分析,存货中的相关总成本应表示为

存货相关总成本 = 储存成本+订货成本+缺货成本+采购成本

当全年需用量一定时,每次订货批量或采购数量的大小,直接影响着存货成本。

(二) 存货数量

存货数量是重要的相关业务量之一,是指存货的实物量,是存货控制的基础。存货数量主要有以下几个指标。

(1) 年需存货量(N):每年对某一存货的需求总量。它可能是确切而又预知的,也可能是不稳定的。

(2) 日需存货量(n):每天对某一存货的需求总量。它可能是常数,也可能是变量。

(3) 订货批量(Q):每次订货的数量。

(4) 保险库存量(B):为防止缺货情况发生而设置的缓冲存货量。

(5) 再订货点(R):发出订货申请或订单时的库存存货量。

(6) 最高库存量(E):由于进货,使库存存货达到的最高水平。

(7) 缺货量(Q_1):不能满足需求的存货量。

(三) 时间变量

时间变量是存货控制中另一个重要的相关变量。与存货有关的时间,主要有以下几个变量。

(1) 订货间隔期(t):相邻的两次订货的时间间隔。它可以固定为常数,也可以是变量。

(2) 订货提前期即交货期(L):是存货从订货至到货的时间间隔。

(3) 计划期(Y):一般按一年为当前的计划周期。

(4) 保险天数(I):再订货正常到达时库存存货能满足正常需求的天数。它一般根据历史资料和预测情况进行估计,估计时既要考虑订货延期入库情况,又要考虑存货需求量在短期内突然增大的可能。

三、存货的基本经济订货批量模型

如前所述，企业每次进货都要发生一定的订货费用，包括为维持一定的采购能力而发生的、各期金额比较稳定的固定成本和随订货次数的变动而正比例变动的变动成本，因此年订货费用的多少取决于年内订货次数；每次的订货量会影响到存货的储存费用（付现成本部分），而储存成本按其与储存存货数量的多少以及储存时间也可分为固定成本和变动成本，其中，变动性储存成本与存货数量成正比例变化，与订货次数之间成反比例变化。在不考虑价格的数量折扣和缺货因素的条件下，所谓经济订货量，就是指使存货的订货费用与储存费用等相关成本之和为最低时的订货量。

外购存货上的相关成本由年订货费用总额和年储存费用总额两部分组成。

设 T 为存货相关总成本，P 为每批订货成本，C 为单位存货每年的储存费用。由于固定性订货费用、固定性储存费用和外购存货本身的价款与订货量无关，因此在确定经济订货量时无须加以考虑。所以全年订货次数＝N/Q，平均库存量＝$Q/2$，全年订货成本＝$(N/Q)P$，全年储存成本＝$(Q/2)C$，于是有

$$T=(Q/2)C+(N/Q)P$$

可以看出，订货费用和储存费用随着每批订货量的变化互为消长，它们与总成本 T 的关系可用图 5-5 表示。

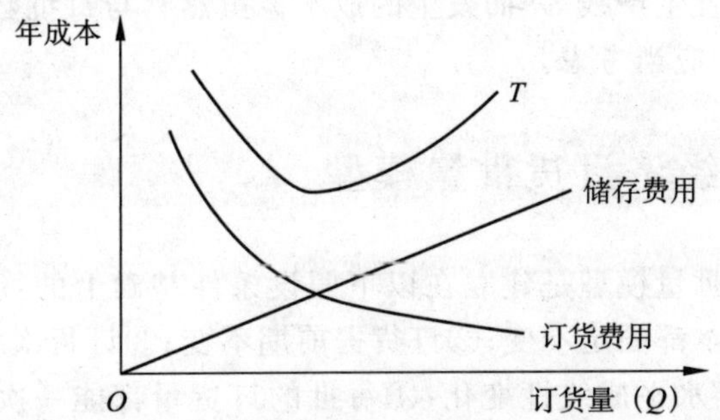

图 5-5　存货订货费用和储存费用与总成本 T 的关系图

从图 5-5 中可以看出，T 是一条凹形曲线，当一阶导数为零时，其值最低。因此，要找出最佳订货点，只需对 T 求导即可。以 Q 为自变量，求函数 T 的一阶导数并令其为零，可得基本经济批量

$$Q^{*}=\sqrt{\frac{2NP}{C}}$$

年订货经济批数

$$\frac{N}{Q^*}=\sqrt{\frac{NC}{2P}}$$

最低年相关总成本

$$T^*=\sqrt{2NPC}$$

【例 5-20】 某企业全年需要甲零件 1 200 件，每订购一次的订货成本为 400 元，每件年储存成本为 6 元，要求确定最优经济采购批量、年订货经济批数、最低年相关总成本。

[解]根据上述公式，最优经济采购批量、年订货经济批数、最低年相关总成本分别为

$Q^*=\sqrt{\frac{2\times1\,200\times400}{6}}=400$(件)

$\frac{A}{Q^*}=\sqrt{\frac{1\,200\times6}{2\times400}}=3$(批)

$T^*=\sqrt{2\times1\,200\times400\times6}=2\,400$(元)

应当指出，在确定经济订货量时全年需要量、每次订货费用都是预测数字，很难准确估计，所以在计算出经济订货量后一般还要根据实际情况对确定的经济订货量进行适当调整。

经济批量法也可应用于最优生产批量的决策，当企业已决定批量生产产品之后，每一批生产多少可以通过类似上述确定外购存货经济订货量的方法来确定，所不同的是，确定经济订货量时的相关成本是订货成本和储存成本，而在确定最优生产批量时，所要考虑的是储存成本和调整准备成本。调整准备成本是指在每批产品投产前，需进行一些调整工作(如调整机器、准备工卡模具、布置生产线等)而发生的成本。虽然它与每批数量没有直接联系，却与投产批数成正比，决策中应当考虑。

四、扩展的存货经济订货批量模型

上述存货经济订货批量模型是建立在以下假设条件基础上的：①存货的年需要量和日消耗量以及采购单位成本都固定不变；②订货提前期不变；③订货次数与订货成本成线性变化，储存成本与平均储存水平成线性变化；④每批的订货量都能一次全部到达；⑤订货资金充足，仓库储量没有限制，供货、运输单位没有任何附加条件；⑥不存在缺货。

但在实际工作中，上述的假设条件不可能全部满足。当一些假设条件不能被满足时，就需要对上述经济批量模型进行适当调整，以满足决策需要。以下介绍几种扩展的存货经济订货批量模型。

(一) 销售折扣下的经济订货量

许多企业在销售时都有数量折扣，对大批量采购在价格上给予一定的优惠。例如，购买

量达到 1 000 件时给予 8%的优惠,供应商通过这种数量折扣,可以鼓励客户一次购买更多的商品。在这种情况下,采购的单位成本已发生了变化,因此,除了考虑订货成本和储存成本外,还应考虑采购成本。

假设例 5-20 中每件价格为 10 元,但如果一次订购超过 600 件,可给予 2%的批量折扣,确定最优订购批量,就要按以下两种情况分别计算年订货成本、年储存成本、年采购成本这三种成本的合计数。

(1) 按经济批量采购,不取得数量折扣,此时按经济批量采购时的总成本合计应为

总成本=年订货成本+年储存成本+年采购成本

=(1 200/400)×400 +(400/2)×6+1 200×10=14 400(元)

(2) 不按经济批量采购,取得数量折扣。如果想取得数量折扣,必须按 600 件来采购(可以证明按超过 600 件采购时成本更高),此时三种成本合计为

总成本=(1 200/600)×400+(600/2)×6+1 200×10×(1-2%)=14 360(元)

对比可知,订购量为 600 件时的成本较低。所以,应该以 600 件作为订货量。

(二) 陆续到货条件下的经济订货量

企业正常经营中,经常存在一次订货边进库边使用的情况。例如在工业企业的生产过程中,在产品的转移和半成品、产成品的入库,都是陆续进行的。在陆续到货并使用的情况下,一般是到货速度大于耗用速度。在一次订货全部入库之前,库存量不断增加;在订货全部入库时,库存量最大;随后库存量逐渐下降,直到下一批订货又陆续到货。

假设存货订货是一次订货,陆续到达,入库量为每天 m,m 为常数且大于日消耗量 n,其他条件同基本经济订货量的相同,那么每一批存货全部入库的时间为 Q/m;入库期间,存货耗用数量为 nQ/m;一批订货全部入库时库存量为$(Q-nQ/m)$;平均库存量为$(1-n/m)Q/2$。与订货批次有关的存货成本则为

$$T=(N/Q)P+(1-n/m)Q/2C$$

于是可得

$$Q^{*}=\sqrt{\frac{2NP}{C}\times\frac{m}{m-n}}$$

该模型不仅可用于确定材料采购的经济订货量,也可用于产品生产的经济生产量决策。

【例 5-21】 某企业生产的某产品日销量为 10 件,生产阶段产品开始入库后平均每天完工 40 件,全年计划生产量为 3 650 件。生产中每次生产准备成本为 90 元,每件产品年储存成本为 0.72 元。要求确定最佳生产批量。

[解]根据上式,最佳生产批量为

$$Q^*=\sqrt{\frac{2\times 90\times 3\ 650}{0.72}\times\frac{40}{40-10}}\approx 1\ 103(件/批)$$

将 1 103 件代入存货相关总成本的计算公式，得

$T\approx 595(元)$

即每批应投产 1 103 件，此时与生产批次相关的成本为 595 元。

（三）缺货条件下的经济订货量

基本经济订货量下不会有缺货现象，但实际工作中常因供应、运输等因素的影响而导致缺货情况发生，因此，需要在基本经济订货模型的基础上，建立有缺货时的经济订货量模型。

假定每批订货到达仓库之前，都发生了缺货，订货量为 Q，缺货量为 Q_1。在订货到达后，先弥补缺货 Q_1——即由于缺货的存在，允许延期交货且都延期交货。其他假设与基本订货量下的假设条件相同。

设 M 为单位缺货一年的缺货成本。那么，存货相关总成本中除订货变动成本和储存成本之外，还包括缺货变动成本（缺货成本均为变动成本）。

可以推导出缺货条件下经济订货量为

$$Q^*=\sqrt{\frac{2NP}{C}\times\frac{C+M}{M}}$$

【例 5-22】 某企业生产某产品，全年需用甲材料 9 000 千克，允许缺货，每次订购成本 40 元，每千克材料年储存成本为 0.5 元，其缺货成本为 2 元。为尽可能降低缺货条件下的存货成本，该企业应如何确定所需材料的经济订货量？

[解]将本例中有关数据代入上式，得

$$Q^*=\sqrt{\frac{2\times 9\ 000\times 40}{0.5}\times\frac{0.5+2}{2}}\approx 1\ 342(千克)$$

结果表明，该企业的经济订货批量应为 1 342 千克。

（四）订单批量受限时的经济订货量

基本经济订货量中没有考虑订货量限制问题。但实际订货时，由于各种原因，一次订货量往往会受到限制，如供应商要求每批订货量应以吨为单位整数订货、运输部门要求成件托运等。在此情况下，应按下列步骤确定经济订货量。

(1) 计算没有订单限制时的经济订货量。如果计算结果等于允许的采购批量，则利用经济订货量订货，否则进行下面的工作。

(2) 在没有订单限制经济订货数量的相邻上下范围内，各确定一个批量允许的采购批量。根据存货成本与订购批量的关系，它们是小于基本经济订货量的最大允许采购量和大

于基本经济订货量的最小允许采购量。

(3) 分别计算两个允许采购批量下的年存货相关总成本，比较确定订单受限下的经济订货量，相关总成本最低的为优。

计算分析原理同销售折扣下经济订货量的原理相似，不同之处在于，订单批量受限时的经济订货量无须考虑存货的采购成本。

（五）仓储受限时的经济订货量

企业在订货时要考虑其仓储量的限制，基本经济订货量确定的每批订货量可能出现企业仓储能力不足的情况。这时，可采取的决策方法有两种：一是按仓储量采购，二是通过建造新的仓库或租用其他单位的仓库扩大仓储量。

第一种方法比较简单，但会使存货成本增加(因为订货次数会相应增加)。第二种方法虽然仓储量达到了经济订货量的要求，但又会发生仓库建造或租金成本。对于这类问题的决策可以采用比较相关总成本最低的方法来择优确定。

计算分析原理与上述存在销售折扣及订单批量受限下确定经济订货批量的原理相似，只是仓储受限时经济订货批量的确定还需考虑建仓库或租仓库的成本，这里它们是相关成本，必须加以考虑。

五、供应链管理对存货控制的影响

供应链是由供应商、制造商、仓库、配送中心和渠道商等构成的物流网络。供应链管理是指在满足一定的客户服务水平的条件下，为了使整个供应链系统成本达到最小而把供应商、制造商、仓库、配送中心和渠道商等有效地组织在一起来进行的产品制造、转运、分销及销售的管理方法。

供应链管理具有丰富的内涵：首先，供应链管理把产品在满足客户需求的过程中对成本有影响的各个成员单位都考虑在内了，包括从原材料供应商、制造商到仓库再经过配送中心到渠道商；其次，供应链管理的目的在于追求整个供应链的整体效率和整个系统费用的有效性，总是力图使系统总成本降至最低，即供应链管理的重点不在于简单地使某个供应链成员的运输成本达到最小或减少库存，而在于通过采用系统方法来协调供应链成员以使整个供应链总成本最低，使整个供应链系统处于最流畅的运作中；第三，供应链管理是围绕把供应商、制造商、仓库、配送中心和渠道商有机结合成一体这个问题来展开的，它包括企业战略层次、战术层次和作业层次等许多层次上的活动。

理论上讲，只有通过供应链的有机整合，企业才能显著地降低成本和提高服务水平，但是在实践中供应链的整合是非常困难的：首先，供应链中的不同成员存在着不同的、相互冲突的目标。例如，供应商一般希望制造商进行稳定数量的大量采购，而交货期可以灵活变动；与供应商愿望相反，尽管大多数制造商愿意实施长期生产运转，但它们必须顾及顾客的需求及其变化并作出积极响应，这就要求制造商灵活地选择采购策略。其次，供应链是一个动态的系统，随时间而不断地变化。事实上，不仅顾客需求和供应商供货能力随时间而变化，而且供应链成员之间的关系也会随时间而变化。例如，随着顾客购买力的提高，供应商和制造商均面临着更大的压力来生产更多品种更具个性化的高质量产品，进而最终生产定制化的产品。

供应链管理与传统的物流管理在存货管理的方式、货物流、成本、信息流、风险、计划及组织间关系等方面存在显著的区别。

从存货管理及货物流的角度来看，在供应链管理中，存货管理是在供应链成员中进行协调，以使存货投资与成本最小；而传统的物流管理则是把存货向前推或向后延，具体情况是根据供应链成员谁最有主动权而定。事实上，传统的物流管理把存货推向供应商并降低渠道中的存货投资，仅仅是转移了存货。解决这个问题的方法是通过提供有关生产计划的信息，例如共享有关预期需求、订单、生产计划等信息，减少不确定性，并使保险存货降低。

从成本方面来看，供应链管理是通过注重产品最终成本来优化供应链的。这里的最终成本是指实际发生的到达客户时的总成本，包括采购时的价格及送货成本、存货成本等。而传统的物流管理在成本的控制方面依然仅限于公司内部达到最小。

在供应链管理中，风险与计划都是通过供应链成员共同分担、共同沟通来实现的，而传统的物流管理却仅仅停留在公司内部。在组织间关系方面，供应链管理中各成员是基于对最终成本的控制而达成合作，而传统的物流管理则是基于公司内降低成本。

实施供应链管理是因为供应链管理比传统的物流管理更具活力，更能对供应链成员带来实质性的好处。不过，要成功地实施供应链管理，各供应链成员之间必须要有很好的信息共享；而要做到开诚布公的信息分享，对于追求不同目标的企业来说，实在不是一件容易的事情，尤其是当一家企业与其众多的竞争对手均有合作的情况下，要实现信息共享更加困难。因此，成功的供应链整合，首先需要各节点企业在以下一些方面达成一致：共同认识到最终客户的服务需求水平、共同确定在供应链中存货的位置及每个存货点的存货量、共同制定把供应链作为一个实体来管理的政策和程序等。

供应链管理是一个复杂的系统，涉及众多目标不同的企业，牵扯到企业的方方面面，因此实施供应链管理必须确保理清思路、分清主次，抓住关键问题。具体就库存控制来说，在实施供应链管理中需要注意的关键问题包括：一个终端渠道对某一特定产品应该持有多少库存？终端渠道的订货量是否应该大于、小于或等于需求的预测值？终端渠道应该采用多大的库存周转率？终端渠道的目标在于决定在什么点上再订购一批产品，以及为了最小化库存订购和保管成本，应订多少产品等。

而所有这些问题的解决，都不可避免地会影响到企业存货控制及其技术和方法。目前，已发展较成熟的供应链存货控制技术与方法主要包括供应商管理用户存货管理、联合存货管理和多级存货优化等三种。

1. 供应商管理用户存货控制

这是一种建立在用户和供应商之间的合作性策略。在这一策略下，存货控制的最终目的是做到"要货有货，不要货零库存"的理想状态。供应商管理用户存货控制系统要求在一个相互认可的目标框架下，存货由供应商统一管理。这在很大程度上可以实现供需信息的有效沟通与利用。在此方式下，各方都可以最低的成本优化产品的可获性，能够突破传统的条块分割的存货控制模式，以系统的、集成的管理思想进行存货控制，同时使供应链系统能够获得同步化运作。

2. 联合存货控制

供应商管理用户存货控制把用户的存货决策权交给了供应商，由供应商代理分销商或批发商行使存货决策权力。联合存货控制则是一种风险分担的存货控制模式。联合存货控制强调双方同时参与，共同制订存货计划，使得在供应链管理过程中的每个存货控制者(供应商、制造商和分销商)都从相互之间的协调性出发，保持供应链相邻的两个节点之间的存货控制者对需求预期的一致性。任何相邻节点需求的确定都是供需双方协调的结果，存货控制不再是各自为政的独立运作过程，而是供需连接的纽带和协调中心。

3. 多级存货优化与控制

多级存货优化与控制是对供应链中资源的全局性优化。其主要方法有两种：一个是分布式策略，即将供应链的存货控制分为制造商成本中心、分销商成本中心和零售商成本中心，由各中心根据自己的存货成本优化进行优化；另一个是集中式策略，即将控制中心放在核心企业上，由核心企业对供应链系统的存货进行控制，以协调上游与下游企业的存货活动。

存货控制策略不同的特点决定其有不同的适用环境。如果供应链的环节比较简单，各环节的利益责任关系比较明确，则可采用供应商管理用户存货控制系统模式。如果供应链比较复杂，但在同一行业中供应链条数比较少，供应链之间的竞争不太激烈，则可采用联合存货控制模式。如果供应链比较复杂且供应链的竞争十分激烈，需不断提高整条供应链的竞争力，则应使用多级存货优化与控制策略模式。当然，存货控制策略不能一概而论，需具体问题具体分析，应采用最适合企业和能使整个供应链共同发展的策略。

1. 怎样理解预测和决策的关系？

2. 短期经营决策有何特点？其主要内容包括哪些方面？

3. 举例说明机会成本在经营决策中的作用。变动成本与差量成本有何区别和联系？

4. 有人认为，“折旧费有时是相关成本，有时是非相关成本”，你是否同意这种观点？请说明理由。

5.“为了扭亏增盈，凡亏损产品都应停产”，这种提法对吗？为什么？

6. 简要说明产品定价应考虑的因素及最优价格定价法的基本含义。

7. 什么是存货的经济订货量？怎么理解订货量基本模型遵循的六个假设？

8. 扩展的经济订货量模型同基本模型的关系怎样？

练习题

练习题 1

某企业 2011 年 1—10 月份的维修成本与其相对应的机器工时数据如下表所示，假定 11 月的机器工时为 4 万工时。

2011 年维修成本与机器工时对应数据表

月份	1	2	3	4	5	6	7	8	9	10
机器工时/万工时	5	4	1	5	4	3	2	6	3	2
维修成本/万元	1.2	1.1	0.6	1.5	1	0.8	0.7	1.5	1.1	0.5

要求：采用回归分析法预测该企业 2011 年 11 月的维修成本。

练习题 2

某公司每月固定成本 200 000 元，单位变动成本 3 元。该公司欲从可能的三种售价中选择最有利的一个，三种售价及预期销量如下表所示。

价格/(元/件)	3.5	4	4.5
预期销量/件	500 000	300 000	180 000

要求：根据以上资料分析应选择哪种售价。

练习题 3

某产品成本以产销 5 000 单位为基础的资料如下表所示。该公司可以完全成本加成 20%为定价政策，也可以制造成本加成、变动制造成本加成为定价政策。

产品成本基础资料表

	单位变动成本/(元/件)	总成本/元
直接材料	4	
直接人工	7	
变动制造费用	5	
固定制造费用		25 000
变动管理及销售费用	2	
固定管理及销售费用		10 000

要求：根据以上资料确定产品目标售价，以及制造成本加成、变动制造成本加成为定价政策下的加成率。

练习题 4

某企业推出一项新产品，每年计划产销量 20 000 件，预计有关成本及计划报酬资料如下表所示。

新产品有关资料

项　目	数　额
单位变动成本/元	15
全年固定费用/元	50 000
估计所需投资/元	800 000
最低投资报酬率/%	20

要求：计算预计的损益平衡单价和实现目标利润单价。

练习题 5

某企业现有生产能力——直接人工小时 10 000 小时，可用于生产产品 A，也可用于生产产品 B。生产产品 A 每件需 1/3 小时，生产产品 B 每件需 1 小时。两种产品的有关资料如下表所示。

两种产品的有关资料对比表

产品项目	A	B
单位售价/(元/件)	20	30
单位变动成本/(元/件)	16	21
单位边际贡献/(元/件)	4	9
边际贡献率/%	20	30

要求：确定现有生产能力适宜生产的产品。

练习题6

某公司生产能量为100 000小时，并可同时生产A、B、C三种产品，有关资料如下。

三种产品生产有关资料

产品	单价/元	单位变动成本/元	直接人工工时/小时	市场最大需求量/件
A	100	60	10	1 000
B	80	50	5	10 000
C	60	40	2	10 000

要求：确定三种产品的生产结构。

练习题7

某企业生产一种产品，最大产量可提高到110 000件。目前产量为80 000件，单位售价10元，其他有关资料如下表所示。表中列示的产品制造成本中包括固定成本250 000元，销售费用中包括固定成本80 000元，其余40 000元为每件0.50元的销售运费。

产品有关资料

	总金额/元	单位产品/(元/件)
销售收入	800 000	10.000
制造成本	650 000	8.125
毛利	150 000	1.875
销售费用	120 000	1.500
经营收益	30 000	0.375

现有客户前来订货20 000件，每件出价7.50元，本企业不必支付其销售运费。

要求：据以确定应否接受该项特定订货。

练习题8

某公司去年A、B、C三种产品的利润表如下表所示。

利润表(简表)　　　单位：元

项　　目	产品A	产品B	产品C	合　计
销售收入	100 000	300 000	200 000	600 000
变动成本	60 000	210 000	150 000	420 000
生产边际贡献	40 000	90 000	50 000	180 000
专属固定成本	30 000	30 000	20 000	80 000
产品边际贡献	10 000	60 000	30 000	100 000

续表

项　　目	产品 A	产品 B	产品 C	合　计
联合固定成本	20 000	20 000	20 000	60 000
利润	－10 000	40 000	10 000	40 000

该公司今年有四种选择：①停产 A 产品；②停产 A 产品，用这些生产能力去增产产品 B，可使 B 的产量增加 1/3，A 的专属固定成本也由 B 负担；③停产一种产品，用节省下来的生产能力接受产品 D 的订货，D 售价 30 元/件，订货量 2 000 件，变动成本 24 000 元，专属固定成本 20 000 元；④按去年的方案继续生产。

要求：确定第三种方案中应停产哪一种产品，四个方案中的最优和次优方案。

练 习 题 9

某企业生产一个月需用 A 零件 10 000 件，外购 A 每件 3 元。

如自制，每件单位成本 3.30 元，包括直接材料 0.90 元，直接人工 1.60 元，制造费用 0.80 元。制造费用按直接人工工时分配率为 4 元/小时，是按下列方法计算的：零件制造部门正常生产直接人工工时 0.2 小时/每件，直接人工 8 元/小时，每月直接人工工时共 2 000 小时，一个月制造费用预算总额为 8 000 元。制造费用中包括：间接工资 3 000 元，物料费 500 元，动力费 1 100 元，管理人员工资 2 700 元，折旧费 400 元，其他费用 300 元。制造费用中，前三项为变动费用，后三项为固定费用。

要求：确定零件宜自制还是外购。

练 习 题 10

某企业在组装成品时需要的一种齿轮，如果自制，单位变动成本为每个 5 元，并增加相关的固定成本 20 000 元；如果外购每个 10 元购入。

要求：确定外购时齿轮的每年需要量。

练 习 题 11

某企业生产的产品 A 可直接出售，也可对 A 进一步加工成 B 后出售。企业生产能力为每月可生产 100 000 件 A。其他有关资料如下：

产品 A 有关资料　　单位：元/件

单位售价	6.50
单位成本	
直接材料	1.20

续表

直接人工	1.75
变动制造费用	1.10
固定制造费用	0.85
变动销售费用	0.90
固定销售费用	0.30
合计	6.10
单位利润	0.40

B 售价可增加到 8 元/件,进一步加工每月追加成本如下:

直接人工(元/件)	0.05
变动制造费用(元/件)	0.25
变动销售费用(元/件)	0.10
固定制造费用(元)	15 000
固定销售费用(元)	10 000

要求:确定是否对 A 进一步加工。

练习题 12

某企业生产 A、B 两种产品,每种产品都要经过部门Ⅰ和部门Ⅱ进行加工才能完成。部门Ⅰ可利用的生产能力为 500 小时,生产产品 A 每单位需用 2 小时,产品 B 每单位需用 1 小时;部门Ⅱ现有生产能力 480 小时,生产产品 A 每单位需用 1.5 小时,产品 B 每单位需用 2 小时,产品 A 每单位边际贡献 3 元,产品 B 每单位边际贡献 2 元。

要求:用图解法结合代数法确定 A、B 两种产品的生产。

练习题 13

某企业年需要甲材料 100 000 千克。已知该材料年储存成本为 0.6 元/千克,采购一次订货成本为 75 元。

要求:确定甲材料经济订货批量、年最佳订货次数、相关总成本。

练习题 14

某企业年需乙材料 2 000 千克,供应商标价为 20 元/千克,每次订货达到 1 000 千克时可给予一定优惠,优惠价面议。已知乙材料年储存成本为 5 元/千克,每次订货成本为 50 元。

要求:确定乙材料的经济订货批量。

第六章　长期投资决策

本章学习提示

本章重点：货币时间价值的含义及其计算，现金流量的分析与计算，投资决策的分析评价方法。

本章难点：货币时间价值计算，现金流量计算，贴现的现金流量法。

第一节　长期投资决策概述

一、长期投资决策的含义

企业基本生产经营活动包括筹资、投资和生产等。投资是指企业投入财力，以期在未来一定期间内获取报酬或更多收益的活动。

按其投资的对象不同，可以分为对外投资和对内投资。对外投资是指企业向企业外部有关单位使用的财产项目投入资金或实物，并以利息、使用费、股利或租金收入等形式获取收益，使得资金增值的行为。如购买其他企业的股票、债券等证券投资，购买用于对外租赁的设备等实物投资。对内投资是指为提高企业自身的生产经营能力和获利能力而对企业内部进行的投资。如投资兴办新企业或扩大原有企业，包括厂房设备的扩建、改建、更新或购置，资源的开发利用，现有产品的改造，新产品的研制等。管理会计中涉及的投资决策，通常是指对内投资。

按照投资未来获取报酬或收益的持续期间的长短，可分为短期投资和长期投资。短期投资主要是指能在一年内变现的证券投资，也是对外投资。长期投资是指投入大量资金，获取报酬或收益的时间在一年以上,能在较长时期内影响企业经营和获利能力的投资,既包括对外长期投资,也包括对内长期投资。管理会计中的长期投资主要是指长期对内投资。长期投资金额大,对以后影响时间长,这种投资支出通常不能由当年的营业收入来补偿,在会计中被称为“资本性支出”。其特点在于:在支出发生的当期一般不能直接转化为本期费用,并全部由当期营业收入补偿,而是在未来若干期内连续分次转化为费用,分批补偿收回。在尚未完全回收投资之前,长期投资的合理存在形式必然是资产项目。它对企业今后若干年的现金收支和盈亏将产生较大的影响。与其相对立的概念是收益性支出。收益性支出是指日常经营中发生的,其效益仅限于本期并由本期收入补偿的各项支出。

长期投资决策是指拟订长期投资方案,用科学的方法对长期投资方案进行分析、评价,选择最佳长期投资方案的过程。长期投资决策是涉及企业生产经营全面性和战略性问题的决策,其最终目的往往是为了提高企业总体经营能力和获利能力。因而,长期投资决策的正确进行,有助于企业生产经营长远规划的实现。这些长远规划从总体上确定了企业将来的经营方向、规模大小、人员配备、资本总量、资本支出的运用,以及企业期望的利润增长率等,它们既是企业未来行动的纲领性文件,也是企业进行长期投资决策的主要依据。长期投资决策一旦作出,就要编制资本支出预算,对长期投资决策已选定的方案进行系统化、表格化的集中和概括。因此,长期投资决策又叫做资本支出决策或资本预算决策。

二、长期投资决策的特征和意义

(一)长期投资决策的特征

(1)从内容方面来看,长期投资决策主要是对企业固定资产方面进行的投资决策。如为了生产新产品而购置设备、建设厂房等,或为了提高现有的生产能力而增购设备、扩建厂房等。

(2)长期投资决策的效用是长期的。一项成功的长期投资,可以使企业在未来数年内获得效益。

(3)长期投资决策占用资金额大,既需要一次性投入大笔资金以形成投资项目的主体,又要有相当的资金保证建设期和建成后投入运营期间与投资项目直接相联系的开支;同时还要设立专门部门进行筹资和投资工作。

(4)长期投资决策具有不易逆转性,如果投资正确,形成的优势可以在较长时期内保持。

(二)长期投资决策的意义

(1)对于保持和提高企业生产经营能力、长期获利能力具有决定性的作用,因而会影响企业的竞争地位。因为长期投资决策主要是在固定资产方面进行的投资决策。固定资产表现为企业实实在在持有的资产，它能使企业产出产成品，并最终销售出去获得盈利。没有固定资产提供的产成品，企业就不能正常运营。因此，固定资产投资属于战略性投资的范畴。成功的长期投资决策可以为企业带来大量的收入，不正确的投资决策则可以彻底毁灭一个企业。

(2) 改变企业未来的成本结构，影响企业未来的经济效益。由于长期投资决策的效用是长期的，势必会影响企业未来的成本和效益。例如，投资购买先进的机器设备，一般会降低未来产品的直接人工、变动性制造费用等加工成本，甚至还会降低直接材料成本，但固定性制造费用往往增加，而购买设备时借款与否，又将影响未来的利息支出甚至设备的价值。此外，由于未来因素的不确定性，投资项目在未来长期的效用期间所承担的风险也比较大。即使投资失败，企业也将承担该项设备的购置成本。

(3) 资本支出数额大，若投资正确，可以为企业今后带来丰厚的投资收益。但风险也大，企业必须审时度势，避免因不正确的投资决策而导致亏损，并妨碍从其他投资中获得利润。

三、长期投资决策的分类

长期投资决策可以按不同的标准进行分类。

（一）按投资决策方案之间的关系及决策程序分类

1. 独立方案的可行性决策

这是长期投资决策的一种基本类型。独立方案是指某一投资项目只有一种方案可以选择，没有可以与其竞争的方案。此时，只需要对独立方案的可行性进行分析，只要独立方案本身可行，即可以接受。

2. 互斥方案的选优决策

当某一投资项目有两种或两种以上的方案可供选择，且只有一个方案可被选中时，则各方案之间是一种竞争的互相排斥的关系，称为互斥方案。此时，需要在两种或两种以上的投资方案中选出唯一的一个最优方案。在对互斥方案进行具体评价时，首先要评价各互斥方案的可行性，其次在可行的互斥方案中选择最优方案。

3. 资本定量决策

当企业面临的所有投资项目的独立可行方案或互斥最优方案均已选定后，将需要决策何者优先投资的问题。在企业资金无限的情况下，这种决策十分简单，即可以投资所有项目独立可行方案或互斥最优方案。但现实中大多数企业并非如此，大量的投资计划常被有限的资金所困扰。因此，企业必须将有限的资金进行合理的分配。在不超过现有可用于投资的全部资金总量的前提下，在所有独立可行方案和互斥最优方案中选择能使企业所得的长期报酬总和达到最大的一组方案。

（二）按投资决策影响的程度分类

1. 战略性投资决策

战略性投资决策是指对企业全局及未来有重大影响的投资项目进行的决策。如新产品的投资决策、转产的投资决策、建立分公司的投资决策等。这种投资一般会改变企业的经营方向，直接关系到企业未来的命运，投资数量大，回收时间长，风险程度高。从方案的提出、分析、决策等各个环节都要求严格按程序进行。一般多由企业最高管理当局筹划，报经董事会或上级主管部门批准。

2. 战术性投资决策

战术性投资决策是指对不影响企业全局和前途的投资进行的决策。如更新设备的投资决策，改善工作环境、提高生产效率、增加产品花色品种等方案的投资决策。这种投资一般不改变企业的经营方向，只限于局部条件的改善，影响范围较小。故可以由企业中低层或有关职能部门筹划，由高层管理部门参与制定。

（三）按投资决策条件的肯定程度分类

1. 确定型投资决策

确定型投资决策是指决策所涉及的投资方案的各项条件都是已知的，且每个方案只有一个确定的结果的投资决策。这类投资决策比较简单，可以直接计算有关评价指标再进行比较即可。

2. 风险型投资决策

风险型投资决策是指决策所涉及的投资方案的各项条件都已确知，但表现出若干种变动趋势，使得每一种方案的执行都可能出现两种或两种以上的结果。各种结果可以根据有关资料通过预测来确定其客观概率。由于这类决策结果的不唯一性，决策存在一定的风险。

3. 不确定型投资决策

不确定型投资决策是指决策所涉及的投资方案的各项条件只能以决策者的经验判断确定的主观概率加以预测。这类决策难度较大，需要借助于运筹学等数学方法，更需要决策者具有较高的理论水平和丰富的实践经验。

四、长期投资决策会计的基本内容

本章介绍的长期投资决策分析以投资项目已具备技术上的可行性为前提，着重于与会计管理密切相关的财务可行性分析的原理与方法，包括投资项目评价的现金流量法、更新决策的年使用成本法等专门问题。

由于长期投资决策涉及时间长等原因，在使用各种评价方法时，一般要考虑货币时间价值的影响和现金流量的高低，所以下面首先介绍与投资决策有关的货币时间价值和现金流量问题。

第二节　货币时间价值

一、货币时间价值及其意义

资本在被使用的社会再生产过程中，随着时间的推移将带来增值，作为生产要素之一，资本将参加对增值部分的分配。货币时间价值是指货币化的资本在使用期间其本身带来的增值部分的价值表现。货币时间价值是长期投资决策必须考虑的客观经济范畴，它所揭示的是在一定时空条件下，运动中的货币具有增值性的规律。

（一）货币时间价值是作为资本的货币在使用过程中存在的现象

一笔货币如果作为储藏手段保存起来，在不存在通货膨胀因素条件下，经过一段时间后，作为同名货币，其价值不会有什么改变。如果考虑通货膨胀因素，其价值还会贬值。但一笔货币如果作为社会再生产过程中的资本为企业或其他组织或个人所运用，经过一段时间后就会带来利润，使自身价值增值。资本在运动过程中或者说运动中的货币增值现象就体现出了货币的时间价值。

（二）货币时间价值规律普遍适用于市场经济社会

货币时间价值原理是“时间就是金钱”这一观念理论数量化的典型概括。它并不讨论价值由谁创造或怎样创造出来，而是基于人类社会发展的社会经济和社会再生产的现实，研究资本、经济效益和时间之间的关系。货币时间价值原理所揭示的以货币表现的资本与其在运用中带来的价值增值之间的规律性联系，同样适用于社会主义市场经济。货币资本在时间上的增值性可以看做是它自身的一种固有属性。

二、货币时间价值的表现形式

在利润平均化规律的影响下，等量资本在相同时间内应获得等量利润。因此，货币时间价值的一般表现形式，从相对量来看，就是在不考虑风险和通货膨胀条件下的社会平均资本利润率，在一定条件下可视同存款利息率；从绝对量来看，就是使用货币资本的机会成本或假计成本，即利息。但是，时间价值和利息或利率并不能混为一谈。各种投资在具有风险或是在通货膨胀条件下进行时，投资报酬率或利率不仅包括时间价值，还包括风险价值和通货膨胀的因素。为了便于理解，以下均假定没有风险和通货膨胀，那么利息、利率或折现率等便可以从不同角度反映或代表货币的时间价值。

三、货币时间价值的计算

（一）计算货币时间价值的基本因素

（1）现值，指现在收款或付款的价值，又叫本金，用 P 表示。
（2）终值，指若干期以后的未来价值，包括本金和利息，又叫本利和，用 F 表示。
（3）利率，用 i 表示。
（4）期数，用 n 表示。
（本章没有特别说明时，上述字母代表的含义不变）

（二）货币时间价值的计算制度

货币时间价值的计算有两种制度：单利制和复利制。单利制是指当期利息不计入下期本金，从而不改变计息基础，各期利息额不变。复利制是指各期期末形成的利息计入下期本金，改变计息基础，使每期利息额递增，利上生利。也就是说，在复利制下，利息本身也具有获取利息的能力，相当于在单利制下每年年末将本期的利息取出重新存入银行。企业运用资本所取得的收益除向所有者分配之外，剩余部分往往要再投入到经营周转中去，不使之闲置。这一过程与复利制的原理相同。因此，按复利制计算和评价企业货币时间价值比使用单利制要准确一些。马克思也揭示了在利润不断资本化的条件下，资本将按几何级数增长。因此，资本的积累要用复利来计算。在西方国家和国际贸易惯例中，也按复利制计算货币时间价值，以反映货币不断运动、不断增值的规律。因此，在长期投资决策考虑货币时间价值因素时，必须按复利制计算有关指标。

四、复利终值与现值的计算

（一）一次性收付款复利终值与现值的计算

一次性收付款是指在某一特定时点上发生的某项一次性收款或付款业务，经过一段时间再发生相应的一次性付款或收款业务。例如，向银行存入一笔资金10 000元，年利率8%，经过2年后，一次可取出本利和11 664元。

1. 一次性收付款复利终值的计算

设本金或现值为P，利率为i，期数为n，终值为F，则

$$F=P(1+i)^n$$

上式中的$(1+i)^n$为复利终值系数，记做$(F/P,i,n)$。

复利终值系数可以查阅一元复利终值表（附表1）。

【例6-1】 设本金为1 500元，利率为9%，期数为5年，终值为多少？

[解]$F=1\ 500\times(1+9\%)^5$

从附表1中可以查出$i=9\%$，$n=5$时，复利终值系数为1.538，则

$F=1\ 500\times1.538=2\ 307$(元)

2. 一次性收付款复利现值的计算

已知将来某一时期的值即终值或本利和，求其现在的价值即现值或本金，这个过程也叫折现或贴现。此时，所用的利率又称贴现率或折现率。所以，在计算现值时，时间价值就表现为贴现率或折现率。计算现值的公式可以由复利终值的公式移项而得到：

$$P=F(1+i)^{-n}$$

式中，$(1+i)^{-n}$为复利现值系数，记做$(P/F,i,n)$。

复利现值系数也可通过查"一元复利现值表"（附表2）获得。

【例6-2】 2年后要得到50 000元，存款利率为6%，问现在一次性应向银行存入多少钱？

[解]$P=50\ 000\times(1+6\%)^{-2}$

从附表2中可以查出$i=6\%$，$n=2$时，复利现值系数为0.890，则

$P=50\ 000\times0.890=44\ 500$(元)

（二）系列收付款复利终值与现值的计算

系列收付款是指n期内多次发生的收付款业务，形成多时点收付款数列。

1. 系列收付款复利终值的计算

系列收付款复利终值等于每次收付款复利终值之和。假设 t 表示系列收付款发生的时点，$R_t(t=0,1,2,\cdots,n)$表示 n 期内的系列收付款，F_R 表示系列收付款复利终值，每次收付款复利终值分别为 $F_0,F_1,F_2,\cdots,F_n$，则系列收付款复利终值的计算公式为

$$F_R = F_0 + F_1 + F_2 + \cdots + F_n$$

$$= \sum_{t=0}^{n} R_t (1+i)^{n-t}$$

【例 6-3】 第 1 年年初向银行存款 200 元，第 2 年年末向银行存款 300 元，第 3 年年末向银行存款 100 元，问第 4 年年末一共能得到多少元(银行存款利率为 8%)?

[解]$F_R=200\times(1+8\%)^4+300\times(1+8\%)^2+100\times(1+8\%)$

$=200\times1.360+300\times1.166+100\times1.080=729.8$(元)

2. 系列收付款的复利现值的计算

不同时点的分次收付款按一定的折现率换算的复利现值之和，即为系列收付款的复利现值。每次收付款的复利现值计算方法与一次性收付款的相同。系列收付款复利现值等于每次收付款复利现值之和。假设 t 表示系列收付款发生的时点，R_t 表示 n 期内的系列收付款，P_R 表示系列收付款复利现值，每次收付款复利现值分别为 $P_0,P_1,P_2,\cdots,P_n$，则系列收付款复利现值的计算公式为

$$P_R = P_0 + P_1 + P_2 + \cdots + P_n$$

$$= \sum_{t=0}^{n} R_t (1+i)^{-t}$$

【例 6-4】 当银行存款利率为 8%，第 1 年年末需用 500 元，第 3 年年末需用 600 元，第 4 年年末需用 700 元，为保证这些资金需要，现在应该向银行存款多少元?

[解]$P_R=500\times(1+8\%)^{-1}+600\times(1+8\%)^{-3}+700\times(1+8\%)^{-4}$

$=500\times0.926+600\times0.794+700\times0.735=1\ 453.9$(元)

五、年金终值与现值的计算

年金是指一定时期内每隔相同时间连续发生数额相等的系列收付款项，是系列收付款的特殊形式。年金一般应同时满足两个条件。

(1) 时间间隔相等且具有连续性，即每隔一段时间(如一年)必须发生一次收付款业务，形成系列，不得中断。

(2) 等额性，每期发生的收付款项必须在数额上相等。因此，若某系列收付款项 R_t 满

足：$R_t=R(t=1,2,\cdots,n)$，R 为一常数，则该系列收付款便是一种年金形式。

在现实生活中，涉及年金问题的有偿债基金、采用直线法形成的折旧基金、保险金、租金、科研奖励基金、零存整取或整存零取储蓄中的零存数或零取数、分期付息债券利息及等额回收的投资额等。

年金按其收付款的情况又分为四种形式：普通年金、即收（付）年金、递延年金和永续年金。其中普通年金的应用最为广泛，其他几种年金的终值与现值计算可在普通年金计算的基础上推算出来。

（一）普通年金终值的计算

收付款发生在每期期末的年金为普通年金，用 R 表示。普通年金终值是一定时期内各期等额系列收付款的复利终值之和，用 F 表示，则普通年金终值的计算公式为

$$F=R\sum_{t=1}^{n}(1+i)^{n-t}=R\,\frac{(1+i)^n-1}{i}$$

上式中的 $\frac{(1+i)^n-1}{i}$ 为年金终值系数，记做 $(F/R,i,n)$。

年金终值系数可查附表"一元年金终值表"（见附表 3）。

【例 6-5】 企业连续 5 年于每年年末存款 10 000 元，当年利率为 8%时，第 5 年可得的本利和是多少？

[解]$F=10\ 000\times(F/R,8\%,5)$

从附表 3 中可以查出 $i=8\%$，$n=5$ 时，年金终值系数为 5.867，则

$F=10\ 000\times5.867=58\ 670$（元）

如果已知年金终值 F，求年金 R，这个过程称为偿债基金的计算。根据普通年金终值的计算公式进行逆计算，则偿债基金的计算公式为

$$R=F\,\frac{i}{(1+i)^n-1}$$

上式中的 $\frac{i}{(1+i)^n-1}$ 为偿债基金系数，记做 $(R/F,i,n)$，可利用年金终值系数的倒数求得。

【例 6-6】 有一笔 6 年后要到期的长期借款 90 万元，企业拟在 6 年内于每年年末存入银行一笔资金以备偿还，问每年年末应存入多少等额存款（银行存款利率为 6%）？

[解]$R=90\div(F/R,6\%,6)=90\div6.975=12.9$（万元）

即每年年末应存入银行 12.9 万元。

（二）普通年金现值的计算

一定时期内每期期末系列等额收付款的现值之和称为普通年金现值，记做 P，则普通年

金现值的计算公式为

$$P=R\sum_{t=1}^{n}(1+i)^{-t}$$

$$=R\frac{1-(1+i)^{-n}}{i}$$

上式中的 $\frac{1-(1+i)^{-n}}{i}$ 为年金现值系数，记做 $(P/R,i,n)$。年金现值系数可查“一元年金现值表”(见附表 4)。

【例 6-7】 若企业在今后四年每年年末需用一笔资金 15 000 元，当银行存款利率为 8% 时，问现在应一次性向银行存入多少元？

［解］$P=15\ 000\times(P/R,8\%,4)=15\ 000\times3.312=49\ 680$(元)

即现在应一次性向银行存入 49 680 元。

与年金现值计算相反的过程是资本年回收额的计算。如果已知年金现值 P，求年金 R，计算公式为

$$R=P/(P/R,i,n)$$

$$R=P\frac{i}{1-(1+i)^{-n}}$$

上式中的 $\frac{i}{1-(1+i)^{-n}}$ 为资本回收系数，记做 $(R/P,i,n)$，可利用年金现值系数的倒数求得。

【例 6-8】 企业拟投资 100 000 元建设一个预计寿命期 5 年的项目，若企业期望的投资报酬率为 10%，则每年年末至少要从这个项目上获得多少报酬才是合算的？

［解］$R=100\ 000\div(P/R,10\%,6)=100\ 000\div4.355=22\ 962$(元)

即每年年末至少要获得 22 962 元才合算。

（三）即付年金终值与现值的计算

即付年金是指每期期初发生的等额系列收付款。即付年金终值就是每期期初等额系列收付款的终值之和。该终值可以根据普通年金终值加以调整计算得出。

依据普通年金终值的计算，n 期即付年金终值与 $(n+1)$ 期普通年金终值相比，前者少一个不需用时间价值换算的 R，则即付年金终值的计算公式为

$$F=R[(F/R,i,n+1)-1]$$

即付年金终值的计算公式也可以表示为

$$F=R(F/R,i,n)(1+i)$$

【例 6-9】 企业连续 8 年于每年年初存入银行 5 000 元，年复利率 10%，问第 8 年年末一共可得本利和多少元？

[解] $F=5\ 000[(F/R,10\%,9)-1]=5\ 000\times(13.579-1)=62\ 895$(元)

或 $F=5\ 000(F/R,10\%,8)(1+10\%)=5\ 000\times11.436\times1.1=62\ 898$(元)

即第8年年末一共可得62 895元(或62 898元,差额为系数尾数四舍五入造成)。

即付年金现值是每期期初等额系列收付款的现值之和,依据普通年金现值的计算,n期即付年金现值与($n-1$)期普通年金现值相比,前者多一个不需用时间价值换算的R,则即付年金现值的计算公式为

$$P=R[(P/R,i,n-1)+1]$$

或

$$P=R(P/R,i,n)(1+i)$$

【例6-10】 企业拟连续4年于年初投资10万元建设一个项目,若现在一次备足这些款项,当年折现率为8%时,现在应一次性准备多少元?

[解] $P=100\ 000[(P/R,8\%,3)+1]=100\ 000\times(2.577+1)=357\ 700$(元)

或 $P=100\ 000(P/R,8\%,4)(1+8\%)=100\ 000\times3.312\times1.08=357\ 696$(元)

即现在应一次性准备357 700元(或357 696元,差额为系数尾数四舍五入造成)。

(四) 递延年金现值与终值的计算

递延年金是指在一段时期(如$m+n$期)内,从第1期期初开始,隔了m期($m\geqslant1$)以后,才于后n期的每期期末发生系列等额收付款的年金形式。递延年金现值是指在前m期没有收付款时,后n期的普通年金贴现到m期的第1期期初的现值。($m+n$)期递延年金现值比($m+n$)期普通年金现值要少m期的普通年金现值,其计算公式可表示为

$$P=R[(P/R,i,m+n)-(P/R,i,m)]$$

或

$$P=R(P/R,i,n)(1+i)^{-m}$$

【例6-11】 有一种保险单要求现在一次支付保险费,第16年年初至第20年年初,每年可领取保险金1 500元,期望利率为8%,购买这种保险单需要花多少元?

[解] $P=1\ 500[(P/R,8\%,19)-(P/R,8\%,14)]$

$=1\ 500\times(9.604-8.244)=2\ 040$(元)

或 $P=1\ 500(P/R,8\%,5)(1+8\%)^{-14}=1\ 500\times3.993\times0.341=2\ 042$(元)

即购买这张保险单需要花2 040元(或2 042元,差额为系数尾数四舍五入造成)。

递延年金终值的计算方法与普通年金终值相同。

(五) 永续年金现值的计算

永续年金是指无限期的等额系列收付款的特种年金,也就是当期限$n\to+\infty$时的普通年

金。永续年金现值的计算公式可以从普通年金现值计算公式中推导得出。依据普通年金现值计算公式，因 $n\to+\infty$，年金现值系数中的 $(1+i)^{-n}=0$，则永续年金现值的计算公式可表示为

$$P=R/i$$

【例 6-12】 准备设立一项科研奖励基金，在以后每年年末支付科研奖金 10 万元，当年利率为 8%，问现在应一次性存款多少元？

[解]$P=R/i=10\div8\%=125$(万元)

即现在应一次性存款 125 万元。

【例 6-13】 为准备以后每年发放养老金 50 万元，银行存款利率为 8%，问现在应一次性向银行存款多少元？

[解]$P=50\div8\%=625$(万元)

即现在应一次性存款 625 万元。

第三节　现金流量的分析与计算

一、现金流量的意义

现金流量是指在长期投资决策中，投资项目在其效用期内(包括建设期)可能发生的现金收入和支出的数量。现金流量是以收付实现制为基础，以广义的现金(货币资金)流动为内容，是用以评价长期投资项目可行性和最优性的重要依据和信息。

进行长期投资决策分析，首先要了解投资过程的三要素，即投资活动的有效期、预期的投资报酬率和各个时期现金流量的预估值。在三要素中，现金流量集中地反映了资金在投资活动中流入量、流出量以及流入流出的时间，可以较好地概括前两项因素。即各个时期的现金流量可以反映出投资活动有效期的长短，不同时期现金流量数额的高低可以反映出投资报酬率的大小。因此，在长期投资决策中，以各个投资项目的现金流量来评价其优劣。此即为“现金流量观”。与之相对立的概念是短期决策中常用的评价标准——利润，即“会计利润观”。

在长期投资决策分析中运用现金流量而非会计利润来评价方案的可行性和优劣，有着特殊意义。

企业能真正用来再投资的是现金，而不是账面上记载的利润。相对于利润而言，现金流量与其有很多不同。

1. 各个时期的现金流量与利润在数额上并不相同

利润是按照权责发生制原则计算出来的。计算利润所使用的收入并不等于实际的现金收入数额(这与会计上收入确认的标准有关),计算利润所使用的成本并不等于确实的现金支出数额。因为成本计量时发生的费用分摊、折旧计提等并不需要支出现金。因此,以账面上“虚”计的利润作为未来投资的保证将是很不现实的。

2. 现金流量与具体的时点相联系,可以据此计算货币时间价值

科学的投资决策需要考虑货币的时间价值,为此,需要确认投资项目在有效期内各项收入和支出发生的时间,唯有不同时期的现金流量才与各自的收付时点相联系。而利润由于是按权责发生制计算的,计算各个时期的利润时并不考虑是否实际收到或付出现金。例如,购置固定资产时付出的大量现金不计入成本,因而不影响利润;将固定资产价值以折旧的形式逐期计入成本时影响利润,但并不需要付出现金;计算利润时也不考虑垫支流动资金的数量和时间;在确认销售收入实现时,并不一定能于当期全部收到现金,而是有一部分形成应收账款;投资项目寿命终了时以现金形式回收的固定资产残值和垫付的流动资金,在利润计算中并未反映。上述各种现金收入和支出额都是投资项目主要的现金流量,它们在计算利润时却未能得到很好的反映。可见,在投资决策分析中只有用现金流量(而不是利润)才能很好地考虑货币时间价值,借以正确地评价投资项目的优劣。

3. 现金流量具有客观性、可比性,利润指标透明度较差

在计算利润和贯彻权责发生制时,必然会遇到各种各样的存货计价、成本分摊、折旧计提、费用摊配等方法。显然,不同的决策者会选用不同的方法,不同的会计处理方法会导致不同的利润。因此,利润指标具有相关性差、透明度不高的缺陷。而现金流量的取得是和投资项目的进行并驾齐驱的,采用现金流量评价投资项目,可以回避利润的缺陷,使不同的投资项目具有可比性。

二、现金流量的内容

一个投资项目的现金流量,包括现金流入量(即收入数额)和现金流出量(即支出数额)。导致现金流入量增加的有资本、负债的增加及非现金资产的减少,导致现金流出量增加的有资本、负债的减少和非现金资产的增加。具体内容包括以下几项。

(一) 初始现金流量

1. 建设投资(含更新改造投资)

建设投资是指建设期内按一定生产经营规模和建设内容进行的固定资产、无形资产和

开办费等项投资的总和，含基本建设投资和更新改造投资。其中，固定资产投资可能与计算折旧的固定资产投资原值之间存在差异，原因在于固定资产原值可能包括建设期内资本化了的借款利息。两者的关系是：

固定资产原值＝固定资产投资＋建设期资本化借款利息

2. 垫支流动资金

垫支流动资金是指项目投产前后分次或一次投放于流动资产项目的投资额。这种投资既可以发生在建设期内，又可能发生在经营期内，而不像建设投资大多集中在建设期发生。各年垫支的流动资金投资额的合计应等于在终结点一次回收的流动资金。

对于更新改造项目而言，一般不涉及追加投入流动资金，其原始投资额仅包括建设投资。

3. 投资的机会成本

投资的机会成本即由于某些原有固定资产（如土地）用于此项投资而不能出售或作他用，因而失去收入。此类投资虽未付出现金，但减少了现金收入，故决策分析时视同现金付出。

4. 其他投资费用

其他投资费用指不属于以上三项的投资费用，如筹建小组费用、职工培训费用等。

5. 原有固定资产的变价收入

在固定资产更新投资中常有此类收入。

为简化投资决策分析，上述现金流量中，在本章以后内容中只考虑前两项即建设投资和垫支的流动资金。

（二）营业现金流量

营业现金流量是指项目投产以后，在整个寿命周期内，由于正常生产经营而带来的现金流量。此类现金流量应按年计算。具体包括以下内容。

1. 营业收入

营业收入指项目投产后每年实现的全部销售收入或业务收入。在按总价法核算现金折扣和销售折让时，营业收入指不包括折扣与折让的净额，一般纳税人企业在确定营业收入时，应按不含增值税的净价计算。此外，作为经营期现金流入项目，应当按当期现销收入与回收以前年度应收账款的合计数确认。但为简化计算，可假定正常经营年度内每期发生的赊销额与回收的应收账款大体相等。故营业收入额就是经营期的主要现金流入额。

2. 经营成本

经营成本又可称为付现成本或付现营运成本。它是生产阶段上主要的现金流出项目。某年经营成本等于当年的总成本费用(含期间费用)扣除该年折旧额、无形资产摊销额等项目后的差额。因为折旧额、摊销额等并非各年的现金流出内容,这些项目大多与固定资产、无形资产和开办费等长期资产的价值转移有关,不需要动用现实的货币资金支出。

如果各年营业量(产量、服务量)不等,付现成本可以划分为付现固定成本和付现变动成本两部分,根据各年不同的营业量进行预测。

3. 各项税款

各项税款指项目投产后依法缴纳的单独列示的各项税款,包括营业税、消费税、所得税等。一般纳税人在价外核算的增值税不包括在此项目中。

4. 其他现金流出

其他现金流出指不包括在以上内容中的现金流出项目(如营业外净支出等)。

(三) 终结现金流量

终结现金流量是指项目经济寿命终结时发生的现金流量。主要包括固定资产变价收入或残值收入,原垫付的全部流动资金的回收。其形式表现为现金流入。

三、现金流量图及现金流量的方式

现金流量具有时间性,也就是说每一笔现金流入和流出都是在某个特定时点上发生的,或者说不同时点具有不同值的现金流动。现金流量图就是将现金作为时间的函数,将不同时点上所具有的不同值的现金流量用图解法予以分析。一般情况下,横轴指向右方,表示时间的增长,它以每一单位时间(一个月或一年等)的区间终点表示。横轴的零点即指现在时刻。垂直于横轴的线段代表现金值,箭头指向时间轴(即横轴)的垂直线段表示现金流入,而背向时间轴的垂直线段则表示现金流出。横轴零点的现金值就是现值,横轴上不同点的垂直线段表示不同时刻的现金值。

例如,某一投资者现在投资 10 000 元,希望在一年后收回 11 000 元,其现金流量图如图 6-1所示。

现金流量的方式可以划分为规则型和非规则型两类。规则型现金流量方式下,原始现金支出一旦发生,会带来一系列相随的现金流入量。大部分长期投资决策属于这类现金流量方式。以后各期的现金流入量可能等额也可能不等额,但流入的时间间隔是有规律的。

当各期现金流入的金额相等，有效期(n)中现金流入的各期间隔相等(如一年)，而且每一次现金流入发生的时点相同(如均为年末或年初)，那么这种规则型现金流量就是年金形式的现金流量方式。

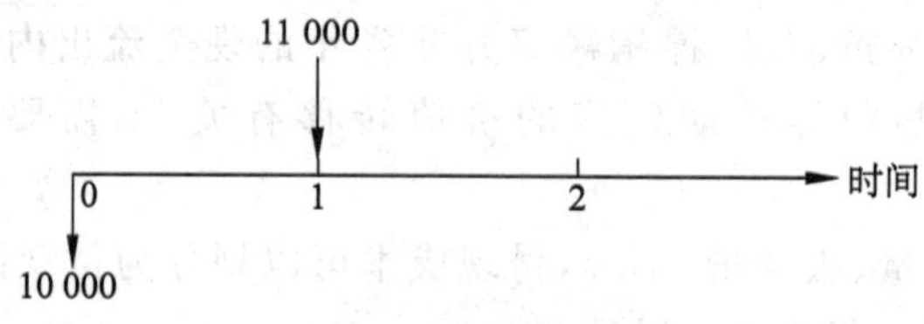

图 6-1 现金流量图

非规则型现金流量方式是指在原始现金支出之后没有相随的一系列流入的现金流量，或者某一时期表现为不规则间歇的流入量和流出量，或某段时期有紧随某一流出量的一系列流入量。

四、现金流量的计算

净现金流量又称现金净流量，是指在项目的计算期(包括建设期和经营期)内现金流入量与现金流出量的差额。净现金流量是长期决策评价指标计算的重要依据。计算公式如下：

某年净现金流量＝该年现金流入量－该年现金流出量

由于现金流入流出在项目计算期内的不同阶段上的不同内容，采用上述公式计算就使得各阶段上的净现金流量表现出不同的特点：在项目建设期内，净现金流量一般为负值；在经营期内，净现金流量多为正值。

净现金流量也可以按照项目计算期的不同阶段分别计算。如建设期净现金流量的计算、经营期净现金流量的计算、终结点净现金流量的计算。这些计算原理和财务会计计算净现金流量相同。

现金流量计算中值得注意的是影响现金流量计算的因素，如税金、折旧等。以折旧为例，虽然折旧本身并不是实际的现金流出量，但折旧额的多少将会对现金流量有明显的影响。因为折旧是成本费用的一部分，其数额的大小通过影响成本费用进而影响到税前利润，税前利润的大小左右着税金的多少，进而又影响到税后利润。因此，不同的折旧计算方法会有不同的折旧额，也就会形成不同的现金流量。

【例 6-14】 企业拟购建一项固定资产，在建设起点投入资金 110 万元，建设期 1 年，使用寿命 10 年，期满有净残值 10 万元。预计投产后每年可获得税后净利 10 万元，按直线法计提折旧。要求：计算该投资项目的净现金流量。

[解]该项固定资产年折旧额＝(110－10)÷10＝10(万元)

则各年净现金流量为：

第 1 年年初净现金流量＝－110 万元

第 2 年年末至第 10 年年末净现金流量＝10＋10＝20(万元)

第 11 年年末净现金流量＝10＋10＋10＝30(万元)

第四节　投资决策的分析评价

一、长期投资决策评价方法

长期投资决策分析评价的方法是现金流量法。按照是否考虑货币时间价值因素可以分为两大类：一类是不考虑货币时间价值因素的方法，即非贴现的现金流量法，又称静态分析法；另一类是考虑货币时间价值因素的方法，即贴现的现金流量法，又称动态分析法。

（一）非贴现的现金流量法

1. 年平均投资报酬率法

年平均投资报酬率是指一定的年平均投资额所取得的年平均净收益。计算公式如下：

$$年平均投资报酬率=\frac{纳税后年平均净收益}{平均投资额}\times 100\%$$

$$税后年平均净收益=\frac{\sum 各年税后净利润}{效用期间(年数)}$$

$$年平均投资额=\frac{\sum 各年投资平均金额(账面价值)}{效用期间(年数)}$$

$$简单平均投资额=原始投资/2$$

年平均投资报酬率法就是指以年平均投资报酬率的大小来评价方案的可行性和最优性的一种方法。当年平均投资报酬率大于期望的投资报酬率时，投资方案可行；并且年平均投资报酬率越大，投资方案越好。

【例 6-15】 设目前有三个投资方案，各自所需的投资额均为 10 000 元，各个方案所能提供的净收益及净现金流量如表 6-1 所示。

表 6-1　　　　　　　　　　　　净收益及净现金流量表　　　　　　　　　　　　单位:元

期间	方案 A		方案 B		方案 C	
	净收益	净现金流量	净收益	净现金流量	净收益	净现金流量
1	3 000	5 500	3 000	8 000	1 500	4 000
2	2 500	5 000	3 000	8 000	2 000	4 500
3	2 000	4 500			2 500	5 000
4	1 500	4 000			3 000	5 500

要求:计算三个方案各自的年平均投资报酬率。若企业期望的投资报酬率为30%,试评价三个方案的可行性,并进行选优。

[解]各方案的年平均净收益计算如下。

方案 A:(3 000+2 500+2 000+1 500)÷4=2 250(元)

方案 B:(3 000+3 000)÷2=3 000(元)

方案 C:(1 500+2 000+2 500+3 000)÷4=2 250(元)

各方案的年平均投资额根据简单投资额计算公式均为:10 000/2=5 000(元)

则各方案的年平均投资报酬率分别为

方案 A:2 250÷5 000×100%=45%

方案 B:3 000÷5 000×100%=60%

方案 C:2 250÷5 000×100%=45%

由上述计算结果可知,三个方案的年平均投资报酬率均大于期望投资报酬率,故都是可行方案。同时方案 B 具有最高的年平均投资报酬率,为最优方案;方案 A 和 C 相同,为次优方案。年平均投资报酬率法最大的优点是简单明了,易于理解和掌握。此外,通过计算投资报酬率,将有关方案的总收益同其资源的使用(投资)紧密地联系起来,能较好地衡量各有关方案的投资经济效果。正因为如此,这种方法在实际工作中应用较广泛。但是这种方法有明显的缺点。首先,它没有考虑货币时间价值因素的影响,把不同时期的货币价值等量齐观。如例 6-15 中,方案 A 和方案 C 四年净收益的总额虽然相同,都是 9 000 元,但方案 A 逐年的净收益表现为递减数列,即前期收益大,后期收益小;而方案 C 刚好相反,其净收益为递增数列。如果考虑货币时间价值,即考虑净收益实现的时间先后,方案 A 四年的净收益显然大于方案 C,比方案 C 有较高的投资效果;其次,该法只考虑净收益的作用,而没有全面考虑净现金流量的影响,不能全面正确地评价投资方案的经济效果。

2. 静态投资回收期法

静态投资回收期是指以投资项目经营净现金流量抵偿原始投资额所需要的全部时间,一般以年为单位,或者说是回收原始投资额所需要的全部时间。静态投资回收期法就是以静态投资回收期的长短来评价方案的可行性和最优性的方法。显然，投资回收期越短，表明有关方案回收投资的速度越快，其投资价值越大，投资效果越好。故该指标是一个反指标。一般地说，当静态投资回收期为效用期的一半时，方案可行。静态投资回收期的计算公式如下：

$$\sum_{t=1}^{P_p} A_t = A_0$$

式中，P_p 为静态投资回收期；A_t 为各期净现金流量；A_0 为原始投资额。

上式表明，当某项投资在投产后一定时间内所得的净现金流量总额等于原始投资额时，即为投资回收期。投资回收期的计算可分为两种情况。

(1) 当投资方案各年净现金流量不相等时，要计算各期累计的净现金流量，然后同原始投资额比较，确定投资回收期的大致期间，再用内插法具体计算投资回收期。

【例 6-16】 如以例 6-15 方案 A 和方案 C 的资料为例，计算两个方案的静态投资回收期并加以比较。

[解]两个方案的各年净现金流量不等，可先计算各年累计净现金流量，如表 6-2 所示。

表 6-2 **累计净现金流量** 单位：元

期间	方案 A 累计净现金流量	方案 C 累计净现金流量
1	5 500	4 000
2	10 500	8 500
3	15 000	13 500
4	19 000	19 000

从表 6-2 中可以看出，方案 A 的回收期在第 1 期和第 2 期之间。用内插法计算如下：

$$P_{p_A} = 1 + (10\ 000 - 5\ 500)/(10\ 500 - 5\ 500) = 1.9(\text{年})$$

$$P_{p_C} = 2 + (10\ 000 - 8\ 500)/(13\ 500 - 8\ 500) = 2.3(\text{年})$$

按照静态投资回收期应小于等于 1/2 效用期的标准，对方案 A 和 C 加以评价，可知方案 A 可行，而方案 C 不可行。

(2) 当有关方案各年净现金流量相等时，可以采用简化的方法计算静态投资回收期。计算公式如下：

$$\text{静态投资回收期} = \frac{\text{投资额}}{\text{每年净现金流量}}$$

【例 6-17】 以例 6-15 的方案 B 的资料为例，计算其静态投资回收期并加以评价。

[解]方案 B 的年净现金流量相等，故可以按简化的方法计算静态投资回收期。

静态投资回收期=10 000÷8 000=1.25(年)

方案 B 的效用期为 2 年，则 1/2 效用期为 1 年。其静态投资回收期为 1.25 年，大于 1 年，故该方案不可行。

静态投资回收期法的优点是简便易行，便于采用，同时由于静态投资回收期的长短能反映方案在未来时期所冒风险程度的大小，因而得到许多实际工作者的支持。从上述A方案和C方案的比较中看出，该法能区分净现金流量递减数列和递增数列的优劣。另外，静态投资回收期的计算考虑了净现金流量，并且，用项目投产后的净现金流量来计算回收期，事实上已在较低程度上考虑到了货币时间价值因素。

静态投资回收期法的主要缺点，首先是没有直接考虑货币时间价值，这一点，同上述年平均投资报酬率法有共同之处；其次是它考虑的净现金流量只是小于或等于原始投资额的部分，没有考虑其大于原始投资额的部分，因而还有一定的局限性。用来评价不同方案的经济效果，难以确切地说明问题。

（二）贴现的现金流量法

贴现的现金流量法又称动态分析法，是考虑到投资回收期的时间对有关方案现金流量的影响，对其经济效果进行评析的一种方法。这种方法的特点是综合考虑了现金流量和货币时间价值两个因素的影响。也就是说，以现金流量为基础，通过货币时间价值的换算，把各期的现金流量统一在相同时点的基础上。换算时，一般是按确定的利率即折现率，将各期的净现金流量换算为现值。在实际工作中，常用的贴现现金流量法有动态投资回收期法、净现值法、现值指数法、内含报酬率法和外部报酬率法。

1. 动态投资回收期法

动态投资回收期是以折现的现金流量为基础而计算的投资回收期。计算公式如下：

$$\sum_{t=1}^{P_p} \frac{A_t}{(1+i)^t} = A_0$$

式中，i 为折现率；其他字母含义同前。

【例6-18】 以例6-15中方案A、B、C的有关资料为例，设折现率 i 为10%，计算各方案的动态投资回收期。

[解]首先计算方案A的动态投资回收期。

原始投资额 A_0＝10 000元

各年折现的净现金流量及其累计数如表6-3所示 。

表6-3　各年折现的净现金流量及其累计数　　单位：元

期间	各年净现金流量	折现系数	折现的净现金流量	累计折现的净现金流量
1	5 500	0.909	5 000	5 000
2	5 000	0.826	4 130	9 130
3	4 500	0.751	3 380	12 510
4	4 000	0.683	2 732	15 242

从表 6-3 中可以看出，方案 A 动态投资回收期在第 2 期与第 3 期之间，用内插法求之。

$$P_{p_A}=2+(10\ 000-9\ 130)/(12\ 510-9\ 130)=2.26(年)$$

同理，可以计算出方案 B 的动态投资回收期为 1.41 年，方案 C 的动态投资回收期为 2.7 年。

方案 B 的各年净现金流量相等，故其动态投资回收期可利用年金现值的计算原理求得。

动态投资回收期指标也是反指标。其计算不能应用简化公式，比较复杂。但由于它考虑了货币时间价值，能反映前后各期净现金流量高低不同的影响，有助于促使企业压缩建设期，提前收回投资，优于静态投资回收期指标。但它仍然保留着无法揭示回收期以后继续发生的现金流量变动情况的缺点，有一定的片面性。

2. *净现值法*

所谓净现值，就是按照一定的贴现率，把项目投产后各期的净现金流量折算成现值，然后与原始投资额(现值)比较得出的差额。或者说是项目计算期内，按一定贴现率计算的各期净现金流量现值的代数和。计算公式如下：

$$\text{NPV}=\sum_{t=1}^{n}\frac{A_t}{(1+i)^t}-A_0$$

式中，NPV 为净现值；A_0 为原始投资额；$A_t(t=1,2,\cdots,n)$为投产后各期净现金流量；i 为贴现率；n 为预计有净现金流量的年数；t 为期数。

$\sum_{t=1}^{n}\frac{A_t}{(1+i)^t}$ 是投产后各期净现金流量的现值之和，其经济意义在于把各期净现金流量都统一在与原始投资额的投入时间相一致的时点上，从而使投资方案净现金流量同原始投资额具有可比性。

这个公式适合于没有建设期的投资项目计算净现值。如果遇有建设期的投资项目，若其投资额是在建设期内分次投入，其净现值的计算可采用下列公式：

$$\text{NPV}=\sum_{t=s+1}^{n}\frac{A_t}{(1+i)^t}-\sum_{t=1}^{s}\frac{A_t}{(1+i)^t}$$

式中，s 为项目建设期；$A_t(t=0,1,2,\cdots,n)$为项目计算期内(包括建设期 s)，各期发生的净现金流量；其他字母含义与没有建设期的净现值计算公式相同。

净现值法就是以净现值的大小来评价方案优劣的方法。当净现值大于等于零时，说明方案可行；净现值越大，方案越好。

【例 6-19】 以例 6-15 方案 A、B、C 的有关资料为例，设贴现率即期望的报酬率为 10%，要求计算各方案的净现值，并评价各方案的可行性和最优性。

[解]方案 A：$\text{NPV}=5\ 500\times0.909+5\ 000\times0.826+4\ 500\times0.751$

$+4\ 000\times0.683-10\ 000=5\ 241$(元)

方案 B:NPV＝8 000(P/R,10%,2)－10 000＝8 000×1.736－10 000＝3 888(元)

方案 C:NPV ＝4 000×0.909＋4 500×0.826＋5 000×0.751＋5 500 ×0.683－10 000＝4 864.5(元)

计算结果表明，三个方案的净现值都是正数，都大于零，说明投资方案的报酬率大于贴现率，都在10%以上，均是可行方案。三个方案中，首先方案A的净现值最大，为最优方案；其次是方案C；再次是方案B。

净现值法的主要优点在于：它充分考虑了货币时间价值对未来不同时期净现金流量的影响，使方案的现金流入与现金流出具有可比性，可以较好地反映各方案投资的经济效果。净现值法的一个主要缺点是：它只考虑了方案未来不同时期净现金流量在价值上的差别，而没有考虑不同方案原始投资在量上的差别。即它只侧重于按净现值这一绝对数的大小来解析评价方案的优劣，在各方案原始投资额不同时，单纯看净现值的绝对量并不能作出正确的评价。因为在这种情况下，不同方案的净现值实际上是不可比的。此时，以单位投资额所产生的净现金流量的现值进行评价更为合适。而现值指数法正可以弥补这一缺陷。

3. 现值指数法

现值指数是指项目投产以后各期净现金流量的现值合计与原始投资额的现值合计之比，又称获利指数，简记为PVI。它反映的是单位投资额在未来可获得的净现金流量的现值。计算公式如下：

$$\text{PVI}= \sum_{t=1}^{n} A_t\ (1+i)^{-t}/A_0$$

或

$$\text{PVI}= \sum_{t=s+1}^{n} A_t\ (1+i)^{-t} \div \sum_{t=1}^{s} A_t\ (1+i)^{-t}$$

两个公式中，有关字母的含义与净现值的两个计算公式完全相同。现值指数法就是以现值指数的高低来评价方案可行性和优劣的。当现值指数大于等于1时，方案可行；现值指数越大，方案越优。

【例 6-20】 以例 6-15 方案 A、B、C 的资料为例，设贴现率为 10%，要求计算三个方案的现值指数并加以比较。

[解]可以利用例 6-19 计算净现值的有关数据进行计算。

方案 A:PVI＝15 424÷10 000≈1.54

方案 B:PVI＝13 888÷10 000≈1.40

方案 C:PVI＝14 865÷10 000≈1.49

A,B,C 三个方案的现值指数均大于1，所以，都是可行方案。方案A的现值指数最大，是最优方案，方案C次之，方案B再次之。

由例 6-19、例 6-20 可知，在原始投资额相等时，净现值法和现值指数法能得出相同的结论。净现值与现值指数之间有着内在联系：

净现值＝0，现值指数＝1；

净现值＞0，现值指数＞1；

净现值＜0，现值指数＜1。

现值指数法的优点是：首先体现了货币时间价值的作用；其次，它并非是从有关方案投产后各期净现金流量的现值和原始投资额的现值之差的绝对值出发，而是以这两者之间的比值相对数为决策依据，能反映各投资方案单位投资额所获未来净现金流量的大小。因此，它不仅使同一方案原始投资额与投产后净现金流量具有可比性，而且使不同方案特别是投资额不同的方案之间也具有可比性，使用范围更广，更能正确地反映各投资方案的经济效果。

4. 内含报酬率法

内含报酬率是指投资方案本身所能达到的投资报酬率。

在用净现值法和现值指数法评价方案时，净现值和现值指数的计算都是以预计的报酬率或期望达到的报酬率为依据来计算的。它们并不能揭示投资方案本身可能达到的报酬率。内含报酬率正能弥补这一缺陷。内含报酬率的计算公式如下：

$$\sum_{t=1}^{n}\frac{A_t}{(1+r)^t}=A_0$$

或

$$\sum_{t=1}^{n}\frac{A_t}{(1+\mathrm{r})^t}-A_0=0$$

式中，r 为内含报酬率；其他字母含义与净现值计算公式相同。

从该公式中可以看出，内含报酬率是指能使方案的净现值为 0 的贴现率。也就是说，以该贴现率对方案投产后各期净现金流量进行贴现，其合计刚好等于原始投资额（或其现值之和）。内含报酬率与净现值之间存在着以下关系：

净现值＝0，内含报酬率＝i；

净现值＞0，内含报酬率＞i；

净现值＜0，内含报酬率＜i。

内含报酬率法就是以内含报酬率的大小来评价方案优劣的方法。当内含报酬率大于期望的报酬率时，方案可行；内含报酬率越大，方案越好。内含报酬率的计算较为复杂，可以分两种情况分别处理。

(1) 当项目投产后各期净现金流量不相等时，可采用逐次测试法。其计算步骤如下。

第 1 次测试，设贴现率＝r_1，若 r_1 能使项目净现值＝0，则 r_1 即为内含报酬率 r；若 r_1 使得项目净现值小于 0，则 $r_1>r$，需要进行第 2 次测试。

第 2 次测试，设贴现率为 r_2，并使 $r_2<r_1$，若 r_2 仍然使得项目净现值小于 0，即 $r_2>r$，则进行第 3 次测试，设贴现率为 r_3，并使 $r_3<r_2$，…，直到找到使净现值大于 0 的贴现率为止；若 r_2 使得项目净现值大于 0，则 $r_2<r$，测试可到此为止。此时可以明确，内含报酬率 r 就在 r_1 与 r_2 之间，此时可以用内插法求之。

【例 6-21】 根据例 6-19 中方案 A 和 C 的有关数据，计算两个方案的内含报酬率，若期望报酬率为 10%，对两个方案加以评价。

[解]方案 A、C 投产后各期净现金流量不相等，所以，采用逐次测试法计算各自内含报酬率。

方案 A：设 $r_1=10\%$

可以计算出 $NPV_1=5\ 500\times0.909+5\ 000\times0.826+4\ 500\times0.751+4\ 000\times0.683-10\ 000=5\ 241$(元)

$NPV_1>0$，则 $r_1<r$，需进行第二次测试。

设 $r_2=35\%$，则可以计算出 $NPV_2=-148.5$ 元 <0，所以 r 在 r_1 和 r_2 之间。用内插法求之，可得 $r=34.31\%$。

同理，方案 C 的内含报酬率可求解出为 29.69%。

方案 A、C 的内含报酬率均大于期望报酬率 10%，故都是可行方案；并且方案 A 的内含报酬率大于方案 C 的内含报酬率，方案 A 较优。

(2)当某方案投产后各期净现金流量相等时，可以利用年金现值计算原理计算出内含报酬率，即用求解年金利率的方法进行求解，而不必用逐次测试法。

【例 6-22】 根据例 6-19 中方案 B 的数据，计算方案 B 的内含报酬率。

[解]方案 B 未来各期净现金流量均为 8 000 元，可视同年金，原始投资额 10 000 元，可视同年金现值，效用期为 2 年，则年金利率即内含报酬率 r 为

$8\ 000(P/R\ ,r,2)=10\ 000$

$(P/R\ ,r,2)=1.25$

查表可知，r 在 35%到 40%之间，用内插法可以求得 $r=38\%$。

将方案 B 与上述方案 A、C 进行比较，可以知道方案 B 也是可行方案，并且方案 B 的内含报酬率最大，是最优方案，方案 A 次之，方案 C 再次之。

用内含报酬率法评价方案，可以有效地克服净现值法和现值指数法不能确定有关方案本身实际上可以达到的投资报酬率的缺陷，使长期投资决策的分析评价更趋于精确化。但其计算十分复杂，不利于手工操作，可借助于计算机进行操作。

将上述评价结果同净现值法的评价结果进行比较，可以发现两个方法的评价结论并不相同。主要是方案 B 的排序在两种方法中出现了矛盾的结论。原因何在？

在多数情况下，运用净现值法和内含报酬率法得出的结论是一样的，但是在以下两种情

况下会产生差异。

(1) 原始投资额不同。一个项目的投资额大于另一个项目的投资额。

(2) 现金流入的时间不同。一个在前几年流入较多,另一个在后几年流入较多。

在上述情况下产生差异,其原因是:净现值法是假定项目投资中期产生的净现金流量进行再投资时,会产生与设定的资本利率相同的报酬率;而内含报酬率法是假定项目中期产生的净现金流量进行再投资时,会产生与该项目特定的内含报酬率相同的收益率。

不过应用内含报酬率法时应注意两点。一是各年的净现金流量流入后,是假定各个项目在其全过程内是按各自的内含报酬率进行再投资而形成增值,而不是所有项目按统一要求达到的并在统一的资本市场上可能达到的报酬率进行再投资而形成增值。这一假定具有较大的主观性,缺乏客观的经济依据。二是对于具有非常规净现金流量的方案,根据内含报酬率的计算方法,可能会得出多个内含报酬率,无法确定其真实的内含报酬率。非常规方案是指在项目投资开始的年份,净现金流量为负值,投产以后各年的净现金流量有时是正值,有时又为负值,即整个项目净现金流量正、负号的改变在一次以上。而常规方案在整个项目计算期内净现金流量的正、负号只改变一次。

【例 6-23】 某方案甲各年的净现金流量如表 6-4 所示,要求计算该方案的内含报酬率。

表 6-4　　**净现金流量表**　　单位:元

年	0	1	2
净现金流量	−100 000	+250 000	−154 000

[解]该方案为非常规方案,经过计算可得该方案的两个内含报酬率,分别为 10%和 40%,即当内含报酬率为 10%时,

(250 000×0.909−154 000×0.826)−100 000≈0

当内含报酬率为 40%时,

(250 000×0.714−154 000×0.510)−100 000≈0

为了克服内含报酬率的缺陷,还可采用另一种投资决策分析法,即外部报酬率法,又叫外部收益率法。

5. 外部报酬率法

外部报酬率是使一个投资方案的原始投资额的终值,与投产后各年净现金流量按期望报酬率计算的终值之和相等的报酬率。即能使下列公式成立的贴现率就是外部报酬率:

$$A_0(1+\mathrm{ERR})^n=\sum_{t=1}^{n}A_t(1+i)^{n-t}$$

式中,ERR 为外部报酬率;i 为期望报酬率。

外部报酬率法就是以外部报酬率的大小来评价方案优劣的方法。当某方案的外部报酬

率大于期望报酬率时，方案可行；外部报酬率越大，方案越好。

【例 6-24】 某企业有一投资项目乙，预计原始投资额 500 000 元；一次投入，效用期 10 年，期满后有 10 000 元的残值。效用期内各年净现金流量均为 90 000 元。设期望报酬率为 10%，要求：①用外部报酬率法评价方案乙的可行性；②与例 6-23 中的方案甲对比，并加以评价。

[解](1) 按期望报酬率计算投产后各年净现金流量的终值如下。

$90\ 000(F/R,10\%,10)+10\ 000=1\ 444\ 330$(元)

则：$500\ 000(1+\text{ERR})^{10}=1\ 444\ 330$

据此可以求得 ERR=11.015%

由于方案乙外部报酬率大于期望报酬率，故可行。

(2) 例 6-23 中方案甲的外部报酬率计算如下。

按期望报酬率计算投产后各年净现金流量的终值为

$250\ 000\times(1+10\%)-154\ 000=121\ 000$(元)

则有：$100\ 000(1+\text{ERR})^2=121\ 000$

$(1+\text{ERR})^2=1.21$

此复利终值系数值刚好等于利率为 10%、期数为 2 的终值系数，故方案甲外部报酬率为 10%。

对比方案甲与方案乙，方案乙外部报酬率更大，故更好一些。

外部报酬率法克服了内含报酬率的缺陷，可以适用于非常规方案。但在实际工作中，如何确定期望报酬率是一个比较复杂的问题，若确定不当，则运用该法进行决策，其准确性会受到影响。

二、投资方案的分析评价

(一) 独立方案的可行性评价

在只有一个投资方案可以选择时，需要利用有关方法评价该独立方案的可行性。主要有以下几种方法。

(1) 净现值法：当净现值大于或等于 0 时，方案可行。

(2) 现值指数法：当现值指数大于或等于 1 时，方案可行。

(3) 内含报酬率法：当内含报酬率大于期望报酬率时，方案可行。

(4) 静态投资回收期法：当静态投资回收期小于或等于项目计算期(包括建设期)的一半时，方案可行。

(5) 年平均投资报酬率法：当年平均投资报酬率大于或等于期望报酬率时，方案可行。

(6) 外部报酬率法：当外部报酬率大于或等于期望报酬率时，方案可行。

上述方法中，前三种方法是主要方法，当后三种方法的评价结论与之发生矛盾时，应以前三种方法的结论为主；而前三种方法在评价独立方案时，也会得出相同的结论。

（二）互斥方案的选优决策

互斥方案的选优决策分两种情况。

当互斥方案的原始投资额相同时，可以采用上述独立方案可行性评价中的任何一种方法。评价的标准是在互斥方案均可行的基础上，选择最优方案。最优的标准是：净现值、现值指数或内含报酬率等为最大，或回收期最短。若各指标之间评价结论出现矛盾，一般以净现值为主，原因已在前述各方法评价时做过说明。

当互斥方案的原始投资额不相同时，可以采用现值指数法或内含报酬率法，选其数值最大者为最优方案。除此之外，还有以下几种方法可以采用。

1. *差额投资内含报酬率法*

差额投资内含报酬率是指根据两个原始投资额不同的互斥方案的净现金流量的差额 ΔA_t 计算的内含报酬率 Δr。差额投资内含报酬率法就是根据差额投资内含报酬率的大小来评价互斥方案的优劣。当差额投资内含报酬率大于或等于期望报酬率时，原始投资额大的方案较优；反之，则原始投资额少的方案较优。

【例 6-25】 将例 6-15 中方案 C 与下述方案 D 用差额投资内含报酬率法进行比较和选优。方案 D 原始投资额为 12 500 元，效用期 4 年，无建设期，各年净现金流量都为 5 500 元。期望报酬率为 10%。

[解]将方案 C 与方案 D 各年净现金流量加以比较，并计算出各年差额净现金流量如下。

$\Delta A_0=-2\ 500$ 元，$\Delta A_1=1\ 500$ 元，$\Delta A_2=1\ 000$ 元，$\Delta A_3=500$ 元，$\Delta A_t=0$ 元

用逐次测试法计算差额投资内含报酬率 Δr 如下。

设 $\Delta r_1=10\%$

$$\Delta NPV_1=-2\ 500+1\ 500\times(1+10\%)^{-1}+1\ 000\times(1+10\%)^{-2}+500(1+10\%)^{-3}$$

$$=-2\ 500+1\ 500\times0.909+1\ 000\times0.826+500\times0.751=65>0$$

因为 $\Delta NPV_1>0$，所以 $\Delta r_1<\Delta r$

设 $\Delta r_2=14\%$，可以计算得出

$$\Delta NPV_2=-2\ 500+1\ 500\times0.877+1\ 000\times0.769+500\times0.675=-78<0$$

因为 $\Delta NPV_2<0$，所以 $\Delta r_2>\Delta r$

用内插法可求得 $\Delta r=11.82\%$

因为差额投资内含报酬率11.82%大于期望报酬率10%，所以，应选择投资额大的方案D为较优方案。

2. 年回收额法

年回收额是指方案净现值和相应资本回收系数的乘积。计算公式如下：

$$R=\mathrm{NPV}\times(R/P,i,n)=\mathrm{NPV}\div(P/R,i,n)$$

式中，R为方案年回收额；NPV为方案的净现值；i为贴现率或期望报酬率；n为方案的项目计算期(含建设期)。

年回收额法就是以年回收额的大小来评价方案优劣的方法。年回收额越大，方案越好。

【例6-26】 仍以例6-25中方案C和D的数据为例，贴现率为10%，用年回收额法来选择最优方案。

[解]计算方案D的净现值为

$\mathrm{NPV}=-12\ 500+5\ 500(P/R,10,4)=-12\ 500+5\ 500\times3.17=4\ 935$(元)

方案C的净现值为4 865元(见本章例6-19)。

计算两个方案的年回收额如下。

方案C：$R=4\ 865(R/P,10\%,4)=4\ 865\div(P/R,10\%,4)=4\ 865\div3.17\approx1\ 534.7$(元)

方案D：$R=4\ 935\ (R/P,10\%,4)=4\ 935\div(P/R,10\%,4)=4\ 935\div3.17\approx1\ 556.8$(元)

因为方案D的年回收额大于方案C的年回收额，所以，方案D较优。

（三）资本定量决策

资本定量决策是长期投资决策的一种主要类型，它和独立方案的可行性决策和互斥方案的选优决策既有联系又有区别。其联系表现在：它是在方案可行和选优的基础之上进行的。通过独立方案的可行性评价，可以确定出经济上可行的独立方案；通过互斥方案的选优决策，可以确定出经济上较优的方案，从而为资本定量决策奠定基础。如果资本总量没有限制，经上述过程选定的方案都可以付诸实施。但是在一定时期内，如果资本总量不足，不可能满足已选定的方案都付诸实施的需要，那么对已选定的方案就有一个何者优先安排，何者后续安排的问题。通过资本总量在不同方案之间进行合理的分配，实现在不突破现有资本总量的条件下，使付诸实施的方案总的经济效益达到最大。

在资本定量决策中，为了简化分析工作，应该找到众多方案中较好的几个方案，缩小选择范围。为此，有必要首先将各待选方案按优劣顺序进行排队，以便挑选。由于各方案的投资额大小不一，为简便起见，以各方案的现值指数的大小作为排序的标准。

1. 资本定量决策的一般方法——组合排队法

一般的方法就是按现值指数的大小，结合净现值NPV的高低进行组合排队，最终目标是选出能使各方案净现值总额达到最大的最优组合。具体程序如下。

(1) 以各方案现值指数的大小为准排序，逐次计算累计投资额，并与限定的投资总额进行比较。

(2) 当截止到某项投资项目(假定为第 J 个项目)的累计投资总额恰好等于限定的投资总额时，则第 1 个至第 J 个项目的组合就是最优投资组合。

(3) 若在排序过程中未能找到最优组合，还须按下列步骤进行必要的修正。

① 当排序中发现第 J 项的累计投资额首次超过限定投资额，而删除该项后，按顺延的项目计算的累计投资额小于或等于限定投资额时，可以将第 J 项与第 $(J+1)$ 项交换位置，继续计算累计投资额。这种交换可连续进行。

② 当排序中发现第 J 项累计投资额首次超过限定投资额，又无法与下一项进行交换(此时第 $(J-1)$ 项目原始投资额大于第 J 项原始投资额)时，可以将第 J 项与第 $(J-1)$ 项交换位置，继续计算累计投资额。这种交换也可连续进行。

③ 若经过反复交换已不能再进行交换，仍未能找到能使累计投资额恰好等于限定投资额的项目组合时，可以最后一次交换后的项目组合作为最优组合。

【例 6-27】 设有 A、B、C、D、E 五个投资项目，有关原始投资额、净现值、现值指数如表 6-5所示。

表 6-5　各方案原始投资额、净现值、现值指数表

项目	原始投资额/万元	净现值/万元	现值指数
A	300	120	1.4
B	200	40	1.2
C	200	100	1.5
D	100	22	1.22
E	100	30	1.3

要求：分别就以下不相关情况作出资本定量决策。

(1) 投资总额不受限制。

(2) 投资总额受到限制，分别为 200 万元、300 万元、400 万元、500 万元、600 万元、700 万元、800 万元和 900 万元。

[解]首先对各方案按现值指数大小进行排序，并计算累计原始投资额和累计净现值，如表 6-6 所示。

表 6-6　按现值指数排序累计原始投资额和累计净现值计算表　　单位：万元

项目	原始投资额	累计投资额	净现值	累计净现值
C	200	200	100	100
A	300	500	120	220

续表

项目	原始投资额	累计投资额	净现值	累计净现值
E	100	600	30	250
D	100	700	22	272
B	200	900	40	312

(1) 当投资总额不受限制时,表 6-6 所列的投资组合方案即为最优方案。

(2) 当投资总额为 200 万元时,选择 C 项目,最大净现值为 100 万元。

当投资总额为 300 万元时,选择 C、E 项目,最大净现值总额为 130 万元。

当投资总额为 400 万元时,选择 C、E、D 项目,最大净现值总额为 152 万元。

当投资总额为 500 万元时,选择 C、A 项目,最大净现值总额为 220 万元。

当投资总额为 600 万元时,选择 C、A、E 项目,最大净现值总额为 250 万元。

当投资总额为 700 万元时,选择 C、A、E、D 项目,最大净现值总额为 272 万元。

当投资总额为 800 万元时,选择 C、A、E、B 项目,最大净现值总额为 290 万元。

当投资总额为 900 万元时,C、A、E、D、B 五个项目均可选择,最大净现值总额为 312 万元。

2. 0-1 规划在资本定量决策中的运用

当资本定量决策中待选投资项目过多,而资本限额也很大时,项目组合方案可能很多,用组合排队法将十分烦琐,而且很难完全肯定最后选中的方案就是最优组合方案。此时,用 0-1 规划模型,用计算机求解,将较为简便可行。

0-1 规划是线性规划的一个分支,其特点是决策变量只取 0 或 1。将 0-1 规划用于资本定量决策时,决策目标就是追求最大的净现值,决策限制条件就是资本总量。其模型如下。

目标函数:

$$\mathrm{NPV}_{\max} = \sum_{i=1}^{n} (\mathrm{PVI}_i - 1) a_i x_i$$

约束条件:

$$\sum_{i=1}^{n} a_i x_i \leqslant K$$

$x_i = 0$ 或 $1(i=1,2,\cdots,n)$

式中,NPV 为各中选项目的净现值之和;n 为待选投资项目的个数;PVI_i 为第 i 个待选投资项目的现值指数;a_i 为第 i 个待选投资项目的投资额;x_i 为第 i 个待选投资项目的决策变量(取 0 时表示不采纳该项目,取 1 时表示采纳该项目);K 为资本限额。

【例 6-28】 以例 6-27 中 A、B、C、D、E 五个待选方案的有关资料为例,要求用 0-1 规划作出资本总量为 600 万元的分配决策。

[解]设 x_1、x_2、x_3、x_4、x_5 分别表示 A、B、C、D、E 投资项目的决策变量，则 0-1 规划模型编制如下。

目标函数：

$$\text{NPVmax} = (1.4-1)\times 300x_1 + (1.2-1)\times 200x_2 + (1.5-1)\times 200x_3 + (1.22-1) \times 100x_4 + (1.3-1)\times 100x_5 = 120x_1 + 40x_2 + 100x_3 + 22x_4 + 30x_5$$

约束条件：

$$300x_1 + 200x_2 + 200x_3 + 100x_4 + 100x_5 \leqslant 600$$

$x_i = 0$ 或 $1(i=1,2,\cdots,5)$

用单纯形法求解得：

$x_1, x_3, x_5 = 1, x_2, x_4 = 0$

即资本总量为 600 万元时，应选择 A,C,E 三个方案。此时，可取得最大净现值为 250 万元。

关于 0-1 规划的运用，还需要说明两个问题。

(1) 如果在待选的投资项目中有两个以上是互相补充的相关性投资项目，那么应该将这些相关性项目合并为一个项目，编入模型，使这些项目要么全部采纳，要么都不采纳。

(2) 如果在待选投资项目中，有两个以上是互相替代的相关性投资项目，那么这些项目只能采纳其中之一，或者都不采纳。也就是说，它们的决策变量之和不应该超过 1。为此，在 0-1 规划模型中必须附加一个相应的约束条件。假定第 i 个项目与第 j 个项目是互相替代的，就应附加下列约束条件：

$$x_i + x_j \leqslant 1$$

三、投资决策的敏感性分析

正确的投资决策是在利率、项目有效期、净现金流量等相关因素科学预测的前提下作出的。鉴于长期投资的特性，相关因素预测值的准确性会不同程度地受到各种不确定的主客观条件变化的影响和约束。进行敏感性分析的目的，在于使人们预见到各相关因素在多大范围内变动，不会影响原来结论的有效性。超过一定范围，原来的结论就不得不进行修正了。也就是说，原来认为经济上可行的方案，可能变为不可行；原来认为经济上最优的方案，可能变为不是最优的了。所以，有必要对主要经济评价指标进行敏感性分析，以掌握各项预期参数值变动对经济评价指标的影响程度，避免对原有评价指标的预期值作绝对化的理解，于事先考虑好较为灵活的对策和措施，在工作中争取主动，尽量避免决策中的失误。

（一）敏感性分析的概念

敏感性是指某一相关因素的变动，对反映项目投资效果的评价指标（净现值、现值指数、内含报酬率等)的影响程度。通过敏感性分析,一方面可以预见预期的相关因素的变动幅度对原定方案的影响程度。如果前者的小变动会给后者造成大的变动,则说明前者具有很强的敏感性;反之则说明其敏感性很弱。另一方面,可以预见预期的相关因素在多大范围内变动不至于影响原定方案的有效性。如果这一允许变动范围很小,则说明前者的敏感性很强。反之,这一变动范围很大,则说明该相关因素很不敏感。应该注意的是:同一相关因素,在不同项目中的敏感性是不相同的;同理,不同的相关因素在同一项目中的敏感性也不相同。因此,应当对每个相关因素在需要考虑的项目中的敏感性逐个进行分析。

(二) 投资决策敏感性分析的方法

1. 投资决策指标受相关因素影响的变动幅度分析

在相关因素(如项目有效期、净现金流量、利率等)变动且变动幅度相同的情况下,测算投资决策评价指标(如净现值、内含报酬率等)受其影响而发生变动的幅度,以评价有关因素的敏感性。

【例 6-29】 某企业有一固定资产原始投资额 900 000 元,当年投产,有效期 15 年,按直线法折旧,期末无残值。该项目投产后每年可生产新产品 10 000 件,售价 50 元,单位成本 32 元(其中单位变动成本 20 元),所得税税率 33%,预期投资报酬率 9%。据此计算的该项目每年税后净现金流量为 180 600 元,净现值为 555 816.6 元。

要求:计算售价、产销量、有效期、付现成本、原始投资额、预期报酬率六项因素分别向不利方向以 10%的幅度变动,对净现值的影响。

[解](1) 售价降低 10%,变为:

50×(1−10%)=45(元)

年税前利润=(45−32)×10 000=130 000(元)

年所得税=130 000×33%=42 900(元)

年税后净利=130 000−42 900=87 100(元)

年折旧=900 000÷15=60 000(元)

年净现金流量=87 100+60 000=147 100(元)

NPV=147 100×$(P/R,9\%,15)$−900 000=147 100×8.061−900 000=285 773.1(元)

$$净现值变动率=\frac{285\ 773.1-555\ 816.6}{555\ 816.6}\times 100\approx -48.6\%$$

(2) 产销量下降 10%,变为:

10 000×(1−10%)=9 000(件)

年税前利润=(50−32)×9 000=162 000(元)

年所得税=162 000×33%=53 460(元)

年税后净利＝162 000－53 460＝108 540(元)

年净现金流量＝108 540＋60 000＝168 540(元)

NPV＝168 540(*P*/*R*,9％,15)－900 000＝458 600.94(元)

$$净现值变动率=\frac{458\ 600.94-555\ 816.6}{555\ 816.6}\times 100\ \% \approx -17.5\%$$

(3) 有效期缩短 10％,变为:

15×(1－10％)＝13.5(年)≈13(年)

NPV＝180 600×(*P*/*R*,9％,13)－900 000

＝180 600×7.487－900 000＝452 152.2(元)

$$净现值变动率=\frac{452\ 152.2-555\ 816.6}{555\ 816.6}\times 100\ \% \approx -18.7\%$$

(4) 付现成本上升 10％,变为:

(32×10 000－60 000)×(1＋10％)＝286 000(元)

年税前利润＝50×10 000－286 000－60 000＝154 000(元)

年所得税＝154 000×33％＝50 820(元)

年税后利润＝154 000－50 820＝103 180(元)

年净现金流量＝103 180＋60 000＝163 180(元)

NPV＝163 180×(*P*/*R*,9％,15)－900 000＝163 180×8.061－900 000＝415 393.98(元)

$$净现值变动率=\frac{415\ 393.98-555\ 816.6}{555\ 816.6}\times 100\%=-25.3\%$$

(5) 原始投资额上升 10％,变为:

900 000×(1＋10％)＝990 000(元)

年折旧额＝990 000÷15＝66 000(元)

年税前净利＝50×10 000－(32×10 000－60 000＋66 000)＝174 000(元)

年所得税＝174 000×33％＝57 420(元)

年税后净利＝174 000－57 420＝116 580(元)

年净现金流量＝116 580＋66 000＝182 580(元)

NPV＝182 580(*P*/*R*,9％,15)－990 000＝481 777.38(元)

$$净现值变动率=\frac{481\ 777.38-555\ 816.6}{555\ 816.6}\times 100\%=-13.3\%$$

(6) 预期投资报酬率上升 10％,变为:

9％×(1＋10％)＝9.9％≈10％

NPV＝180 600(*P*/*R*,10％,15)－900 000＝180 600×7.606－900 000＝473 643.6(元)

净现值变动率$=\frac{473\ 643.6-555\ 816.6}{555\ 816.6}\times 100\%\approx -14.8\%$

从上述计算结果来看，对净现值影响程度由大到小排列各因素的顺序为：售价、付现成本、有效期、产销量、预期投资报酬率、原始投资额，其敏感性也由强到弱。

2. 维持原有项目评选结论不变的相关因素变动极限分析

【例 6-30】 某方案 A 如例 6-29 有关资料所示，其净现值为 555 816.6 元；方案 B 的净现值为 500 000 元，根据方案 A、B 净现值的大小，方案 A 被确定为最优方案，方案 B 次之。

要求：

(1) 计算方案 A 每年净现金流量的下限值为多少时，方案 A 的最优地位可以保持？

(2) 计算方案 A 每年净现金流量为多少时，其可行性可以保持？

(3) 方案 A 项目有效期的下限值为多少时，能保证其最优地位？

[解](1) 方案 A 与方案 B 相比，要保证方案 A 的最优性，其净现值必须不小于方案 B 的净现值。设方案 A 每年净现金流量为 X，有下式：

$X(P/R,9\%,15)-900\ 000\geqslant 500\ 000$

$X\geqslant 1\ 400\ 000/(P/R,9\%,15)=1\ 400\ 000\div 8.061\approx 173\ 675.72$(元)

要保证方案 A 有最优性，其每年净现金流量应大于或等于 173 675.72 元。

(2) 若要保证方案 A 的可行性，只要满足其净现值不小于 0 即可，故有下式成立：

$X(P/R,9\%,15)-900\ 000\geqslant 0$

$X\geqslant 900\ 000\div 8.061\approx 111\ 648.68$(元)

每年净现金流量至少大于或等于 111 648.68 元才能保证方案 A 可行。

(3) 设有效期下限值为 Y，则要保证方案 A 的最优性，有下式成立：

$180\ 600\times(P/R,9\%,Y)-900\ 000\geqslant 500\ 000$

$(P/R,9\%,Y)\geqslant 1\ 400\ 000/180\ 600\approx 7.752$

用内插法求解，可得 $Y=13.9$ 年。

即有效期最低不能低于 13.9 年，才能保证方案 A 的最优地位。

第五节　固定资产更新决策

更新决策在企业长期决策中占有极为重要的地位。通常陈旧落后的设备，往往功能差、效率低、耗费大，而先进的新设备比起落后的旧设备来，生产效率高，各种消耗低，能生产出质量更好的产品。只要有新设备出现，企业就会面临是否要用新设备更换旧设备的问题，而不管旧设备是否能够继续使用。设备更新是迅速改变我国企业设备陈旧落后的面貌，提高设备质量和生产效率，促进企业经济乃至国民经济蓬勃发展的重要措施。

总之，固定资产更新是以比较先进、经济的设备，替换性能上和经济上不能继续使用的设备，目的是以最少的投资取得最大的收益。更新决策就是从经济效果出发，运用一定的方法，研究固定资产是否更新和何时更新等各种更新方案，选择最佳方案的过程。

一、年使用成本法

年使用成本法是通过比较新旧设备的年使用成本的高低，来决策是否更新旧设备的方法。年使用成本包括年使用费和投资的年摊销额。年使用费主要是指机器设备的维修费，投资的年摊销额包括原始投资额中逐年摊销的部分和占用在残值上的资金每年应计的利息。原始投资逐年摊销额实际就是按直线法计算的年折旧额，当考虑货币时间价值时，可以通过已知年金现值总额求每年年金的公式来计算年折旧额。计算公式如下：

$$原始投资摊销额=\frac{原始投资额-残值}{年金现值系数}$$

残值本身不能转化为年使用成本，但在机器使用的整个过程中，残值占用的资金一直存在。因此，应考虑残值占用资金的应计利息。此利息在这里作为“假设成本”，构成年使用成本的一个组成部分。所以将投资额与残值收入合并在一起考虑资本占用成本，且各年的运行费用相同，则年使用成本为

$$年使用成本=\frac{原始投资额-残值}{年金现值系数}+年使用费+残值\times利率$$

【例 6-31】 设企业现有一台机器甲，原价为 1 100 元，使用年限为 10 年，估计残值为 100 元，已用了 4 年，目前出售可作价 300 元，继续使用需每年为其支付维修费 350 元。现在市场上有与甲同类的新机器乙，售价 1 200 元，使用年限 10 年，估计残值为 150 元，使用需每年支付维修费 200 元。企业要求的设备投资报酬率至少要达到 15%。

要求：决策现在是否更新旧机器甲。

[解]可以首先计算新机器乙的年使用成本如下：

$(1\ 200-150)/(P/R,15\%,10)+200+150\times15\%=1050/5.019+222.5\approx431.7$(元)

其次，计算旧机器甲的年使用成本。

计算旧机器的年使用成本需要明确的一个问题是，原始投资摊销额应如何确定，需要在以下两式中加以选择：$(1\ 100-100)/(P/R,15\%,6)$或$(300-100)/(P/R,15\%,6)$。

选择的原则是“决策时点原则”，或“局外人观点”。也就是说，将现有的固定资产同可能取代它的新固定资产置于同样的“决策时点”上进行考虑，有关的数据也用同样的方法进行处理。即对旧资产的原始价值作沉落成本处理，以“现时价值”作为新旧资产“价值”比较的

统一标准。“局外人观点”是指站在并非持有旧机器的局外人的立场，面对可以挑选的甲、乙两机器，现在需要支出的原始投资额即各机器的售价分别是：甲机器为 300 元，乙机器为 1 200元。因此，不论是“决策时点原则”，还是“局外人观点”，都将选择旧机器的目前售价 300 元作为计算旧机器甲的原始投资摊销额的基础。故机器甲的年使用成本计算如下：

$(300-100)/(P/R,15\%,6)+100\times15\%+350=200/3.784+365\approx418$(元)

计算结果表明，新机器乙的年使用成本比旧机器甲的年使用成本多 13.7 元，因此，应继续使用旧机器甲，可以在 6 年的有效期内节约 82.2 元(＝13.7×6)。

二、应计价值法

应计价值法就是计算旧机器的应计价值并与旧机器的变价收入相比，以决策是否更新的方法。当使用新机器的年使用成本小于使用旧机器的年使用成本时，应更新机器，反之则宜继续使用旧设备。特别的，若使用新机器的年使用成本等于使用旧机器的年使用成本，则更新与否都可以。由于旧机器的变价收入低时，年使用成本低，当变价收入高时，年使用成本高；当变价收入的数值使得旧机器的年使用成本等于新机器的年使用成本时，这一变价收入就是旧机器的“应计价值”。

如果旧机器的变价收入高于应计价值，继续使用旧机器的机会成本高，其年使用成本将高于使用新机器的年使用成本，此时应更新机器，反之应继续使用旧机器。特别的，若旧机器的变价收入等于应计价值，则更新与否都可以。

【例 6-32】 仍以例 6-31 的资料为例，用应计价值法决策是否更新机器。

[解]首先计算旧机器甲的应计价值如下。

设旧机器甲的应计价值为 X 元，要使 X 等于新机器乙的年使用成本为 431.7 元，则有

$(X-100)/(P/R,15\%,6)+100\times15\%+350=431.7$

可求得 $X=351.5$(元)

其次，将旧机器的变价收入 300 元与应计价值 351.5 元相比，可知，旧机器目前出售所得价款 300 元低于其应计价值 351.5 元，所以，应继续使用旧机器。

三、差量分析法

差量分析法是通过计算新旧机器在项目计算期内的差量净现金流量并计算其差量净现值，以差量净现值是否大于零为标准来决策新旧机器是否更新的方法。当差量净现值大于 0 时，应该更新机器，反之应继续使用旧机器。特别的，若差量净现值等于 0，则更新与否都可以。

【例 6-33】 某企业拟用一台新机器替换一台旧机器，以降低每年的生产成本。旧设备原值 100 000 元，年折旧额 10 000 元，账面净值 50 000 元，估计还可再用 5 年。若现在出售，可得价款 45 000 元，使用该机器每年可获销售收入 110 000 元，付现成本 80 000 元。新机器买价、运费和安装费共计 150 000 元，可用 7 年，报废时残值 10 000 元，年折旧额 20 000 元。用新机器每年付现成本可下降 30 000 元。所得税税率 30%，机器最低投资报酬率为 10%。

要求：用差量分析法来决策是否更新机器。

[解]旧机器各年净现金流量为

第 1 年年初净现金流量＝－45 000 元

第 1 年年末至第 5 年年末净现金流量＝[110 000－(80 000＋10 000)]×(1－30%)＋10 000＝24 000(元)

新机器各年净现金流量为

第 1 年年初净现金流量＝－150 000 元

第 1 年年末至第 6 年年末净现金流量＝[110 000－(50 000＋20 000)]×(1－30%)＋20 000＝48 000(元)

第 7 年年末净现金流量＝48 000＋10 000＝58 000(元)

以新机器替换旧机器，新旧机器各年的差额净现金流量为

第 1 年年初差额净现金流量＝－150 000＋45 000＝－105 000(元)

第 1 年年末至第 5 年年末差额净现金流量＝48 000－24 000＝24 000(元)

第 6 年年末差额净现金流量＝48 000 元

第 7 年年末差额净现金流量＝58 000 元

据此计算差量净现值如下：

$$
\begin{aligned}
\Delta NPV &= 24\,000(P/R,10\%,5)+48\,000(P/F,10\%,6)+58\,000(P/F,10\%,7)-105\,000 \\
&= 24\,000\times 3.791+48\,000\times 0.564+58\,000\times 0.513-105\,000 \\
&= 42\,810(\text{元})
\end{aligned}
$$

差量净现值大于零，所以应更新机器。

四、经济寿命期的计算

经济寿命期是指使用一项资产的年平均成本达到最低或年平均净收益达到最高时的资产使用年限。一般说来，随着资产的使用和自然损耗，其工作效率和精度就会降低，原材料和能源的消耗将会增加，固定资产的修理工作量也会随之增加。因此，收益将逐年下降，维修费将逐年上升，资产的年平均成本也会由开始的下降逐渐转为上升，在此期间，年平均成本呈最低水平的使用年限，就是固定资产的经济寿命期，它小于其自然寿命。

年平均成本包括两项内容：首先是年平均资产成本，包括原始投资额减去残值部分的余额乘以资本回收系数而换算的每年年末的等额资产成本，以及残值占用资金的利息。残值是在投资初期投入而在使用期末收回的价值，占用在残值上的资金利息，在此期间同等额资产成本一样，构成年平均资产成本的一部分。其次是年平均劣势成本，即将各年发生的不等额的劣势成本（如维修费等）分别乘以相应的复利现值系数，将其转为现值，再乘以资本回收系数，即换算为年平均劣势成本。

由于年平均资产成本一般是使用期内逐年下降的，而年平均劣势成本大多数情况下是呈逐年上升的趋势，因此两项成本之和必会出现一个转折点即最低数；但在某些情况下，年平均劣势成本也可能会是逐年等额发生的，这样一来由于年平均资产成本是逐年下降的，两项成本之和就不会出现转折点，资产的使用年限越长，年平均成本越低，在这种情况下，应尽可能延长资产的使用年限，在经济上较为合算。

【例 6-34】 某企业购入一台设备，原价为 2 000 元，使用年限为 8 年，第 1 年年末至第 8 年年末的净值分别为 800 元、700 元、600 元、500 元、400 元、300 元、200 元和 100 元。从第 2 年起，每年增加维修费 100 元，利率为 10%。

要求：计算年平均成本并确定设备经济寿命期。

[解]使用 1 年时的年平均成本为

$$C_1=\frac{2\ 000-800}{(P/R,10\%,1)}+800\times10\%+0=1\ 200\div0.909+80\approx1\ 400(\text{元})$$

使用 2 年时的年平均成本为

$$C_2=\frac{2\ 000-700}{(P/R,10\%,2)}+700\times10\%+100\times\frac{(P/F,10\%,2)}{(P/R,10\%,2)}$$

$$=1\ 300\div1.736+70+100\times0.826\div1.736\approx866.4(\text{元})$$

使用 3 年时的年平均成本为

$$C_3=\frac{2\ 000-600}{(P/R,10\%,3)}+600\times10\%+100\times\frac{(P/F,10\%,2)}{(P/R,10\%,3)}+200\times\frac{(P/F,10\%,3)}{(P/R,10\%,3)}$$

$$=1\ 400\div2.487+60+100\times0.826\div2.487+200\times0.751\div2.487\approx716.5(\text{元})$$

同理，可以计算出第 4～8 年的年平均成本为：626.8 元、613.4 元、619.4 元、635.8 元和 652.2 元。

由此可以看出，从第 6 年起，年平均成本开始呈上升趋势，第 5 年年平均成本最低，所以，经济寿命期或最优更新期为第 5 年年末。

1. 什么是长期投资决策？其特征及分类怎样？

2. 什么是货币时间价值？长期投资决策为什么要考虑货币时间价值？

3. 复利终值和复利现值、年金终值和年金现值的意义何在？

4. 什么是现金流量？为什么要以现金流量来评价长期投资的经济效果？

5. 计算净现金流量需要考虑哪些因素？为什么？

6. 长期投资决策的评价方法有哪些？各有何特点？如何评价长期投资决策方案？

7. 进行长期投资决策的敏感性分析有何意义？

8. 固定资产更新决策的意义是什么？如何进行固定资产更新决策分析？

练习题1

计算回答以下问题：

(1) 当年利率为5%，5年后127.63元的复利现值是多少？

(2) 银行存款利率为8%，现在一次存入20 000元，存多长时间可以达到50 000元？

(3) 年利率为8%，半年复利一次，10年后的1 000元，其复利现值是多少？

(4) 年利率为6%，第1年年初存款100元，第1年年末存款110元，第3年年末存款150元，第3年年末的复利终值是多少？

(5) 年利率为10%，第2年年末需用100元，第4年年末需用200元，第5年年末需用300元，为保证这些用款之需，现在应向银行至少存入多少元？

(6) 每年年末存入银行80元，年利率为6%，第10年年末的年金终值是多少？

(7) 第5年年末需要80 000元更新一台车床，银行存款利率为7%，这5年内每年年末向银行存入多少？

(8) 设立一笔20年奖金，今后每年年末取出利息80 000元，约定每年取款按一年期银行存款利率+3.2%，年利率为3%时应于年初存入银行多少？设立永久奖学金呢？

(9) 5年前面值发行一种券面利率6%、每年年末付息一次、到期一次还本1 000万元的债券，现在第5次利息刚付过，又面值发行支付本息条件相同的券面利率为8%的新债券，不考虑风险因素，旧债券目前市价值多少？

(10) 购价值100万元房首付30%，银行借款利率为10%时其余部分20年内等额每年付款一次应付多少？

(11) 当年1月开始每月月初向银行存入20元，月利率为1%时第2年6月底的复利终值是多少？

(12) 某机器现买价为80 000元，可用10年；若租，则每年初需付租金10 000元(不包括修理费)。存款利率为 6%时买还是租?

(13) 年利率为 7%,第 11~20 年每年年初可领取 40 000 元,现在应一次支付多少?

练 习 题 2

某企业面临甲、乙两个投资方案的选择。其中,甲方案需一次性投资 12 万元,项目寿命 6 年,每年净现金流量分别是 3 万元、4 万元、5 万元、4.2 万元、5.5 万元和 6 万元;乙方案第 1 年年初投资 10 万元,第 2 年年初再投资 5 万元,项目寿命 6 年,从第 1 年年末起,每年年末净现金流量都是 4 万元。假如两个方案均无残值,最低投资报酬率为 12%。试分别计算两个方案的年平均投资报酬率、静态投资回收期、净现值、现值指数和内含报酬率,并对其作出评价。

练 习 题 3

某公司有 A、B 两个方案可以选择投资,两者皆为一次投资 20 万元,期望投资报酬率 12%,项目寿命 5 年。A 方案每年净现金流量 8 万元;B 方案每年净现金流量分别为 10 万元、9 万元、7.5 万元、7 万元和 6 万元。要求用净现值法、内含报酬率法、外部报酬率法进行评价。

练 习 题 4

某企业拟在现有经营状况下投产 A 产品,需要一次性设备 J 投资 52 万元,项目寿命 5 年,期末残值 2 万元。预计 5 年内因此而增加的付现成本(含变动成本和固定成本)分别是 10 万元、11 万元、12 万元、13 万元和 14 万元;预计 A 产品应负担的固定费用(不含折旧)分别是 5 万元、6 万元、7 万元、8 万元和 9 万元;预计新增加的销售收入分别是 40 万元、42 万元、44 万元、46 万元和 50 万元。所得税税率为 50%,行业最低报酬率为 12%。企业在 5 年内不投资其他新项目。要求分别用净现值、现值指数、内含报酬率和动态投资回收期来评价此方案(计算精确到元)。

练 习 题 5

某企业要进行一次设备更新决策,有关资料如下表所示。

新旧设备有关资料表　　单位:元

项　目	新设备	旧设备
原值	30 000	20 000
变现价值	30 000	5 000
每年折旧	6 000	2 000
年付现成本	55 000	60 000

新旧设备预计今后使用年限均为5年，期末残值均为0，采用新设备后，每年收入不变。如果企业所得税税率为30%，期望投资报酬率为10%。要求用差量分析法决策是否更新设备。

练习题6

企业拟更新设备，有关资料如下表所示。

新旧设备有关资料表

项　目	新设备	旧设备
原值/元	15 000	11 000
变现价值/元	15 000	3 000
预计今后使用年限/年	10	5
年维修费/元	5 000	6 000
期末残值/元	3 000	1 000

要求：

(1) 如果最低投资报酬率为12%，用年使用成本法进行设备更新决策。

(2) 如果旧设备的变现价值为6 000元，用应计价值法决策是否进行设备更新。

练习题7

某企业拟投资某项目，有两个方案可供选择。甲方案内含报酬率为30%，乙方案的净现金流量为5万元。两个方案的投资额都是10万元，固定资产使用年限均为5年，期末无残值。已知乙方案优于甲方案，试分析乙方案的年净现金流量、使用年限、投资额及内含报酬率应如何变化才会改变这个结论？

第七章　全面预算

本章学习提示

本章重点：全面预算的内容体系、功能、编制程序和各种编制方法。

本章难点：全面预算的编制程序和编制方法。

企业经营者通过开展科学的预测、决策活动，从而形成未来的经营目标，以及为实现经营目标的各种决策行动方案。但是，为使决策行动方案顺利付诸实施，保证经营目标的如期实现，还必须对决策方案进行科学具体的分解落实，这就需要借助于编制企业生产经营全面预算，并监督其执行来实现。因此，企业生产经营全面预算既是企业经营决策的继续和延伸，又是有效从事生产经营活动的前提。加强企业的全面预算管理，将成为连接经营决策和经营活动的重要桥梁，也是企业现代经营管理的重要手段。

第一节　全面预算的内容体系

一、全面预算的含义及特征

（一）全面预算的含义

预算是为了实现既定目标，围绕资金流动这一核心，对未来活动进行科学合理的规划、预计、测算，并形成一整套具体化、数量化的计划方案，从而为保证既定目标的实现，为所从事的各种具体活动提供监督和评价的标准。就企业来讲，在市场经济条件下，所面临的经营环境是复杂多变的，可选择的机会又多种多样，但在作出各种选择时，所拥有的资源是有限的。因此，必须利用科学的生产经营全面预算，对有限的经营资源作出事先规划和测算，在保证充分挖掘利用的前提下，最大限度地选择各种有利机会，促使经济效益不断提高，使之在激烈的市场竞争中能够立于不败之地。企业生产经营全面预算简称为全面预算，是指企业经营者为了实现未来某一特定时期内的生产经营目标以及所要实施的各种决策行动方案，主要采取货币量度，在各部门（单位）协调配合的基础上，对企业所拥有的各种有限资源事先进行科学合理的规划、测算和分配，借以约束指导企业经营活动朝着既定经营目标进行的一系列具体化、数量化的财务计划。

（二）全面预算的特征

全面预算的特征主要表现为以下几点。

第一，在时间方面，体现的是未来某一特定生产经营期间，且能够确指，否则，全面预算的结果将难以理解。

第二，在空间方面，涉及的是某一特定企业在未来某一特定时期内全部生产经营活动，包括营业活动、投资活动和财务活动。

第三，在预算内容上主要是货币性，各项预算必须能够以货币计量。

第四，在预算形式上表现为一系列具体化、数量化的财务计划，且体现出系统性和有机结合性。

第五，在预算编制活动方面，体现为超前性，是事前控制的具体体现。

第六，在目的上，是为了实现企业未来经营目标以及所要实施的决策行动方案而需要落实的财务计划。

二、全面预算的分类

全面预算既然是决策目标的数量化、具体化，那么就必须对经济资源用数量计划的形式表示出来。为具体了解全面预算，可以按不同的标准对其进行分类。

（一）按照其所反映的经济内容不同分类

全面预算的范围涉及企业的整个经营活动，按照其所反映的经济内容不同进行分类，也就是按照其所体现的对象，即企业经济活动在财务会计上所表现出的营业活动、财务活动和投资活动等类别进行的分类，可将全面预算划分为营业预算、财务预算和投资预算三大类。

1. 营业预算

营业预算是指以企业日常的具有实质性的基本生产经营活动为对象而编制的预算。企业的日常基本生产经营活动主要是围绕供应、生产和销售等活动而开展的，因此，营业预算的内容主要包括销售及销售费用预算、生产预算、直接材料预算、直接人工预算、制造费用预算、生产成本预算和一般管理费用预算等。由于企业的供应、生产和销售是企业最基本的经营活动，因此，它又可称为基本预算或经营预算。

2. 财务预算

财务预算是指根据其他预算所涉及的有关现金收支、经营成果和财务状况等变动所编制的预算。现金可以认为是企业经营活动的"血液"，任何单位、部门所从事的任何活动无不需要现金的资助。企业经营活动结果最终都要以经营成果表现出来，不仅表明经营的盈亏，在预算中还可表明预算编制是否符合经营目标的要求。因此，财务预算主要包括现金预算、预计利润表、预计资产负债表、预计现金流量表。

3. 投资预算

投资预算是指根据有关企业扩大、更新或改善生产资源及销售渠道等长期的重大投资决策项目所编制的预算。由于投资活动往往涉及企业长期资本支出，而且又不是经常性的，因此，投资预算又称为资本支出预算。如固定资产更新改造及扩建预算、长期投资预算、开辟新的销售渠道预算、扩大生产经营规模预算等。这些预算的共同特征是：非经常性或重复性，体现着企业的重大经营决策和发展方向，预算的效用期较长，所需资金量大，不确定因素较多，编制困难等。

（二）按照预算是否考虑多种业务量水平分类

全面预算按照是否考虑多种业务量水平，可将其分为固定预算和弹性预算。

1. 固定预算

固定预算是指以预算期内正常可实现的某一特定业务量水平为基础（如产销量、开工率、工时、机时等）而编制的相对稳定的预算，也称静态预算或常规预算。这是针对预期业务量水平变动不大或同预算内容的关系比较松散的情况下而编制的预算，也是传统的最常用的预算，全面预算的任何内容都可编制成固定预算。固定预算的主要特点是：预算内容以某一特定业务量水平为基础而固定，一般不考虑相应业务量水平的变化，编制过程比较简单。但是，如果对应的业务量水平经常表现为动态型的，预算内容在实际执行中就难以与业务量水平相衔接，预算灵敏反应程度也大为降低，预算的考核评价作用有时将会减弱或丧失。因此，固定预算一般适用于预算内容与业务量变动关系不大、或业务量相对稳定不变、或无对应业务量的预算，如固定费用预算、各种财务预算等。

2. 弹性预算

弹性预算是指以预算期内可预见的业务量变化的不同水平为基础而编制的多种业务量

水平下的预算。这是针对固定预算存在的缺陷所提出的与不同业务量水平变动相适应的调整性预算，其特征主要是：预算内容与业务量变动之间具有密切的关系，预算数值是多元化不固定的，在相关范围内业务量变动时，都会有按与其存在的内在关系所表现出的具有伸缩性的数值与之相对应，因此，也称动态预算或变动预算。由于这种预算具有一定的机动灵活性，在相关范围内，实际发生的业务量水平都会有与之相对应的预算值，因此，大大增强了预算执行中的考核评价功能。企业的预算内容中如果存在相关范围内与业务量变动有密切关系的内容时，就应编制成弹性预算，如销售预算、直接材料预算、直接人工预算、变动费用预算等。但这种预算编制的工作量较大。

企业生产经营全面预算的内容，如果能够按照其与业务量的变化关系，分别编制成固定预算和弹性预算，将会使预算的功能大为增强。

（三）按预算编制基础分类

全面预算按照编制基础，即是否依据基期水平而编制预算，可将其分为增量预算和零基预算。

1. 增量预算

增量预算是一种传统的预算方法，它是指以某一先进的过去基期水平为基础，结合预算期内有关业务量发展变化的要求进行适当增(减)量调整而编制的预算。这种预算是建立在下列基本假定条件下而进行的。

(1) 现实是合理和必需的，未来又是现在的继续和发展，考虑未来必须依据现在。

(2) 现有的每项经营或业务活动都将在未来得到延续。

(3) 现有的各种费用开支水平在未来仍然继续存在。

(4) 增加或减少费用预算也是未来实际需要或值得的。

由于这种预算有了基本参照物，从而使编制过程可能更接近实际，也较为简便，按照循序渐进的方法即可完成预算，可以被大多数人所接受，尤其是持保守态度的墨守成规的人更愿意使用。但是，这种预算由于承认现实是合理和必需的，使预算编制中难以激发积极性和创造性，过去的浪费现象将可能依此而沿袭下去，并且受过去框框的限制，很难使预算有所发展和创新，从而削弱了预算的激励作用。

2. 零基预算

零基预算是在 20 世纪 70 年代由美国德州仪器公司创建，后来曾在美国的财政预算中发挥了重要作用，现已被西方国家广泛地用于费用预算的编制。它是指在编制预算时，立足于一切从“零”开始，完全摆脱过去实际的影响和束缚，从实际需要和可能出发，对费用预算的各项内容逐一分析审查其必要性、合理性，再结合现实的可能而确定预算数值的一种预算。其主要特点是,完全摆脱了过去实际的影响和束缚,如同创办一个新机构一样,一切从“零”开始,充分发挥各级管理人员的主观能动性和积极创造性,从而使预算结果可能会出现难以预料的效果。

零基预算是针对传统的增量预算而提出的,其主要优点有:可使预算富有先进性和创造性,便于进行资源的合理有效配置,在预算编制过程中易于发现和挖掘过去的不合理和浪费现象以及资源潜力,有助于调动和发挥各方面的积极性、创造性和参与管理的意识,特别适用于产出效果较难辨认的服务性部门的费用开支预算。但是,这种预算也有不足之处,主要表现为:由于失去了参照物,预算编制的难度增加,工作量较为繁重;预算编制过程中产生的矛盾较多,有时还难以协调或协调任务过多;预算结果往往包含有主观臆断、短期行为等现象;有时编制预算所需时间也较长,费用开支较大;预算执行过程中有时较为困难;预算编制的结果往往与预期目标产生脱节,需要重新协调编制。

(四)按预算期间的起止时间是否有变动性分类

全面预算按照期间的起止时间是否有变动性,可将其分为定期预算和滚动预算。

1. 定期预算

定期预算是指按照确定的预算期间而编制的预算。这种确定的预算期间往往与会计年度相一致,待预算期间结束后,该预算也将终止执行,并转入下一新的预算期间。由于定期预算一般都与预算会计年度相配合,因此,便于对预算执行结果,尤其是年终决算进行考核、分析和评价。但这种预算受固定期间的限制,并且是在预算执行的前两三个月内制订的,因此,编制预算的结果常常会出现前期准确、后期笼统或带有很大估计性的问题,从而给预算执行带来一定的难度,且执行过程中如果现实发生较大变化,很难及时适应调整;另外,在预算执行后期受预算将要到期或完成的影响而产生不切实际的赶预算或松懈现象。

定期预算根据确定的预算期间长短还可分为短期预算和长期预算。短期预算是指预算编制期间在一个会计年度内的预算。这是针对一些需要经常检查考评其执行情况而从时间上所做的限定,如营业预算、财务预算等。短期预算由于涉及的时间较短,不确定因素较少,因此,其准确性相对较高,便于发挥预算的控制作用。长期预算是指编制期间超过一个会计年度的预算。这是针对预算内容所涉及的时间较长,短期内无法执行完毕而编制的预算,如资本支出预算。

2. 滚动预算

滚动预算是指在编制一定期间的预算的基础上,待执行一段时间后,再立即补充一个相应期间的预算,并如此向后滚动,从而使预算始终都有一个事先约定的期间持续不断产生影响的预算。由于这种预算是在执行中随着执行期间的推移而连续不断滚动地编制,并且在任何期间都始终有对应的预算，因此，也称为永续预算或连续预算。这种预算不仅可以做到长计划短安排，在执行过程中适时调整，也可以保证企业的预算管理能够有序地进行，预算编制工作与实际一样，成为经常性的工作，从而有效地降低了预算编制费用。对一些不确定因素较多，预算期间不宜过长的预算内容，采用滚动预算，可以有效地克服定期预算的缺点，如直接材料采购预算、销售预算等。

（五）按预算所涉及的空间范围不同分类

全面预算按照所涉及的空间范围不同，可分为部门预算和综合预算两大类。

1. 部门预算

部门预算是指由预算所涉及的企业各职能部门或单位根据整体经营目标所分解确定的各个具体部门目标，结合各该部门的实际情况和预算内容而分别编制的预算。企业的经营活动是由各职能部门相互分工协作完成的，各职能部门所从事的活动都是企业经营活动的一个组成部分，各职能部门对自身的经营活动范围及内容了解最清楚。因此，由各职能部门编制的部门预算也就更切合实际，并且还有利于预算的执行落实。

2. 综合预算

综合预算是指根据企业整体经营目标，在部门预算的基础上，对其全面审查、协调、统一后汇总编制的整体预算，即各部门预算的综合。部门预算虽然是最基本的，但反映的内容却是分散和局部性的，若不综合汇总，就难以保证整体经营目标的实现，因此，必须有一个综合、协调和统一的过程，并且在综合的过程中，还可发现各部门预算之间的矛盾，以便事先就能得到有效的协调和解决，以保证企业整体目标的实现。

（六）按预算是否考虑不确定性因素分类

预算按照是否考虑各种因素出现的可能性及其对预算值的影响，可将其分为定值预算和概率预算。

1. 定值预算

定值预算是指预算所涉及的各种变量及相应预算值都是事先作出固定测算而编制的预算。这种预算的主要特征是：预算内容中所涉及的变量根据预测等事先给予确定，并以此来测算出相应的预算数据后，基本固定不变，也不考虑影响预算编制的各种因素出现的可能性及其预算结果可能出现的变化，一切都以定值的形式展示出来。最早的传统预算就是采用定值预算，预算编制过程比较简单，但存在着很大的盲目性和主观性。

2. 概率预算

概率预算是指利用概率方法，对预算所涉及的各种变量出现的可能性分别作出概率估计，并进行综合后求出一个联合概率，以此来计算相应预算值而编制的预算。这种预算在编制中采用了现代数学方法，从而使预算的盲目性大大降低，提高了预算的科学性和准确性。但是，概率预算要求的预算编制水平较高，计算过程复杂，编制难度较大。所以，一般的预算很少采用。对于一些不确定因素较多，金额较大的预算可以运用概率预算，如资本支出预算等。

三、全面预算的内容体系

以上对全面预算从不同的角度分别进行了分析和说明，目的在于深刻而完整地理解全面预算。在上述分类中最基本也是最核心的分类是按照经济内容所划分的营业预算、财务预算和投资预算，并且它们之间相互联系、相互影响，共同构成了全面预算的一个完整而又系统的内容体系。

全面预算是在预测、决策的基础上，根据所确定的经营目标而编制的，也是在既定的经营目标下所要采取的各种行动决策方案的具体化、数量化的财务计划。因此，全面预算的各项内容必须以科学的预测、决策活动为前提，始终围绕经营目标的要求而编制、执行和实施，这是预算的总纲和核心，并以此来形成全面预算的内容体系。

在市场经济条件下，市场的发展和需要引导和制约着企业的经营活动，企业的经营活动必须与市场相适应。而全面预算是对预期的生产经营活动进行预先的全面财务规划，因此，在编制预算时，围绕既定的经营目标，首先应制定出适应市场发展需要的、保证目标实现的销售预算，即销售预算是经营活动全面预算的起点。

销售预算中明确了为实现既定经营目标而需要在未来预算期内努力创造并实现的销售收入，以及与之相适应的各种产品或商品的市场销售数量，在此基础上就可结合企业的实际情况合理规划出生产量，同时，还要考虑产销关系所要确定的产成品的库存量，从而形成生产预算。

生产预算确定之后，根据生产预算中所明确的各期生产量，结合为满足完成各期生产任务所需消耗的直接材料、直接人工和制造费用等，编制出直接材料预算、直接人工预算和制造费用预算，并进一步编制出产品成本预算。

从销售预算到产品成本预算，基本上形成了营业预算的框架，而在执行这些预算时，还需要发生如销售费、管理费等费用，因此，在营业预算中还需要编制相应的销售费及管理费预算。

营业预算编制完成以后，在执行时必然涉及资金筹措，即需要有合理而充足的资金予以保证，这是一项重要的财务活动。因此，必须在同时考虑投资预算的基础上，全面测算预算执行中所需要的现金支出及现金收入来源，如果收入不能满足支出的需要，就应考虑如何筹措现金，从而形成现金收支筹措的预算。以上各种预算编制完成后，就可按照财务会计程序，依据已经形成的各种预算资料，编制成预计利润表、预计资产负债表和预计现金流量表，从而形成完整的财务预算。

综上所述，企业生产经营全面预算是以企业未来战略经营目标为核心，以销售预算为起点，以各项营业及投资预算为主体，以财务预算为终结，并且各个预算之间相互衔接、相互协调和统一，从而构成了一个完整的有机结合的、以提高经济效益为最终目的的全面预算体系，该预算体系的特征可概括为全面性、系统性、统一协调性、目标明确性，并最终体现为货币性等。上述全面预算的内容体系如图 7-1 所示。

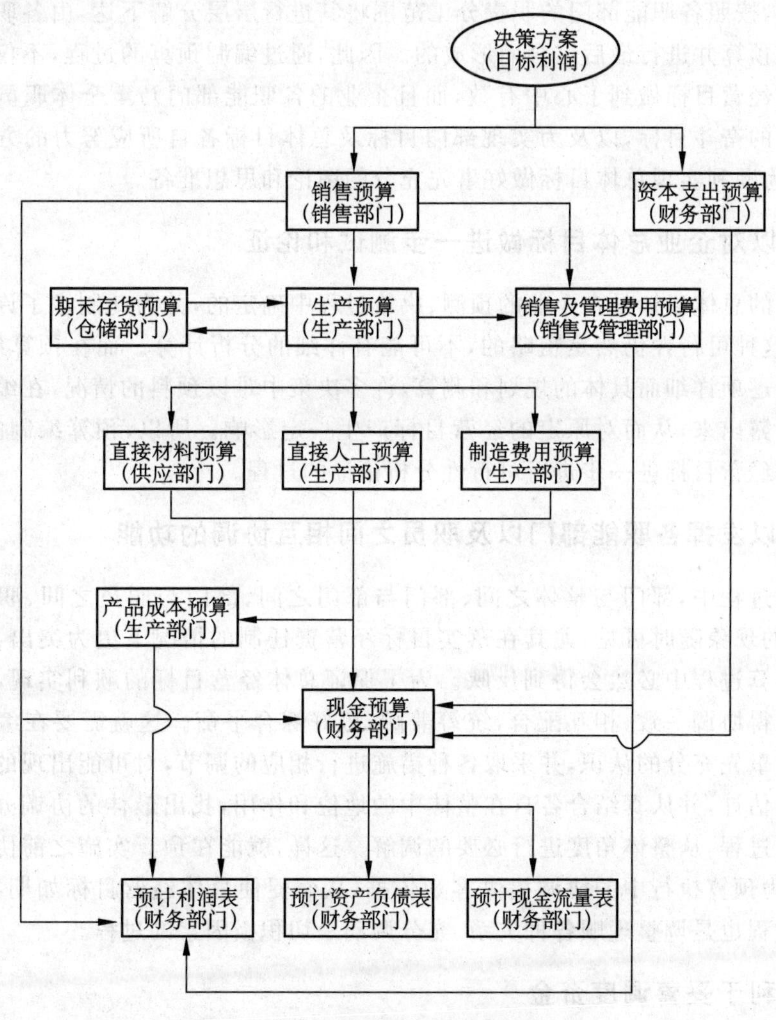

图 7-1　全面预算的内容体系

四、全面预算的功能

（一）可以使企业全体明确未来的经营目标

企业根据市场的变化需求及未来发展的需要确定了切实可行的经营目标，从经济效益的角度讲，这种目标将落实到利润上，即明确了未来的利润目标。全面预算就是适应这一目标管理的需要，按照各职能部门的职责分工范围将其进行层层分解下达，由各职能部门编制出具体的部门预算并进行最后综合而形成的。因此，通过编制预算的过程，不仅使企业高级领导层对未来经营目标做到了心中有数，而且企业的各职能部门乃至全体职员也都事先明确了各自今后的奋斗目标，以及为实现部门目标及总体目标各自所应努力的方向和应采取的措施，从而为顺利实现总体目标做好事先充分的舆论和思想准备。

（二）可以对企业总体目标做进一步测试和论证

企业经营的总体目标是在企业的预测、决策过程中确定的，并为此制定了许多可行性的决策方案，但这种可行性仍然是粗略的，不可能有详细的分析计算。而在预算编制过程中，则要对其进行逐项详细而具体的规划和测算，许多决策中难以预料的情况，在编制预算过程中可能就会暴露出来，从而对原定的经营目标产生一定影响。所以，预算编制的过程，实际上也是对总体经营目标进一步进行可行性分析论证的过程。

（三）可以发挥各职能部门以及职员之间相互协调的功能

企业经营过程中，部门与整体之间、部门与部门之间、部门与职员之间、职员与职员之间，利益冲突的现象随时可见，尤其在落实目标经营责任制的情况下更为突出，这些在编制部门及综合预算过程中必然会得到反映。为了保证总体经营目标的顺利实现，要求上述这些矛盾必须求得协调一致，相互配合，统筹兼顾，搞好综合平衡。这就需要在编制预算过程中对此必须有事先充分的认识，并采取各种措施进行相应的调节，对可能出现的矛盾和争端事先作出充分估计，并认真结合各自在整体中的地位和作用，找出最佳的协调办法。同时通过综合预算的过程，从整体角度进行必要的调解。这样，就能在预算实施之前协调和理顺好各种关系，并为预算执行中的协调提供客观依据，从而促使总体经营目标如期实现。因此，编制预算的过程也是调整理顺各种关系、充分调动一切积极因素的过程。

（四）有利于妥善调度资金

预算最终都要以货币为主要量度来表现，其内容必然主要体现在资金的合理筹集、分配和使用上，是资金收支的各种具体表现，尤其是现金预算。为了实现未来的经营目标，需要动用多少资金、资金从何而来、资金不足时如何筹措等，在编制预算时都应事先作出安排，并为实际经营中企业妥善调度和合理安排资金提供依据。

（五）可以为企业经营管理控制提供可靠依据

预算一经确定，就要在企业实际经营中付诸实施。并且预算历来都被看做是控制支出的有效工具。预算本身就是由各个执行部门编制的，目的又是为了指导和控制未来经营活动朝着既定目标进行，因此，也就自然构成了企业经营管理控制的一种可靠依据。企业以及各个职能部门和职员，在自己所从事的经营活动范围内，依据相应的预算采取各种有效措施，创造性地开展经营活动，不断扩大收入，有效地控制支出，从而为完成预算中的各项目标而努力。

（六）可以为业绩考评提供客观标准

推行经济责任制，离不开业绩考评；有效的业绩考评，离不开合理、客观、科学的考核标准。现成的历史标准资料说明的是过去，未来的发展变化可能使许多历史标准资料失去意义，难以用来解释现在的绩效。而全面预算中的各种数据，是立足于未来所作的科学测算，不仅时间上一致，而且已充分考虑了未来变化的要求。因此，以预算作为业绩考评的尺度，不仅切合实际，既便于被考评人自我测评，也便于企业考评部门能够客观公正地组织考评工作，考评结果的说服力也较强。

总之，科学健全的全面预算管理制度，已成为现代企业管理的一项必不可少的重要工具，有效的企业管理离不开全面预算的支持。

五、全面预算的编制程序和期间

（一）全面预算的编制程序

全面预算的编制，是一个系统性、整体性很强的工作，因此，应当按照全面预算的规律有序地进行。编制全面预算，一般应遵循以下基本程序。

1. 确定预算目标

预算目标给预算编制明确了一个总的方向，预算编制过程中始终都要围绕这个目标来进行。任何预算编制主体，都应在充分理解预算目标的基础上，明确核心内容是什么，对自身来说都有哪些具体要求，应采取何种有效措施来实现其目标，各个分目标在总目标中的位置和作用是什么，各分目标之间存在何种关系等，从而为正确编制预算做好充分的思想准备。

2. 分解预算目标

全面预算的编制涉及整个企业的各个部门甚至每个员工，这是充分调动一切积极因素、发挥创造性、挖掘各种潜力的很好机会，企业全体的参与，是保证预算正确顺利编制并实施的重要条件。因此，必须对预算目标进行层层分解和下达，以便使各职能部门和员工都能及时明确各自的努力方向及应采取的措施。目标分解的原则是能够对其控制和管理，这也是部门预算编制的前提条件。

3. 拟定和下达预算编制方针

预算目标只是为预算编制明确了方向，如何编制，还应根据具体情况和要求制定出编制基准和大纲，即预算编制的方针政策。它可以指明各种预算编制时应该遵循什么原则，采取何种编制方法，如何协调和处理各种关系，编制过程中应注意什么问题等。这是预算编制目标的进一步具体化，也是编制预算的基本指导思想。

4. 充分搜集和整理有关资料

充分搜集资料，掌握足够的信息，是摸清事物规律，减少行动的盲目性，提高办事成功率的必要前提。对预算编制来说，由于是立足于未来，不确定因素将大量存在，更需要充分搜集历史的、现在的和未来发展要求的各种与预算编制有关的有用信息，并围绕预算目标和内容，对其进行系统的加工整理，寻找出规律性，分清主次关系，并进行必要的筛选，为编制预算做好充分的资料准备。

5. 各部门编制预算草案，并进行测试论证

编制预算是一项严肃而复杂的工作，对未来的生产经营产生着直接影响。因此，在编制预算时必须严肃认真地进行。先拟订各种预算草案，并围绕各自的预算目标反复测试论证，明确各种变量的变化对预算值的影响程度和可能出现的种种效应，分析预算草案的可行程度，以及未来执行中可能出现的问题，最后形成初步预算方案，提交预算委员会等进行审查。

6. 对初步预算方案进行协调、反馈和平衡

初步预算方案是由各部门分别编制的。在预算编制过程中将涉及和处理许多经济关系，并且可能会发生种种经济利益上的冲突和矛盾。而整个预算又是一个有机结合的集合体，任何一种关系处理不好，都将给预算的编制和执行带来困难。因此，对各部门提交的预算方案，预算委员会应从整体观念出发，逐个审查，并寻找出可能存在的矛盾和问题，确定出合理的解决办法和协调措施，然后提出修正意见再反馈给各预算编制单位进行修正，求得平衡一致。

7. 集合汇总,审议评价

通过各部门根据预算委员会反馈的初步预算修正要求,进一步作出认真修正后,再提交预算委员会由其围绕预算整体目标进行集合汇总,并从全面预算的整体要求出发,再次进行全面审查、测算和分析,对可能存在的问题再次提出解决和修正办法并作出修改,最后由全体预算委员会审议和评价,形成正式预算文件下达执行。

由上述程序可见,在编制预算的过程中,预算委员会这样的专门机构是必不可少的,在西方国家的大中型企业中,一般都独立设置预算委员会,在小型企业中,则由财会部门代理行使预算委员会的职责。企业专门的预算委员会,通常是由厂长(总经理)、总会计师、总工程师、总经济师和分管各项业务的部门经理或主管人员共同组成。

(二) 全面预算的编制期间

全面预算根据所涉及的不同时间要求,应分别确定编制期间。一般来说,营业预算和财务预算属于经常性预算,为了使其与会计年度保持一致,以便对比考核,通常将编制期确定为一年,即编制成年度预算;在此基础上,还应形成分季甚至分月预算;对于现金收支预算,为了及时掌握现金收支情况,便于合理安排调度,往往还要编制分旬、分周的预算。投资预算,则可根据投资决策的时间长短,将编制期确定为一年甚至一年以上或更长时间。

全面预算的编制时间一般确定在预算编制期的前三个月开始,而各季度预算则应确定在季度预算期的前一个月,月份预算可确定在月份预算的前三天,具体的起始时间可由企业根据自身的实际情况来确定。

第二节　全面预算的编制——固定预算法及其应用

一、固定预算法及其特征

全面预算的编制方法中,最为传统也是最基本的方法就是固定预算法。

固定预算法是指将预算期内有关预算内容中的自变量因素(如开工率、产销量等业务量水平)固定在已测算好的某一特定水平上,并以此为基础逐步测算出相应的固定预算值的一种预算编制方法。由于采用这种方法所编制出的各项预算值都是在确定的自变量值下呈现出固定的预算数值,因此,也称为静态预算法。

固定预算法在具体应用时,一般是先找出各预算因素之间的变化关系,然后依据这种变化关系和确定的自变量数值,来测算出相应的各项预算值。例如,对制造费用按照固定预算法进行编制。设企业正常生产条件需耗用工时为 12 510 时，此时变动制造费用分配率为 2 元/小时，固定制造费用总额预计为 16 680 元，根据制造费用的构成及其相互因素之间的关系，编制出制造费用的固定预算如表 7-1 所示。

表 7-1 制造费用预算（固定预算）

20××年度

项　　目	费用分配率/(元/时)	费用额/元
变动费用：		
间接人工	0.6	7 506
间接材料	0.5	6 255
维修费	0.2	2 502
水电费	0.4	5 004
固定资产租金	0.3	3 753
小计	2	25 020
固定费用：		
管理人员工资		3 000
折旧费		10 000
保险费		1 600
财产税		2 080
小计		16 680
合计		41 700

由表 7-1 可以看出，这种固定预算是在固定的作业量水平 12 510 工时下所形成的制造费用预算值。其中固定制造费用并不随作业量水平的变动而变动，只要在相关范围内，该预算值都可发挥相应的作用。而变动制造费用也是固定数值，并没有考虑其变动的特性，即不论预算内容是否具备固定或变动的特征，均以固定数值反映所编制出的预算，预算中只反映一个自变量的具体数值，这也是固定预算法的重要特征。

由此可见，固定预算法的优点在于，便于明确全面预算中各组成部分之间的相互关系，并通过这种关系使各个预算相互协调配合，从而形成一个完整而有机结合的预算体系；编制预算的过程也较为简单，省时省力，且易于直接理解和对比。但这种方法也存在着明显的不足，它没有考虑各预算值在形成时的内在规律性，不论是否变动，一律给予固定；预算结果显得非常呆板，在实际应用中缺乏相应的应变能力；对变动性的预算值，不考虑将要发生的实际自变量变化所应对应的数值，从而使预算的控制考核作用大为降低甚至丧失。因此，对于变动性的预算内容来说，均以固定预算法编制，难免会存在许多局限性。但是尽管这样，固定预算法包含了基本编制原理，只有在此基础上，才可对其他预算编制方法有更深的理解。所以，这里通过固定预算法对全面预算的编制进行说明。

二、营业预算的编制

根据前述的全面预算内容体系及编制顺序，在营业预算中，首先应是销售及销售费用预算，然后依次再编制生产量预算、直接材料预算、直接人工预算、制造费用预算、产品生产成本和期末产成品预算、一般管理费用预算等。由于现金预算在生产经营中的特殊作用，各项预算中凡涉及现金收支的内容，均应单独给予反映，以便于为现金收支预算的编制提供资料。

（一）销售及销售费用预算

销售及销售费用预算是指在销售预测的基础上，根据实现目标利润的要求，对预算期各种销货品种、数量、单价、销售收入及费用进行的规划和测算。这是全面预算的关键和起点，是其他预算编制的基础，它不仅与预算目标的实现直接相关，还对其他预算起着制约和先导作用。

该预算在编制时应以目标利润的实现为根本宗旨，以市场预测资料为依据，分产品分季度测算销售收入；根据经验和未来变化趋势预测销售费用所占销售收入的比例，并以此测算销售费用，最后汇总形成销售及销售费用预算。

该预算分为两部分：一部分为销售规模预算，即预算期内销售产品的品种、数量、平均售价、销货区域、销售收入等；另一部分是销售费用预算，即为销售产品而发生的各项支出。由于该预算既涉及现金收入，又涉及现金支出，因此，还应附注列示有关现金收支的内容。

该预算主要由销售部门负责编制，财会部门应及时提供所需的有关资料。预算编制期为一年，一年内还应分季度，在将要执行的季度还可将其分月份。现举例说明如下。

资料：假设某企业下一预算年度目标利润为 217 000 元，需保证实现的目标销售收入为 525 000 元。预测资料表明，企业可生产销售 A、B 两种产品，其中 A 产品主要销往华北和中南地区，年销量可达 1 200 件，华北地区预计分季销货量依次为 200 件、250 件、200 件、150 件，平均售价为 250 元/件；中南地区预计分季销量依次为 100 件、80 件、120 件、100 件，平均售价为 240 元/件。B 产品主要在东北和西北地区销售，年销量可达 2 000 件，其中，东北地区预计分季销量依次为 200 件、300 件、200 件、200 件，平均售价为 120 元/件；西北地区预计分季销量依次为 300 件、300 件、300 件、200 件，平均售价为 110 元/件。各季销售收入预计当期收回 50%，下期收回 50%。各项销售费用平均预计为销售收入的 1%，均在当季支付。根据上述资料，编制该企业销售及销售费用预算如表 7-2 所示（设年初应收账款余额为 55 000 元，于预算期第一季度收回）。

表 7-2 **销售及销售费用预算表**

20××年度

期间	地区	A产品			B产品			销售收入合计/元	销售费用/元
		销量/件	平均单价/元	销售额/元	销量/件	平均单价/元	销售额/元		
第一季度	华东	200	250	50 000				50 000	500
	中南	100	240	24 000				24 000	240
	东北				200	120	24 000	24 000	240
	西北				300	110	33 000	33 000	330
	小计	300	—	74 000	500	—	57 000	131 000	1 310
第二季度	华东	250	250	62 500				62 500	625
	中南	80	240	19 200				19 200	192
	东北				300	120	36 000	36 000	360
	西北				300	110	33 000	33 000	330
	小计	330	—	81700	600	—	69 000	150 700	1 507
第三季度	华东	200	250	50 000				50 000	500
	中南	120	240	28 800				28 800	288
	东北				200	120	24 000	24 000	240
	西北				300	110	33 000	33 000	330
	小计	320	—	78 800	500	—	57 000	135 800	1 358
第四季度	华东	150	250	37 500					
	中南	100	240	24 000					
	东北				200	120	24 000	24 000	240
	西北				200	110	22 000	22 000	220
	小计	250	—	61 500	400	—	46 000	107 500	1 075
全年合计		1 200	—	296 000	2000	—	229 000	525 000	5 250

上述预算中暂未考虑销货折扣、折让与退回等因素，如果预计存在这种现象，应根据有关预测资料作出适当调整。此外，根据资料和表 7-2 所列销售收入可直接列出预计现金收入，而预计的现金支出主要是由销售费用引起的，根据资料在编制现金收支预算时，可直接根据表 7-2 所列的销售费用作为此预算中的现金支出数额。见表 7-3。

表 7-3 **预计现金收入** 单位：元

应收销售收入	当期收回现金				
	第一季度	第二季度	第三季度	第四季度	全年合计
年初应收账款余额（55 000 元）	55 000				55 000

续表

应收销售收入	当期收回现金				
	第一季度	第二季度	第三季度	第四季度	全年合计
第一季度销售收入（131 000 元）	65 500	65 500			131 000
第二季度销售收入（150 700 元）		75 350	75 350		150 700
第三季度销售收入（135 800 元）			67 900	67 900	135 800
第四季度销售收入（107 500 元）				53 750	53 750
现金收入合计	120 500	140 850	143 250	121 650	526 250
应收账款余额	65 500	75 350	67 900	53 750	53 750

（二）生产量预算

生产量预算是指以销售预算为基础，对企业预算期内各产品的生产数量进行的规划和安排，也即预算期内的生产计划。该预算尽管都是用实物量表示，但由于它是生产成本及费用等预算的基础，因此，也必须将其列入全面预算的范围。

生产量预算编制的主要依据是销售预算中的预计销货量，但两者并非等同，还必须充分考虑产成品的期初、期末存货的现实要求。由于种种因素的影响，任何一个企业不可能将存货设定为零。为了保证企业随时都有足够的产成品供应市场，企业都必须设置必要的产成品存货，借以缓冲产销矛盾，并且从成本管理角度讲，降低成本的有效措施之一，就是尽量保持销售、存货、生产的均衡，各期生产量能够相对稳定，因此，也需要设置产销缓冲来调节。产销缓冲设置得合理与否，将直接影响销售、生产的安排及成本费用的降低。如果产销缓冲过大，即存货设置过多，势必造成资金积压，加大储备负担，增加损耗和损失的可能性；存货设置过少，可能会引起产销脱节，销货违约，影响信誉和市场的占有率等。为了保证销售，仅从生产考虑，势必出现生产计划波动，生产安排困难；或者生产任务严重不足致使闲置费用增加；或者生产超负荷，引起加班加点，机器设备超载运转，产品质量难以保证，加工费用及废品损失加大，导致成本升高。因此，在“存货为零”的目标难以实现的情况下，编制生产量预算时的基本思路，就是在满足销售的基础上，尽量设置必要的存货以缓冲产销矛盾，保持生产均衡。解决问题的关键就是期初、期末存货的合理预计。此时主要应考虑库存最大容量、生产负荷量、最低要求库存量等。根据销售量、期初期末存货量与生产量的关系，各期预计生产量可以下式进行测算：

预计生产量＝预计销售量＋预计期末库存量－预计期初库存量

式中，预计销售量来自各期销售预算；预计期初存货量除了年初数来自预算年度初的实际库存外，其余各期初均来自上期的预计期末存货量；因此，此式中最关键的因素是预计期末存货量的确定，测算方法是预算年末存货先予确定后，采取倒推的方式来计算各期末的存货。

与销售预算相配合，生产量预算编制期间一般也为一年，年内再按产品作出分季安排，每季实施前还要作出分月安排。生产量预算主要由生产部门负责，成本会计人员要及时提供所需的有关资料。现举例说明编制方法如下。

资料：续上例销售预算，另设 A 产品年初存货为 150 件，最低库存量 80 件，最高库存量 150 件，预算年末存货估计为 130 件，最大生产量每季 350 件。B 产品年初存货为 200 件，最低库存量 130 件，最高库存量 230 件，预算年末存货估计为 220 件，最大生产量每季为 600 件。假定第一季度节假日较多，第三季度停电次数较多。根据上述资料，编制年度生产量预算如表 7-4 所示。

表 7-4　　生产量预算

20××年度　　单位：件

产品	项　目	第一季度	第二季度	第三季度	第四季度	全年合计
A 产品	预计销售量	300	330	320	250	1 200
	加：预计期末存货	130	130	80	130	130
	合计	430	460	400	380	1 330
	减：预计期初存货	150	130	130	80	150
	预计生产量	280	330	270	300	1 180
B 产品	预计销售量	500	600	500	400	2 000
	加：预计期末存货	180	150	130	220	220
	合计	680	750	630	620	2 220
	减：预计期初存货	200	180	150	130	200
	预计生产量	480	570	480	490	2 020

（三）直接材料预算

直接材料预算是指在生产量预算的基础上，对各期材料耗用量以及所需的材料采购量及采购成本进行的规划和安排。

该预算编制的主要依据是：满足生产量预算所需的直接材料消耗量、单位产品材料消耗定额、解决供应和生产矛盾所需设置的必要供产缓冲，即材料库存、材料计划单价以及采购材料的付款条件等。其中最为关键的因素是预计期初期末存货量，即供产缓冲的设置，设置

原理如同产销缓冲。利用供产缓冲来平衡材料耗用量、采购量和存货水平三者的关系时，可按下式测算：

预计材料采购量＝预计生产需用量＋预计期末库存量－预计期初库存量

式中，预计生产需用量根据生产量预算中各期预计生产量和单位产品材料消耗定额来确定；预计期初存货量除年初存货量依据预算年初实际库存量外，其余各期均依据上期末存货量来确定；因此，此式中最关键的因素是预计期末存货量，同样也是在充分考虑最低、最高库存量的基础上，先根据经验估计出预算年末存货量，然后再倒算出预算年度内各期末存货量。

在编制直接材料预算的同时，还应根据预算期内的预计材料采购金额编制预计现金支出预算。

该预算主要由物资供应部门负责编制，生产部门和财会部门应及时提供所需资料。现举例说明如下。

资料：续上例生产量预算。另设生产 A、B 产品共同耗用同一种甲材料，单位产品消耗定额分别为 4 件和 1 件，甲材料计划单位采购成本为 20 元；预算期初存货为 300 件，每季末存货预计为下期生产耗用量的 20%，估计预算年末存货为 300 件，最高库存量为 380 件，最低库存量为 300 件；采购货款假定当期支付 40%，下期支付 60%；预算年初应付账款设为 12 000 元于第一季度支付。根据以上资料编制直接材料预算（表 7-5）及预计现金支出（表 7-6）。

表 7-5　　直接材料预算

20××年度

项　　目		第一季度	第二季度	第三季度	第四季度	全年合计
预计生产量/件	A 产品	280	330	270	300	1 180
	B 产品	480	570	480	490	2 020
单位产品耗用量/件	A 产品	4	4	4	4	4
	B 产品	1	1	1	1	1
生产需要量/件	A 产品	1 120	1 320	1 080	1 200	4 720
	B 产品	480	570	480	490	2 020
	小计	1 600	1 890	1 560	1 690	6 740
加：预计期末存货/件		378	312	338	300	300
合计/件		1 978	2 202	1 898	1 990	7 040
减：预计期初存货/件		300	378	312	338	300
预计采购量/件		1 678	1 824	1 586	1 652	6 740
平均单位采购成本/（元/件）		20	20	20	20	20
预计采购成本/元		33 560	36 480	31 720	33 040	134 800

表 7-6　　预计现金支出　　单位:元

项　　目	第一季度支付	第二季度支付	第三季度支付	第四季度支付	全年合计支付
期初应付购货款余额(12 000 元)	12 000				12 000
第一季度采购成本(33 560 元)	13 424	20 136			33 560
第二季度采购成本(36 480 元)		14 592	21 888		36 480
第三季度销售收入(31 720 元)			12 688	19 032	31 720
第四季度销售收入(33 040 元)				13 216	13 216
现金支出合计	25 424	34 728	34 576	32 248	126 976
应付购货款余额	20 136	21 888	19 032	19 824	19 824

为说明方便,上述内容仅列举了一种材料,实际工作中,企业需耗用多种材料时,编制原理与此相同。另外,对于一些耗用量不大或占用资金不多的材料,则不必如此详细编制,依据重要性原则,仅对其作出粗略预计即可。

(四) 直接人工预算

直接人工预算是指在生产量预算的基础上,对各期生产量预算中所需的直接人工工时、小时工资率及直接人工成本进行的规划和测算。直接人工工时及小时工资率均为定额数,在多工种情况下,该定额数应为平均定额数。

该预算编制较为简单,主要由生产部门负责,财会部门和劳动人事部门应及时提供所需资料。直接人工成本一般均为当期付现支出,编制现金收支预算时可直接利用。现举例说明如下。

资料:续前例生产量预算。另设,生产 A、B 产品所需单位定额工时分别为 6 小时/件和 2 小时/件,平均小时工资率为 5 元,据此编制直接人工预算如表 7-7 所示。

表 7-7　　直接人工预算

项　　目		第一季度	第二季度	第三季度	第四季度	全年合计
预计生产量/件	A 产品	280	330	270	300	1 180
	B 产品	480	570	480	490	2 020
单位产品直接人工工时/(小时/件)	A 产品	6	6	6	6	6
	B 产品	2	2	2	2	2
预计人工工时耗用总量/小时	A 产品	1 680	1 980	1 620	1 800	7 080
	B 产品	960	1 140	960	980	4 040
	合计	2 640	3 120	2 580	2 780	11 120
平均小时工资率/(元/小时)		5	5	5	5	5
预计直接人工成本/元		13 200	15 600	12 900	13 900	55 600

(五) 制造费用预算

制造费用预算是指在生产量预算的基础上,对各生产单位预计生产规模所需的各种制造费用分别进行规划预计并汇总而编制的预算。

制造费用属于列入产品制造成本的各项间接费用,内容较为繁杂。为了配合成本计算和控制,在编制该预算时,应按成本性态区分为变动性制造费用和固定性制造费用分别列示。

该预算编制的主要依据是:满足生产量预算所需的业务量水平(直接人工小时总数等)、劳动用工计划、成本费用降低率指标、各项制造费用的具体构成等。

该预算中的固定制造费用部分,可在上年实际的基础上,考虑预算期内的变化趋势作出适当调整后进行预计。变动制造费用则根据各项内容的定额分摊率及业务量水平分别测算。

该预算编制时,还应区分付现支出和非付现支出,附注列示出现金支出情况,为编制现金收支预算提供资料。

该预算主要由生产部门编制,财会部门和其他相关部门应及时提供所需资料。现举例说明如下。

资料:续前例生产量预算和直接人工预算(设费用分摊依据采用直接人工小时)。根据有关历史资料等,结合本预算期趋势调整,可编制制造费用预算(表 7-8)及预计现金支出(表 7-9)。

表 7-8 **制造费用预算**

20××年度

项　目	费用额/元	直接人工小时分摊率/(元/小时)
变动制造费用:		
间接人工	6 672	
间接材料	5 560	变动制造费用分摊率
修理费	2 224	$\frac{22\ 240}{11\ 120}=2$
水电费	4 448	
固定资产租金	3 336	
小计	22 240	
固定制造费用:		
管理人员工资	3 000	
折旧费	10 000	固定制造费用分摊率
保险费	1 600	$\frac{16\ 680}{11\ 120}=1.5$
财产税	2 080	
小计	16 680	
合计	38 920	

表 7-9　　预计现金支出

20××年度　　单位:元

项　　目	第一季度	第二季度	第三季度	第四季度	全年合计
变动制造费用	5 280	6 240	5 160	5 560	22 240
固定制造费用	4 170	4 170	4 170	4 170	16 680
小计	9 450	10 410	9 330	9 730	38 920
减:非付现支出(折旧)	2 500	2 500	2 500	2 500	10 000
现金支出合计	6 950	7 910	6 830	7 230	28 920

上述变动制造费用设均为当期付现支出,各季数额按生产量所需的直接人工小时预算乘以变动制造费用分摊率求得;固定制造费用除折旧费外,均为付现支出,各季平均支付。据此可列计预计现金支出表中。

(六) 产品生产成本和期末产成品存货预算

产品生产成本和期末产成品存货预算是在生产量预算、直接材料预算、直接人工预算和制造费用预算的基础上,按照成本计算的要求和方法测算汇总后而编制的预算。该预算的内容包括各产品生产总成本、单位成本、期末产成品存货成本等预算。该预算一般由生产部门编制,也可汇总到财会部门编制。现举例说明如下。

资料:续前例生产量预算、直接材料预算、直接人工预算和制造费用预算,采用变动成本计算原理(固定制造费用作为期间费用处理)编制预算如表 7-10 所示。

表 7-10　　产品生产成本和期末产成品存货预算

产品	项　　目	第一季度	第二季度	第三季度	第四季度	全年合计
A 产品	预计生产量/件	280	330	270	300	1 180
	预计耗用成本:					
	直接材料/元	22 400	26 400	21 600	24 000	94 400
	直接人工/元	8 400	9 900	8 100	9 000	35 400
	变动制造费用/元	3 360	3 960	3 240	3 600	14 160
	生产成本合计/元	34 160	40 260	32 940	36 600	143 960
	预计单位产品成本/(元/件)	122	122	122	122	122
	期末存货量/件	130	130	80	130	130
	期末存货成本/元	15 860	15 860	9 760	15 860	15 860

续表

产品	项目	第一季度	第二季度	第三季度	第四季度	全年合计
B产品	预计生产量/件	480	570	480	490	2 020
	预计耗用成本:					
	直接材料/元	9 600	11 400	9 600	9 800	40 400
	直接人工/元	4 800	5 700	4 800	4 900	20 200
	变动制造费用/元	1 920	2 280	1 920	1 960	8 080
	生产成本合计/元	16 320	19 380	16 320	16 660	68 680
	预计单位产品成本/(元/件)	34	34	34	34	34
	期末存货量/件	180	150	130	220	220
	期末存货成本/元	6 120	5 100	4 420	7 480	7 480

如果企业采用完全成本计算,只需将固定制造费用按照各期生产量、单位产品定额工时和小时费用分摊率等预算资料计算分摊后填入表中,再进行有关调整即可,同时在预计利润表和预计资产负债表中对相关项目也应作出相应调整。

(七)一般管理费用预算

一般管理费用预算是指对企业行政单位为组织和管理整个企业的生产经营活动而发生的管理费用所编制的预算。

一般管理费的发生大部分受管理过程所采用的决策、管理方针政策等的影响,并随时间延续而不断增加,属于期间费用。随着企业现代化管理职能的不断提高,管理活动不仅日益显得重要,而且活动范围和数量也将逐步增大。所以,管理费用所占比重也将不断增加,加强管理费用的控制任务也会不断增强,以预算来实施控制将会更具有特殊的功效。

该预算在编制时,通常是根据各费用项目的构成及特性,在充分考虑生产规模、经营目标及成本控制要求等因素变化的基础上,依据历史资料调整测算编制。由于一般管理费的发生与企业高层经营管理者的决策意向密切联系,因此,决不可忽视,应在认真编制的基础上,实施有效的控制。该预算主要由企业行政管理部门负责,财会部门应给予大力协助。接前例,现根据各种因素测算出预算期内管理费用预算如表7-11所示。

表7-11 **一般预算费管理**

20××年度

费用项目	金额/元
行政管理人员工资	34 000
财产税	6 000
邮电费	8 000

续表

费用项目	金额/元
办公费	5 600
交际应酬费	4 400
律师佣金	3 600
差旅费	7 000
保险费	3 000
合计	71 600

一般管理费均为付现支出，各期视为基本均等，以此可直接列入现金收支预算。

三、投资预算的编制

如前所述，投资预算是以企业投资决策为对象而编制的预算，一般都涉及企业的资本支出，且与各种专门决策相关，因此，也称之为资本支出预算或专门决策预算，是一种长期预算。由于该预算所需资金量大，影响时间长，体现着企业的重大决策，所以，应充分考虑资金需求总量及本预算期的需求量，以便根据企业资金实力作出统筹安排，并放在财务预算之前，以便为财务预算的编制提供资料。

该预算主要由企业决策人员、工程技术人员和财会部门的人员共同协商编制。一般是在决策方案可行性分析的基础上，再予以细化测算形成。现举例说明如下。

设企业拟在下年度进行一项设备更新。根据选定的最优决策方案，结合现金支付能力和筹措的可能性，决定在预算年度内第一季度购进设备，款项分两季度支付，第一季度购买时付款60%，下季末再付款40%，并支付欠款利息(设年利率为8%)，该设备总投资为80 000元，据此编制出投资预算(设备更新支出预算)如表7-12所示。

表 7-12　　设备更新支出预算

20××年度

单位:元

项　　目	第一季度	第二季度	第三季度	第四季度	全年合计
××设备价款支付额	48 000	32 000	—	—	80 000
应付利息支出	—	1 280	—	—	1 280
合计	48 000	32 280	—	—	81 280

表7-12中应付利息计算为:32 000×8%÷2=1 280(元)

四、财务预算的编制

财务预算包括现金预算、预计利润表和预计资产负债表等，是对前面各项预算的归纳汇总，借以体现预算期内预计财务状况和经营成果情况。

（一）现金预算

现金预算是对营业预算和投资预算中涉及现金收支的内容进行汇总后而编制的预算期内现金收支、余缺及融资等情况的预算。

由于现金的特殊作用，在现金预算中应分别反映预算期内由于经营活动产生的现金收入、现金支出、现金余缺、资金融通措施及实现情况等内容。

现金预算编制的主要依据是：营业预算和投资预算中所产生的现金收支情况（现金支出中还需考虑所得税的交纳和股利支付等内容）、现金最低库存、各期现金需求及收支差额、筹措现金的渠道、可能性及借款起点等。

现金预算主要由财会部门负责编制，其他有关部门和企业主管应积极协助。

现举例说明如下。

资料：续前例各预算中有关现金收支的资料。另设，按税法要求，该企业所得税适用税率为 50%，预算期以经营目标利润测算，分季平均支付；按照董事会决议，股利分配按经营目标利润的 20%各期均等支付。期末现金最低库存额为 15 000 元，现金短缺时主要以银行借款解决，于每期期初向银行申请贷款，贷款的最低起点为 1 000 元，贷款利率为 12%，现金有盈余时，应在季末及时归还贷款本息（还款时先还积欠利息，后还本金）；年初现金余额设为 18 000 元，无借款余额。依据上述有关资料，编制现金预算如表 7-13 所示。

表 7-13　　**现 金 预 算**　　单位：元

项　目	资料来源	第一季度	第二季度	第三季度	第四季度	全年合计
期初现金余额		18 000	15 714	15 691	15 402	18 000
加：本期现金收入（主要是货款收回）	表 7-3	120 500	140 850	143 250	121 650	526 250
可动用现金合计		138 500	156 591	158 941	137 052	544 250
减：本期现金支出						
直接材料采购支出	表 7-6	25 424	34 728	34 576	32 248	126 976
直接人工支出	表 7-7	13 200	15 600	12 900	13 900	55 600
制造费用支出	表 7-9	6 950	7 910	6 830	7 230	28 920
销售费用支出	表 7-2	1 310	1 507	1 358	1 075	5 250

续表

项　　目	资料来源	第一季度	第二季度	第三季度	第四季度	全年合计
一般管理费支出	表 7-11	17 900	17 900	17 900	17 900	71 600
资本支出	表 7-12	48 000	38 280	—	—	81 280
支付所得税		27 125	27 125	27 125	27 125	108 500
支付股利		10 850	10 850	10 850	10 850	43 400
现金支出合计		150 759	148 900	111 539	110 328	521 526
现金盈余(短缺)		(12 259)	7 691	47 402	26 724	22 724
融通资金						
银行借款		28 000	8 000	—	—	36 000
借款归还		—	—	(29 000)	(7 000)	(36 000)
支付利息		—	—	(3 000)	(210)	(3 210)
合计		28 000	8 000	(32 000)	(7 210)	(3 210)
期末现金余额		15 741	15 691	15 402	19 514	19 514

表 7-13 中各期支付所得税计算为 217 000×50%÷4＝27 125(元)。各期支付股利计算为 217 000×20%÷4＝10 850(元)。第三季度可偿还借款本息额计算为:可偿还现金额度 32 402 元(47 402－15 000),以前积欠利息为:28 000×12%×9/12＋8 000×12%×6/12＝3 000(元),从而得出可还本金 29 000 元,偿还本息合计 29 000＋3 000＝32 000(元)。计算时应注意在保证最低库存现金(15 000 元)的前提下,根据可偿还本息的现金额度,先扣除积欠的利息,仍有剩余再确定最大额度的偿还本金数额。如本例中,可偿还本息的现金额度为 32 402 元,前三季度积欠利息为 3 000 元,扣除后仍有 29 402 元(32 402－3 000),故用于偿还本金 29 000 元(取整千位数)。第四季度末应付积欠利息为 7 000×12%×3/12＝210(元),并将本金 7 000 元全部一并偿还。

(二) 预计利润表

预计利润表是指对预算期内利润形成的各项目,按利润表的格式和计算方法进行汇总测算而编制的用以反映预算期内财务成果的预算。编制预计利润表的主要依据是销售预算、产品成本预算、制造费用预算、销售及管理费用预算及其他相关资料。预计利润表由财会部门编制,预算委员会和其他有关部门应给予积极协助,并及时提供有关资料。现根据上述有关资料,汇总编制预计利润表如表 7-14 所示。

表 7-14 预计利润表

20××年度 单位:元

项目	资料来源	第一季度	第二季度	第三季度	第四季度	全年合计
销售收入	表 7-3	131 000	150 700	135 800	107 500	525 000
减:变动费用						
制造成本	表 7-2、表 7-10	53 600	60 660	56 040	44 100	214 400
销售费用	表 7-2	1 310	1 507	1 358	1 075	5 250
小计		54 910	62 167	57 398	45 175	219 650
边际毛利		76 090	88 533	78 402	62 325	305 350
减:固定费用						
固定制造费	表 7-8	4 170	4 170	4 170	4 170	16 680
一般管理费	表 7-11	17 900	17 900	17 900	17 900	71 600
小计		22 070	22 070	22 070	22 070	88 280
营业利润		54 020	66 463	56 332	40 255	217 070
减:利息支出	表 7-12、表 7-13	—	1 280	3 000	210	4 490
纳税前净收益		54 020	65 183	53 332	40 045	212 580
减:所得税	表 7-13	27 125	27 125	27 125	27 125	108 500
净收益		26 895	38 058	26 207	12 920	104 080

表 7-14 中第二季度利息支出为设备更新预算中的利息,此处假设均作为期间费用处理。由表 7-14 可以看出,预算中可实现的营业利润为 217 070 元,保证了经营目标利润 217 000元的圆满实现,说明前述的各项预算是可行的,否则应予调整。

(三) 预计资产负债表

预计资产负债表是根据预算期初实际资产负债表和预算期内其他各项预算资料,按照正常资产负债表的格式和各项内容的填列方法,整理汇总而编制的反映预算期末各项财务状况的综合预算,也可称为财务状况预算。通过该预算,可以进一步分析评价各种预算编制的可行性及应调整项目,从而保证预算期内的财务状况处于良好状态。该预算由财会部门负责编制。现依据预算期初资产负债表(表 7-15)及前述有关资料,编制出预计资产负债表如表 7-16 所示。

表 7-15 资产负债表(简式)

20××年×月×日 单位:元

项目	金额	
资产		
流动资产:		
现金	18 000	

续表

项　目	金　额	
应收账款	55 000	
材料存货	6 000	
产成品存货	25 100	104 100
固定资产：		
土地	60 000	
房屋建筑物	102 000	
减：累计折旧	(20 400)	141 600
资产总计		245 700
负债及权益		
流动负债：		12 000
应付账款		
股东权益：		
股本	120 000	
留存收益	113 700	233 700
负债及权益总计		245 700

表 7-16　　**预计资产负债表（简式）**

20××年×月×日　　单位：元

项　目	资料来源	金　额	
资产			
流动资产：			
现金	表 7-13	19 514	
应收账款	表 7-3	53 750	
材料存货	表 7-5	6 000	
产成品存货	表 7-10	23 340	102 604
固定资产：			
土地		60 000	
房屋建筑物、设备	表 7-12、表 7-15	182 000	
减：累计折旧	表 7-8、表 7-15	(30 400)	211 600
资产总计			314 204
负债及权益			
流动负债：			19 824
应付账款	表 7-6		
股东权益：	表 7-15、表 7-14		
股本	表 7-13、表 7-15	120 000	
留存收益		174 380	294 380
负债及权益总计			314 204

表 7-16 中期末留存收益计算为

期初留存收益＋预算期末净收益－预算期支付股利＝期末留存收益

即：113 700＋104 080－43 400＝174 380(元)

至此，全面预算的内容全部编制完成，与预算目标相比，符合要求，可以审定通过，提交执行。

第三节　预算编制的其他方法

在第二节中，利用实例的方式详细介绍了固定预算法的应用原理。但在预算编制方法中，根据不同的预算内容，还可采用弹性预算法、零基预算法、滚动预算法和概率预算法等不同的方法，这些方法都是后来逐步发展起来的，如果在现实工作中能够巧妙地结合应用，将会使编制的预算更加科学先进，预算管理的功效也将大为增强。下面将对其应用原理分别予以介绍。

一、弹性预算法

（一）概述

弹性预算法也称变动预算法，就是指针对同业务量变化有密切联系的预算内容，依据预算数值与业务量之间客观的依存关系（或函数关系），测算出可能出现的不同业务量水平下的相应预算值，从而使预算富有弹性和应变能力而采用的预算编制方法。这是针对固定预算而言的，是一种较先进的多水平表现的预算编制方法。

弹性预算法的主要功能，就是它不仅克服了固定预算法水平单一的缺陷，增强了预算的适应能力，而且能使预算的执行建立在更为客观可比、便于控制和评价的基础上，对全面预算中与业务量变化密切相关的预算内容以弹性预算法编制，再和其他固定预算配合在一起，将会使预算的作用大为增强。

（二）应用弹性预算法时必须事先确定的两项基本内容

能够采用弹性预算法编制预算的对象，应是与业务量变化存在内在依存关系的预算内容，如直接材料预算、直接人工预算等。在应用弹性预算法时，必须事先确定两项基本内容。

1. 业务量的表示方式、计量方法和限定的变化区间的确定

不同的业务量,表示方式不同,计量方法也不一样,与此相应的预算内容的变化也有差别。因此,为了充分明确预算内容和业务量的依存关系,必须对业务量选用一个具有代表性的表示方式和计量方法。如在销售预算中,核心是销售收入的测算,与此相关的业务量主要以实物的形式来计量,如台、件等。再如在直接人工预算中,与人工费用直接相关的业务量应是生产工人工时消耗,所以,一般都应以工时来计量等。此外,对变化的业务量也应限定在相关范围内变化,并且可划分成间隔相同的区间段,这样才能使预算编制成为可能,并使之易于理解。在划分区间段时,间隔不宜过大或过小。过大将失去弹性作用,过小使编制工作量太大。

2. 预算内容与业务量依存关系的确定

这是关键所在,弹性预算法的意义也就在于便于明确业务量变动后引起预算内容的相应变动表现。对于那些业务量变动后预算内容反应迟钝甚至毫无反应的,编制弹性预算也就毫无价值。如固定制造费用预算,在相关范围内业务量变动时,它是不变或者变动甚微,因此,不必采用弹性预算法编制。在采用弹性预算法时,应选择与业务量变化有密切关系的预算内容,否则应采用固定预算法等来编制。

弹性预算法的适用范围主要是销售预算、直接材料预算、直接人工预算、变动性制造费用预算、变动性管理费及销售费用预算等。

(三) 弹性预算的表达方式

弹性预算法的具体表达方式一般有列表法、公式法和图解法三种。列表法就是将确定的业务量变化区间划分为若干水平段后,分别依据预算内容与之相关的依存关系估算出各水平段业务量下所对应的各种预算值,经汇总后列入一张表格中,使不同水平段下的预算内容能够一览尽知,因此,也称多水平法。此法的优点是:便于阅读和比较,在实际执行中不必进行测算即可直接找到可比基础,应用起来直观清晰。但这种预算中业务量水平段的列示不可能包括一切现实情况,从而也会给实际应用带来不便。现以第二节中的制造费用预算为例说明如下。

从制造费用的内容来看,与其直接相关的业务量是生产能力的利用,而生产能力用直接人工工时或机器工时来表示,与制造费用的关系更为密切,分配制造费用时,也常用此标准分配。设采用直接人工工时为业务量单位,该厂生产能力的限度(相关范围)为 70%～110%,将此分为五个平均水平段,生产能力达 100%时,直接人工工时为 13 900 工时,正常生产能力下的变动制造费用分配率为 2 元/工时,固定制造费用在此区间内无变动。采用弹性预算法编制制造费用弹性预算如表 7-17 所示。

表 7-17 **制造费用弹性预算**

20××年度 单位:元

项目	不同生产能力水平下的费用额				
	70%	80%	90%	100%	110%
	9 730 工时	11 120 工时	12 510 工时	13 900 工时	15 290 工时
变动制造费用:					
间接人工(0.6 元/小时)	5 838	6 672	7 506	8 340	9 174
间接材料(0.5 元/小时)	4 865	5 560	6 255	6 950	7 645
维修费(0.2 元/小时)	1 946	2 224	2 502	2 780	3 058
水电费(0.4 元/小时)	3 892	4 448	5 004	5 560	6 116
固定资产租金(0.3 元/小时)	2 919	3 336	3 753	4 170	4 587
小计	19 460	22 240	25 020	27 800	30 580
固定制造费用:					
管理人员工资	3 000	3 000	3 000	3 000	3 000
折旧费	10 000	10 000	10 000	10 000	10 000
保险费	1 600	1 600	1 600	1 600	1 600
财产税	2 080	2 080	2 080	2 080	2 080
小计	16 680	16 680	16 680	16 680	16 680
合计	36 140	38 920	41 700	44 480	47 260

公式法是指将业务量和预算内容的变化关系,用一个能够表达的数学模型作出普遍的公式列示,从而在实际业务量出现后,随时可利用该模型测算出相应的预算金额,以便与实际进行比较。如上述制造费用预算在相关范围内可用公式法表示为

$$制造费用预算=2x+16\ 680$$

式中,x 为业务量,如 x 为 11 120 工时,制造费用预算值为:2×11 120+16 680=38 920(元)。

公式法的优点是,在相关范围内,能对任何业务量下的预算值进行测算,从而使预算控制能力更强。但是,对任何预算都用数学模型来表示,有时是困难的,甚至做不到;或者表达不准确;或者公式的表现太复杂,不易理解,从而会影响预算的应用。另外,这种方式在应用时还需计算方可得到相应的预算数值,因而给实际操作也带来不便,不如列表法直观易懂。现实生活中,很少单一采用这种方法,一般可与列表法等配合使用,借以弥补列表法存在的不足。

图解法就是将预算内容同业务量的变化关系,用一个直角坐标图的形式表示出来,以便从图中了解各项预算内容,并用于实际的预算控制。这种方法不仅表达全面,还能给人以一目了然的直观印象。但是,对于内容构成较多、关系复杂的预算,有时在图中难以充分表达,或者绘出的图形繁杂难懂。所以,这种方法一般不单独采用。

二、零基预算法

固定预算法和弹性预算法，总的来说，都是在过去实际数值的基础上，结合预算期内可能发生的各种变化对预算产生的影响，从而测算出各种预算值。其基本指导思想是：承认现状是基本合理的，并且未来还将是现在的继续，因此，编制出的预算可以称之为增量预算。由此而形成的预算的最大缺陷是：没有超脱于过去的框框，将预算编制人员的思维仍然束缚在过去实际的范围内，很难发挥预算编制的创造性和开拓性，从而使预算的结果在先进性上受到很大影响。

为了克服这些缺点，1970 年美国德州仪器公司的彼得·派尔(Peter Pyhrr)在该公司首次创造并运用了零基预算法(zero-base planning and budgeting)，并很快在美国企业界和政府机构中引起了浓厚的兴趣，不少大公司相继开始推行零基预算法。1977 年上台的美国总统卡特对此也极为重视，并指示 1979 年美国联邦政府的财政预算要全面采用零基预算法。这一年美国政府的财政预算支出共计 5 600 亿美元。零基预算法能在如此巨大规模的政府预算中得到应用，其影响力可见一斑。并且此种预算法在美国推行后，美国政府的财政预算收到了意想不到的成效。之后零基预算法很快在世界各国广为流传，并公认为是一种最先进的预算编制方法。从 20 世纪 70 年代中期起，许多权威性的管理会计教科书都将此种方法列为专门内容予以介绍。

零基预算法的基本思路是：在编制预算时，对过去的内容全然不予考虑，视同为一切从零开始，对每项预算内容都根据实际需要和可能作出最先进的估计，并划分决策单元分别提出预算方案，然后汇总形成“一揽子业务方案”，再运用成本效益分析的方法，对其重要性进行排序，从而合理确定出预算资源的分配，形成最终的预算方案。

零基预算法最突出的效果是：它能够使全体员工都积极参与预算编制，从而在预算中能够通过切身利益关系，充分发挥其各阶层的创造性和开拓精神，并能充分开阔视野，挖掘各种可能的潜力，堵塞各种可能的漏洞，保证预算的编制和执行始终体现其先进性。

但这种预算编制方法也存在一些非常棘手的问题，主要是在预算编制时非常分散，协调统一时很困难，尤其是涉及局部利益和整体利益的矛盾时，很难找到具有充分说服力的解决办法。此外，编制预算的工作量也相当大，无疑将加大预算编制费用，有时还会延长编制时间。克服这些缺点的办法一般是：先对各基层预算下达预算额度，从大体上加以目标控制，并由预算编制委员会统一集体审议，评定等级，按成本效益分析确定各方案的重要顺序，最后按重要性先后顺序分配预算资源，逐步缩小范围，以保证重点来影响一般。

零基预算法对于那些没有直接的业务量对应关系的费用预算具有特别的控制功效，如销售费用预算、管理费用预算和部分制造费用预算等。对于这些费用在编制预算时，采用零基预算法一般按照下列步骤进行。

第一，先列出预算期内可能发生的费用支出项目及目的，并对各费用项目列示几套不同经营活动方式下的费用开支方案，上报预算委员会。

第二，预算委员会将收到的各种费用开支方案进行汇总后，认真进行分析排序；对于必不可少的约束性费用，在尽量节约的前提下列为第一层次；对于同决策方案相关的酌量性费用，逐一进行成本效益分析，成本效益比（预计收益/预计费用）大的列为第二层次；次者列为第三层次……依次类推。

第三，根据可动用的财力资源，按照各费用项目的层次顺序和轻重缓急进行分配。属于第一层次必需的费用项目金额应予以保证；余下的财力资源以成本效益比为权数进行合理分配，成本效益比高者多分，少者少分，当然，此时还应考虑其重要性。

第四，按照上述方法分配后编制成汇总费用预算，并进行最终审查，若有不合理者可进行适当调整，从而形成最终预算交付执行。

三、滚动预算法

滚动预算法也是西方一些国家提出来并在近年来广为应用的一种方法。它是针对传统的预算都以定期的方式编制，因而存在如下缺点所提出的：预算无论如何都离不开估计的成分，为了使预算尽可能准确，预算期越近越短越好，但在编制预算时，往往都以“年”为基本期间单位，形成整年度的预算，而执行时则是分月执行。那么，在执行过程中，如年度预算也已分月，开始的几个月份的预算准确度肯定会比以后月份的预算准确度高。因此，越是年度后期，预算的准确度越低，这给年度后期的预算执行必然带来很多困难和障碍。为了克服这一缺点，西方一些国家就开始提出运用滚动预算法来编制预算。

滚动预算法的基本原理是：在初始编制预算时，先形成一个分月的年度预算，并且在各月的预算中，前几个月预算数应力求准确，年度后期的月度预算可不必过于苛求准确，有个粗略的基本估计即可；在预算执行中，每过一个月，就应在月份结束之前，针对下月份的各种可能发生的与编制预算时不同的新情况，对下月份预算进行调整和修订；同时在年度后再补增一个月的预算，使预算期始终保持 12 个月的期间，如此逐期向后滚动，以连续不断的形式来规划未来的各项经营活动。滚动预算法的示意图如图 7-2 所示。

滚动预算法的特点是：预算期间始终保持 12 个月连续滚动。每个月份预算执行结束前都应做两项工作：一是对下一月份预算进行调整修订后再予执行，二是在整个预算期后再增补一个月的新预算。从而使预算编制工作不仅分散在平时，而且始终处于动态编制过程；预算期间尽管保持为 12 个月，但与会计年度相脱节。

由此可见，滚动预算法与传统的定期编制预算相比较具有以下显著优点：首先，这种预

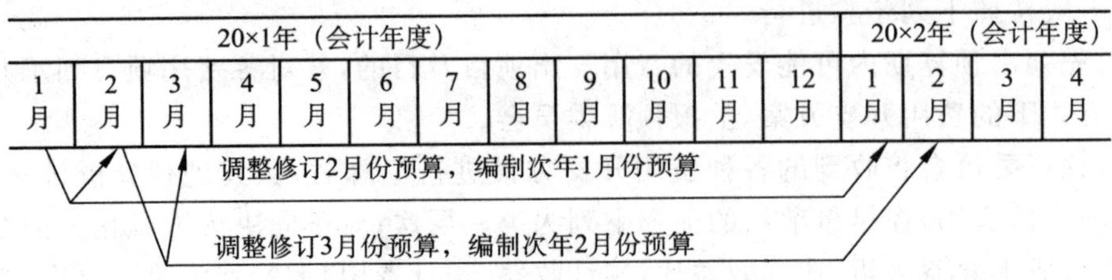

图 7-2　滚动预算法的示意图

算以动态方式来进行，可以真正做到长计划、短安排，使执行月份的预算始终保持先进性，从而有效地克服了传统定期编制预算的缺点，预算的功效大为增强；其次，企业要经常处于预算的调整、修订和编制过程中，从而可以促使企业从动态的角度经常关注各种新变化、新信息，以便及时采取有效措施，控制现在，把握未来；再者，这种方法将预算编制工作分散在平时，不仅可以克服每年度终了前一次集中编制下一年度全年预算时工作量过大，易产生应付的不良行为，而且还可以使预算编制工作能够持续有条不紊地进行；第四，这种方法下企业要经常修订编制预算，因此，可以自觉地引发企业各部门甚至全体员工密切关注预算编制及控制工作，预算委员会的职能作用及地位也将大大提高，从而使企业增收节支工作能够真正落到实处。但是，滚动预算法也有不足之处，主要是预算编制工作由于要经常进行，将会加大预算编制工作量，有时还可能会引起厌烦心理。克服这一缺点的办法是可以将按月调整、修订和增补预算改为按季进行，在执行的季度内，再将其划分为各月份预算。实际应用时，可根据具体情况进行有益的选择。

四、概率预算法

上述的各种预算编制方法，都是采用确定数值的方式来编制预算期内的各种预算数值，这些方法中实际上都隐含着这样一种假定，即假定对未来预算期内影响预算内容的各种因素已确知或基本确知的前提下，测定出与此相对应的预算数值。这与预算期是“未来”这一现实肯定难以完全吻合，因而得出的预算结果的准确性自然将受到或轻或重的影响。固定预算法和零基预算法下的预算数值均以一个定数反映，准确程度可想而知；弹性预算法下虽然将各种变量尽可能多地予以列示，从而形成了相应变动的多元预算数值，但在变动的相关范围内也只是承认了业务量的变动，而与业务量对应的另一因素如单价、单位变动成本（或费用）、费用分配率等却仍以定值出现，因而形成的预算也是多水平下的定值预算；滚动预算法下对下期预算值在执行前进行了修订调整，一定程度上减少了预算的主观性和盲目性，但也只是将预算数值最终确定的时间缩短，定值预算的结果并未改变。

为了克服上述预算编制方法中以肯定的方式来确定未来变动的预算数值所产生的影响

准确性的缺陷，在西方开始提出了运用现代数学方法即概率理论的方法来编制预算，有人将其称之为概率预算法。即利用概率理论的基本原理，将预算期内各项预算内容中的各种数值(无论是变动性还是固定性)出现的可能性事先分别作出概率估计，然后进行概率综合来求出相应概率预算值的预算编制方法。运用概率预算法的基本步骤是：第一，预测各种预算因素可能出现的具体数值，此时不论是变量或常量均以变动的观点来考虑；第二，预测估计所列示的具体数值出现可能性的概率；第三，将各种预算因素出现的各种概率按照与预算因素之间的关系进行组合，求出不同条件下的联合概率；第四，以各种联合概率来测算其相应预算数值的结果并将其汇总形成不同情况下的可能的预算内容。现举例说明如下。

某企业预算期内拟采用概率预算法对 A 产品编制销售预算，设 A 产品销售数量可能会出现 9 000 件、10 000 件和 11 000 件三种情况，各种情况下的概率分别为 0.3、0.6 和 0.1；而各种销售量下可能出现的售价及相应概率分别为 9 000 件下：单价 80 元的概率为 0.2，单价 90 元的概率为 0.5，单价 100 元的概率为 0.3；10 000 件下：单价 80 元的概率为 0.4，单价 90 元的概率为 0.4，单价 100 元的概率为 0.2；11 000 件下：单价 80 元的概率为 0.5，单价 90 元的概率为 0.4，单价 100 元的概率为 0.1。据此列表计算概率预算法下的销售预算如表 7-18 所示。

表 7-18　　A 产品销售概率预算表

销售量/件 (1)	概率 (2)	销售单价/元 (3)	概率 (4)	销售收入/元 (5)＝(1)×(3)	联合概率 (6)＝(2)×(4)	预算值/元 (7)＝(5)×(6)
9 000	0.3	80	0.2	720 000	0.06	43 200
		90	0.5	810 000	0.15	121 500
		100	0.3	900 000	0.09	81 000
10 000	0.6	80	0.4	800 000	0.24	192 000
		90	0.4	900 000	0.24	216 000
		100	0.2	1 000 000	0.12	120 000
11 000	0.1	80	0.5	880 000	0.05	44 000
		90	0.4	990 000	0.04	39 600
		100	0.1	1 100 000	0.01	11 000
					销售收入最终预算值	868 300

由表 7-18 还可以看出：销售量在 9 000 件下售价的可能值为 91 元(80×0.2＋90×0.5＋100×0.3)，此时销售收入的可能值为 819 000 元，但这种可能值出现的可能性仅占 30%；销售量在 10 000 件下售价的可能值为 88 元(80×0.4＋90×0.4＋100×0.2)，此时销售收入的可能值为 880 000 元，但这种可能值出现的可能性仅占 60%；销售量在 11 000 件下售价的可能值为 86 元(80×0.5＋90×0.4＋100×0.1)，此时销售收入的可能值为 946 000 元，但这种

可能值出现的可能性仅占10%。这些数据表明:随着销售数量的增加,产品单位售价将会逐步降低,但销售收入却在增长;同时销售量增加的难度在超过10 000件后大为增加,即超过一定的市场容量后再增加销售量时,即使采取降低售价的方式也极为困难,这就为我们的销售预算安排提供了非常有用的信息,并且这种预算结果是符合市场规律的,销售量变动,各种售价出现的可能性也在变动,从而真正形成了一种动态的预算,使预算结果的准确性大大提高。另外,还可以看出:在综合考虑多种因素出现的可能性的情况下,最终销售收入预算值为868 300元,此数也可按下述方式求出:即819 000×30%+880 000×60%+946 000×10%=868 300(元),这就告诉我们,在执行预算时,应根据各种情况出现的可能性大小,有目的地安排工作重点。如果能够销售11 000件,我们将不放弃这种努力,但要付出这种努力,花费精力可能较大,有时甚至还要追加有关费用,最终结果不一定合算;此时,倒不如把主要精力放在销售10 000件上,在不需付出太大精力的情况下,可获得比最终预算值还高的销售收入。

由上例可知,概率预算法的最大优点是:在预算管理中应用了现代的数学手段,从而减少了预算的盲目性,提高了准确性,并使多种预算值出现的可能性都能在预算中作出充分科学的展示,为预算管理提供了更为科学的方法和手段,使预算管理更具有针对性,因此,这种方法被誉为当今世界上最为科学的预算编制方法。但这种方法也存在一定的缺点,主要是对预算编制人员的数学水平要求较高,计算内容过于复杂,编制的工作量也较大,在当今的经营管理水平下全面采用尚有一定的困难。如果企业现代化管理水平较高,可以先对一些影响较大的预算采用此种方法编制,待时机成熟后再逐步扩大应用范围。

上述介绍的各种预算编制方法,经过比较后可以看出各有利弊,最基本和常用的应属固定预算法和弹性预算法,其他的方法可以有针对性地作为辅助方法来应用,如果能够创造条件相互结合使用,将是更好的愿望,预算管理的水平也将大为提高。

1. 什么是全面预算?为什么要编制全面预算?
2. 如何对全面预算进行分类?最基本的分类是什么?
3. 全面预算包括哪些主要内容?它们之间存在什么关系?
4. 预算委员会应由哪些机构组成?主要职责各是什么?
5. 全面预算编制的原则是什么?按什么程序编制?
6. 什么是弹性预算、零基预算、滚动预算和概率预算?其各自的优缺点是什么?
7. 为什么说销售预算是编制全面预算的基础和关键?
8. 为什么要编制现金预算?简述现金预算编制的原理。

练习题

练习题1

设宝丰公司年度生产经营计划是仅生产和销售A产品，有关数据资料见下列各表。

销售预算

项目	一	二	三	四	合计
预计销售量/件	100	200	200	100	
销售单价/元	50	50	50	50	50
销售收入/元					

应收账款预算(当期销售当期收回50%，余数下期收回)　　单位：元

摘要	本期发生数	收到数			
		一	二	三	四
期初余额	(2 000)				
第一季度					
第二季度					
第三季度					
第四季度					
期末余额					
合计					

生产预算

项目	一	二	三	四	合计
预计销货量					
期初存货/件	10				
期末存货/件	20	20	20	20	
预计生产量					

直接材料预算

项目	一	二	三	四	合计
预计生产量					
单位耗用量/千克	2	2	2	2	2
总耗用量					
期初库存量/件	40				

续表

项　目	一	二	三	四	合计
期末库存量/件	60	60	60	60	
预计采购量					
单价/元	5	5	5	5	5
预计采购成本/元					

应付账款预算(当期货款先付 20%,余数下期付清)　　单位:元

摘要	本期发生数	支付数			
		一	二	三	四
期初余额	(500)				
第一季度					
第二季度					
第三季度					
第四季度					
期末余额					
合计					

直接人工预算

项　目	一	二	三	四	合计
预计生产量					
单位工时/小时	10	10	10	10	10
总工时					
平均工资率	1	1	1	1	1
直接人工成本					

制造费用预算(变动费用按直接人工分配)

项　目	一	二	三	四	合计
变动费用率	0.8	0.8	0.8	0.8	0.8
变动费用小计					
固定费用小计/元	500	500	500	500	
合计					
其中:折旧/元	200	200	200	200	
现金支付数					

销售及管理费用预算（变动性销售费用按销售量分配）　　单位:元

项　目	一	二	三	四	合计
单位销售费	1	1	1	1	1
变动性费用小计					
固定性费用小计	200	200	200	200	
合计					
其中:折旧	50	50	50	50	
现金支付数					

现 金 预 算　　单位:元

项　目	第一季度	第二季度	第三季度	第四季度	全　年
期初现金余额	1 000				
收回前期欠款					
本期销售现金收入					
合计					
采购材料					
直接人工					
制造费用					
销售及管理费					
付所得税	300	400	400	400	
付股利		3 000			
购买设备		2 800			
合计					
多余或不足					
银行存款		5 000			
归还借款			3 000		
利息支出			50	30	
期末余额					

预计利润表　　单位:元

项　目	金　额
销售收入	
变动成本	
生产成本	
销售成本	
小计	
边际利润	

续表

项　　目	金　　额
固定成本	
生产成本	
销售及管理费	
营业收益	
利息支出	
纳税前收益	
所得税	
净收益	

要求：填列各表中预算编制需要填列而空缺的数字。

练习题2

依据练习题1中有关生产预算、直接材料预算、直接人工预算和制造费用预算的编制结果，另设上述结果的预计生产量是在生产能力达到100%情况下形成的。

预计资产负债表

项　　目	金　　额
资产	
现金	
应收账款	
存货——材料	
存货——产成品	
流动资产小计	
房屋及设备	30 000
累计折旧	
固定资产小计	
资产合计	
负债及资本	
应付账款	
负债小计	
普通股股本	24 400
留存盈利	8 000
资本小计	
负债及资本合计	

要求：在其他资料不变的情况下，采用弹性预算法(列表法)分别编制生产能力为90%、

100%、110%三种情况下的按年度反映的直接材料预算、直接人工预算和制造费用预算。

练习题3

设PM公司预算期内拟生产B产品的有关预测资料如下。

1. 销售量及概率预测。80 000件时，P=0.3；100 000件时，P=0.5；110 000件时，P=0.2。

2. 售价及概率预测。①80 000件：售价为9元时，$P=0.3$；售价为10元时，$P=0.3$；售价为11元时，$P=0.4$；②100 000件：售价为9元时，$P=0.3$；售价为10元时，$P=0.5$；售价为11元时，$P=0.2$；③110 000件：售价为9元时，$P=0.5$；售价为10元时，$P=0.4$；售价为11元时，$P=0.1$。

3. 单位变动成本及概率预测。在各种销售量下，单位变动成本为4元时，$P=0.3$；单位变动成本为5元时，$P=0.5$；单位变动成本为6元时，$P=0.2$。

要求：根据上述资料，采用概率预算法列表编制B产品的边际利润预算。

练习题4

彼尔有限公司预算委员会搜集了下列资料。

1. 预算年度到2011年12月31日止。该公司制造和销售的产品只有一种，售价为每件4美元。

2. 2011年产品销量预计为85 000件，2011年1月1日产成品库存为5 000件，2011年12月31日产成品预计库存为6 000件。

3. 2011年1月1日原料库存共3 000千克，2011年12月31日原料预计库存7 000千克，制造产品只需一种原料。每件产成品需耗用2千克，2011年每千克原料成本预计为0.35美元。

4. 直接人工为每小时2.70美元，制造每件产品需耗用0.1直接人工小时。

5. 制造费用按直接人工小时计算，变动制造费用按预计经营水平计算的预计数额为12 900美元，固定制造费预计为8 600美元。

6. 2011年1月1日成品存货金额为6 100美元，2011年12月31日的成品存货金额为7 320美元。

要求：根据上述资料为该公司分别编制2011年度销售预算、生产水平预算、原料耗用和采购预算、制造费用预算（总括形式）以及销售成本预算。

练习题5

HBK公司的业务是经营一种小商品，2011年第一季度实际销售额和4、5两个月的预计销售额分别为：1月111 000元，2月93 000元，3月107 000元，4月100 000元，5月110 000元。

1. 该公司商品售价平均按成本加 80%标价，销售货款当月可收回 60%，下月可收回 20%，余下的 20%在商品售出月份后的第 2 个月份可收回。

2. 采购商品时当月付款 70%，余款在下月份支付，商品需在销售的前一个月份购进。

3. 2011 年 3 月末现金余额为 4 000 元，预计 4 月底要保留库存现金 7 500 元，预计 4 月份需支付的款项还有：工资 14 000 元，其他费用 12 000 元，应付票据款 20 000 元。

要求：为该公司编制 2011 年 4 月份的现金预算，并说明 4 月底是否增筹资金。

第八章　标准成本控制

本章学习提示

本章重点：标准成本系统的含义和内容，标准成本的含义和种类，各种成本差异的计算分析方法，成本差异的会计处理方法。

本章难点：各种成本差异的计算分析方法，成本差异的会计处理方法。

第一节　标准成本系统

一、标准成本系统的含义

标准成本系统即标准成本制度，它产生于20世纪20年代的美国，是泰勒制与会计相结合的产物。第二次世界大战后，随着管理会计的发展，标准成本系统在成本预算和成本控制方面得到广泛的应用，已成为一种重要的成本控制工具。

标准成本系统与一般的成本计算方法的不同主要体现在两个方面：一是日常核算与差异分析相结合，二是成本控制与成本计算相结合。具体表现为：以标准成本为尺度，把实际发生的成本与标准成本进行对比，揭示出成本差异，使差异成为向人们发出的一种“信号”，以此为线索，企业可以进一步查明形成差异的原因和责任，并据以采取相应的措施，巩固成绩，克服缺点，实现对成本的有效控制；期末通过一定的方法将标准成本和成本差异结合起来，从而确定存货的实际成本。

由此可见，所谓标准成本系统，是以标准成本为核心，通过标准成本的制定、执行、差异分析、成本控制、成本核算等一系列有机结合的环节，将成本的前馈控制、反馈控制、核算功能以及分析考核融为一体,实现成本控制目的的一种成本管理制度。

二、标准成本系统的内容

标准成本系统,主要包括以下三个部分的内容。

第一,标准成本的制定。为了实现成本控制和考核的目的,需要事先为产品生产过程中的各种成本耗费制定标准,作为成本控制和考核的依据。在标准成本制定的过程中,其指导思想是:从现实出发,立足先进,并给人们指明一种激励性目标。因此,它必须在尽可能消除一切不利因素的条件下,制定出先进可行的考评尺度。通过标准成本的制定,实现事前成本控制的目的。

第二,成本差异的计算分析与控制。在产品生产过程中,将实际费用与标准成本进行比较,计算成本差异,分析评价成本差异的性质及其原因,及时提醒有关责任者尽早采取有效措施,实现事中成本控制的目的。

第三,标准成本以及成本差异的账务处理。标准成本系统既是一种重要的成本控制管理方法,也是一种重要的成本核算方法。平时它将材料、在产品和产成品等存货按标准成本反映,生产中发生的各种成本差异在专门设置的成本差异账户中单独反映,期末再将各项标准成本与对应的成本差异合并,从而将标准成本调整为实际成本。这样不仅可以进行产品成本核算,而且还可以明确各种成本差异,为成本管理提供信息,实现事后成本信息反馈的目的。

以上三个部分相互之间有机结合构成了标准成本系统整体。本章将分别对标准成本系统的各个组成部分进行论述。

三、标准成本系统的作用

标准成本系统有五方面的作用。

(一)为事前成本控制提供了重要工具

标准成本的制定是在实际生产活动之前,以产品的设计和工艺方案为基础,经过仔细调查分析和仔细研究之后,结合经营者的成本理念和企图而进行的。这样就可以事先剔除过去存在的一切浪费和不合理支出,充分考虑未来发展趋势,采取一切积极措施,对未来可预见的成本变化因素进行预警。

(二)为事中成本控制提供了客观依据

科学合理的标准成本,能够为人们明确应当达到而且可以达到的成本目标。在实际生产过程中，人们依据这些目标，在各自的具体活动范围内及时修正和改进活动方向，合理地领料用料、安排工时和人力，不断强化成本观念，积极挖掘降低成本的潜力，努力实现标准成本所确定的成本目标。

（三）为推行经济责任制和业绩考评提供了便利的条件

经济责任制的核心是责权利的密切结合，而责任考核又首当其冲。首先，标准成本的制定为责任考核提供了客观合理的尺度。其次，标准成本系统中成本差异的计算分析是责任考核的重要内容和方法。对实际成本脱离标准成本的差异进行汇总及原因分析，可以使管理者明确企业有关成本责任者的工作成效，也为考核和评价其经营业绩提供了有力凭据。

（四）加快了成本核算速度，简化了成本会计核算工作

将标准成本引入成本核算体系，从而形成了所谓的标准成本法。在日常的成本核算和计算中，产品成本以标准成本反映，对实际成本脱离标准成本的差异单独列示为成本差异，期末汇总后一次性地对产品标准成本进行调整，求得产品的实际成本，在一定条件下可以大大简化成本计算的手续，加快了成本核算速度。

（五）为实行预算管理提供了必要的工具

在企业生产经营全面预算中，成本费用预算是其重要内容，标准成本系统是成本费用预算执行中必不可少的工具。一方面，标准成本可以使成本费用预算更加客观；另一方面，成本费用预算执行的好坏，可以通过成本差异分析进行检验，从而采取有效措施以保证有关的成本费用预算目标得以实现。所以，全面预算的有效实施应与标准成本系统紧密配合，而全面预算的推行也为标准成本系统明确了努力的方向。

第二节　标准成本的制定

一、标准成本的概念及其种类

标准成本是指通过周密的调查研究和科学的技术经济分析而确定的，在企业现有的正常生产经营条件下，生产（制造）某种产品应当发生的成本水平。它是对该种产品实际成本进行分析和评价的客观依据。根据所要求达到的效率的不同，标准成本可分为三类。

（一）理想标准成本

理想标准成本是以现有技术设备处于最佳状态，经营管理没有任何差错为前提所确定的标准成本。由于这种标准成本是在假定没有材料浪费、设备不发生故障、产品无废品、工时全有效、生产经营能力充分利用等基础上制定的，在实际工作中一般很难达到，所以不适合被选为现行标准。否则将挫伤经营者的积极性。

（二）基本标准成本

基本标准成本是以某一基准会计期间的实际成本为基础而制定的标准成本。这种标准成本可据以观察成本升降的趋势，但由于它的水平偏低，也不宜作为企业未来成本控制的奋斗目标。

（三）现实标准成本

现实标准成本又称期望可达到的标准成本。它是指根据企业近期最可能发生的生产要素耗用量、生产要素价格和生产经营能力利用程度而制定的，通过有效的经营管理活动应达到的标准成本。这种成本从企业实际成本出发，考虑了企业不能完全避免的成本或损失，对改进未来成本管理提出了合理要求，具有一定的可操作性，是一种既先进又合理、经过努力可以实现的成本目标。因此，它是制定标准成本时首选的标准成本。

在企业实践中，产品成本项目主要包括直接材料、直接人工、制造费用等，应按照不同成本项目特点分别制定产品的标准成本。

二、直接材料标准成本的制定

直接材料标准成本是由材料价格标准和材料用量标准两个因素决定的。应先确定产品耗用的材料种类，再分别确定每种材料的数量标准和价格标准，从而确定每种材料的标准成本，最后汇总算出该产品的直接材料标准成本。其计算公式如下：

$$\begin{matrix}\text{直接材料}\\\text{标准成本}\end{matrix}=\sum\left(\begin{matrix}\text{某种材料}\\\text{标准用量}\end{matrix}\times\begin{matrix}\text{该种材料}\\\text{标准价格}\end{matrix}\right)$$

材料的价格标准是指以订货合同为基础，并考虑到未来可能发生的变动而确定的计划单价，不仅包括材料的买价，还包括材料的运杂费等进货费用。材料价格标准通常是由财务部门会同采购部门按材料品种分别制定的。

材料的用量标准是指在现有生产技术条件下，生产单位产品应当耗用的材料数量。材料用量标准的确定应由企业的技术设计部门主持，并尽量吸收执行标准的生产部门和个人参加，充分考虑产品的设计、生产和工作现状，结合企业经营管理水平的实际情况和降低成本任务的具体要求，考虑材料在使用过程中发生的必要损耗，并按照产品的零部件来制定各种原料及主要材料的消耗定额。

三、直接人工标准成本的制定

采用不同工资形式的企业，影响直接人工标准成本的因素也不同。在采用计件工资形式下，直接人工标准成本直接表现为计件工资单价；在采用计时工资形式下，直接人工标准成本是由单位产品工时用量标准和工资率标准两个因素决定的。以下介绍计时工资形式下直接人工标准成本的制定。

单位产品工时用量标准是单位产品应耗用的标准工时，也称单位产品定额工时。它是指企业在现有生产条件下，并考虑到提高劳动生产率的要求，生产单位产品所需耗用的工时数。包括工人必要的休息和生理上所需的时间，以及机器设备的停工清理时间、不可避免的废品所用的时间等。

工资率标准是指产品每消耗一个标准工时应分配的工资成本，又称为小时工资率标准，其计算公式为

$$标准工资率=\frac{预计直接人工工资总额}{预计标准总工时}$$

上式中“预计标准总工时”等于企业在充分利用现有生产能力的条件下，单位产品标准工时与可能达到的最大产量的乘积。

确定了单位产品的标准工时和标准工资率后，就可以按照下列公式计算出直接人工标准成本：

$$\begin{matrix}直接人工\\标准成本\end{matrix}=\sum\left(\begin{matrix}各项作业\\标准工时\end{matrix}\times\begin{matrix}相应的标\\准工资率\end{matrix}\right)$$

四、变动制造费用标准成本的制定

变动制造费用是指随业务量成正比例变动的那些间接生产成本。变动制造费用的标准成本是由变动制造费的分配率标准和单位产品工时用量标准两个因素决定的。

变动制定费用的分配率标准是指每消耗一个标准工时应发生的变动制造费用，其计算公式为

$$\begin{matrix}变动制造费用\\标准分配率\end{matrix}=\frac{变动制造费用预算总额}{预计标准总工时}$$

确定了分配率标准和工时用量标准后，就可按照下列公式计算出单位产品的变动制造费用标准成本：

$$\text{变动制造费用标准成本}=\text{单位产品标准工时}\times\text{变动制造费用标准分配率}$$

五、固定制造费用标准成本的制定

固定制造费用是指间接生产成本中那些不随产品产量变化而变化的厂房设备等固定资产的折旧费、维修费等费用。它通常根据事先编制的固定预算来控制其费用总额。

固定制造费用标准成本的制定,应根据采用的成本计算方法而定。如果采用变动成本法,则产品成本不包括固定制造费用,因而单位产品的标准成本中也不包括固定制造费用标准成本;如果采用完全成本法,则需要制定固定制造费用标准成本,其制定方法与变动制造费用标准成本大致相同,先按下述公式计算固定制造费用标准分配率:

$$\text{固定制造费用标准分配率}=\frac{\text{固定制造费用预算总额}}{\text{预计标准总工时}}$$

然后,按下面的公式确定固定制造费用标准成本:

$$\text{固定制造费用标准成本}=\text{单位产品标准工时}\times\text{固定制造费用标准分配率}$$

六、单位产品标准成本的制定

直接材料标准成本、直接人工标准成本和制造费用标准成本确定后,就可以汇总确定单位产品标准成本。企业应为不同类别不同规格的产品编制标准成本单,作为编制预算、控制和考核成本的依据。

【例 8-1】 某企业 2012 年按完全成本法确定的 A 产品标准成本单如表 8-1 所示。

表 8-1　　A 产品标准成本单

成本项目	单价(率)	数量	单位产品成本/元
直接材料:			
甲材料	10 元/千克	20 千克	200
乙材料	8 元/千克	30 千克	240
小计			440
直接人工	5 元/小时	20 小时	100
制造费用:			
变动制造费用	2 元/小时	20 小时	40
固定制造费用	3 元/小时	20 小时	60
小计			100
合　计			640

第三节　成本差异的计算与分析

一、成本差异计算的一般模式

成本差异是指一定时期生产产品所发生的实际成本总额与其标准成本总额之间的差额。标准成本事先明确了在正常状态下预计应当发生的成本限额，而实际成本与标准成本可能不一致，两者存在的偏差就是成本差异。成本差异为正数，表示超支差异即不利差异；成本差异为负数，表示节约差异即有利差异。

各种变动生产成本（直接材料、直接人工和变动制造费用）的成本差异的计算方法非常相似，均包括价格差异和数量差异，其通用计算模式如下。

第一步，依次确定三个成本总额：

标准成本＝标准数量×标准价格＝①

假计成本＝实际数量×标准价格＝②

实际成本＝实际数量×实际价格＝③

第二步，计算成本差异：

总差异＝③－①

数量差异＝②－①

价格差异＝③－②

也可以一步到位，直接计算公式如下：

总差异＝实际数量×实际价格－标准数量×标准价格

数量差异＝（实际数量－标准数量）×标准价格

价格差异＝（实际价格－标准价格）×实际数量

上述三个成本总额都是根据当期实际投产量确定的，除了实际产量的实际成本和实际产量的标准成本以外，为了表述方便，暂且将另外一个成本总额称为实际产量的假计成本。价格差异（简称“价差”）是由于实际价格与标准价格不一致引起的成本差异，数量差异（简称“量差”）是由于实际数量与标准数量不一致引起的成本差异，总差异等于数量差异与价格差异之和。

二、直接材料成本差异的计算与分析

直接材料成本差异分为总差异、价格差异和用量差异。直接材料总差异是指生产某产品的材料实际成本与该产品的材料标准成本之间的差额，它包括价格差异和用量差异两部分。计算公式如下：

总差异＝实际用量×实际单价－标准用量×标准单价

用量差异＝(实际用量－标准用量)×标准单价

价格差异＝(实际单价－标准单价)×实际用量

【例 8-2】 甲企业生产 A 产品仅耗用一种材料，单位产品材料定额耗用量 3.5 千克，材料标准单价 5 元/千克。已知投产并完工 580 件 A 产品，实际耗用材料 1 740 千克，材料实际单价 5.5 元/千克。直接材料成本差异计算如下：

总差异＝1 740×5.5－(580×3.5)×5＝－580(元)

用量差异＝(1 740－580×3.5)×5＝－1 450(元)

价格差异＝(5.5－5)×1 740＝870(元)

直接材料用量差异是由于生产过程中单位产品材料实际耗用量与单位产品材料标准耗用量不同引起的，影响材料用量差异的因素是多方面的，包括材料耗用中的浪费和节约、产品结构的变化、材料加工方法的改变、材料质量的改变以及材料代用等原因造成的超支和节约等。直接材料价格差异是由于购进材料的实际单价与其标准单价不同引起的，影响材料价格差异的因素主要集中在材料的采购环节，由采购部门负责的因素主要有：是否选择合适的采购渠道及运输方式，是否采用了科学的采购方法和采购批量，采购费用控制是否严格等；属于企业外部的因素主要有：材料价格变动、运费价格变动、市场竞争等。

三、直接人工成本差异的计算与分析

直接人工成本差异分为总差异、工资率差异和效率差异。直接人工总差异是指生产某产品的实际人工成本与该产品的标准人工成本之间的差额，它包括效率差异(即“量差”)和工资率差异(即“价差”)两部分。计算公式如下：

总差异＝实际工时×实际工资率－标准工时×标准工资率

效率差异＝(实际工时－标准工时)×标准工资率

工资率差异＝(实际工资率－标准工资率)×实际工时

【例 8-3】 甲企业生产 A 产品，单位产品耗用定额工时为 2 小时，标准工资率 4 元/小时。已知投产并完工 580 件 A 产品，实际耗用工时 1 450 小时，实际工资率 4.5 元/小时。直接人工成本差异计算如下：

总差异＝1 450×4.5－(580×2)×4＝1 885(元)

效率差异＝(1 450－580×2)×4＝1 160(元)

工资率差异＝(4.5－4)×1 450＝725(元)

直接人工效率差异是由于单位产品耗用的实际工时与单位产品标准工时不同引起的，影响直接人工效率差异的因素可能是个人方面的，也可能是管理当局计划不周或不当造成的，如工厂流水线的安排、生产设备的完好率、生产工艺过程的改变、各种生产要素的供应保证程度、生产工人的劳动熟练程度、责任感的高低等。直接人工工资率差异是由于生产工人的实际工资率与标准工资率不同引起的，影响直接人工工资率差异的因素主要是生产人员的人数变动、劳动用工安排的合理性、工资水平的变化、通货膨胀、非生产工时损失如开会、停工待料时间等。

四、变动制造费用成本差异的计算与分析

变动制造费用成本差异可分为总差异、效率差异和耗费差异。其中总差异是指生产某产品的实际变动制造费用与该产品的标准变动制造费用之间的差额，它包括效率差异(即“量差”)和耗费差异(即“价差”)两部分。计算公式如下：

总差异＝实际工时×实际分配率－标准工时×标准分配率

效率差异＝(实际工时－标准工时)×标准分配率

耗费差异＝(实际分配率－标准分配率)×实际工时

【例 8-4】 甲企业生产 A 产品，单位产品耗用定额工时为 2 小时，变动制造费用标准分配率为 3 元/小时。已知投产并完工 580 件 A 产品，实际耗用工时 1 450 小时，变动制造费用实际分配率为 2.5 元/小时。变动制造费用成本差异计算如下：

总差异＝1 450×2.5－(580×2)×3＝145(元)

效率差异＝(1 450－580×2)×3＝870(元)

耗费差异＝(2.5－3)×1 450＝－725(元)

变动制造费用效率差异是由于单位产品耗用的实际工时与单位产品标准工时之间的不同引起的，影响变动制造费用效率差异的因素与影响直接人工效率差异的因素基本相同。变动制造费用耗费差异是由于变动制造费用实际分配率与标准分配率之间的不同引起的，影响变动制造费用耗费差异的因素主要是对各种间接材料、间接人工以及车间的各种管理费用的控制是否严格等。

五、固定制造费用差异的计算与分析

固定制造费用的特点不同于直接材料等变动生产成本，其成本总额在一定相关范围内保持不变。因此，固定制造费用成本差异的计算分析方法与前面变动生产成本差异的计算分析方法不同，通常采用如下方法。

固定制造费用成本差异的总差异可分为预算差异、效率差异和能力差异三部分。固定

制造费用总差异是指生产某产品的实际固定制造费用与该产品的标准固定制造费用之间的差额,它包括预算差异、效率差异和能力差异三部分。计算公式如下:

总差异=固定制造费用实际数－实际产量的标准固定制造费用

预算差异=固定制造费用实际数－固定制造费用预算数

效率差异=(实际产量实际工时－实际产量标准工时)×标准分配率

能力差异=(计划产量标准工时－实际产量实际工时)×标准分配率

【例 8-5】 甲企业生产 A 产品,已知预算产量(计划产量)600 件,固定制造费预算额 2 520 元,单位产品定额工时 2 小时。实际投产并完工 580 件 A 产品,实际耗用工时 1 450 小时,实际固定制造费用 3 190 元。固定制造费用成本差异计算如下:

固定制造费标准分配率=2 520÷(600×2)=2.1(元/小时)

总差异=3 190－580×2×2.1=754(元)

预算差异=3 190－2 520=670(元)

效率差异=(1 450－580×2)×2.1=609(元)

能力差异=(600×2－1 450)×2.1=－525(元)

固定制造费用预算差异反映固定制造费实际发生数额与预算数额之间的不同,其影响因素很多,如各项费用支出控制是否严格、车间的各项管理工作是否到位等。固定制造费用效率差异是由于单位产品耗用的实际工时与单位产品标准工时之间的不同引起的,影响固定制造费用效率差异的因素与影响变动制造费用效率差异和直接人工效率差异的因素基本相同。固定制造费用能力差异是由于实际工时与预算工时(计划产量标准工时)不同即生产能力利用程度不同引起的,生产能力利用程度越高,生产的产品数量越多,单位产品负担的固定制造费用越少,单位产品成本越小,对企业越有利。如果造成生产能力闲置(即实际工时小于预算工时),应查明具体原因,加以改进。

根据各成本差异进行差异分析时,一般限于重要差异。差异的重要性取决于差异的数额和差异出现的频率。与标准成本相比,差异数额越大,或者差异重复出现的次数越多,则该差异越重要。管理部门应采用“例外管理”的原则,突出重要差异,略去微不足道的差异,通过分析那些重要特殊的差异,确定原因,采取相应的改进措施,从而进行成本控制。

第四节　标准成本系统的账务处理

一、标准成本系统账务处理的特点

在日常核算中,标准成本系统的账务处理,可按变动成本计算法,也可按完全成本计算法,其特点如下。

(1) 主要账户均按标准成本记账。在标准成本系统下,凡计入"原材料"、"生产成本"、"库存商品"等账户借方和贷方的金额都应该是标准成本。

(2) 建立相应的成本差异账户。根据各种成本差异的名称建立专门的成本差异账户,分别登记实际发生的各种成本差异,以便进行日常成本控制和业绩考核。在各个成本差异账户内反映成本差异的产生时,借方登记超支差异(不利差异),贷方登记节约差异(有利差异)。

(3) 期末各种存货的实际成本应由各存货账户与其相应的成本差异账户合并反映。

二、成本差异核算的账户设置

日常计算出来的各类成本差异,除了可据以编报有关差异分析报告单之外,还应分别归集登记有关成本差异明细分类账或登记表,使成本差异能在账户系统中得以记录,以便期末汇总每类差异的数额并统一进行处理。

成本差异核算所使用的账户既可按大的成本项目设置,也可按具体成本差异的内容设置。在完全成本法下,按大的成本项目设置的成本差异账户包括"直接材料成本差异"、"直接人工成本差异"、"变动制造费用成本差异"和"固定制造费用成本差异"等,每个账户下再按差异形成的原因分设明细账户。在变动成本法下,可以不设"固定制造费用成本差异"账户。

按具体差异内容设置的账户应包括"直接材料用量差异"、"直接材料价格差异"、"直接人工效率差异"、"直接人工工资率差异"、"变动制造费用耗费差异"、"变动制造费用效率差异"、"固定制造费用预算差异"、"固定制造费用能力差异"、"固定制造费用效率差异"等。

三、期末成本差异的账务处理方法

(一) 直接处理法

直接处理法即在每个会计期末将汇总的各项生产成本差异一次全部转入当期销货成本的一种会计处理方法。直接处理法将当期发生的生产成本差异全部由当期产品销售成本承担,在产品和产成品则按标准成本反映。在企业生产稳定、产销平衡、标准成本与实际成本偏差不大的条件下,直接处理法能够反映实际情况,另外它工作程序简单,所以在实践中得到广泛应用。

直接处理法大大简化了成本核算和成本计算的工作量,但是当预先设定的标准成本与实际成本存在较大差距时,所提供的存货成本资料将会严重脱离实际。

（二）分配递延法

分配递延法是指把本期的各类差异按比例在期末存货和本期销货成本之间进行分配，从而将存货成本和销货成本调整为实际成本的一种成本差异处理方法。

分配递延法提供的信息比较准确，然而采用分配递延法也存在至少两个缺点：一是成本差异要在原材料、在产品和产成品之间进行分配和结转，因而计算和账务处理的工作量很大；二是当成本差异种类和产成品类别较多时，成本差异分配结转的工作量将非常庞大，这将会使标准成本系统的优越性部分丧失。

【例 8-6】 升达公司生产 B 产品，其标准成本资料如表 8-2 所示。

表 8-2　　标准成本单

计划产量：10 000 件

产品名称：B 产品　　单位：元

成本项目	数量	单价（率）	单位产品成本
直接材料：			
甲材料	20 千克	1.0 元/千克	20
乙材料	30 千克	0.8 元/千克	24
小计			44
直接人工	2 小时	1.8 元/小时	3.6
变动制造费用	2 小时	1.5 元/小时	3
固定制造费用	2 小时	0.25 元/小时	0.5
合计			51.1

注：固定制造费预算额为 5 000 元，固定制造费标准分配率＝5 000÷(10 000×2)＝0.25

升达公司 2012 年 5 月初在产品 1 500 件，完工程度 40%，本月投产 8 500 件，完工 8 000 件，月末在产品 2 000 件，完工程度 80%。生产开始时一次性投入全部材料。5 月份实际发生的生产费用见表 8-3。

表 8-3　　生产费用表　　单位：元

成本项目	实际耗用量	实际单价	金额
直接材料：			
甲材料	184 000 千克	0.75 元/千克	138 000
乙材料	221 000 千克	0.90 元/千克	198 900
小计			336 900
直接人工	17 000 小时	2.1 元/小时	35 700
变动制造费用	17 000 小时	1.75 元/小时	29 750
固定制造费用	17 000 小时	0.5 元/小时	8 500

根据上述资料，升达公司 2012 年 5 月份进行账务处理如下。

(1) 计算各种成本差异。

计算本月发生的定额生产费用时，使用的约当产量如下。

原材料：8 000＋2 000－1 500＝8 500(件)

人工和制造费用：8 000＋2 000×80％－1 500×40％＝9 000(件)

① 直接材料成本差异。

标准成本＝8 500×20×1＋8 500×30×0.8＝37 4000(元)

假计成本＝184 000×1＋221 000×0.8＝360 800(元)

实际成本＝184 000×0.75＋221 000×0.9＝336 900(元)

总差异＝336 900－374 000＝－37 100(元)

用量差异＝360 800－374 000＝－13 200(元)

价格差异＝336 900－360 800＝－23 900(元)

② 直接人工成本差异。

标准成本＝9 000×2×1.8＝32 400(元)

假计成本＝17 000×1.8＝30 600(元)

实际成本＝17 000×2.1＝35 700(元)

总差异＝35 700－32 400＝3 300(元)

效率差异＝30 600－32 400＝－1 800(元)

工资率差异＝35 700－30 600＝5 100(元)

③ 变动制造费用成本差异。

标准成本＝9 000×2×1.5＝27 000(元)

假计成本＝17 000×1.5＝25 500(元)

实际成本＝17 000×1.75＝29 750(元)

总差异＝29 750－27 000＝2 750(元)

效率差异＝25 500－27 000＝－1 500(元)

耗费差异＝29 750－25 500＝4 250(元)

④ 固定制造费用成本差异。

实际成本＝8 500(元)

标准成本＝9 000×2×0.25＝4 500(元)

预算成本＝5 000(元)

总差异＝8 500－4 500＝4 000(元)

预算差异＝8 500－5 000＝3 500(元)

效率差异＝(17 000－9 000×2)×0.25＝－250(元)

能力差异=(10 000×2−17 000)×0.25=750(元)

(2) 根据以上成本差异计算结果,编制成本差异汇总表(表 8-4)。

表 8-4

成本差异汇总表

2012 年 5 月

单位:元

项　　目	超支	节约
直接材料:		
用量差异		13 200
价格差异		23 900
总差异		37 100
直接人工:		
效率差异		3 300
工资率差异	5 100	
总差异	1 800	
变动制造费用:		
效率差异		1 500
耗费差异	4 250	
总差异	2 750	
固定制造费用:		
预算差异	3 500	
效率差异		250
能力差异	750	
总差异	4 000	
合计		27 050

(3) 假定当月生产的产成品 8 000 件,当月全部销售。升达公司对成本差异采用直接处理法,有关会计分录如下。

① 分配材料费用时(原材料按计划成本核算)。

借:生产成本　　374 000

　贷:原材料　　360 800

　　直接材料用量差异　　13 200

借:材料成本差异　　23 900

　贷:直接材料价格差异　　23 900

需要说明的是,“材料成本差异”是材料按计划成本(标准成本)核算时使用的账户,它与“直接材料价格差异”账户反映内容的性质相似,均反映材料价格变化引起的成本差异。但是前者是“原材料”等账户的调整账户,而后者是“生产成本”的调整账户,两者所起的作用不相同。

② 分配人工费用时。

借:生产成本　32 400

　直接人工工资率差异　5 100

　贷:应付职工薪酬　35 700

　　直接人工效率差异　1 800

③ 分配变动制造费用时。

借:生产成本　27 000

　变动制造费用耗费差异　4 250

　贷:制造费用——变动制造费用　29 750

　　变动制造费用效率差异　1 500

④ 分配固定制造费用时。

借:生产成本　4 500

　固定制造费用预算差异　3 500

　固定制造费用能力差异　750

　贷:制造费用——固定制造费用　8 500

　　固定制造费用效率差异　250

⑤ 结转本月完工产品成本(标准成本)时。

借:库存商品(8 000×51.1)　408 800

　贷:生产成本　408 800

⑥ 结转销售产品成本(标准成本)时。

借:主营业务成本　408 800

　贷:库存商品　408 800

⑦ 转销当期生产成本差异时。

借:主营业务成本　(27 050)

　贷:直接材料用量差异　(13 200)

　　直接材料价格差异　(23 900)

　　直接人工效率差异　(1800)

　　直接人工工资率差异　5 100

　　变动制造费用效率差异　(1 500)

　　变动制造费用耗费差异　4 250

　　固定制造费用预算差异　3 500

　　固定制造费用效率差异　(250)

　　固定制造费用能力差异　750

(4) 在B产品成本明细账中,本月发生的生产费用、本月完工产品成本、期初期末在产品成本均按照标准成本反映,记账结果如表8-5所示。

表8-5　　产品成本明细账

产品名称:B产品　　2012年5月　　单位:元

项　　目	直接材料	直接人工	变动制造费用	固定制造费用	合计
月初在产品成本	66 000	2 160	1 800	300	70 260
本月生产费用	374 000	32 400	27 000	4 500	437 900
合计	440 000	34 560	28 800	4 800	508 160
完工产品成本(8 000件)	352 000	28 800	24 000	4 000	408 800
月末在产品成本	88 000	5 760	4 800	800	99 360

1. 什么是标准成本系统?它有哪几个组成部分?
2. 标准成本的含义是什么?它有几种类型?
3. 标准成本是如何制定的?
4. 什么是成本差异?成本差异种类有哪些?
5. 简要说明成本差异的计算方法。
6. 如何进行成本差异分析?
7. 成本差异的会计处理方法有哪些?它们各自的优缺点是什么?

练习题1

某企业使用甲材料生产A产品,有关资料如下。

(1) 标准成本,如下表所示。

成本项目	价格(率)	数量	单位成本
直接材料	4元/千克	2千克	8元
直接人工	5元/工时	3工时	15元

(2) 本月实际发生的业务情况:本期投产并完工甲产品2 000件,实际耗用材料4 600

千克，材料实际成本 19 320 元，实际耗用工时 6 400 工时，人工实际成本 33 600 元。

要求：

(1) 计算本月的材料用量差异与材料价格差异。

(2) 计算本月的人工工资率差异与人工效率差异。

练习题 2

永安公司本月实际投产并完工甲产品 10 500 件，单位产品直接材料和直接人工的标准成本数据如下。

成本项目	价格标准	用量标准
直接材料	1.75 元/千克	2 千克
直接人工	4.50 元/工时	4.5 工时

该公司本月份的业绩报告中有如下差异。

差异名称	直接材料	直接人工
价格差异/元	5 000 节约差	25 000 超支差
数量差异/元	1 750 节约差	12 375 超支差

要求：

(1) 计算该月份实际耗用的直接材料数量。

(2) 计算该月份材料的实际单价。

(3) 计算该月份实际耗用的工时。

(4) 计算该月份实际工资率。

(5) 计算该月份直接材料与直接人工的总差异。

练习题 3

某企业生产 B 产品，B 产品标准工时为 2 小时/件，变动制造费用预算和实际执行结果如下。

项　目	标准分配率/(元/小时)	预算数/元		
		8 000 工时	9 000 工时	10 000 工时
间接材料/元	0.40	3 200	3 600	4 000
间接人工/元	0.20	1 600	1 800	2 000

已知投产并完工 B 产品 4 000 件，实际耗用工时为 8 400 工时，实际发生的变动制造费

用为:间接材料 3 280 元;间接人工 1 920 元。

要求:

(1) 计算 B 产品变动制造费用的总差异。

(2) 计算 B 产品变动制造费用耗费差异和效率差异。

练习题4

豫强公司 2012 年度有关资料如下:固定制造费用预算数额 67 500 元,预算工时总数 18 000 工时(即生产能力)。固定制造费用实际发生额 66 750 元,实际耗用工时总数 16 200 工时,实际投产量应耗用的标准工时总数 16 500 工时。

要求:

(1) 计算固定制造费用总差异。

(2) 计算固定制造费用预算差异。

(3) 计算固定制造费用能力差异。

(4) 计算固定制造费用效率差异。

练习题5

某企业本月生产 A 产品的标准成本、实际成本等资料汇总如下表所示。

成本项目	标准成本	实际成本
原材料	10 千克/件×0.15 元/千克	88 000 千克×0.16 元/千克
直接人工	0.5 小时/件×4 元/小时	3 600 小时、15 120 元
制造费用:		
变动制造费用	0.5 小时/件×2 元/小时	3 600 小时,9 600 元
固定制造费用	预算总额 5 000 元	实际总额 5 000 元
产量	预计生产 10 000 件	实际生产 8 000 件

注:制造费用分配率按生产工时计算,预算总工时为 5 000 小时。

要求:根据上述资料,分别计算分析各种成本差异(分数量差异、价格差异和总差异),固定制造费用按效率差异、能力差异和预算差异分别计算。

练习题6

某厂装配车间采用标准成本进行成本核算,单位产品标准成本为 10 元,月末成本核算员汇总准备了下列资料。

项　目	原材料/元	直接人工/元	制造费用/元
实际成本	32 000	27 500	41 080
标准成本	30 000	28 000	38 500
直接材料价格差异	(800)		
直接材料用量差异	2 800		
直接人工工资率差异		(1 000)	
直接人工效率差异		500	
制造费用耗费差异			1 080
制造费用效率差异			1 500

月初在产品 1 000 件，完工程度 50%，本月投产 10 000 件，完工入库 9 000 件，月末在产品 2 000 件，完工程度 65%。本月售出库存商品 8 800 件。

要求：对成本差异采用直接处理法，编制生产费用分配、结转完工产品成本、结转销售产品成本等业务的会计分录。

第九章 责任会计

本章学习提示

本章重点：责任会计的概念，责任中心的类型及其考核，内部转移价格及其制定，责任预算的编制及责任报告。

本章难点：内部结算价格的制定，责任预算的编制。

第一节 责任会计概述

一、责任会计的产生与发展

责任会计是以企业内部各部门所负的责任为考核对象的一种会计管理活动。它主要利用价值形式，通过建立各级责任中心，编制责任预算，进行差异分析、责任转账、业绩评价和编制责任报告，对企业内部各部门生产经营过程中的价值运动进行连续、系统、全面的反映和控制，以达到预期的目标。

责任会计的端倪，始见于20世纪初产生的泰勒制。泰勒制由美国工程师F. 泰勒创立。其主要内容是通过分析生产过程中消耗工时和材料的合理性，制定用工标准和用料标准，再将工人工资与其所完成的工作量挂钩，从而刺激工人的生产积极性，降低资本家的生产成本。泰勒制在实践中曾一度起到了缓解劳资冲突、提高生产效率的巨大作用，因而得到推广运用。与泰勒制的推广相适应，美国会计学者提出了“供管理上用的会计”这一概念。以此为契机，会计与泰勒制相结合，形成了标准成本与预算控制系统，会计的职能有了新发展，责任会计由此产生。

第二次世界大战后,科学技术迅速发展,加剧了市场竞争,带动了主要资本主义国家经济的高速增长。科学技术的开发和运用,一方面为资本增值、经济发展创造了更多的机遇。另一方面也带来了巨大的风险。这促使资本进一步集中,企业规模进一步扩大,形成多角化经营格局和跨国经营的大公司。由于公司过于庞大、管理层次多、组织机构遍布世界各地,相互间的协调越来越难,导致其反应迟钝,效率降低。由于决策滞后或失误带来的损失越来越大,最后不得不进行改革,将原来直线职能式的集权管理改变成事业部式的分权管理。但分权并不等于分家,企业始终要追求整体利益的最大化,因而必须从企业的发展战略出发来协调和控制成员组织的行为,于是需要会计师为公司总部提供一套据以评价、考核并协调成员组织行为的专用会计信息。这套会计信息,突破了生产管理环节的局限,覆盖企业所有的生产经营活动,不仅运用了会计的核算方法,而且以行为科学理论为指导,在企业内部管理方面发挥出传统会计无可比拟的作用。这就是现阶段人们所说的责任会计。

责任会计最初以"科学管理"理论为基础而产生,继之以"分权管理"需要为背景,以"行为科学"理论为指导而发展,现已成为企业强化内部管理、完善内部经营机制、提高经济效益的有效手段。

二、责任会计的内容和特点

(一) 责任会计的内容

1. 设立责任会计的组织机构

用责任会计进行管理控制,首先必须建立完整的责任会计组织机构体系。

所谓责任会计组织机构,是指按照责任会计的要求建立起来的责任单位和工作机构。建立的原则是:主要利用企业原有的生产管理机构,划小核算单位、新增或减少一些内部单位,并赋予其新的意义和相应的责任和权力,使之充分发挥出应有的作用。一般地讲,对于大中型企业的责任会计组织体系,必须建立各种形式和不同层次的责任中心,以及责任的监督仲裁机构和内部结算中心。建立责任中心的实质是将会计工作与企业经济责任制紧密结合、融为一体,其特点是与组织机构相结合,充分发挥各责任中心的主观能动性。后两个组织都是对责任中心进行监督、控制和仲裁并辅助责任中心顺利实现责任目标的保证机构,责任中心正确地履行职责和使用权力,离不开这两个组织的协调和配合,三者都是责任会计组织体系中必不可少的组成部分。

责任会计基本组织结构分为两种类型:横向组织结构和纵向组织机构。横向组织机构是按照分权管理原则建立起来的。在这种组织结构下,企业最高管理人员并不独揽大权,而是将经营管理权适当分散，使总公司下属的各事业部也对有关成本、费用、收入、利润和资金全面负责。因而，它们既是利润中心，又是投资中心。而事业部下属的各公司，必须同时对生产、销售活动全面负责，因而它们既是成本中心，又是利润中心。只有公司的下属工厂、车间、工段和班组等仅对成本费用负责，才是成本中心。

纵向组织结构是按照集权管理原则建立起来的。在这种组织结构下，企业最高管理人员和最高管理机构独揽大权，对企业全部生产经营活动行使总体调节和控制，对成本、费用、收入、利润、资金等全面承担责任。按这种组织结构要求，企业最高管理机构既是利润中心，又是投资中心，而其下属各部、工厂、车间、工段、班组等都成为成本中心。

2. 编制责任预算

在责任中心确立的基础上，要为各责任中心制定责任预算和核算体系，并将责任会计的预算管理和一般目标管理相结合，形成以责任单位为基础的新型的责任会计目标管理体系、以推进责任预算的实施。这里又包括三个阶段：制定目标阶段、达标管理阶段和评定成果阶段。

3. 建立追踪系统

要建立责任中心账务记录和绩效报告制度。经常把各中心日常发生的成本、收入以及责任中心之间的相互结算和转账的经济业务记入它们单独设立的责任会计账户内。也可不另设专门的责任会计账册，而是在传统财务会计的各种明细账内为责任中心分别设置专栏进行登记。在规定的时间编制责任报告，将实际数与预算数对比评价考核各中心成绩，并揭示问题。定期从最基层的责任中心将责任报告逐级汇总，一直达到最高管理部门。

4. 进行反馈控制

根据各责任中心的绩效报告，利用差异分析的方法，考核评价各责任中心的工作业绩并给予奖惩，建立责任会计信息反馈系统，进行反馈调节与控制。

（二）责任会计的特点

责任会计有以下四方面的特点。

1. 以分权管理为前提，使会计系统与企业组织结构相协调

责任会计与分权管理是互为前提的。没有责任会计，分权管理就失去了基础，或者说就不是现实意义上的分权管理。这是因为，有了分权管理，就要下放管理权限，并加强对责任中心的考核与控制。一方面，下放管理权限，是将企业高层管理者的责、权逐级下放给所属各有关层次的管理人员，以加强对企业内部各部门和生产经营各环节的有效控制，发挥各级管理人员的积极性和创造性，增强企业活力，提高企业的应变能力和发展能力；另一方面，基

层管理人员及其责任中心的管理权限扩大，又会带来局部利益侵损整体利益的可能。所以，企业高层管理者必须加强对基层管理人员及其责任中心的考核与控制。为了公平合理，便于计量，并且反映各方利益与企业整体利益的关系，必须借助于价值指标来考核责任中心的业绩和控制责任单位的行为。显然，传统的财务会计不能担当此任，而与企业组织结构相协调的会计系统，非责任会计莫属。

2. 以责任中心为主体，以经济责任为对象

如果将企业作为一个大的责任中心，那么现行的企业会计对于企业主管部门来说，便是责任会计。因为会计主体是企业，会计对象是企业所负责的资本及其运动。但是责任会计通常是对责任中心而言的，因而责任会计的主体便是企业下属的责任中心，责任会计的对象便是由责任中心负责并且可控的资金及其运动。

3. 利用会计信息反映经济责任

责任会计的本质特征是用会计信息(价值指标)来反映责任中心的经济责任。现代企业为了保证经营目标的顺利实现，通常是通过建立经济责任制的形式来把未来一定期间的生产经营目标和工作任务具体分解，落实到各责任中心。责任会计能够将责任中心所承担的具体生产经营目标和工作任务用价值指标反映出来(即所谓的量化经济责任)，并且及时反映经济责任的完成情况，从而有利于考核与评价。因此，实行责任会计是贯彻落实经济责任制的必然要求。

4. 以建立激励机制为直接目的

虽然责任会计的最终目的同财务会计一样，是为了提高企业的经济效益，但是责任会计的直接目的却是建立激励机制。在生产力诸要素中，人是决定性的要素，企业之间的竞争，最终是人的竞争，企业的活力也主要是来自于企业职工的积极性，如何调动职工的积极性，这是有责任心的企业领导每时每刻都在关注的问题。实践证明，落实经济责任制，使职工的经济利益与经济责任挂钩，有功者奖，有过者罚，赏罚分明，多劳多得，这是现阶段行之有效的激励机制。无疑，责任会计正是有助于这种激励机制形成的必要条件。

三、责任会计的职能

对于企业内部各级各单位在生产经营过程中的价值运动，责任会计可以进行预测、决策和控制等项管理活动，这是由责任会计的职能决定的。责任会计的职能是客观存在的，是责任会计作为一种管理科学的质的表现。责任会计主要有以下八项职能。

（一）预测

各级责任单位在进行各项决策前，都要根据会计信息和一定的方法，对未来的资金运动情况进行预测，例如，对目标利润和目标成本的测定，对投资的成本和效益、投资收回等进行分析对比，提出各种预测方案。

（二）参与决策

责任会计要按照不同层次责任者的要求，把企业各个层次的经济活动用价值尺度统一反映出来，提出各种不同的决策方案，参与各责任系统以及企业最终的评价、判断和经营决策。

（三）分解全面预算，编制责任预算

预算是决策的表现形式，企业各层次责任会计要根据全面预算，编制出可行的成本预算和资金使用预算等，并将这些责任预算指标进行再分解，落实到相应的责任单位和责任者，使之成为相互联系、紧密衔接的责任指标考核体系。

（四）核算和反映

责任会计要为决策提供真实的会计信息，必须按照预先规定的责任会计账务处理程序、办法和原则，进行正确核算和反映，及时提供会计信息。责任会计不仅核算本责任单位承担的责任指标，还要核算所属责任单位或责任者所负责任的执行情况。

（五）控制

要使各责任单位的一切经济活动朝着预定的目标进行，使之不发生任何不利于既定目标的偏差，责任会计必须履行控制职能，控制是责任会计最基本的职能。责任会计要按责任目标建立信息反馈制度，及时、准确地反馈责任完成情况，并发现偏差，采取有效措施予以控制，以保证责任目标顺利实现。

（六）分析

对生产经营过程中出现的差异及时进行分析，并找出产生差异的原因，扬长避短。此外，责任单位在接受责任时，要针对本单位的条件，对责任指标进行分析，在总结上报或上级对责任单位进行恰如其分的评价时，也要对责任者的功过进行分析，分析是责任单位的一项经常性的工作。

（七）协调

协调是责任会计的一个重要职能。责任会计必须使各层次责任单位的生产经营活动与其他单位协调配合，与企业总体经营目标保持一致，否则各单位只考虑本单位利益，各自为政，必然影响企业总体经营目标的实现。责任会计从制定责任目标到执行目标，以及责任考核都要履行协调职能。

（八）考核与评价

责任会计所提供的信息，可以反映责任单位责任者的工作业绩，用来与预定目标比较衡量，借以考评责任单位或责任者做出的成绩和存在的问题。根据考评结果，确定奖惩或修订不合适的责任，责任单位和责任者也能据此明确本身功过，便于总结经验，为下一步工作的正确进行奠定基础。

四、责任会计的原则

责任会计是用于企业内部管理的会计，因而企业可以根据各自不同的特点来确定责任会计的具体形式。但是，无论建立或实施何种特定形式的责任会计，都应当考虑和遵循下述原则。

（一）可控原则

责任中心只能对自己的行为及其结果负责。即只能对其特定权、责任范围内的生产经营活动负责。贯彻可控原则，就是在划分和确定责任中心的经济责任时，要根据责任中心对经济责任是否可控以及可控程序来决定。贯彻可控原则，还要求尽可能地消除责任中心之间不可控因素的相互影响，避免出现职责不清，相互混淆的状态。需要指出，可控与不可控是相对和有条件的。当具体条件发生变化时，可控与不可控的内容也会随之发生变化时。对此，企业必须适时地加以调整，以保证责任考核的有效性。

（二）责、权、利相结合并且相称原则

责任会计所突出的是一个“责”字。责任会计所核算和控制的，是责任中心所承担的经济责任。为了“责”的履行，必须赋予责任中心相应的“权”，然后根据“责”的履行情况再给予相应的“利”。即不仅要求责、权、利相结合，而且要求责、权、利相对称。一方面，责任中心的权限大小要与责任大小相匹配。如果权大于责，就会导致滥用权力和损害其他责任中心甚至企业利益的行为发生；如果权小于责，则会使责任中心不能充分履行其职能，或把不可控

的责任推给了责任中心，从而损害责任中心的利益。另一方面，责任中心的利益大小要与其责任大小相适应。如果利大于责，会侵损其他责任中心的利益，造成企业内部各责任中心之间的攀比和冲突；如果利小于责，则会挫伤责任中心的积极性。需要指出，确定责任中心利益大小（或报酬大小），只能在企业可控利益的限制下进行，利益分配的公平与否，也只能相对于企业内部而言。

（三）按最终劳动成果分配原则

企业的最终劳动成果，体现为完成了销售行为的商品价值。只有商品得以出售，才能完成资金循环，才谈得上对商品生产经营过程中的各种耗费进行补偿，各责任中心的报酬之源才有可靠保证。贯彻按最终劳动成果分配原则，目的是使责任中心同心同德，各司其责，为实现企业的经济效益而协同工作。

（四）整体效益最大化原则

实行责任会计，为的是提高企业的整体经济效益。因此，责任指标的下达和考核，一方面要有利于调动责任中心的积极性，使其通过努力，利益得到实现和增长；另一方面又要有利于各责任之间的相互协调，促进其配合，发挥企业的综合优势。局部利益的增长，要与整体利益的增长相一致，允许不同步，但要掌握好“度”。如果局部利益与整体利益发生矛盾，则要把整体利益放在首位。

（五）简明实用原则

责任会计是为企业内部管理服务的会计，不需要受国家统一制定的会计制度和准则的约束，各企业可以根据自己的实际情况设计出适用的责任会计制度。指标的设置、核算的程序与方法，应在符合管理要求、切实有效的前提下尽可能地简化，不搞形式主义，不搞烦琐哲学。

第二节 责任中心

建立责任会计组织体系的首要问题是建立各级责任中心并确定其责权范围。

一、责任中心的含义及其设置原则

所谓责任中心，是指企业内部“由一个主管人员负责承担着规定责任并具有相应权力”的组织单位。“作为一个责任中心，必须有十分明确的由其控制的行动范围”，并能够相对独立地进行经济核算。责任中心应能在恰当的程度上将责、权、利、效结合起来，责任中心的建立要与企业的组织机构和管理体制相适应，划定的责任中心应符合以下几个条件。

第一，能相对独立地承担规定的经济责任。

第二，能掌握一定的管理监督和控制权。

第三，能独立地进行和完成规定的经济活动任务。

第四，能够创造规定要求的经济效益和业绩。

责任中心按照不同的情况，可分为不同的种类。在建立不同种类的责任中心时，应遵循以下原则。

（一）责任中心体系要能控制价值管理的全部内容

责任中心体系所控制的是企业全部价值管理的内容，即要包括成本、利润和资金等。这是企业生产经营活动和内部管理的复杂性所必需的，是现代化管理的基本要求。但作为单个责任中心，其价值管理的内容可以是单一的，或只管责任成本，或只管责任利润，在建立责任中心时，一定要周密考虑，统筹安排，要建立能进行多方面价值管理和控制的有机责任中心体系。

（二）重点突出，层次分明

所谓重点突出，就是要抓住企业内部价值管理的主要矛盾来建立每个责任中心，根据职权范围和能够进行价值控制的跨度来确定一个或数个重点责任中心。

所谓层次分明，就是指对同一类责任中心，应根据具体情况进行分级控制，将一个庞大、管理复杂的大系统或组织单位划分为若干个子系统或较小的组织单位，从而使上级组织单位的目标分为几个子目标，分别由指定的下级组织单位来完成，保证上级目标的实现。

（三）责权分明，便于管理

责权分明，是建立责任中心的关键。在建立责任中心时，必须考虑其所能承担的责任范围和程度，并据此赋予责任中心相应的责任和与责任相符的权力。责任中心只有能够分清责任并赋予其相应职权，才能真正起到责任中心的作用。

（四）不强求统一，灵活多样

由于企业在组织规模和行业等方面各具特点，各企业建立什么样的责任中心体系，不应强求统一，必须给企业以相应的权力，使企业内部管理能够充分发挥其主观能动性。

根据上述原则，一般来讲，企业可建立成本中心、费用中心、利润中心、投资中心等不同种类的责任中心。

二、成本(费用)中心

(一) 成本(费用)中心的含义

一个责任中心若只着重考核其所发生的成本或费用,而不考核或不会形成可以用货币计量的收入,这一类责任中心称为成本中心或费用中心。成本中心应用范围最广,是实行责任会计应设置的最基层的责任单位。一个企业的车间、工段、班组、个人和一个生产流水线均可成为一个成本中心。成本(费用)中心工作成绩的评价和考核,主要是通过一定期间实际发生的成本(费用)与预算的对比来实现。成本中心与费用中心的区别在于:前者活动可以为企业提供一定的物质成果(比如产品或半成品),并可对所提供的物质成果进行价值计算,同时能够控制和考核其成本(通常用"标准成本"作为考评尺度)。后者主要为企业提供一定的专业性服务(如会计部门、人事部门、法律部门等服务部门),并可对所提供的劳务进行价值计算,但一般并不可能产生能用货币计量的成果,通常以"费用预算"作为考评实际费用水平的尺度。

(二) 可控成本、责任成本及产品成本

建立成本中心,进行责任成本控制,首先要正确区分可控成本和不可控成本。成本可控与否是对责任中心而言的,凡所发生的成本受责任中心的影响较大的,可由责任中心的人在既定时期内直接控制的成本都是可控成本。一般来讲,可控成本应符合以下三条标准:①责任中心有办法知道将要发生的成本;②责任中心能计量的成本;③责任中心能通过自己的行为加以调节、控制的成本。

凡不符合上述三条标准的成本均属于不可控成本。应当指出,成本的可控与否是相对而言的,对企业来讲,其所有成本都可视为可控成本,而各个成本中心则有其不可控制的成本。进一步说,上层次的可控成本不一定是下层次的可控成本,下层次的可控成本则一定是上层次的可控成本。从时间的角度来说也是如此,若从更长一段时间来考察,许多不可控成本都可成为可控成本,例如对于折旧费的控制就是如此。例如,若某生产车间只顾生产,不顾设备的维护和保养而超大负荷使用,几个月或几年之后,致使设备提前报废清理。为此,补提的折旧费就应由该车间负责部分或全部,报废清理费用也由其负责。此外,通过改变费用分配的方法,可将某些原来不可控制的成本改变为可控成本。例如,维修单位替责任中心维修设备等发生的修理费,若采用按小时工资来进行分配的话,则责任中心对这项费用可通过妥善保养、控制并减少维修时间和次数及要求不同熟练程度的维修工等来加以控制,而要按照别的分配率来分配的话,这项费用对责任中心来讲,就有可能属于不可控成本。

责任中心的可控成本，就是其责任成本。责任成本与产品成本有时是一致的，有时则不一致，因为产品成本是按照客体来归类的，哪一种产品受益，就由哪一种产品来承担；而责任成本则是按照责任者和责任中心来归类的，谁负责，由谁承担。企业内部中下级成本中心所发生的全部成本中均有不可控成本存在，如外购产品成本、劳务和材料价格，由内部其他单位转入的费用等均属不可控成本。因此，其责任成本与产品成本是不一致的，其责任成本一般不是全部成本，而往往是若干主要项目成本。然而，企业的全部责任成本一般是与产品成本一致的，因为从企业角度看，其全部成本都可视为可控成本。

例如，设某厂生产 A，B 两种产品，设有甲、乙两个生产部门，丙、丁两个服务部门，本期共发生成本 50 000 元，产品成本与责任中心成本之间的联系与区别，如表 9-1 和表 9-2 所示。

表 9-1　　产品成本　　单位：元

成本项目	全厂	产品 A(2 000 件)		产品 B(1 000 件)	
		总成本单位	成本	总成本单位	成本
直接材料	20 000	12 000	6.00	8 000	8.00
直接人工	14 000	8 000	4.00	6 000	6.00
制造费用	16 000	10 000	5.00	6 000	6.00
合计	50 000	30 000	15.00	20 000	20.00

表 9-2　　责任成本　　单位：元

成本项目	全厂	部门(责任中心)			
		甲	乙	丙	丁
直接材料	20 000	18 000	2 000		
直接人工	14 000	5 000	9 000		
管理人员工资	4 000	700	1 000	800	1 500
间接人工	7 000	700	800	2 500	3 000
物料	2 000	400	400	600	600
其他	3 000	200	800	1 100	900
合计	50 000	25 000	14 000	5 000	6 000

备注：甲、乙为成本中心，丙、丁为费用中心。

从表 9-1 和表 9-2 中可看出：全厂的可控成本即全部产品成本是 50 000 元，其中甲、乙、丙、丁四部门的可控成本即实际责任成本分别是 25 000 元、14 000 元、5 000 元、6 000 元。将其与甲、乙两部门的标准成本和丙、丁两部门的费用预算相比，求出差异，考评两个成本中心和两个费用中心的责任完成情况。

从表 9-1 和表 9-2 中还可看出：一个责任中心的直接材料成本和直接人工成本通常是可控的，而这些成本均是变动成本，制造费用的各组成项目，有些是责任中心可控的，有些则是不可控的。按照与产品产量的关系，一般地说，变动成本大多是可控的，固定成本大多是不可控的,但也不完全如此,还要结合有关情况进行具体分析。例如,外购半成品项目是变动成本,电视机厂的外购彩电显像管、电冰箱厂的外购压缩机等均是。但半成品价格的高低,使用车间往往是不能控制的,因而外购半成品是不可控成本。管理人员的工资,虽是固定成本,但在一定程度上能为部门负责人所决定,所以应算为可控成本。折旧费一般是固定成本,对于使用设备的车间来说是不可控成本,但每项设备折旧额的大小取决于购置设备的原价和预计使用年限,所以对于有权决定这两项因素的部门来说应是可控成本,而这样有利于企业慎重进行投资和科学地估计设备使用年限。不同的折旧方法,将使企业每期折旧额不同,它对成本总额的影响,应由有权制定折旧方法的部门负责。因而也是该部门的可控成本。

(三) 成本中心的考核指标

对成本中心的考核,应建立可控成本总额差异、单位产品可控成本差异两个主要责任指标。可控成本差额差异是用成本中心可控成本的实际总额和预算总额相比较,实际成本大于预算成本,为不利差异(U)(U 为 unfavorable variance 的缩写),实际成本小于预算成本,为有利差异(F)(F 为 favorable variance 的缩写)。对差异数额分成本项目进行分析,找出差异原因,为下一期工作提供经验。并利用差异评定成本中心的业绩,配合奖惩制度,激励、鞭策成本中心更好地工作。这项指标简单明了,便于使用。

但对于下面一种情况却不然。可控成本实际总额小于预算成本总额而表现的有利差异,可能是成本中心通过努力降低材料耗费,提高劳动生产率而得到的结果。但也可能是没有完成预计产品产量等原因而导致的总成本减少。为避免这种"有利差异"和将造成的评价失真,也为全面搜索问题的原因,应设置单位产品可控成本差异指标进行考核。单位产品可控成本差异用下列公式计算:

$$\text{实际单位产品可控成本}=\frac{\text{实际可控成本总额}}{\text{实际产品产量}}$$

$$\text{预算单位产品可控成本}=\frac{\text{可控成本预算总额}}{\text{计划产品产量}}$$

$$\text{单位产品可控成本差异}=\text{实际单位产品可控成本}-\text{预算单位产品可控成本}$$

【例 9-1】 某成本中心生产甲产品,可控成本预算数为 30 000 元。实际可控成本总额 28 500 元,计划产品产量 400 件,实际产品产量 375 件。试评价该中心的工作业绩。

[解]从可控成本总额看,

可控成本总额差异=28 500−30 000=−1 500(元),表现为有利差异,成本节约。

该中心实际产量小于计划产量 25 件(400−375),表现为不利差异。至此,我们还不能只简单地得出不利的结论,还需进一步分析。

$$单位产品可控成本差异=\frac{28\,500}{375}-\frac{30\,000}{400}=1(元)$$

单位产品成本超支，表现为不利差异。

结论：该中心的成本节约是由于降低产品产量而造成的，但并没有成比例缩小，单位成本出现超支1元的现象。所以，对该中心的评价是：该中心既没有完成任务，同时单位产品消耗有所升高。

另一种情况，若单纯因产量降低引起的可控成本总额降低，将表现为单位产品可控成本差异为0，此时只解决产量降低的问题，与成本消耗无关。这可能是上级部门临时的决定，也可能是成本中心的工作效率问题。后一原因，应由成本中心负责。如若编制弹性预算，此项问题则能一目了然。可以只设可控成本总额差异指标与弹性预算进行双重控制，而不再设单位产品可控成本差异指标。

对成本中心的实际业绩，应定期及时地编制责任报告，向上一级管理部门汇报，以便编制汇总责任报告。成本中心责任报告具体编制方法和格式见下例。此例用弹性预算和可控成本总额差异指标进行控制考核。

【例9-2】 某车间本月份实际生产A产品2 500件，实际消耗资料如下：原材料3 250千克，单价1.50元，直接人工23 400小时，工资费2 000元，工具费220元，电力费950元，管理人员工资1 200元，折旧费8 000元，加班费100元，其他250元。该车间弹性预算为（业务量范围2 000～3 000件）：原材料单耗标准1.5千克，单位成本1.5元，单件标准工时1.5小时/件，工资率0.60元/小时，间接费用工具费0.07/小时，电力费0.30元/小时。管理人员工资1 000元，折旧费8 000元，其他300元。

根据上述资料编制该车间本月份成本责任报告，见表9-3。

表9-3　××成本中心责任报告表　　单位：元

项　目	预　算	实　际	差　异
可控成本：原材料	5 625	4 875	−750
工　资	2 250	2 000	−250
工具费	262.5	220	−42.5
电力费	1 125	950	−175
加班费	0	100	100
小　计	9 262.5	8 145	−1 117.5
不可控成本：管理人员工资	1 000	1 200	200
折旧费	8 000	8 000	0
其　他	300	250	−50
小　计	9 300	9 450	150
合计	18 562.5	17 595	−967.5

从表 9-3 中可看出，该成本中心从成本项目看，除加班费超支外其他可控成本项目均表现为节约，并且，此预算是产量在 2 000～3 000 件的弹性预算，故不存在费用与产量不同步增长的问题。实际上，上述资料以单位产品成本项目考核，可取得同样结果，如表 9-4 所示。

表 9-4　　单位成本项目考核表　　单位：元

单位成本项目	预算	实际	差异
可控成本：			
原材料	2.25	1.95	－0.30
工　资	0.90	0.80	－0.10
工具费	0.105	0.088	－0.017
电力费	0.45	0.38	－0.07
加班费	0	0.04	0.04
合　计	3.705	3.258	－0.447

三、利润中心

（一）利润中心的含义

一个既考核成本又考核收入，并且要把收入和成本相配合，考核利润的责任中心就是利润中心。它是指管理人员有权对其供货来源和市场选择进行决策的单位。

利润中心适用于企业管理中具有独立收入来源的较高层次，如分厂、分公司和条件成熟的生产车间、职能部门等。如果这些组织单位的厂房、设备长期保持稳定，或所有主要资本支出决策都由最高管理层制定，那么利润中心就是它们较理想的结构。利润中心与成本中心的主要区别是该责任中心是否产生"收入"，是否有权决定产品的销售对象和销售数量，即它能否向外单位提供产品或劳务；是否有权决定原材料的来源；是向本企业内部其他单位提供产品，还是向外界提供产品；是将其产品的大部分卖给企业内部有关单位，还是卖给外部售价更高的企业；在向企业内部单位转移产品时，是按产品成本转出，还是按内部转移价格结算，所需的原料或零部件是从本单位购买，还是从外界购买。这些问题，利润中心均能有权自行决策。因此，将一个责任中心认定为一个利润中心，至少有以下三项作用。

（1）利润指标相对于成本指标来讲，更能全面地评价各中心业绩。

（2）由于给各利润中心授予相应的自主权，能激励它们有效地进行决策，调动它们的积极性，树立并强化它们的经营意识，是价值规律在企业内部管理中的具体运用。

（3）便于企业管理部门进行目标利润规划，保证各中心与企业目标的一致性。但是，建立利润中心必须明确一个特别要求：要以内部转移价格为基础。如果没有一套内部转移价格体系作为前提，一个真正的利润中心是不能存在的。

（二）利润中心的类型

利润中心可以分为自然利润中心和人为利润中心。自然利润中心是指能够直接对外界市场提供产品和劳务，从而给企业带来盈利的责任中心。人为利润中心则是指那些只能按内部结算价格向各责任中心"出售"产品而不能向外界出售产品的责任中心。

在财务会计中，企业向外部提供的产品和劳务只有在对方确认时，或收到现金时，才认为是已实现的收入。在责任会计中，收入的范围更广些，它指的是利润中心在一定会计期间内提供的产品或劳务的货币量，而不管它是向企业外部单位还是向企业内部单位提供的，也不问企业是否在本期内实现了这笔收入。站在利润中心的立场来看，对外和对内提供产品和劳务的收入是无区别的，但站在企业立场上看，内部责任中心之间"销售"产品所得的收入同销售给顾客所得的收入显然是不同的。后者是能实现的收入，可以补偿企业的生产资金耗费并提供现实的利润，前者是名义收入。

（三）利润中心的考核指标

对利润中心的考核，应采用以下两个主要责任指标：可控制利润总额差异和销售利润率差异。

可控利润总额可按变动成本原则计算获得。表 9-5 给出了可控利润总额计算的资料。

表 9-5　　资 料 表

项　　目	实际数/元	预算数(略)
销售收入总额	100 000	
减：变动成本总额 （剔除外购半成品等不可控因素）	41 000	
边际贡献总额	59 000	
减：可控固定成本总额	19 000	
可控利润总额	40 000	
减：不可控固定成本 （或上级分配来的固定成本）	2 000	
部门利润	38 000	

可控利润总额差异＝实际可控利润总额－预算可控利润总额

＝40 000－39 000＝1 000(元)

可控利润总额差异是考核利润中心业绩较好的指标。它反映了利润中心在其权限和控制范围内有效使用资源的能力。该项指标计算简单，便于使用。它的主要不足是对不可控固定成本和可控固定成本难以划分。例如，对于折旧、保险和固定资产的财产税来说，如果中心有权处理这些资产，那么它们是可控的，若没有这一自主权，则是不可控的。其次，可控利润总额差异指标有时难以正确反映某些情况下的差异。

【例 9-3】 按照 $P=sx-bx-a$（字母含义同本量利分析一章，a 为可控固定成本），

其中预算数：3 000＝10 000－5 500－1 500＝100×100－55×100－1 500

实际数：3 000＝110×100－65×100－1 500＝11 000－65 000－1 500

可控利润总额差异＝3 000－3 000＝0

初步结论：该中心完成了预算目标利润。

实际又如何呢？从等式右端看出，实际数中，由于单位变动成本升高而提价，勉强维持住了 3 000 元的目标利润指标，但后期由于售价升高，将会使销售量减少。在本期若能及时发现这个问题，拟订措施加以改进，则能避免后患。

为了有效地揭示此类差异，设置销售利润率差异指标来考核。

在上例中，

$$预算销售利润率=\frac{预算可控利润总额}{预算销售收入总额}\times 100\%=\frac{3\ 000}{10\ 000}\times 100\%=30\%$$

$$实际销售利润率=\frac{3\ 000}{11\ 000}\times 100\%=27.27\%$$

由此看出，本期该中心实际销售利润率低于预算销售利润率，并没很好地完成任务。所以，只用可控利润总额差异指标有时不能全面、真实地评价利润中心业绩，还应采用销售利润率差异指标。反之，只用后一指标，则难以对不同生产规模的盈利指标加以控制。以下两式便能说明。

$$某利润中心\ 1：销售利润率=\frac{4\ 000}{10\ 000}\times 100\%=40\%$$

表现为：4 000＝10 000－4 000－2 000

$$某利润中心\ 2：销售利润率=\frac{40\ 000}{100\ 000}\times 100\%=40\%$$

表现为：40 000＝100 000－41 000－19 000

不同的生产规模，要求达到不同的盈利总额，只有可控利润总额才能反映不同生产规模应达到的盈利水平。因此，对利润中心考核，采用可控利润总额差异和销售利润率差异两项指标能较为全面、真实地评价利润中心的业绩。

利润中心的业绩应通过编制责任报告加以反映。

【例 9-4】 某利润中心本月份经营资料如表 9-6 所示。

表 9-6　　　　××利润中心本月份经营资料

项　　目	实际数	差异数
变动生产成本/元	40 000	1 000(U)
变动推销及管理成本/元	8 000	200(U)
专属固定成本/元	20 000	−50(F)
上级分配来的共同固定成本/元	4 000	100(U)
变动成本率$=\left(\frac{b}{s}\right)$/%	60	8(U)

要求：根据上述资料，编制该利润中心本月份责任报告。如表 9-7 所示。

表 9-7　　　　××利润中心责任报告　　　　单位：元

项　　目	预　算	实　际	差　异
销售收入	90 000	80 000	−10 000(U)
变动成本：变动生产成本	39 000	40 000	1 000(U)
变动推销及管理成本	7 800	8 000	200(U)
小　计	46 800	48 000	1 200(U)
边际贡献	43 200	32 000	−11 200(U)
减：可控固定成本	20 050	20 000	−50(F)
可控利润	23 150	12 000	−11 150(U)
减：上级分配固定成本	3 900	4 000	100(U)
部门利润	19 250	8 000	−11 250(U)
销售利润率/%	25.72	15.00	−10.72(U)

表 9-7 中有关数字计算如下：

$$预算销售收入=\frac{39\ 000+7\ 800}{52\%}=90\ 000(元)$$

$$预算销售利润率=\frac{预算可控利润总额}{预算销售收入总额}\times 100\%$$

$$=\frac{23\ 150}{90\ 000}\times 100\%=25.72\%$$

$$实际销售利润率=\frac{实际可控利润总额}{实际销售收入总额}\times 100\%$$

$$=\frac{12\ 000}{80\ 000}\times 100\%=15\%$$

结论：从表 9-7 中可看出，这是一个没有完成目标任务的利润中心，表现为可控利润总额差异和销售利润率总额差异均为不利差异。

四、投资中心

（一）投资中心的含义

对生产经营独立性较大的责任中心，除考核成本、收入和利润外，还要进一步考核投资的经济效果。这类责任中心被称为投资中心。

投资中心不仅要对本中心的成本、利润负责，还要对赢得利润所占用的资金负责，因为资金永远是一种有限资源。大多数企业审批投资支出都有严密的制度，如果对投资收回没有一定形式的衡量，那么前述的资本预算和对现金流量的测算就没有多大实际意义了。对投资效果的衡量，可以使管理人员注意投资规模，科学投资，并主动监督存货和应收款的水平。这些项目一般也包括在投资基数中。另外，利润指标有一定的局限性，管理人员会出现为赢得短期利润而牺牲长期获利能力的行为，如不对设备进行充分的维修保养、当期损益中少计或不计折旧、在人员培训方面不进行充分投资等。所以。必须对投资的经济效果进行测量。

但是，并不是任何责任中心都能成为投资中心。投资中心要求拥有充分的决策权，还必须与其他责任中心划分资产的界限。它的适用范围仅限于规模和经营管理权力较大的部门，如各事业部、分公司、分厂等。

（二）投资中心的考核

要对投资中心的业绩进行考核，先行工作是要确定投资基数。投资中心的投资基数是指该中心的可控投资额，包括中心的财产、厂房、设备及存货。若中心有销售和贷款政策的控制权，其应收款也包括在资产基数中。在中心一级保存和管理的现金余额也应包括在内。另外，用租赁资产经营带来的收益也应包括在总收益中。为公正地评价中心的业绩，租赁资产也应包括在总收益和投资基数中。否则，将会使使用租赁资产的投资中心的投资报酬率戏剧性地增加。这是由于人为地把租赁资产排除在投资基数之外而造成的，非主观努力所致。对投资中心的考核，应通过以下两个主要责任指标进行：投资利润率（或叫投资报酬率）、剩余收益。

1. 投资利润率

投资利润率是指部门的净利润与部门占用的投资的比例。

公式如下：

$$投资利润率=\frac{净利润}{占用投资}=\frac{净利润}{销售收入}\times 100\%\times\frac{销售收入}{占用投资}$$

$$=销售利润率\times 投资周转率$$

【例 9-5】 设某投资中心有关数据如下：销售收入 1 000 000 元，净收益 100 000 元，经营资产期初余额 400 000 元、期末余额 600 000 元。求投资利润率。

$$经营资产平均占用=\frac{400\ 000+600\ 000}{2}=500\ 000(元)$$

$$投资利润率=\frac{100\ 000}{1\ 000\ 000}\times\frac{1\ 000\ 000}{500\ 000}\times100\%=\frac{100\ 000}{500\ 000}\times100\%=20\%$$

投资利润率可以按不同口径计算。一种口径是：分子净利润指未扣减利息、所得税的净利润；分母占用的投资按平均占用额计算。这种口径可以反映投资中心资产的利用效率。另一种口径是：分子净利润中扣除利息，分母投资总额中扣除负债。这样计算的投资利润率是为了从投资者角度看其投资报酬的大小。借入资金(负债)获取的利润只有在扣除利息后才归企业所有。表 9-8 列示了按两种口径计算的投资利润率。

表 9-8　　投资利润率计算表　　单位：元

部门	资产(包括负债)	负债	净额	利润(包括利息)	利息(12%)	利润(不包括利息)	投资利润率/%	
							用全部资产	用净额计算
甲	1 000 000	500 000	500 000	200 000	60 000	140 000	20	28
乙	1 000 000	0	1 000 000	200 000		200 000	20	20

投资利润率的计算公式还可以反映出提高投资利润率的途径。

(1) 增大销售量。在现有生产能力条件下(即不改变投资额)，提高达到保本后的销售量，这样可以使销货增加的比例快于成本增加的比例，从而加大利润，提高投资利润率。

(2) 降低成本。降低固定成本总额和单位变动成本，增大利润。

(3) 减少营业资产。减少流动资产占用，例如严格控制存货数量，加强应收账款的催收工作，以加速流动资金周转等；减少固定资产占用，例如对不需用的固定资产及时进行处理等。

运用该项指标时应注意：分子、分母均应为投资中心可控的因素，对各级投资中心的经营资产的计价应建立在可比的基础上。特别是固定资产应按原始成本计价，而不按净值计价。否则，即使各投资中心的资产、利润不变，由于折旧，净值逐年降低，投资利润也会提高。

但运用投资利润率指标，会出现以下问题。

(1) 由于通货膨胀的影响，资产账面价值会失实，从而每年少计折旧，虚增盈利，使投资利润率升高。

(2) 会使一些投资中心不愿从事投资利润率较低，但对整个企业有利的投资项目，从而导致决策失误。

【例 9-6】 某投资中心第 1 年经营资料如下：经营资产平均余额 100 000 元，经营利润 20 000 元，则投资利润率为 20%(20 000/100 000×100%)，规定最低的投资利率为 10%，准备第 2 年让该中心增加一项投资,投资额为 20 000 元,预计利润 3 000 元,则投资报酬率为 15%(3 000/20 000×100%),问该投资中心会接受吗?

[解]接受新投资后,部门的投资利润率为

$$\frac{20\ 000+3\ 000}{100\ 000+20\ 000}\times 100\%\approx 19\%$$

若根据投资报酬率考虑,由于接受这项新投资会使该投资中心投资利润率下降(19%<20%),故它不会接受。实际上,这项投资的投资报酬率为 15%,大于规定的最低投资利润 10%,并产生新的现金流量。

3 000－20 000×10%＝1 000(元)

对该中心和整个企业都是有利的,应该接受。

(3)投资规模不同时会出现不公正的评价。

【例 9-7】 甲投资中心经营资产为 90 000 元,净利润为 20 000 元;乙投资中心经营资产为 50 000 元,净利润 12 500 元,资本成本 15%,试评价哪个投资中心效果更好?更有优势?

[解]按投资利润率比较:甲为 22.22%(20 000/90 000×100%),乙为 25%(12 500/50 000×100%),所以,乙优于甲,乙的投资效果更好些。但用差异分析法:两个中心的差量收益为 7 500 元(20 000－12 500),两个投资中心的差量投资为 40 000 元(90 000－50 000),差量投资报酬率为 18.75%(7 500/40 000×100%),明显高于资本成本 15%,所以,扣除资本成本后,甲比乙有更大的获利能力。

鉴于以上原因,采用另一项指标即剩余收益来弥补以上之不足。

2. 剩余收益

剩余收益是指净利润扣除了按规定最低投资报酬率(或资本成本)计算的净利润的余额,公式如下:

剩余收益＝净利润－经营资产×规定最低投资报酬率

剩余收益指标有以下优点。

(1) 能较全面地评价各中心业绩,防止各投资中心受本位主义的影响。

【例 9-8】 将前述例 9-6 的资料,用剩余收益加以比较考核。

第 1 年:剩余收益＝20 000－100 000×10%＝10 000(元)

第 2 年:接受新投资后,

剩余收益＝23 000－120 000×10%＝11 000(元)

接受新投资后,能为该投资中心多带来 1 000 元的剩余收益。故可以接受。

(2)对不同规模的投资中心的评价问题将容易解决。

【例 9-9】 将前述例 9-7 的资料用剩余收益加以评价。

甲中心剩余收益＝20 000－90 000×15%＝6 500(元)

乙中心剩余收益＝12 500－50 000×15％＝5 000(元)

从剩余收益看，甲优于乙。所以，此项指标能使对投资中心的业绩评价和对其经济买力的考核相协调一致。

(3)在投资报酬率相同的几个投资项目中，可评出优劣。

【例 9-10】 设公司内一投资中心占用的营业资产平均余额为 200 000 元，目标营业利润为 35 000 元，该公司各投资中心的加权平均投资报酬率为 10％。计划期间该公司有两个投资项目：甲项目预计投资额为 100 000 元，预期营业利润为 11 800 元；乙项目预计投资额为 50 000 元，预期营业利润为 4 000 元。要求：

①计算该投资中心目标剩余收益。

②用目标剩余收益来评价该投资中心是否接受甲、乙两个投资项目。

[解]见表 9-9。

表 9-9　　**计算结果表**

项　目	目　标	甲　项　目	乙　项　目
营业利润/元	35 000	35 000＋11 800＝46 800	35 000＋4 000＝39 000
营业资产/元	200 000	20 000＋100 000＝300 000	200 000＋50 000＝250 000
加权平均投资报酬率/％	10	10	10
资金成本/元	20 000	30 000	25 000
剩余收益/元	15 000	16 800	14 000
项目本身投资报酬率/％	17.5	15.6	15.6

两项目投资利润率均为 15.6％，没有达到目标要求，但从目标剩余收益 15 000 元来看，甲项目更优一些，因其剩余收益为 16 800 元，超过目标剩余收益 1 800 元。而乙项目剩余收益低于目标 1 000 元(14 000 元－15 000 元)。故乙项目不能接受，甲项目可以接受。

通过上述两例，可以看出剩余收益指标能较好地弥补投资利润率指标的不足。但该项指标使用起来不甚方便。剩余收益是一个绝对数，规模不同的投资中心不能用相同的目标剩余收益来衡量，因为规模大的中心容易获得剩余收益。例如，甲投资中心有 100 万元资产，乙投资中心有 1 000 万元资产，资金成本为 15％。若目标剩余收益相同均为 10 万元，则甲需获利 25 万元(10＋100×15％)，此时投资利润率为 25％；乙需获利 160 万元(10＋1 000×15％)，投资利润率为 16％，由此看出，要完成相同目标，规模小的甲部门需要付出更大的努力，而乙部门能较容易地达到目标。以此来评价甲、乙两部门业绩，显然是不公正的。所以，在制定目标剩余收益时，应按投资规模的不同制定不同的目标剩余收益，以充分反映各部门的努力程度。为了及时反映投资中心的业绩，应编制投资中心责任报告。

【例 9-11】 环宇公司电器事业部是一投资中心，其 20××年第二季度有关资料列示如表 9-10 所示。

表 9-10　　**20××年第二季度有关资料**　　单位:元

项　目	预算数	实际数
销售收入	120 000	150 000
营业净利润	9 500	12 700
营业资产	42 000	56 000

本公司 20××年第二季度预期投资利润率为 14%。

要求:编制第二季度责任报告,并作出适当评价,如表 9-11 所示。

从上述责任报告中看出,该中心较好地完成了目标任务。投资利润率和剩余收益均出现了有利差异。但资产周转率呈不利差异,资金周转速度减慢,下期工作应引起注意。

表 9-11　　**20××年第二季度责任报告**

项　目	预算	实际	差异
销售收入/元	120 000	150 000	30 000(F)
净利润/元	9 500	12 700	3 200(F)
营业资产/元	42 000	56 000	14 000
资产周转率/次	2.86	2.68	−0.18(U)
销售利润率/%	7.91	8.47	0.56(F)
资金成本/元	5 880	7 840	1 960
剩余收益/元	3 620	4 860	1 240(F)
投资利润率/%	22.62	22.69	0.07(F)

第三节　内部结算价格

企业实行责任会计管理,很重要的一点就是要在企业内部划小核算单位,建立责任中心。在各责任中心(主要指利润中心和投资中心)之间充分利用价值规律和实行市场经济的管理办法,并建立内部结算中心。各责任中心之间要进行“商品买卖”,要进行“结算”,就会涉及一个重要问题——制定内部结算价格。制定内部结算价格是企业建立责任会计必不可少的一环,是责任会计的重要组成部分,也是利润中心得以存在和发挥功效的基础。

一、内部结算价格及其意义

内部结算价格(或称转移价格)是企业内部所属各责任中心之间转移产品(或劳务)时的结算价格。它具有重要的意义。

(1) 只有正确地制定内部结算价格,才能明确区分各责任中心间的经济责任,使各责任中心业绩的考评建立在客观可比的基础上。

企业内部实行责任会计管理,需要分清各责任单位之间的经济责任,并对其实行责任考核,为此,就必须对其相互之间的经济往来实行经济责任结算。因此,内部结算价格的制定,对于分清经济责任和客观地进行责任考核影响极大。

某一部件、半成品或劳务的内部结算价格,对制造它的部门来说,是内部销售收入,对购买它的部门来说,是半成品或劳务成本,它将是购买部门所产产品成本的一个组成部分。因此,对于要考核利润的利润中心(上述制造和购买部门均是)来说,内部结算价格的高低,将影响到本中心收入或成本的高低,继而影响利润指标。准确、合理地制定内部结算价格,是客观、公正地评价各责任中心业绩的重要条件,将起到激励各责任中心的作用。

(2)内部结算价格作为企业内部各单位之间经济活动的计量和表现,是企业内部责任者进行经营决策,提高经济效益的指南。

企业内部各责任中心在生产经营上既相互联系,又相对独立地开展各自的活动,特别是利润中心和投资中心,在经营决策上享有较大的自主权。有了内部结算价格,制造部门就可据此决定提供产品的数量(价格越高,供应量越多),购买部门可以以其决定所需产品的数量(价格越低,需要量越多)。然而,上述两个作用一般又相互矛盾。例如,为了促使购买部门大量购买(低价购买),制定可使购买部门产生出最大利润的一组转移价格,可能会导致制造部门出现亏损(低价出售),这样,对两个部门的业绩评价就不可能是客观公正的。相反,一组满意的评价部门业绩的转移价格(令制造和购买部门都有一定盈利),却可能使各个部门作出并非最理想(企业整体利益并非最大)的决策。评价业绩和制定决策之间的矛盾是转移价格这一难题的本质所在。

二、制定内部结算价格的原则

制定内部结算价格应遵循以下几项原则。

(一) 价格与价值相符原则

价格是商品价值的货币表现。内部结算价格的制定,首先必须使所定的价格符合价值,以产品的价值为轴心,优质优价,使价格与价值量的变化成正比。

(二) 价值规律原则

要把价格的高低同商品的供求关系紧密相联,利用价值规律使价格与价值适当背离,从而达到刺激或遏制某些产品生产的目的,但要特别慎重。

（三）机会均等原则

制定内部结算价格是为了正确地进行内部结算，调动劳动者的积极性。所以，必须给各责任者提供一个同等的竞争机会，协调好各部门各责任者之间的关系。具体表现在内部结算价格的制定要充分考虑生产的难易程度，品种、规格、质量等的各种要求和生产的环境等。对生产难度大、品种质量要求严、生产环境差的产品要实行高价厚利，反之，则实行低价薄利。

（四）目标一致原则

内部结算价格的制定不宜过分强调某个部门基于局部立场的观点，而应全面统筹，从全局利益出发，使各部门的利益与全部的利益保持一致，相互促进，特别是不能因局部利益损害全局利益。

三、内部结算价格的类型

（一）市场价格

在内部各责任中心之间转移产品或劳务时，以市场价格作为内部转移价格，是在一组约定条件下采用的。即中间产品市场价格可供利用，并存在一个完全竞争的市场。此时，市场价格减去某些调整项目就可以作为正确的内部转移价格。完全竞争市场这一假设条件，意味着在不影响转移价格的情况下，制造部门可以向外界顾客销售任意数量的产品。购买部门也可以从外界供应商那里获得任意数量的产品。

在采用市场价格的情况下，如果制造部门不能获取长期利润，企业最好停止制造部门生产这种产品而到外部市场去采购。同样，如果购买部门不能取得长期利润，那么，就应停止购买部门购买和加工这种产品，并允许制造部门向外界市场销售产品。

在实际运用中，对纯粹的市场价格应进行一些调整。

(1) 为了鼓励内部的转移，对市场价格要打一个折扣，这个折扣反映了与外界销售相连的销售和收款费用，以及交货、提供服务或保修条款等费用的节约。

(2) 为保证产品的质量，在市场价格中还要附加某种额外的成本，这种成本是为了使产品达到更高的质量标准或者具有某些特殊性能而必须由企业内部生产所引起的成本。在这种情况下，应注意避免由于这些特殊收费的累积而把价格提到远远高于可以从外部获得的可比产品的价格。

在应用市场价格型内部转移价格时，应注意另外一个问题。外部供应商为了能做成买卖，可能先报一个较低的价格，同时期望日后抬高价格。因此，除非能确信外部供应商可以长期保持它所报出的价格，企业一般不应该依靠外部供应商而不利用自己内部的供应能力。

（二）以变动成本加成作价

以变动成本加成作为内部转移价格，就是指以中间产品的单位变动成本加一定的平均利润率比例作为内部转移价格。

(1) 以变动成本加成作价可以促使企业整体决策的最优化。

【例 9-12】 某公司下设甲、乙两个事业部，均为利润中心。甲事业部专门生产一种组件售给乙事业部，作为制造 A 产品之用。该项组件的成本资料如下：组件单位变动成本 40 元，组件分摊的固定成本 60 元，组件单位成本 100 元。乙事业部购进该项组件后，还需继续加工，共需追加单位变动成本 50 元才能制成 A 产品，然后以单价 200 元的价格向市场出售，表 9-12 列出了乙事业部单位产品的收入与成本的有关资料。

表 9-12　　乙事业部单位产品的收入与成本的有关资料

项　目	金额/元
销售收入	200
变动成本：甲事业部组件单位成本	100
乙事业部追加变动成本	50
小计	150
边际贡献	50

最近该公司的乙事业部收到外地客户的订单，希望购买该项 A 产品 200 件，但每件单价只愿出 125 元。

要求：若甲、乙两事业部均有剩余能力 200 件，问乙事业部是否愿意接受单价为 125 元的订货？

[解]是否接受单价为 125 元的订货，完全取决于甲事业部所产组件的内部转移价格是否按变动成本加成的原则定价。因为，此项订货不超过现有生产能力，不需增加固定成本。分析如表 9-13 所示。

表 9-13　　假设分析表

项　目	金额/元
甲事业部组件单位变动成本	40
加成比例 10%	4
组件内部转移价格	44

续表

项　目	金额/元
则乙事业部A产品售价	125
甲事业部组件转移价格	44
乙事业部追加变动成本	50
小计	94
边际贡献	31

如果组件以变动成本加成作价，A产品能为企业增加盈利：200件×31元/件＝6 200元。此时，已充分地利用了现有生产能力，这就是整体最优化的结果。否则，企业会在一个较低的产量规模上生产，并放弃6 200元的盈利。上述计算充分说明了以变动成本加成作为内部转移价格能起到鼓励下级优化决策的作用。但是，采用变动成本加成作价时，必须对下面几种情况予以充分重视。

(2) 在中间产品存在竞争市场并有剩余能力的情况下，只有当制造部门(甲事业部)确信它不能以正常价格(100元)从外部顾客那里获得足够订货时，它才会接受低于正常价格的变动成本加成作价(44元)的内部乙事业部的订货，而不致使生产能力闲置不用。因为，对制造部门来说，以变动成本加成作价转移产品会出现亏损。

$$(40+4)-(40+60)=-56(\text{元})$$

$$200\times(-56)=-11\ 200(\text{元})$$

在对以利润作为主要评价指标的利润中心(甲事业部)进行考评时，上述计算结果对它是不利的。由此可以看出，以变动成本加成作价的转移价格的两个相互矛盾的作用：鼓励下级优化决策的作用和公正评价部门业绩的作用。

为了公正地评价制造部门的业绩，我们必须对上述制造部门不能以正常价格向外部顾客销售中间产品的原因加以分析，如果是客观环境所致，非主观努力所能的，则应对上述11 200元的亏损打一折扣后再进行评价。如果是主观努力不够造成的，则此项亏损由其自己负担。

(3) 在没有中间产品市场的极端情况下，即制造部门(甲事业部)的产品必须在企业内部转移时，此时，若有剩余生产能力，应对其充分利用。为了保证企业获得最大利润，制造部门可以以变动成本加成作价来转移产品，这是它对本部门的固定成本和利润做出的牺牲，是制造部门的贡献价格。因为，此时制造部门无法选择其他销售对象，也无市价可依，只能顺从企业整体利益。这时，我们把此类制造部门作为利润中心对待是不现实的，应将其作为一个成本中心来控制，或把它和加工其大部分产品的部门(如乙事业部)合并成一个较大的利润中心。

(4) 以变动成本加成作价还会刺激制造部门谎报中间产品的成本函数，以夸大产品变动成本从而得到一个较高的价格，得到较大的利益。

综上所述，以变动成本加成作价的内部转移价格有以下特点：①鼓励决策最优化。②与各利润中心的自主性相矛盾。③当存在两个或两个以上购买单位时，这一价格是很难贯彻执行的。④各制造部门达到其生产能力时，这一价格可能是不确定的。⑤会导致制造部门谎报成本函数。

（三）以全部成本加成作价的内部转移价格

以全部成本加成作价的内部转移价格，就是以产品的单位变动成本，加上分摊的单位固定成本，再加一定百分比作价的。这种内部转移价格与传统的财务会计的观点相吻合，即消耗的成本全部予以补偿，资料也容易从财务会计的流水作业中取得。但是，这种转移价格也许是最不能令人满意的。

(1) 这种转移价格会歪曲决策的制定。如前例 9-12 中，假定甲事业部以全部成本加成作价原则来制定组件的转移价格，则应为：(40＋60)×(1＋10％)＝110(元)，乙部门 A 产品的价格此时会等于(110＋50)×(1＋10％)＝176(元)。那么单价为 125 元的 200 件订货就不能接受，这显然是不正确的。

(2) 它并非是一个良好的部门业绩评价标准，它会错误地鼓励制造部门累积所有成本并加成来产生利润，因而使高效率得不到奖励，低效率受不到处罚。

【例 9-13】 某公司所产 B 产品由两个部门加工完成。部门 1 生产的中间产品的单位变动成本 80 元，分摊单位固定成本 50 元；部门 2 追加单位变动成本 60 元，分摊单位固定成本 50 元。中间产品的转移价格采用全部成本加成 20％的比例制定。

通过下列计算，我们将了解到所产生的问题。

部门 1 转移价格：(80＋50)×(1＋20％)＝156(元)

部门 2 B 产品售价：[60＋50＋(80＋50)×(1＋20％)]×(1＋20％)＝319.20(元)

剔除中间产品加成影响，B 产品的售价为：(60＋80＋50＋50)×(1＋20％)＝288(元)

这样，B 产品实际全部成本加成比例将增加：(319.20－240)/240＝33％

这是由于 B 产品从部门 1 转移到部门 2 的逐步升级所造成的。对企业的定价决策会带来消极影响，企业将会因为不合适的高价而失去市场占有率，从而影响企业的盈利。

（四）以市场为基础的协商价格

当中间产品缺乏完全竞争市场时，确定转移价格较实用的方法是由供需两个部门协商定价。当制造部门报价并提出有关条件，并由购买部门进行认定时，协商过程就开始了。协商的结果是：购买部门可能订购制造部门的一部分产量，或还需制造部门增加产量。然后，制造部门可以用其现有购买者所能接受的条件进行讨价还价或决定不接受购买部门的订货,在协商过程中,要求供需两个部门可以自由地选择接受或拒绝某一价格,否则,就是强制价格。

1. 协商价格的转移条件

协商价格的转移条件有以下几项。

(1) 中间产品存在某种形式的外部市场。这一条件可以避免双方垄断,保证协商价格在适当的范围内发生变化。

(2) 在谈判者之间共同分享所有的市场信息,使协商价格尽可能接近双方的机会成本,即接受协商价格后可能放弃的某个有利价格。

(3) 供需双方对外买卖自由,为双方讨价还价过程提供必要的约束。

(4) 企业最高管理人员必要的支持和参与,以防止双方谈判过程出现非最优化决策。

2. 协商价格的缺陷

协商价格具有以下几项缺陷。

(1) 对涉及的部门人员来说很费时间,企业最高管理人员在监督和调解争论时也需花费时间。

(2) 有可能导致部门之间的矛盾。

(3) 双方获利能力的大小与部门负责人员的谈判技巧很有关系。

(4) 当协商价格高于双方的机会成本时,可能会导致非最优化决策。

协商价格的运用,还决定于外界供应者或购买者是否愿意对本企业进行合理的投标。因为,假如每次制定转移价格时都请求外部进行投标,而这样做的目的只是为了刺激内部供需双方制定适当价格,以使所有的转移最终都在企业内部进行,那么外部投标者很快就会厌倦参与这种活动。因此,对外部参与者给予一定数量中间产品的外购或外卖,可以使企业在这些外部参与者之间保持信誉,从而保证不断得到合理的内部转移价格。

(五) 双重的内部结算价格

所谓双重的内部结算价格,是指对于产品(半成品)的供需双方分别采用不同的结算价格。一般来说,对产品的接受单位所收到的产品(半成品)按供应单位的变动成本计价是比较适宜的。因为,当定价高于供应单位的变动成本,同时又高于外界市场价格时,接受单位可向外界进货,而不从内部"购买"。产品的供应单位的部分生产能力就可能因此而闲置起来,无法充分利用。这从整个企业来看,显然是不利的。

对产品供应单位的内部结算价格,一般来讲应包括"内部利润"。如果供应单位得不到利润,甚至发生"亏损",那么就难以"激励"它在生产经营中充分发挥主动性和积极性。

为解决这两者之间的矛盾,最好采用分别作价的方法,即用双重的内部转移价格。这种价格还可作为成本中心与其他责任中心之间转移产品时采用的结算价格：即对成本中心以标准成本为基础来议定拨入或拨出价；对其他中心则以市价为基础来确定拨入或拨出价。因为成本中心与其他责任中心各自有不同的经营目的和考核指标，企业经理对成本中心与其他中心有不同的构想、不同的要求，也就有不同的拨入、拨出价。

按双重内部结算价格考核，在两类或两个责任中心之间形成的差额，可以根据责任会计与财务会计的各种不同结合方式来解决，本章不再作详细说明。

第四节　责任预算和责任会计信息处理与控制

一、责任预算

（一）责任预算的意义、内容

责任预算是责任会计目标的定量表示，是业绩考评的重要依据，是责任会计的重要组成部分。

企业的“全面预算”规定了整个企业和生产经营各方面的总目标和任务。为了保证全面预算的实现，必须把全面预算中规定的指标按照各个责任中心进行分解，形成“责任预算”，使各个责任中心明确各自的目标和任务。所以“责任预算”是“全面预算”的落实和具体化，“全面预算”是“责任预算”编制的依据，两者的总额是相等的。

责任预算是由各个责任指标构成的，包括主要责任指标和其他责任指标两部分。如第二节介绍过的标准可控成本总额、单位产品可控成本、目标利润总额、销售利润率、投资报酬率和剩余收益等指标，都是各个责任中心的主要责任指标，也是必须保证实现的指标。它们是以各个责任中心特有的责任和权力为依据而建立的，体现了各责任中心之间责任和权力的主要区别，具有独特性和持久性。其他责任指标是根据企业其他总的奋斗目标分解而得的或为保证主要责任指标的完成而必须完成的，具有临时性和趋同性。如责任中心劳动生产率、设备完好率、出勤率，各种材料消耗的节约和职工培训等指标。责任指标具有很大的弹性，表现在：第一，责任指标具有一定的外延扩张力，往往分为两种，必须保证实现的指标和努力争取达到的指标；第二，可控指标和不可控指标相互转换；第三，责任指标在执行过程中可进行适当的调整，责任单位有一定的消化和吸收能力，但不可过频。鉴于这种特点，责任预算的编制应采用弹性预算的方法，即根据一系列的产销水平预算不同数量的成本费用，并将成本费用分为固定成本与变动成本，再行编制预算。这样可以使预算数与实际数趋于可比,具有较大的适应性。但对于总目标成本和目标利润,应采用概率预算方法确定一个适当的固定指标。所以,责任预算的编制,首先要将每项成本分解为固定成本和变动成本,确定出单位变动成本和相关范围内的固定成本;其次求出弹性成本。

(二)责任预算编制原则

责任预算编制应遵循以下几项原则。

1. 综合性原则

在责任预算中,责任指标的设计需具备一定的综合性质,能够比较全面地反映责任主体所承担的经济责任。例如,不能仅以价值指标而不用非价值指标,也不能仅有利润、成本指标,而没有其他指标。要确保既要有绝对数指标,又要有相对数指标。

2. 目标一致性原则

编制的责任预算要能保证企业总目标与各部门分目标一致,避免造成企业组织机构上出现次优化问题。次优化是指一个组织所属的单位试图最优地达到分目标,却使整个组织难以最优地达到总目标。这个问题会因总目标分解为分目标的过程不当而造成。

3. 责权相符和可控原则

责权相符和可控原则是指责任单位在职能范围内对可以控制的责任指标负责。责权相符是责任单位完成责任目标的必然要求。责任单位的责任,必须在有权控制的范围内,在授权以后才能履行。

4. 激励原则

制定目标时,要吸收责任目标的执行者参加,既要使责任指标为责任者所接受,又要有一定的难度。目标有适当的难度能激励人们为达到目标而努力。

(三)责任指标的类型

纷繁复杂的经济活动,类型各异的责任体,瞬息万变的环境条件,决定了责任指标的类型多种多样。

1. 直接责任指标与归口控制指标

直接责任指标是责任体自身应负责任的考核指标,存在于各类责任体的指标中。归口控制指标是职能部门进行管理活动、横向控制的责任指标。这类指标的完成往往涉及其他责任体,按归口管理原则,由某职能部门控制。对财务部门而言,筹集资金是直接责任指标,而利润是归口责任指标,不是仅靠财务部门便能解决的。

2. 价值指标与非价值指标

在商品经济条件下，责任会计的责任指标大多是价值指标。价值指标有利于反映出企业的经济效益，被广泛运用于各类责任体。采用价值指标，撇开了责任体之间的差异，用同一尺度衡量责任体，有利于不同部门间的比较和计算出最终效益。但责任体的责任并非完全可用价值指标来度量，非价值指标无法由价值指标完全取而代之，两类指标共用的实例颇多。设备管理的指标有设备寿命周期费用和设备完好率，前者反映设备的经济效益，后者反映设备的技术状况，两者从不同方面反映出设备管理的主要责任，既要保证设备经常处于良好的技术状况又要提高经济效益，两者相辅相成、并行不悖。

3. 定量指标和定性指标

为了准确考核评价责任体的业绩，责任指标应尽可能量化，但企业内部经济关系多样，有的责任体考核任务明确且责任指标能量化，故尽量采用定量指标，有的责任体协作关系复杂，责任评价很难量化，需要定性说明，因此，全部采用定量指标不大可能。量化指标具有说服力，便于控制，因此，人们总希望全部采用定量指标，然而却难以做到。企业中有不少工作责任不可避免地需采用定性描述，职能部门之间相互协调、主动配合是企业管理系统能否正常发挥作用、收到预期效果的一个关键问题。长期以来，用行政手段管理企业，使管理人员逐渐养成单独对上负责的意识，对左邻右舍之间的协调意识较薄弱。因而职能部门工作的主动性和协调配合应纳入考核。如果一律采用定量指标，就有可能增加上下左右的相互埋怨，功过不清，甚至编造数据，弄虚作假。因此，不能忽视定性指标的作用。

定量指标可分为绝对数指标和相对数指标，两类指标共同作用，能完整、真实地反映情况。

4. 短期经济效益指标和长期经济效益指标

利润是经济效益的主要指标，并可以综合反映责任体的工作实效。但是经济效益并不等于利润。而且，实践证明，当年实现的利润并不能完全反映当期工作成果，往往含有多年努力的结果。本年工作不一定增加当期利润，尤其是专业管理工作的成效往往需要经过一段时期才能在利润上反映出来。市场占有率等指标与利润指标属于长期经济效益指标，就横向职能部门而言，该指标可以反映出设计部门、质量管理部门、销售部门等的工作业绩，并将对较长时期的利润产生影响。

因此，不应该而且也不能把利润当做唯一的考核指标。利润尽管能反映出最终经营成果，而且能综合反映各方面的工作，但毕竟有一定局限性。如果不结合其他指标，只考核利润，就会促使各部门甚至整个企业急功近利，为获得眼前利益而不顾长远利益，造成产品质量下降、产品更新迟缓，甚至不择手段牟取暴利或谎报假账，造成利润虚增。因此，利润不能作为衡量企业成绩的唯一标准，更不能作为衡量企业内部业绩的唯一标准。

责任会计指标的多样性在责任会计的发展过程中逐渐为人所重视。责任会计控制，如果不强调全面性，就不能保证获得预期经济效益。

二、责任会计的信息处理

现代化企业中存在着信息的海洋，而责任会计所选用的仅仅是与经济责任有关的信息，即责任信息。责任信息是责任会计控制的基础。

（一）责任会计信息的作用

责任会计信息有以下几项作用。

(1) 用于纠正措施的制定。通过获得的责任会计信息，可以掌握需要解决的问题和影响因素，从而找出纠正问题的措施和途径。

(2) 用于修订责任指标和措施。生产经营活动是一个复杂的循环过程，处于不断变化的环境之中，对大量随机因素的预测不可能准确无误，任何事先制定的措施和方案也不会尽善尽美，原定指标可能会失效或不适合情况，这些问题可以从责任信息中被发现，从而及时进行修订。

(3) 增强内聚力。在分权管理模式中，信息分散、整体控制差是薄弱环节。责任信息的横向沟通可以使分散的信息系统化，通过加工获得的责任信息，有利于抑制离散力，增强内聚力。

（二）责任信息的收集

收集信息是处理信息的起点，同时贯穿于责任会计控制过程之中。信息收集的质量和数量直接影响责任会计控制质量。收集信息首先应明确需收集的信息与责任指标的关系，其次选择信息的来源。责任信息的来源较广泛，可通过以下渠道获得。

1. 实地观察与交谈

这种方法不受时间、地点等条件的限制，常能获得有关士气、主动配合等方面的信息。

2. 原始记录资料

原始记录资料包括：①产品生产记录；②劳动记录；③材料记录；④设备记录；⑤新产品和技术革新记录；⑥产品销售记录；⑦各项原始凭证。

（三）责任信息的加工方式

对于大量庞杂的数据资料必须采取适当的加工方式，将其加工成所需信息。加工方式有以下几种。

1. 分类与汇总

按责任会计控制的要求，把来自各种原始记录的资料分门别类，排列成序，然后按不同要求汇总，归集成详细而系统的信息。

2. 计算与比较

某些责任指标还需根据有关资料进行计算才能得到。“比较”是责任会计处理信息的一种常见方式。“比较”的内容颇多，责任指标执行情况比较，寻找出偏差是主要内容之一；预测条件与实际情况比较，以尽可能减少扰动的影响，及时采取措施是另一主要内容。

3. 分析与判断

责任会计不仅要找出差异，更重要的是分析差异发生的时空及影响，分析原因和责任归属，并试图找出纠正措施。根据信息及分析结果，判断这些信息如何传递，传递对象是谁。

（四）责任信息的传递方式

责任信息形式多种多样，利用要求各不相同，传递方式也不雷同。可以从不同角度进行划分。

1. 按传递时间划分

按传递时间可分为定期传递与即时传递。企业根据实际情况，按需要与可能制定定期传送时间和内容，可采用日、周、旬、月、季等不同间隔期。另外，还要进行不限内容的即时传递，其中包括环境突变必须立即采取的措施等。这是定期常规信息传递无法解决的。但“即时传递”要慎用，否则会增加费用，还可能降低作用。

2. 按传递信息量划分

按传递信息量可分为集中传递与连续传递。集中传递是在一定时间内集中传递一定数量的责任信息，它能较系统、全面地反映一定时期的责任履行情况。连续传递是指对某一类责任信息以连续方式传递，有利于保持信息传递的系统性、及时性，能动态反映某些责任指标变化的过程、发展趋势及特征。

3. 按信息传递形式划分

按信息传递形式划分有以下几种。

（1）会议。在各种规模的会议上交换所需信息，进行协调，解决经济纠纷。

（2）图表。按时将一些重要指标完成情况及差异以图表方式公布，具有醒目、清楚、形象的特点。

(3) 责任报表。以报表形式传递信息,具有系统全面、及时的特征。

(4) 简报。这是企业内定期或不定期的通报,侧重于对某些重大问题或特殊问题进行定性分析。

三、责任会计控制

责任会计通过对责任体履行责任的活动进行控制来规范责任行为,减少偏差,实现责任会计目标。责任会计控制是一种自动化水平较高的控制。所谓自动化水平,是指上级对下级经济活动控制的间接程度。间接程度越高,自动化水平越高;反之,直接控制程度越高,自动化水平越低。责任会计的一个重要内容,就是建立责任中心,目的在于分散经营,分散管理。通过下放与其责任相适应的权力,充分调动起各责任中心的主观能动性。因此,责任会计从理论上讲,较传统的财务会计管理过程的自动化水平要高得多。

(一) 控制方式

控制方式包括以下几种。

1. 组合控制

组合控制是前馈控制和反馈控制相结合的控制方式。责任会计将各责任体的实际业绩与预定标准相比较,获得责任差异信息,根据所得信息进行责任行为的控制,这就是责任会计的反馈控制。反馈控制对环境适应性强,可以掌握较准确的责任信息,控制和改善责任行为,有效地实现控制目标。但是信息反馈总伴随着时滞,从责任信息收集到传递必然存在时间差,时滞直接影响反馈控制的有效性。

同时,企业这一开放系统中,随时受外界扰动的影响,若仅采用反馈控制,时滞问题就会大大增强抗干扰的难度,导致企业难以及时对外界变化作出积极响应。因此,责任会计控制过程中有必要采用补偿扰动的前馈控制,即尽可能在输出量受到影响之前,就根据预测信息采取相应的措施,尽量克服或减少扰动的影响。这就要在系统运转前和运转中对环境可能发生的问题有一个清醒的估计,预测其影响范围,在控制过程中密切注意可能产生的影响,及时采取补偿措施,避免或减少对经营过程的影响。

2. 重点控制

企业是个复杂的系统,只有抓住内部的主要矛盾进行重点控制,才能实现有效控制。为此,责任会计控制要着重关键问题:关键指标的实现,关键环节上责任体的行为。

关键指标是影响业绩的主要指标,关键环节是企业生产经营过程中某些对全局有重大影响,或经常易发生问题的薄弱环节。只有抓住关键问题,提出措施及时改正,才能保证企业的效益。

关键指标和关键环节是企业的主要矛盾之所在，经过一段时期，主要矛盾得以解决，或环境变化后，主要矛盾缓和，次要矛盾上升为新的主要矛盾。关键问题不会固定不变，要注意变化趋势，不失时机地把握新出现的主要矛盾。

3. 行为控制

责任会计遵从激励原则，必须采取行为控制方式。在责任会计控制系统中，人既是决策因素，又是执行因素。这个因素可以起到促进企业经营最佳运转的作用，也可能起到干扰甚至破坏的作用。因此，必须充分考虑人的因素，进行行为控制。

行为控制是通过激发动机，了解心理活动特点，掌握行为规律，从而实现对人的行为控制。行为控制贯穿在责任会计控制的每一环节中。划分责任体，明确责任，授予权力，激发责任心，增强责任感，建立有激励作用的责任指标，进行多种形式的奖惩，是常见的行为控制。

但日常控制中针对责任体领导者的行为进行控制却往往被忽视，而这些领导对责任信息的理解程度和接受态度，直接决定了责任会计控制的有效程度。由于不同的领导者的素质不同，责任会计必须注意责任体领导者的不同素质特点。如果传递的信息不能为领导所理解与接受，责任会计也就没有发挥作用，因此，责任会计还要恰当地解释和分析指标的含义及可能发生的问题。

4. 适时控制

从时间角度来讲，责任会计是一种事中控制，即它更加重视适时控制。所谓事中，是相对于财务会计而言的。财务会计与责任会计都是对正发生的事项进行分析并得出结论，但责任会计得出结论的周期一般要比财务会计短得多。它是对最近的过去进行控制，即过程中的控制。若把财务会计看做是一个完整的控制过程，其得出结论的项数也应比财务会计多。财务会计一般是在整个财务会计报告期末才进行反馈；责任会计是在财务会计报告期中进行反馈，是执行过程中的反馈，它强调随时发生问题随时反映，随时进行控制，其反映速度快而及时。

适时问题之所以重要，是因为信息能否用于内部管理，能否充分发挥作用，不仅与信息的内容有关，而且与时效有关。因为，管理信息大多具有时效性，其价值与提供的时间成反比，时间的延误会使信息的价值消失，依据过时信息，则会导致决策和管理失误。所以，注意适时控制是管理对信息的最基本要求之一。

5. 分级控制

分级控制就是将控制问题划分为若干有分级结构的子问题之后再加以控制的一种方式。在组织机构上，同级子系统是平行的，均只受上一级的控制；在目标上各级子系统分别有自己的目标，但都属于上一级目标的子目标；在信息上具有自上而下的优先次序，即上级的决策信息通常是下一级的指令信息。同级信息交往则是平行的，在时间上，级越低，控制时间尺度就越短(如以天、旬计算)；级越高，控制时间尺度就越长(如以月、年计算)。

(二) 主要控制途径

责任指标的实现常有差异出现，有效的责任控制在于使用信息，采取措施，控制干扰，消除差异，或者将差异控制在允许范围内。导致或影响差异的不利因素称为干扰或扰动。对不同的扰动应采用不同的控制途径。

1. 平衡偏差

这是通过调节运转情况与目标之间的差异，而使被控制对象运转逐渐趋于平稳，最后达到目标的一种控制途径。尤其适用于干扰不能预计、频繁发生又不易准确掌握干扰程度和效应的情况，旨在控制偏差波动幅度，避免因波动幅度过大而造成失控。责任会计对责任体使用资金情况的控制即为此类。

2. 排除干扰

查明导致差异的原因或主要原因的影响因素，继而采取措施消除或最大限度地削弱干扰，从而消除差异或将其减少到尽量小的限度内。这是常用的控制途径，一般用于解决内部不正常而可调节的原因或外部可避免因素造成的影响。排除这些可控干扰，使责任体运转恢复到正常状态。

3. 补偿干扰

对于外部无法避免因素或内部不易调节因素造成的差异，往往采用补偿的办法，这一途径可使企业内部避免因一些客观因素干扰而失去平衡。采用这一途径调整差异，应由责任体承担的损失不能给予补偿。

第五节　业绩评价与责任报告

一、业绩评价

责任业绩评价是通过考核责任指标完成的情况，对责任体工作绩效进行评价。业绩评价不是一项检查责任体过失的消极活动，而是为了激发职工的工作热情、改进工作的积极活动。

（一）业绩评价的功能

1. 是激发工作热情的重要手段

进行业绩评价，职工所付出的劳动，所做的努力能得到承认。这样使职工感到自己在企业中能够起到一定的作用，自己做出的成绩能得到公众的承认，从而增强职工主人翁责任感，激发起工作热情。业绩评价的方法将直接影响责任中心主管人员的行为，业绩评价标准可为中心提供一种最基本的动力。

2. 是奖惩的重要依据

奖惩必须公平，宽严皆误。要做到这点，必须有可靠的依据。这些依据只有通过认真的业绩评价才能获得。

3. 是改进工作的指导

业绩评价既是对前段工作的总结，又为下一控制过程改进工作提供指导，提出应注意的事项和应改进的环节，提供经验和教训。

4. 能保证目标的一致性

业绩考评所依据的评价标准起着导向的作用。为保证分目标与企业总目标的一致性，各部门业绩评价标准应与总的评价标准相协调，以使各部门能向着企业的总目标去努力。

（二）业绩评价的方式

1. 自我评价

责任体按照一定要求对前期工作进行自我鉴定、自我总结。

2. 群众评价

职工按一定标准对领导或各职能部门及其他单位或职业进行业绩评议，这对于发扬民主、保证职工主人翁地位、改善领导作风有着重要意义。

3. 领导考评

由各级领导会同责任会计对下级责任体完成责任指标的情况进行考核和评价。这是责任考评的主要形式。

（三）业绩评价的方法

1. 评分法

在经济责任制推行初期，这是一种广泛使用的方法。这种方法是将要求责任体完成的各项工作按其地位和作用分别定出高低不同的分数，评价时根据工作完成情况评出应得分数，工作圆满得满分，反之酌情扣分。这种方法适用于定性指标的评定。但考核中仅用这一方法，则主观随意性强，说服力差；故经常与下面一种方法配合使用，群众评价时多采用这一方法。

2. 指标核算考评法

这是期末考评时依据日常积累的责任信息，即从各种账簿、台账、责任报表中可以获得的所需信息。由于采用了准确的数字对比，这种考核具有较强的说服力，是常常采用的办法。

（四）业绩评价的标准

业绩评价的主要标准就是责任预算。责任预算编制的全面与否，直接影响到业绩评价的公正与否。前面我们已介绍了责任预算的几项主要指标：可控产品成本差异、销售利润率差异、目标利润总额差异、投资报酬率及剩余收益差异等。只有这些指标，要全面地考核责任中心的业绩是不够的。应建立一个比较全面客观的业绩评价系统。这种评价系统至少应包括以下七个方面的因素。

(1) 获利能力指标。如销售利润率、剩余收益等。

(2) 生产率指标。企业生产中的任何投入因素的组合都应用生产率指标加以衡量，如劳动力生产率、能源生产率等。

(3) 产品市场占有率。产品居市场中的地位。

(4) 产品的领先情况。与竞争对手相比，本企业产品如何，是否属于生产改进了的产品。

(5) 个人发展指标。评价职工培训计划的执行情况，可用以下三个指标分别说明。①已提升和可提升人员的比例；②以下职工行为的比例：行为有所改进的、没有变化的、变坏了的；③职工对其职业发展满意不满意的比例。

(6)职工工作态度指标。定期调查职工对诸如工作满意度、工资政策以及提升机会等因素的态度，并将令人满意的百分比与以前相比。另外，收集到的人员更换率及旷工、迟到、伤亡、事故等出现的次数，都是较客观的衡量标准。

(7)企业短期目标之间的平衡。这一因素体现在前述六个方面的结果中，而每一方面都是由短期和长期两部分组成的。因此，对上述六个方面的每个结果的评价都应包括短期和长期两个方面。这一评价指标的主要作用是把管理人员的注意力指向目前行为的长期结果，即对目前获利能力也许不能立即产生影响的结果。

二、责任报告

责任会计是以责任预算为基础，对责任预算的执行情况进行系统的记录和计量，并定期编制"责任报告"，将实际完成情况同预定目标进行对比，来评价和考核各个责任中心的工作成果。

责任报告应突出重点，引导人们把主要注意力集中到少数严重脱离预定目标的项目上来，而不能事无巨细，一并罗列。

（一）责任报告的内容

责任报告的基本内容依据各类责任中心的不同而不同。

成本中心责任报告以可控成本为重点，同时，也列示不可控成本，其目的是使成本中心的负责人能了解同他有关的成本全貌。

利润中心责任报告要将收入与变动成本和固定成本相对比，求边际贡献和经营净收益，并将实际与预算相比，求出差异系数，以此评价利润中心的工作业绩。

投资中心责任报告除了将收入与成本相比较来求出经营净收益外，还要列示投资报酬率及销售盈利率。

下面分别通过表 9-14、表 9-15 和表 9-16 来说明。

表 9-14　　**成本中心责任报告**

20××年×月　　单位：元

	预算	实际	差异
可控成本：直接材料		21 500	(700)
直接人工		12 000	100
管理人员工资	（略）	4 000	—
维修费		2 000	(300)
物料费		1 000	50
其他		600	10
合　计	（略）	42 000	(840)
不可控成本：设备折旧		2 400	—
房屋折旧费用		3 200	—
其他分配费用		3 780	—
合　计		9 380	—
总　计		51 380	(840)

注：括号内数字为实际数小于计划数的差异。

表 9-15　　　　利润中心责任报告

20××年×月　　　　单位:元

	预算	实际	差异
销售收入	158 900	166 500	7 600
——变动成本:制造		63 270	(6 500)
销售		28 310	4 460
行政管理		3 650	1 340
合　计		95 230	(700)
边际贡献		71 270	8 300
——可控固定成本:制造		33 300	400
可控利润	30 070	37 970	7 900
——销售		6 460	200
——行政管理		9 865	(15)
合　计		16 325	185
经营净收益		21 645	7 715
销售利润率	18.09	$\frac{37\ 970}{166\ 500}\times100\%=22.819\%$	3.9

表 9-16　　　　投资中心责任报告

20××年×月　　　　单位:元

	预算	实际	差异
销售收入	500 000	490 000	(10 000)
变动成本:制造		191 000	9 000
销售		88 000	(3 000)
行政管理		9 000	(3 000)
合计		288 000	3 000
边际贡献		202 000	(13 000)
可控固定成本:制造		101 000	1 000
销售		19 000	1 000
行政管理		27 000	(500)
合　计		147 000	1 500
经营净收益	69 500	55 000	(14 500)
经营资产平均占用额	714 286	727 867	13 581
经营资产周转率/%	0.699 9	0.673 2	0.026 8
销售盈利率/%	13.9	11.22	(2.68)
投资报酬率/%	9.73	7.55	(2.18)
资金成本(4%)	28 571.44	29 114.68	543.24
剩余收益	40 928.56	25 885.32	15 043.24

编制方法见第二节有关内容。

(二)编制责任报告的要求

1. 报告必须明确有关人员的责任

为使责任预算切实有人负责,必须把责任中心的责任预算落实到个人——通常是责任中心负责人。他们对责任中心发生的成本及收益具体负责。因此,责任报告的内容必须与有关人员责任内容一致。

2. 报告是实际绩效与标准的比较

责任会计的重点内容之一,是将预算的执行情况与责任预算进行比较,在责任报告中必须同时填列预算与实际数额之间的差异,便于进行业绩考评和采取有效措施。

3. 报告必须简明扼要,突出重点

责任会计所提供的信息是大量的、繁杂的,责任报告必须把那些对经济效果有重大影响的信息有重点地加以分析。会计上的"例外管理原则"和"重要性原则"是责任报告必须遵循的原则。报告的重点在于说明脱离预算的差异,以使经营者便于知道实现预算的关键所在,集中精力,及时解决。

4. 报告必须适时

报告适时是指提供报告的时间应能满足责任中心和企业管理部门的需要,一般在决策和控制之前的报告最为适时,具有较大的使用价值。责任报告不受传统会计分期原则的约束,可以按周按月编报,还可以根据生产经营需要随时编报。

5. 报告资料必须正确、清晰、简单、明了

责任报告是传递资料的纽带,是有关人员据以决策的根据。因此,报告必须正确无误、用词恰当,书写清晰,以便于使报告能表其真意。责任报告按企业管理层次逐级进行经济评价,并决定必须采取的调节措施。

(三)责任报告与财务会计报告的区别

1. 编报的时间要求不同

财务会计报告定期编制,并定期上报主管部门以便汇总;责任报告根据企业内部管理的需要随时编报,以及时提供信息,发现问题及时解决。

2. 两者反映的内容不同

财务报告要求如实反映某一会计期间企业整体的资金、成本、利润等有关情况;责

任报告只反映各个责任中心的综合业绩。不同类型的责任中心有不同类型的责任报告。

3. 编报的目的不同

财务会计报告的编制是为了定期及时地向外界有关单位提供信息。如上级主管部门、财政部门、银行、股东等。责任报告是为了满足对内管理的需要,向有关决策、控制部门提供信息以便进行管理。

4. 两者反映的重点不同

财务会计报告重点反映的是企业实际执行情况。如实际成本、实际利润、实际占用资金等,并要求数据准确、真实,不差分毫。责任报告重点反映的是各责任中心实际脱离预算的差异,有时并不要求数字绝对准确,有的数字甚至只需了解大致趋势就可以,如是超过预算数还是小于预算数等。

5. 各责任报告有关数据的简单相加并不等于企业财务报告中的相关数据

如各利润中心的利润相加并不等于企业利润表中实际利润总额。一般地讲,前者比后者展现出的数额大。因为,财务会计报告中并不包括各利润中心之间的交易产生的收入。在财务会计报告中,获得的收益权来自和外部配额的交易中。这样,在责任会计报告中出现的各利润中心的利润之和就要比整个企业财务会计报告中展现出的数额大。这两个数额排除了转移价格的影响后会一致起来。这个程序和准备合并财务报表的程序是一样的。

责任报告是对各责任中心过去一段期间生产经营活动情况的系统概括和总结。据此,可以进一步对差异形成的原因和责任进行具体分析,充分发挥信息的反馈作用,以利用管理部门对有关的生产经营活动实现有效的控制和调节,促使各个责任中心根据各自的特点,为实现企业总体目标,相互协调并卓有成效地开展工作,以最大限度地提高生产经营的效果。几个有关环节之间的关系,如图 9-1 所示。

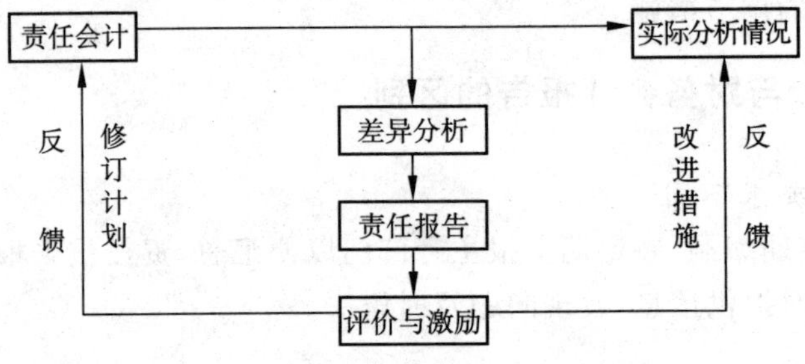

图 9-1 有关环节的关系图

思考题

1. 什么叫责任会计？

2. 简要说明运用责任会计的步骤。

3. 试说明建立责任会计的原则。

4. 什么是责任中心？如何建立责任中心？

5. 说明成本中心、利润中心和投资中心的区别。

6. 产品成本计算和责任成本计算有什么区别？

7. 什么叫可控成本？什么叫不可控成本？两者有何区别？

8. 变动成本都是可控成本，对吗？举例说明之。

9. 固定成本是否都是不可控成本？为什么？

10. 说明利润中心考核指标。

11. 说明投资中心考核指标各有何优劣？如何计算？

12. “减少经营资产不可能提高投资报酬率，因为只有扩大规模，增加经营资产，才有增大利润的可能。”这句话对吗？为什么？

13. 什么是内部转移价格？制定的办法有几种？要遵循哪些原则？

14. 实行内部转移价格有何好处？

15. “只要某产品或劳务有市场价格，那么按它来制定内部转移价格最合适。”你是否同意这个意见？为什么？

16. 责任指标有哪些类型和特征？

17. 责任会计信息的作用是什么？

18. 责任会计控制有何特点？有哪些控制方式？

19. 责任会计业绩评价的功能是什么？应建立怎样的业绩评价系统？

20. 责任会计报告的基本内容是什么？它与财务会计报告有何区别？

练习题

练习题 1

某利润中心 2 月份实际执行情况如下：销售收入 458 000 元，变动生产成本 237 000 元，变动推销及管理成本 30 800 元，可控固定成本 60 200 元，上级分配来的固定成本 42 400 元，这些项目的预算数分别为：销售收入 450 000 元，变动生产成本 240 000 元，变动推销及管理成本 30 000 元，可控固定成本 60 000 元，上级分配来的固定成本 42 000 元。

要求：根据上述材料，编制该中心本月份的责任报告。

练习题 2

长峰公司有两个分厂，均为投资中心，其中一分厂某年销售收入为 480 000 元，经营资产平均占用额为 150 000 元，二分厂同年销售收入为 850 000 元，经营资产平均占用额为 170 000 元，两厂本年预期投资报酬率为 18%。

要求：计算两分厂某年的销售利润率。

练习题 3

假设某企业下属很多责任中心，下表中列出了三个责任中心 A、B、C 在 1992 年度的某些数据，这三个责任中心生产和出售同样的产品。

项　目	A	B	C
生产并销售的产品数量/件	100	100	100
销量收入/元	1 000	1 100	100
各项成本费用/元	900	950	980
经营收益/元	100	150	120
占用的资产/元	500	750	500

要求：

(1) 若把这些责任中心都当做成本中心对待，在 1992 年哪个责任中心报告的业绩最好？为什么？

(2) 若把它们都当做利润中心，又是哪一个最好？为什么？

(3) 若它们都是投资中心，计算出各自的 1992 年工作业绩(用两种指标分别计算，假设资金成本为 14%)，并说明哪一个投资中心的工作业绩最好。

练习题 4

某贸易公司在各地区开设商店，总公司的平均投资报酬率为 22%，预期最低利率为 14%，一分店第一年营业情况如下：经营资产 400 000 元，经营净收益 12 000 元。总公司有多余资金，拟定请一分店在第二年新辟一个专柜，新增资金 200 000 元，预计该项新投资可增加净收益 50 000 元。

要求：

(1) 计算第一年和第二年分店的投资报酬率和剩余收益。

(2) 若用投资报酬率考核工作成果,该分店的经理态度将如何?

练习题5

某公司有四个投资中心,资料如下表所示。

项　目	甲部门	乙部门	丙部门	丁部门
销售收入/元	500 000	1	450 000	1
经营利润/元	20 000	1	22 500	10 000
经营资产/元	1	100 000	900 000	1
销售利润率/%	—	8	—	4
经营资产周转率/次	1	3	1	1
投资报酬率/%	10	—	—	10

要求:列式计算并逐一填入空格。

练习题6

青松公司的镶板部生产板条,其经营计划如下。

项　目	金额/元
变动制造成本	600 000
固定制造成本	175 000
其他变动成本	200 000
其他固定成本	100 000
上级分配的固定成本	113 000

按照以上成本,年内可生产板条 300 000 条,这些板条按每条 5 元的转移价格转给本公司的装配部。

最近该装配部决定从一个外界供应者那里按每条 4.50 元的价格购入该项板条。该镶板部的所有工场设备都是租用的。如果镶板部停歇,实际上所有固定成本都是可以避免的。

要求:确定装配部是否从外界购进,为什么?列出所有的计算。

练习题7

某公司下属工厂每年可生产某产品 10 万件,该产品所需要的 A 种部件原从市场购买,单价 15 元。本年内,公司计划新建丙工厂专门生产 A 部件,其年产量为 15 万件。丙厂建成

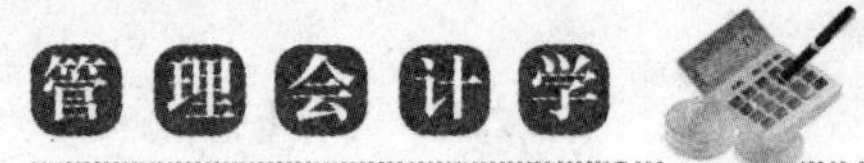

后，不仅可使丁厂某产品年产量增加 4 万件，还可外销 A 部件 1 万件。经调查测算，取得 A 部件的有关资料如下：该部件单位直接材料 5 元，直接人工 2 元，变动性制造费用 2 元，全年固定性制造费总额 300 000 元；该部件内部转移价格经有关人员商定为 9 元、11 元、14 元、15 元和 16 元等五个不同的价格水平。

要求：通过分析计算并具体说明该公司究竟采用哪种内部转移价格。

第十章　管理会计发展前沿

本章学习提示

本章重点：战略管理会计，作业成本计算，平衡计分卡。

本章难点：人力资源管理会计的核算，作业成本计算的方法，平衡计分卡的应用。

为了满足现代社会经济发展提出的更高、更新的要求，管理会计与其他学科交叉、渗透，发展形成了许多新的现代管理会计的分支，包括作业成本计算与作业成本管理、行为会计、环境管理会计、战略管理会计、人力资源管理会计、平衡计分卡等前沿领域，其中有些已经比较成熟，有些还正在形成和发展之中。本章主要介绍战略管理会计、人力资源管理会计、环境管理会计、作业成本计算及平衡计分卡概况，以使读者把握现代管理会计的发展趋势。

第一节　战略管理会计

现代高新科学技术的发展和激烈的国际化市场竞争，促使管理会计开始提供企业战略管理所需要的内外部会计信息，从而逐步产生和发展出了管理会计的一个分支系统——战略管理会计。

一、企业战略管理与传统会计的局限性

（一）企业战略管理与战略管理会计的产生

20 世纪 70 年代起，随着现代科技的高速发展，全球性竞争加剧，传统的大批量、标准化

生产向小批量、个性化生产发展,企业不得不站在全球高度,选择以战略管理为导向的管理模式,不断根据环境变化作出适当调整,以求企业与环境的协调与均衡,获取企业整体竞争优势,从而促进了企业战略管理思想、理论及其基本方法的产生和发展,企业的战略管理问题也日益受到人们的关注。进入 20 世纪 80 年代后,围绕企业战略管理的确定,所谓"市场战略"、"制造战略"、"收购战略"、"销售战略",以及全球化战略等纷纷提了出来。战略管理为企业提出了明确的战略发展方向和目标,为企业在变幻无穷的环境中迎接一切机遇和挑战、减少与环境挑战有关的风险创造了良好的条件。战略管理将企业的决策过程和外部环境联系起来,使决策更加科学化和规律化。

战略管理是一种从战略的角度综合利用企业内外信息的管理活动,而会计信息系统是一个不可或缺的决策支持系统,这就要求更新传统管理会计观念。尤其是对战略决策信息的提供,要求提供超越企业本身的更为广泛、更有用的与战略管理相关的信息,不仅包括内部信息和财务信息,更重要的是诸如市场需求量、市场占有率等外部信息和非财务信息。这对于"战略管理会计"思想的产生起到了直接的催化作用。

1981 年西曼兹(Simmonds)首先提出战略管理会计的概念,此后许多学者开始对其进行研究,提出战略管理会计应该是研究与竞争对手相比,企业自身的竞争优势和创造价值的过程,企业产品或劳务在其生命周期中所能实现的、客户所需求的"价值",以及从长期来看对这些产品或劳务的营销能给企业带来的总收益,认为战略管理会计就是收集并分析企业产品在市场的信息和竞争对手方面的成本以及成本结构的信息,并在一定时期内监察企业和竞争对手战略的管理会计。

战略管理会计采用社会价值链分析、预警分析、股东价值分析、竞争对手分析等方法,改变了传统的预算编制的形式,以企业的整体竞争优势为企业业绩评价的尺度,突破并发展了现代管理会计。

(二) 传统管理会计的局限性

战略管理会计的产生,是战略管理对传统管理会计提出挑战的结果,而根本原因在于传统管理会计存在着许多不足,不能适应企业战略管理的要求。

1. 目标、方法及行为存在短期性

传统管理会计以利润最大化作为最终目标,这虽然能够促使企业讲求核算、加强管理,但却忽视了企业的长远发展,忽视了一个重要因素——未来经营中的"风险",容易造成行为的短期化。从战略角度来说,管理会计的最终目标跟企业目标一样,也应是"企业价值最大化",以获得一种持久的竞争优势,因此对企业业绩评价的尺度应采用战略业绩评价。

传统管理会计目标的短期性引出了传统管理会计在许多方法中同样存在着短期性。例如，固定成本与变动成本的划分是传统管理会计各种分析行为的基础，而这一划分是建立在“相关范围”定义之上的，即在一定范围内的一段有限的时期内才能成立，而时间的限定性显然不能满足企业长期成本性态分析的需要。再如在本量利分析中，传统管理会计假定销售量与收入呈线性相关，这一假定在短期内尚可成立，但从长远来看，该假定与现实相差甚远，从经济学角度讲，边际收入递减规律是客观存在的。因此，短期本量利分析也不适合企业长远发展的需求。

2. 注重内部环境，忽略外部环境变化的影响，缺乏重视外部环境的战略观念

成功的企业管理战略就是要创造和保持持久的相对竞争优势。管理会计应该指出企业在市场竞争中所处的相对地位，提供有利于企业针对竞争进行战略调整的财务和非财务信息。但管理会计一直担负着为内部管理服务的角色，在实现企业目标、加强内部管理方面发挥了重要作用。它在将眼光局限于企业内部管理的同时，也倾向于使用账簿中已有的财会数据来看问题，并依据已发生的事件来解释环境的变化。实际上，企业的内部情况与外部环境之间息息相关，开放的市场也要求开放的企业，因而管理会计必须扩展视野，从立项、设计、生产到销售全过程进行管理，加强市场动态研究，正确审视企业自身所处的地位，利用与外部其他企业的比较来评价企业自身经营状况的优劣，根据外部经济、科技环境的变化，更新观念，及时调整其自身与环境不相协调的方面。

3. 提供的信息不全面，信息渠道单一，不能适应市场竞争的需要

传统管理会计长期以来一直重视企业内部、货币计量、物质资源方面的信息，信息面较为狭窄。在当今世界激烈竞争的环境中，衡量竞争优势的指标除成本指标之外，还有大量的非财务指标。这些不完整的信息，如果用于短期的、局部的决策，不利的影响可能还不是很大，但一旦用于企业长期的战略决策，就有可能给企业带来灾难性的严重后果。信息的不充分使得管理会计的决策支持功能不能得到充分发挥，进而使得企业管理的各项决策严重受阻。管理会计必须拓展信息渠道，提供超越企业本身的更为广泛、与战略管理密切相关的信息，包括市场需求量、产品质量、生产的弹性、顾客的满意程度、从接受订单到交付使用的时间、市场占有率等外部的和非财务的信息。

4. 不能适应企业制造环境的变化

20 世纪 80 年代以来，企业面临的制造环境发生了很大的变化。传统管理会计对新的制造环境存在不适应性，如在现有的成本控制系统中，标准成本差异分析在新的制造环境中的作用就值得怀疑。对于短期成本控制而言，直接人工成本在制造成本中所占的比重较小且基本上属于固定成本，对直接人工成本进行差异分析就没有多大意义，而大多数制造费用与短期的业务量变动不具有相关性，所以传统的标准成本差异分析并不能为短期成本控制提供特别有用的信息；在新的制造环境下，企业的制造周期一般很短，通常要求在问题发现之

时或当天就能取得相关的信息,而传统的业绩报告一般是一月、一旬或一周编报一次,时效性较差。

二、战略管理会计的特征

(一) 战略管理会计的概念

目前对战略管理会计有较多的定义。西曼兹将战略管理会计描述为提供并分析有关企业和其竞争者的管理会计数据以发展和监督企业战略,强调注重外部环境以及企业相对于竞争者的位置和趋势,包括成本、价格、市场份额等,以实现战略目标;布朗维(Bromwich)和伯曼尼(Bhimani)将战略管理会计解释为收集并分析企业产品在市场和竞争对手方面的成本以及成本结构的信息,并在一定时期内监察企业和竞争对手的战略;克拉克(Clarke)将战略管理会计归结为从战略角度提供有关企业的市场和竞争者信息,同时也强调提供企业内部信息。

我国有关学者认为,战略管理会计是以取得整体竞争优势为主要目标,以战略观念审视企业外部和内部信息,强调财务与非财务信息、数量与非数量信息并重,为企业战略及其战术的制定、执行和考评,揭示企业在整个行业中的地位及其发展前景,建立预警分析系统,提供全面、相关和多元化信息而形成的现代管理会计与战略管理融为一体的新兴交叉学科。也有的学者认为,战略管理会计是以现代高科技为依托,充分吸收管理科学、经济学、行为科学、突变论、耗散结构论、协同论、控制论、信息论、系统论等学科的优秀成果,在克服传统会计诸多弊端的基础上发展起来的、适应现代市场经济要求的、以企业价值最大化为目标的新型管理会计。

战略管理会计的最终目标是企业价值最大化,直接目标是为企业战略管理提供各种信息。战略管理会计的对象是对企业战略决策和战略实施有重要影响的各种信息资源。

(二) 战略管理会计的主要特征

对战略管理会计的定义多种多样,但它们有一个共同特征,就是都涉及战略管理会计的一些基本要素,体现了战略管理会计的一些基本特征。战略管理会计的特征主要有以下几点。

1. 外向性

战略管理会计重视外部环境,将管理会计的视角从企业内部扩展到企业外部环境,这些外部环境主要包括政治环境、社会文化环境、自然环境、法律环境和经济环境,以及市场和竞争对手的状况等。战略管理会计是“面向市场”甚至是“市场驱动”的会计，并特别强调各类相对指标或比较指标的计算和分析，如相对价格、相对成本、相对现金流量以及相对市场份额等。

2. 风险管理性

战略管理会计既重视主要生产经营活动，也重视辅助生产活动；既重视生产制造，也重视其他价值链活动；既重视现有的经营范围内的活动，也重视各种可能的活动。它把握各种潜在的机会，回避可能的风险，包括从事多种经营而导致的风险，由于行业产业结构发生变化导致的风险，由于资产、客户、供应商等过分集中而产生的风险，由于资产流动性差导致的风险等，以便从战略的角度最大限度地增加企业的盈利能力和价值创造能力。

3. 综合性

战略管理会计与未来的企业竞争要求相适应，以为企业全面、长期地提高竞争能力、发展能力奠定牢固基础为基本出发点，对企业效益的评价不拘泥于一时的、短暂的得失，是将微观效益和宏观效益、短期效益和长远效益、经济效益和社会效益综合在一起的有机统一体。为了适应于智力投资的扩大和知识创新步伐的加快，物化劳动的转移价值所占的比重越来越小、无形资产所创造的价值增值所占的比重越来越大，战略管理会计由传统管理会计的计算利润转向计算价值增值，并通过编制专门的增值表加以系统反映。

4. 整体性

战略管理是制定、实施和评估跨部门决策的循环过程，要从整体上把握其过程，既要合理制定战略目标，又要求企业管理的各个环节密切合作，以保证目标实现。企业管理是由不同部门完成的，必须以企业管理的整体目标为最高目标，协调各部门运作，减少内部职能失调。相应地，战略管理会计应从整体上分析和评价企业的战略管理活动。

5. 长期性

现代企业战略管理非常重视自身能健康地可持续发展，因此，战略管理会计超越单一的期间界限，着重从长期竞争地位的变化中把握企业未来的发展方向，着眼点在于企业长远的发展。企业的发展战略是战略管理会计考虑的重要问题。

6. 灵活性

任何战略决策都不是一成不变的，关键是要根据企业内外环境的变化及时进行相应的调整，以保持企业战略决策与环境相适应。为了适应这种需要，战略管理会计采用了较为灵活的方法体系，不仅要联系竞争对手进行“相对成本动态分析”、“顾客盈利性动态分析”和“产品盈利性动态分析”，而且采取了如产品寿命周期法、经验曲线和价值链等一些新方法进行分析。

三、战略管理会计的主要方法

为使战略管理会计理论在企业会计实践中得到成功应用，还须有一定的战略管理会计的方法作保证。战略管理会计的主要方法有以下几种。

（一）作业成本计算

作业成本计算（有关作业成本计算将在本章第四节详细介绍）先按作业对资源的耗费情况将成本分配到作业，再按成本对象所消耗的作业情况将作业分配到成本对象，克服了传统成本计算系统下间接费用责任不清的缺陷，使以前的许多不可控间接费用在作业成本系统中变成可控的费用。同时，作业成本法大大拓展了成本核算的范围，改进了成本分摊方法，及时提供了相对准确的成本信息，优化了业绩评价标准。

（二）竞争对手分析

竞争对手分析主要是从市场的角度，通过对竞争对手的分析来考察企业的竞争地位，为企业的战略决策提供信息。竞争对手分析主要涉及以下几个问题：①竞争对手是谁；②竞争对手的目标和所采取的战略措施及其成功的可能性；③竞争对手的竞争优势和劣势；④面临外部企业的挑战，竞争对手是如何反应的。

（三）预警分析

预警分析是一种事先预测可能影响企业竞争地位和财务状况的潜在因素，提醒管理当局注意的分析方法。它通过对行业特点和竞争状况进行分析，使管理当局在不利情况来临之前就采取防御措施，解决潜在的问题。预警分析可分为外部分析和内部分析。外部分析主要分析企业面临的市场状况、市场占有率；内部分析主要分析劳动生产率、机制运转效率、职员队伍是否稳定等。

（四）质量成本分析

全面质量管理制度的实施，尤其是近二十年来计算机设计和制造系统的建立与使用，带来了管理观念和管理技术的巨大变化，适时制采购与制造系统应运而生。在此系统下，为了使产品达到零缺陷，企业非常重视质量成本分析。质量成本分析是指从产品的研发、设计、制造，一直到售后服务整个寿命周期内的质量成本分析方法。它主要分析质量成本的四个部分，即预防成本、鉴定成本、内部质量损失和外部质量损失。只有全面掌握与质量有关的成本信息，管理者才能进行正确的质量成本预算，借以转变传统的重产量轻质量的观念。

（五）产品寿命周期分析

任何产品从最初投放市场到最终退出市场都是一个有限的生命过程。这一过程可由几个明显的阶段加以区分：产品投放期、增长期、成熟期和衰退期。产品的生命周期可用一 S 形曲线描述出来。随着产品沿着生命周期曲线的移动，单位利润也随之变化。在产品投放前期，因其尚未被人所接受，单位利润为负数，随着对产品接受程度的提高，单位利润迅速上升。而过了成长期，随着竞争的加剧，单位利润开始逐渐下降，直至退出市场。

在不同的阶段，企业会面临不同的机会和挑战，因而需采取相应的战略。产品寿命周期可以很好地指导企业的战略成本管理。例如，在投放期和成长期，应以创业为使命，努力提高市场占有率。在成熟期，应以维持为使命，以保持企业现有的市场份额和竞争地位。在衰退期，则应以收获为使命，力争短期利润和现金流入的最大化，甚至牺牲部分市场份额。

（六）价值链分析

价值链分析，分为横向价值链分析和纵向价值链分析两种。从横向角度，波特将企业行为分成九种相关的活动，包括一般管理、人力资源管理、技术发展、采购、内勤、经营、外勤、营销和服务。价值链上的每项活动都有着自身的经营成本和资产，因此每项活动的成本要受到所分配的资产数量和使用效率的影响。为了分别考察每种活动的成本效益状况，应将资产和成本分配到这些活动中去，并确定每项活动的成本动因，将其影响予以数量化，以揭示各种成本动因的相对重要程度。同时，为了衡量企业的成本竞争地位，还应将上述分析运用到竞争对手身上。当企业价值链上所有活动的累计总成本小于竞争对手的成本时，就具有了成本优势。当这种优势能得以保持，而且竞争对手无法轻易模仿时，才具有战略上的意义。

从纵向角度，是将整个行业的价值活动分解成一系列相关的战略活动。这往往会超越任何一个企业的经营范围。例如，可以将造纸行业分成木材种植、砍伐、纸浆生产、造纸、加工、销售等几个价值活动。通过这一分析，我们可以深入理解成本性态以及各个阶段产生差异的原因，从而确定企业由目前的位置沿着价值链向前或向后延伸是否有利可图，以保持和提高整体的盈利水平。

应当指出，战略管理会计的方法远不止以上几种，并且会随着战略管理会计的发展而不断发展和完善。同时，战略管理会计的方法也并非完全独立于常规管理会计之外。实际上，许多战略管理会计方法都是常规管理会计方法在战略环境下的延伸，如本量利分析、差异分析等。但其实施结果却往往与常规管理会计大相径庭。

四、战略管理会计的主要内容

战略管理会计所包括的具体内容随战略管理实践的发展而动态地发展，从目前来看，其主要内容包括长期经营投资决策、战略成本管理及战略性业绩评价等。

（一）长期经营投资决策

战略管理会计提供与长期决策相关的有用信息。在长期经营投资决策中，战略管理会计经常采用以下两种模式进行决策。

1. 本量利分析基础上的长期经营投资决策模式

在管理会计的本量利分析中，短期本量利分析虽然能为特定的时期提供经营决策的依据，但长期本量利分析却更符合企业战略管理的需要。长期本量利分析是以企业的成本、收入与销售量之间呈非线性关系，固定成本改变及产销量不平衡等客观现实为基础来研究成本、产销量与利润之间的关系的。其重心是应用高等数学、逻辑学等建立一个成本、产销量和利润之间的关系图及其表达式，借此来确定保本点及各个指标与利润之间的敏感程度。在长期本量利分析的情况下，原来的固定成本不变、产销数量平衡、单位变动成本不变、单位售价不变等假设均失去意义。与短期本量利模式相比，此时的模式从图形上看，原来的直线变成了经济学意义上的曲线，数学表达式则由简单的线性方程变成了复杂的非线性方程。如果说，短期本量利分析能够适应战术管理要求的话，那么，长期本量利分析则为企业战略管理提供了相关的、可靠的信息。

2. 自由现金流量基础上的长期经营投资决策模式

在传统的投资决策模式中，往往假定资本性投资是在期初支出，而在项目经营期间不再追加投资，营运资金在期初一次垫支，期末一次收回。事实上，资本性支出与营运资金在项目期间各年份会随着产品销售量的变化而不断变动，其现金流量为自由现金流量。自由现金流量是指在支付所有费用、税金和追加投资后，尚未向利益关系人（债权人和所有者）支付现金前的剩余现金流量。将自由现金流量折现便可得出企业长期投资的预期净现值。在长期投资模式中，采用自由现金流量作为基础，能够充分体现持续经营的观点，更科学地反映企业投资的实际情况。

（二）战略成本管理

与传统的管理会计相比，战略管理会计的成本管理称为战略成本管理。战略成本管理具有以下特点：不仅在于降低成本，更重要的是为了建立和保持企业的长期竞争优势；是全方位、多角度、突破企业边界的成本管理；重在成本避免，立足于预防。在进行企业策划时就对企业的地理位置、市场定位、经营规模等一系列具有源流特质的成本动因进行全面综合的考虑，以从源头上控制成本的发生，使成本管理的方法得以更新。

（三）战略性业绩评价

战略性业绩评价与传统的业绩评价系统不同，并非仅从企业财务方面，而是从企业的财务、客户、内部经营过程和学习与成长等方面的评价来反映为支持战略目标而须达到的业绩要求，并且将组织创新与过程创新的要求体现在各方面的业绩评价指标中，以获取企业的持久竞争优势。

1. 财务方面

在不同的经营战略阶段，企业财务评价的侧重点不同。处于成长阶段的企业，其财务目标侧重于销售收入增长率，以及目标市场、客户群体和地区销售额增长等；处于维持阶段的企业大多采用与获利能力有关的财务目标，如经营收入、毛利、投资回报率和经济附加值等；处于收获阶段的企业更注意现金流动，以使现金流量达到最大化。将其与战略相结合，企业既可制定出战略性计划的细分目标，又可细分出多个标准，以分析企业财务业绩的影响因素，适应企业不同成长及生命阶段的具体需要。财务目标与企业经营战略要联系起来，同样，财务评价也与企业经营战略联系起来。

2. 顾客方面

企业要想获取长远的、出色的财务业绩，实现长远的战略目标，就必须创造出获得顾客青睐的产品或服务。为解决顾客方面的问题，必须选择一套企业在顾客方面所期望达到绩效而采用的评价指标，主要包括“市场份额”、“顾客留住率”、“顾客获得率”、“顾客满足程度”、“顾客给企业带来利润率”等。

如何使顾客满意，关键在于企业产品的质量。而这里质量的含义是丰富的，也是相对的，它由顾客认定。质量是顾客想要得到的，从这个意义上说，质量是顾客对企业所提供的产品或服务所感知的优良程度。因此，要了解质量是什么，首先要知道顾客是谁。无论什么企业，都需要关心质量——顾客需要什么、何时需要和如何需要。顾客是质量概念的核心。

质量是制造出来的，而不是检验出来的，质量形成于产品和服务的生产过程。这就要求企业引入全面质量管理，把顾客放到首位，使全体员工参与质量管理，通过连续的质量改进，树立质量服务理念，营造质量文化，在不断的质量改进中实施企业的质量概念。在这里，质量成本是一个重要的考核指标。

3. 企业内部经营过程

从满足投资者与顾客需要的经营战略出发，制定针对研究开发过程、生产过程和售后服务过程的不同评估指标，如专利产品在销售额中所占的比重、在竞争对手之前推出产品的能力、生产程序的适应性及开发下一代新产品的时间、企业经营灵活性、产品生产对顾客需求反应的时间、对顾客提供产品的多样性、服务反应周期、售后服务的一次成功率等。

4. 企业的学习与成长

企业的学习与成长，是为以上三个方面取得业绩突破而提供的推动力量。为了企业长期战略目标的实现，必然强调未来投资的重要性，但又不局限于传统的投资领域，如购买设备、产品开发与研究等，还应对其基础设施如员工系统及业务流程进行投资，以达到提高员工能力、拓展信息系统功能、激发员工积极性等目的。企业的学习与成长的评价指标主要有员工满意程度、员工留住率、员工意见采纳百分比、员工工作能力、员工的劳动生产率、员工的培训与提升、员工素质及企业内部信息沟通能力等，其中"员工满意程度"至关重要。企业只有不断学习与成长才能不断创新，应该说，企业能否实现其财务、顾客和内部业务流程等方面的目标，将取决于企业的学习与成长过程。

财务、顾客、企业内部业务流程、企业的学习与成长等紧密联系，这四个方面确立了综合业绩评价制度的基本框架，但综合业绩评价制度既不是上述四个方面的简单组合，也不是一些财务指标与非财务指标的简单拼凑，而是与企业战略和整套评价手段相联系的，而且不同行业、不同企业也会有所不同。即使是同一个企业，不同时期也可能有所不同。综合业绩评价制度只提供一个分析问题和解决问题的基本框架。

（四）其他内容

战略管理会计除了上述主要内容外，还包括以下内容。

1. 战略目标的制定

战略管理会计首先要协助高层管理者制定战略目标。企业的战略目标可以分为三个层次，即企业战略目标、竞争战略目标和职能战略目标。企业战略目标主要是确定经营方向和业务范围方面的目标。竞争战略目标主要研究的是产品和服务在市场上竞争的目标，旨在回答以下几个基本问题：企业应在哪些市场竞争？要与哪些产品竞争？如何实现可持续的竞争优势？其竞争目标是成本领先还是差异化？是保持较高的竞争地位还是可持续的竞争优势？职能战略目标所要明确的是，在实施竞争战略过程中，企业各个部门或各种职能应该发挥什么作用，达到什么目标。战略管理会计要从企业外部与内部搜集各种信息，提出各种可行的战略目标，供高层管理者选择。

2. 人力资源管理

人力资源管理是企业战略管理的重要组成部分，也是战略管理会计的重要内容。它包括为提高企业和个人绩效而进行的人事战略规划、日常人事管理以及一年一度的员工绩效评价。前者主要是人员招聘和员工培训方面的规划。战略管理会计的核心是以人为本，通过一定的方法和手段来激励员工以获取最大的人力资源价值，并采用一定的方法来确认和计量人力资源的价值与成本，进行人力资源的投资分析。

3. 风险管理

企业的任何一项行为都带有一定的风险。企业可能因冒风险而获取超额利润，也可能会因此招致巨额损失。一般而言，报酬与风险是共存的，报酬越大，风险也越大。风险增加到一定程度，就会威胁到企业的生存。由于战略管理会计着重研究全局的、长远的战略性问题，因此，它必须经常考虑风险因素。战略管理会计对风险的管理主要是在经营与投资管理中采用一定的方法，如投资组合、资产重组、并购与联营等方式分散风险。

第二节　人力资源管理会计

一、人力资源管理与人力资源管理会计的产生与发展

（一）人力资源管理与人力资源管理会计的产生

随着经济的发展，人在经济活动中起着越来越重要的作用，人们也逐渐认识到经济管理实际上就是人的管理。人事管理作为一种管理体制，出现于第二次世界大战之后，并在20世纪五六十年代逐步推广和完善。之后，随着现代科学技术的高度发展和知识经济的来临，人事管理又发展到更新的阶段——人力资源开发与管理阶段。人力资源管理的产生是经济发展的必然结果。当经济发展到一定水平之后，当产业完成从资源密集型、劳动密集型向知识密集型的转换之后，社会经济的发展越来越依赖于人力资源的开发和利用。根据国外学者的看法，人力资源管理产生和发展的过程经历了四个阶段：手工艺制度阶段、科学管理阶段、人际关系运动阶段和目前的组织科学——人力资源方法阶段。从科学管理阶段到人际关系运动阶段完成了以物为中心到以人为中心的转变，行为科学对人的心理和行为运动规律的研究更加科学化，使以人为中心的管理不仅有了丰富的理论基础，而且形成了许多切实可行的制度和方法，而组织行为科学的发展使人们认识到，组织本身对人们的表现具有造就、限制和调整的作用，而且人的行为还要受到各种职位上的权威、工作和技术要求的影响，因此不能简单地认为人们在组织中的行为方式就是人际关系。目前的人力资源管理理论，实际上是组织行为学与前几个阶段的员工管理实践相互结合的产物，它认为，应增加外部环境对人力资源开发管理的作用，社会、技术、政策和法律环境、人的个性与人力资源开发都是

互动的。

社会经济和科学技术的发展,使人类对自然的认识进一步加深,同时也意识到在一定的自然条件下,人力资源才是根本。有了这样的认识,再加上人力资源管理理论和实践的发展,人力资源管理会计的产生也就成为必然。

1964年赫曼森首先提出了人力资源管理会计的概念,从此开始了人力资源管理会计的研究。

(二)人力资源管理会计的发展

此后,有关学者和美国会计学会等组织对人力资源管理会计理论的研究,促进了人力资源管理会计理论的发展和完善。计量人力资源成本模型、人力资源价值模型得以建立,并以此来评介其有效性,把研究人力资源管理会计作为人力资源管理的工具。学术界和实务工作者对人力资源管理会计的兴趣导致了很多相关论文的发表,很多企业也纷纷尝试进行人力资源管理会计核算与报告,使人力资源管理会计得到迅速发展。随着人们对劳动生产率的关注,特别是20世纪80年代后,人力资源管理会计作为提高职工劳动生产率的一个重要工具,在美国等国家的一些大型企业、机构纷纷采用,从而促进了人力资源管理会计实务的发展。

目前,人力资源管理会计的应用范围越来越大,人力资源管理会计已进入一个深入广泛的发展时期,并将对传统会计产生重大影响。

二、有关人力资源管理会计的基本概念

(一)人力资源管理会计的含义

关于什么是人力资源管理会计,目前主要有以下几种观点。

(1)人力资源管理会计是把人力资源的成本、价值、收益作为组织的资源,对之进行预测、决策、计划、核算、控制、报告、分析、评价、考核,以提供企业有关人力资源管理的相关信息。

(2)人力资源管理会计是把人的成本和价值作为组织的资源而进行的计量和报告。

(3)人力资源管理会计是鉴别和计量人力资源数据的一种会计程序和方法,其目标是将企业人力资源变化的信息提供给企业和外界有关人士使用。

(4)人力资源管理会计就是通过会计方法和其他跨学科领域的方法测定和报告企业人力资源变动和现状等,以帮助所有利害关系人作出正确决策的会计。

另外有观点认为,人力资源管理会计有广义和狭义之分。广义的人力资源管理会计包括社会人力资源管理会计和企业人力资源管理会计。社会人力资源管理会计是从社会的角度对人力资源所进行的确认、计量、记录、报告和管理。企业人力资源管理会计是从企业的

角度对人力资源所进行的确认、计量、记录、报告和管理。通常所说的人力资源管理会计，是指企业人力资源管理会计，即狭义的人力资源管理会计。

（二）其他相关概念

人力资源管理会计是结合了人力资源管理学和会计学等学科而形成的，要了解它的基本原理，就必须了解有关的基本概念，包括人力资源、人力资本和人力资产等。

1. 人力资源

人力资源是指人体内存在的各种劳动能力，表现为体力、智力、知识和技能的总和。它是与自然资源和物质资源相对应、以人的生命为载体的社会资源，具有很强的社会性。

2. 人力资本

人力资本是指人们以某种代价获得并能在劳动力市场上具有一定价格的能力或技能。它和实物资本一样是通过投资而形成的，教育投资和卫生保健支出构成了人力资本最主要的部分。

3. 人力资产

人力资产是指人力资源可以作为一项资产通过会计确认、计量、记录、报告来进行反映。人力资产是一种无形资产，但它与一般的无形资产又显然有明显的不同。

人力资源管理会计的目标是向企业信息使用者提供他们所需要的有关人力资源变动和现状的有关信息。其对象是人力资源及其货币表现。

三、人力资源管理会计的核算

（一）人力资源管理会计的核算内容

一般认为，人力资源管理会计的核算内容主要包括人力资源成本和人力资源价值。

人力资源成本是指为取得、开发和重置人力资源所引起的成本。它包括三个部分：一是人力资源取得成本，如招聘费、选考费、安置费及调换费等。二是人力资源的开发成本，主要是指为有计划地发掘、培养、发展和利用人力资源而发生的成本，一般为企业的教育培训费用。三是人力资源的离职成本，即人力资源离开企业所产生的成本，如退休金、补助费、丧葬费以及空职产生的机会成本等。

人力资源价值是指人力资源可能为企业提供服务的潜能。它可以分为三个部分：一是个人价值，即个人在企业预期服务期间内未来服务的估计现值。二是群体价值，指组织中的某个特定群体预期未来服务的估计现值。三是人力资源整体价值，指为组织服务的所有员工——无论其职位和贡献大小——能为组织获取的未来服务的现值。这三者是相互联系的，整体价值来自于个人价值和群体价值，但并不是它们的简单相加，在每个员工的个人价值或群体价值之间相互协调时，整体价值才能达到最大。

实际上，以上所说的人力资源成本和价值只是人力资产计价（确定人力资产入账价值）的两种不同方法：成本法计价和价值法计价。

（二）人力资源管理会计的计价方法

人力资源管理会计的计价方法就是人力资产的计价方法，人力资产的计价方法有成本法和价值法两种基本的方法。成本法是指以对人力资产的投入作为人力资产价值，而价值法则是以产出价值对人力资产进行计量。采用成本法进行人力资产计价核算的称为成本法人力资源管理会计，采用价值法进行人力资产计价核算的称为价值法人力资源管理会计。

1. 成本法

成本法又分为历史成本法、重置成本法和机会成本法。

(1) 历史成本法。是指会计主体以其在人力资源的取得、开发、安置、遣散等方面的实际支出为依据，按历史成本的原则进行资本化的一种计价方法。这种方法因为与传统会计的计价方法相一致而较容易理解。

(2) 重置成本法。重置成本法认为，为了保证企业人力资产的现有水平能得到维护，在企业销售收入中回收的应是人力资产的重置成本，即在当前物价条件下重置目前正在使用的人员所需的成本。人力资产重置成本有两种情况：一种是从个人角度出发计量的“个人重置成本”，指企业在现时条件下要取得与现有职工素质相当的人员所需的全部费用；另一种是从工作岗位的角度出发计量的“职位重置成本”，指企业在现时条件下取得符合特定工作岗位要求的员工所需的全部费用。

(3) 机会成本法。是以企业员工离职使企业所蒙受的经济损失为依据进行企业人力资产计价的一种方法。机会成本法对管理决策具有重要的参考价值，因为它用人力资源的损失来说明人力资源对企业的重要性。有的学者建议使用机会成本作为企业人力资源的计价标准，因为机会成本更近似于人力资源的实际价值，而且其数据可以通过企业各部门对所需职工的竞争性出价来确定，这样就克服了历史成本法和重置成本法的缺陷。但是，人力资源的机会成本既不代表企业的投入成本，也不代表人力资源的创造价值，对外部信息使用者来说并不具有相关性。机会成本的另一个缺陷是，机会成本法与传统会计模式相去甚远，使用内部竞价得到数据会带来极其繁重的工作量。

2. 价值法

对于人力资产的价值法计价，学者们提出了许多计量模式，大致可以分为非货币计量模式和货币计量模式两大类。

(1) 非货币计量模式。其核心在于以人力资源的才干和能力来决定其在企业中的价值。影响人力资源非货币价值的因素有:现有人员的文化程度、技术职称或技术职务、技术工种、实际工龄、年龄及健康状况等。人力资源价值的非货币性计量就是依据以上因素,建立反映职工真实面貌和工作能力的人事管理档案,包括能力一览表、工作绩效评估表、可塑性评估表等。一般对个人来讲,个人价值由个人的生产能力、晋升能力和调换工作能力等决定,而评价群体价值时还要充分考虑到管理方式、组织结构、企业文化等方面的影响。人力资源的非货币计量模式可以提供一些货币计量模式无法提供的关于人的才干、适应环境能力、协调工作能力、掌握新知识技术能力等方面的信息,有利于管理当局了解职工情况,分析职工价值变动的原因,从而决定采用适当的管理方式及相应的措施。非货币计量模式不能精确、定量地计量人力资源的价值,实施中还需要对员工的具体情况作调查分析,灵活性很大。而且,所谓的非货币计量模式中的一些工作更是人事部门应该做的事,而不属于会计的职责范围。因此,在这里我们在介绍人力资源管理会计的运用时,主要是指人力资源的货币计量模式。

(2)货币计量模式。又可以分为群体价值计量模式和个人价值计量模式。主张群体价值计量模式的观点认为:人力资源价值是指人在组织中的价值,个人作为组成成员之一,离开了组织就无法衡量他的价值,而且个人价值的总计并不等于组织价值。主张个人价值计量模式的观点则认为:任何团体的人力资源都是由个人价值组成的,只有先求出个人价值才能求出组织的价值;经营成果的好坏往往与一些个人的经营能力和领导能力有着直接的关系;人力资源的投资和管理通常也是以个人为基础的。我们认为,这两种模式是相互补充的,不能完全相互替代。

四、人力资源管理会计的运用

在人力资源管理活动的过程中,人力资源管理会计可以发挥其重要作用。

(一) 人力资源的决策

在人力资源的决策过程中,人力资源管理会计在综合分析人力资源信息的基础上,运用科学的理论,尤其是经济数学的一些分析方法,制定若干个可供选择的方案并作出符合企业利益的选择。

通常地,人力资源管理人员在提出决策内容后,会计人员首先应设计出几种可供选择的决策方案,提出实施人力资源决策的具体对策,在决定备选方案时,通常需要使用会计、经济数学、统计等方法来对每一个方案的支出和未来可能带来的收益进行估计,这对于人力资源决策是一个很重要的环节。如果这个环节出现错误,那么以后的所有工作都将变成徒劳。因为决策的基础不对,即使决策方法再精确再细致也不会有正确的结果。在备选决策方案确定之后,要做的工作便是对已形成的方案按照经济分析的方法来权衡利弊、评价优劣。这是整个人力资源决策过程中的关键环节,如果出现差错,将会直接影响到企业的利益。在选择方案的时候,有很多方法可以利用,如差量分析法、投资回收期分析法、效用理论、净现值分析法、线性规划、网络图决策法及期望理论等。

决策并没有在作出决策方案选择后便结束,作出的决策还需要实施,并且在实施过程中反馈回来的信息往往可以指导我们对决策方案进行调整或对下次类似的决策有所帮助。因此,会计人员还需要对那些在实施过程中反馈回来的信息及时加以记录、提炼,并将其在以后的决策过程中加以运用。

1. 人力资源招募决策

企业为了更好地发展或在人员空缺时,经常会需要在某些职位上招聘新的员工,在进行招聘决策时经常会遇到这样的问题:是从外部招聘还是从企业内部提拔,是通过中介机构(如人才中心等)招聘还是通过媒体向社会公开招聘,是否需要新设某个职位并招聘新的员工或者取消某个职位将员工调离等,还有许多类似的问题。人力资源管理会计可以在这方面给管理者提供相关的信息和建议。

2. 人力资源开发决策

人力资源开发是以发掘、培养、发展和利用人力资源为主要内容的一系列有计划的活动和过程,它包括人力资源的教育、培训、管理及人才的发现、培养、使用与调剂等环节。人力资源开发的决策主要涉及对哪些人员进行培训、选择的培训方式和培训的内容等。

(二) 人力资源的激励

人力资源管理会计在激励计划的制定和实施过程中能起到以下作用。

1. 企业工资制度的确定

企业应开多高的价招募人才,才能既吸引到优秀人才,又不至于使人力资源成本过高呢?在一个正常、成熟的人才市场上,各类人才的薪金即人力资源的使用价格由市场决定。人力资源的价值是由生产、发展、维护和延续劳动力所必需的生活资料的价值决定的。在目前的人力资源价值研究中,广泛地采用了货币性计量和非货币性计量相结合的方法,这符合人力资源管理会计的假设,即人是有组织的、有价值的资源,人能为组织提供现在和将来的服务,而且这些预期的未来服务对企业具有经济价值。人力资源的价值受组织的影响,也受企业价值观、企业文化等无形因素的影响,有形的技术培训可能使人力资源的价值增加、损耗或不变。

在当前阶段,对人力资源的价值计量主要采用货币性计量方式,其中最有代表意义的是以工资为基础的“未来工资报酬折现模型”，即人力资源价值是其最初为企业提供服务起，直至退休或死亡止工资总和的折现价值。但这种模型至少有三个局限：它是事后的计算结果，它忽视了职工除因死亡或退休外退出企业和改变角色的可能性，未考虑企业收益的差别是由于人力资源的差异造成的。其最大的局限是它颠倒了人力资源价值和工资的关系，认为工资的折现价值决定人力资源的价值，这正如由商品的价格决定其价值一样令人费解。况且工资受到诸多非经济、非市场因素的干扰，高低悬殊、波动很大，这样就使价值具有极大的不确定性。所以，应将人力资源价值历史计量模型由产出法改为投入法，并理顺价值和工资的关系，建立起由价值决定工资的新机制。即一个人的经济价值由形成其目前的身体状态和知识技能水平所投入的各种生活资料价格、健康保健投资、教育培训投资及所放弃的收入等决定。其工资收入，特别是基本的工资收入应由构成人力资产价值的不同项目分别采用不同的时限折算之后的总和来决定。

2. 年度奖金的确定

很多企业利用年度奖金计划来激励中高层管理人员提高短期绩效，工资一旦确定下来，一般不会随绩效的下降而削减，而短期激励奖金的总额很容易随绩效的改变而发生波动。年度奖金的确定依赖于员工个人的绩效和整个企业的绩效(即企业当年利润)，这样在确定年度奖金的金额时，首先需要会计来提供有关企业本年利润及本年可分配利润的金额，以确定企业可以用于发放年度奖金的红利基金，会计人员还必须明确下期的现金需要量以及下期是否有较大的投资需求。

3. 股票期权计划

股票期权是企业给予高级员工的一种权利。持有这种权利的高级管理人员可以在规定的时间内以股票期权的行权价格购买本企业股票，购买的过程称为行权。在行权以前，股票期权所有人没有任何现金收入，而行权过后，个人收益为行权价与行权日市场价之间的差价。高级管理人员可以自行决定在任何时间出售行权所得股票。股票期权计划的主要目的是为了将企业高层管理人员的利益与企业的长期发展联系起来，这样可以避免企业经营者为了在位期间的利益而放弃一些短期内给企业财务带来不利影响而对企业长远发展有利的计划。因为，企业经营者的业绩评价主要依靠经营损益的数据，而当经营者的薪酬只由基本工资和奖金构成时，他们为了较高的奖金会关注经营损益甚于企业长期利益。股票期权计划将企业经营者的利益系于企业长期利益，对企业高层管理人员产生长远、有效的激励作用，可以改善这种状况。

（三）人力资源的预测和计划

人力资源计划应当具有外部一致性和内部一致性。外部一致性是指人员计划应当同企业的整体计划相配合。内部一致性是指人力资源计划应该同所有其他人事工作的环节，如招募、培训、工作分析等计划相一致或协调。

人力资源预测是整个管理会计体系很关键的一部分，它不仅是人力资源决策的基础，也是企业成本预测、利润预测等其他预测的基本环节。传统会计的全面预算中没有涉及人力资源预测的问题，实际上根据企业计划销售量的不同，企业人员也会出现变化，而人力资源成本和工资成本将随之变化，从而导致全面预算利润的变化。

在制定人力资源计划时，需要进行以下三个方面的预测。

1. 人员需求预测

人员需求预测是这三个方面预测中最关键的一环。在人员需求预测中主要考虑的是生产和销售的需求，同时还应注意到企业可能发生的雇员流动、企业有关提高产品质量或服务质量的决定，以及雇员的质量与性质是否需要改变等问题。

2. 组织内部候选人供给预测

人员需求预测解决了需要多少雇员的问题，在决定从组织外部雇佣新的人员时，必须首先弄清楚有多少空缺职位的候选人可以从组织内部获得。一般来讲，从组织内部直接晋升员工比直接从外部招聘要更稳妥，而且可以节约很多招聘费用和培训费用。

3. 组织外部候选人供给预测

如果企业中没有足够的内部候选人可供挑选，企业就必须从外部招聘新的员工，同时企业内部人员晋升后也会有新的空缺职位需要从外部招募。

企业的外部候选人一般来说是能够满足企业需要的，但企业需要对总体经济情况、地方劳动力市场及职业市场状况作出预测，以了解企业未来招聘的难度、预计花费的费用多少等。通常失业率越低，劳动力供给就越少，招募的难度就越大；地方劳动力市场状况的预测可以让管理者了解在本地劳动力市场招募的难易程度，如果难度过大，可以选择未来到劳动力供给较丰富的外地劳动力市场招聘所需人才，而职业市场状况预测则可以让企业了解其所需要的特定职业的潜在候选人的供给情况。

（四）人力资源控制

控制建立在预测和计划的基础上，人力资源控制的内容包括以下几项。

1. 增员、减员及员工流动控制

即根据招聘费或委托招聘代理费、人力资源维护费等人力资源成本之间的相互关系，确定一个使总人力资源成本最低的增员（或减员）数量。

从管理的角度讲，适度的人员流动可以促进职工之间的竞争，增强企业活力。但流动率过高对企业也有消极影响。在目前的人事管理方式和会计核算模式下,高流动率仅反映员工对企业的低满意度和职工的低士气,而不能使人事主管们看到频繁的人员流动的经济性质和结果。人力资源管理会计可从两个方面为企业管理者提供帮助:人员流动的经济损失披露,说明应该索取多大数额的经济赔偿才能避免或减少人员变动所带来的损失。

较普遍的人力资源历史成本计量模型认为;人力资源的历史成本可分为取得成本和开发成本。取得成本是指取得一个新职工所必须付出的代价,包括招募、选拔、雇佣和就职成本。开发成本是指培训一个职工使其达到某个职位预期业绩水平或提高他的技能而付出的代价,包括定向成本、脱产培训和在职培训成本。因此,招募方式、选拔范围和选中率、被选中人员的状况及是否需要培训等决定了被录用者历史成本的大小。

2. 人力资源成本控制

即对影响人力资源成本的各种因素加强管理,及时发现与成本预算或计划之间的差异,并采取一定的措施,保证完成预定的目标成本,同时更要注重提高人力资源成本的效益。人力资源成本控制要求在坚持整体性原则、全面性原则、分级归口管理原则、权责利相结合原则、例外管理原则的基础上,按照不同的成本特性来进行。

在人力资源成本控制中,人力资源部门是一个重要部门。人力资源部门的工作绩效往往通过企业比同行业其他企业的员工更高的劳动生产率体现出来,间接地为企业创造出巨大的利润。员工的工作效率受组织管理方式的影响极大。一个良好的机制可能使它创造出百倍以上的工作绩效,而一个良好的机制的核心是有效的激励机制。这取决于管理者对员工的了解、薪酬的设计和考核体系的建立,这正是人力资源部门的工作内容。随着经济的发展,企业从经营技术、经营资本发展到目前的经营各种资源,如信息资源、市场资源,特别是人力资源。从这个意义上说,人力资源部门不仅应成为一个利润中心,而且必将成为一个肩负更大责任的投资中心。其工作好坏直接关系到人力资源成本的控制。

第三节 环境管理会计

一、环境问题与环境管理会计的产生与发展

(一)企业发展所面临的环境问题

随着人类改造自然能力的不断提高,地球环境越来越按照人类的意图变化。然而,当现代工业社会给人类提供越来越多物质财富和享受的同时,人类赖以生存的地球却遭到空前

的、越来越严重的、肆意的破坏。大气污染、水体污染、土壤污染、噪音污染和放射性污染、电磁辐射污染等日益严重,土地沙漠化、植被遭破坏、海洋生物减少和生态平衡被破坏的势头越来越强,大量生产、大量消费、大量废弃造成了不可再生资源被过度挥霍。这些日趋严重的环境问题,不但使人类不间断地遭到大自然的猛烈报复,而且最终形成世界各国经济可持续发展的瓶颈,逐渐引起各国政府的高度重视,经济界和社会其他各界也把环境问题作为热门话题,人们认识到生活质量的提高不仅需要发展生产,而且还要相互保护环境。而环境专家得出的结论是:环境问题的本质在于应当承担环境责任的企业,将其环境责任推卸给社会。

企业将环境问题推给社会解决,是解决环境问题的各种方式中最坏的方式之一。因为这是一种先污染后治理的昂贵的解决问题的方式,是一种对其他企业来说不公平的、对社会来说没有可操作性的解决问题的方式。于是,世界各国将企业的环境责任用法律——环境保护法的形式确定下来,让企业承担环境责任成为强制性的法定责任。

(二)环境管理会计的产生

环境问题和有关环境保护的法律,使人们必须在发展生产和保护环境两者之间进行利益权衡以作出决策。

从企业来看,企业生产经营所获得的物质利益与进行必要环境保护活动所丧失的物质利益之间需要重新权衡,环境保护成本和环境保护收益需要权衡,由于造成环境污染所形成的负债或或有负债对企业价值的影响需要权衡等。当企业进行上述权衡的根本原因在于它无法摆脱环境活动之后,也就引发了企业对环境活动进行系统的分类和核算的内在要求,从而为环境管理会计的产生奠定了基础。

随着有关环境保护法律的颁布和强制执行,企业依靠破坏公共环境来获取经济利益越来越不可能,或要承担越来越高的风险。有关企业公害造成的高额赔付引起企业亏损,企业污染的限期治理所导致的企业倒闭,环境收费和排污权交易的活跃,绿色产品的热销,国家财政、税收、金融等宏观政策向环保企业的倾斜等,使企业认识到进行有关环境活动的核算成为必要且有客观的核算内容时,环境管理会计的产生也就成为必然。

由于企业经营活动所涉及的环境问题对企业的财务状况、经营成果、现金流量、企业价值有重要影响,所以投资者以及债权人、客户、政府相关部门等,越来越需要了解企业环境活动的资料及重要指标的情况。这种对企业环境活动信息的需求,成了催化环境管理会计产生的加速器。

当以上内在要求、外在要求发展到一定程度时,环境管理会计的理论和实践也就产生了——1971 年比蒙斯(Beams)发表的《控制污染的社会成本转换研究》和 1973 年马林(Marlin)在《会计学月刊》上发表的《污染的会计问题》揭开了环境管理会计研究的序幕,标志着环境管理会计的产生。

（三）环境管理会计的发展

1989 年联合国国际会计与报告标准政府间专家工作组连续几次会议将环境会计作为工作组年会的讨论议题之一，1995 年 3 月在日内瓦召开的第十三届会议上更是把环境会计作为中心议题。环境管理会计的发展由此可见一斑。

进入 20 世纪 90 年代中期之后，环境管理会计的称谓逐渐被人们所接受，所讨论的问题也更加广泛和深入，其代表性文献为格雷(Gray)1993 年所著的《环境管理会计学》一书。环境管理会计的研究不仅受到会计界重视，也受到企业界和环保组织及有关机构的支持，某些研究成果也得到一定程度的应用。环境管理会计的产生是人们对环境问题认识深化和相关环保法规建立的结果，是人类文明进步的表现。

当然，环境管理会计仍处于发展初期，还不成熟。这种不成熟从理论上看，环境管理会计尚未建立一套能与现行会计体系相结合的可行的计量方法体系；从实务上看，对环境问题的揭示还多采用定性描述的方式，而且在不少企业中还没有受到足够的重视。

二、环境管理会计的基本原理

（一）环境管理会计的概念

从不同的角度对环境管理会计的定义有多种不同的描述。主要的定义有以下几项。

(1) 环境管理会计是环境科学与会计学科交叉渗透而形成的综合性应用学科，它是以货币为主要计量单位，以有关环境保护法规为依据，研究经济、社会发展与环境之间的关系，计量、记录环境污染、环境治理、环境资源的利用和补偿对企业经营活动和经济效益影响的一个会计分支。

(2) 环境管理会计是以货币为主要计量单位，以有关环境法律、法规为依据，研究经济发展与环境资源之间的关系，计量、记录环境污染、环境防治、开发、利用的成本费用，并对企业在经营过程中对社会环境的维护和开发形成的效益进行合理计量与报告，综合评估环境绩效及环境活动对企业财务成果影响的一门新兴学科。

(3) 环境管理会计是为了综合考虑企业的环境政策和经济政策以使企业持续发展，对财务信息和相关非财务信息的产生、分析和运用。

(4) 环境管理会计是运用会计学的理论与方法，采用多元化的计量手段和属性，对各会计主体的环境管理系统以及经济活动对环境的影响进行确认、计量和报告的一门新兴学科。

（二）环境管理会计的目标

环境管理会计的基本目标是实现经济效益、环境效益和社会效益的多目标协调，实现社会经济的可持续发展。具体目标是充分披露与环境有关的会计信息，为各决策单位实施经济和环境决策提供帮助。

（三）环境管理会计的对象

环境管理会计的对象是企业的环境活动和与环境有关的经济活动所引起的环境资源的损耗和补偿。环境资源损耗是指由于资源消耗失控、重大事故、三废排放等造成的环境污染、生态恶化的损失，以及企业生产、储运、销售过程中对自然资源的超定额消耗。环境资源的补偿是指企业治理污染、改善环境，以及以排污费、罚款和赔偿等形式上缴国家或支付给他人用以保护环境。

（四）环境管理会计计量的基本理论

环境资源大多不是人类劳动的产物，有些甚至是自然界千百万年长期演变的结果。如何对环境管理会计要素进行计量，关键是根据环境管理会计各要素的特点来建立计量方法的理论。环境管理会计要素中有相当部分不是劳动的结晶，没有交换形成的价值和价格，但对人类有一定的效用。环境资源的效用是与稀缺程度结合在一起的。以稀缺性为标准对环境资源进行划分，可分为自由取用资源和经济资源。随着人类的繁衍和经济的发展，一方面，人类对自然资源的需求量远远超出自然界自身的更新能力；另一方面，人类排放到环境中的废弃物也超出了环境的承受力。在这种情况下，良好的环境同样也成为经济学意义上的稀缺资源。当环境资源成为经济资源时，环境资源便有了价格，使用环境资源就必须付出相应的费用。在资源稀缺的情况下，人类要维持其效用，就会自觉不自觉地寻找替代物，如利用太阳能替代现有能源，使环境资源又具有替代性的特点。

从环境资源的效用性、稀缺性、替代性、非交易性等特点来看，在建立环境管理会计计量理论时，效用性构成了环境资源的价值源泉，稀缺性决定了必须引进边际概念，替代性决定了环境资源的价格，非交易性决定了环境资源价格的确定必须借鉴经济学的方法概念和数学方法概念。因此环境管理会计的计量方法可以建立在边际价值理论与劳动价值理论相结合的基础上，对于包含劳动结晶的环境诸要素，按劳动价值理论建立的计量方法计量；不是劳动结晶的环境要素，按边际价值理论建立的计量方法计量，因此环境管理会计计量的基础可以采用机会成本、边际成本或替代成本等，许多模糊现象，如环境资源效用的模糊、环境资源稀缺的模糊、均衡的模糊等也可以采用模糊数学进行计量。

三、环境管理会计的核算方法

（一）环境管理会计的计量方法

环境管理会计常用的计量方法主要有直接市场法和替代性市场法。直接市场法是度量被评价的环境质量到环境标准之间的变动，然后直接运用货币价格这一变动的条件或结果进行测算，直接市场法是建立在有充分信息和明确现有的因果关系基础之上的，所以评估结果比较客观。具体包括以下几种方法。

1. 恢复费用法或重置成本法

在被评环境质量低于环境标准要求时，假如无法治理环境污染，则只能用其他方式来恢复受到损害的环境，以便使环境质量达到环境标准的要求。将环境质量恢复到标准状况所需要的费用就是恢复费用——重置成本，显然，此时环境价值为负值。

2. 防护费用法

当某种活动有可能导致环境污染时，人们可能采取相应的措施来预防或治理环境污染，用采取上述措施所需的费用来评估环境价值的方法就是防护费用法。防护费用的负担可以有不同的方式，它可以采取由污染者购买和安装环保设备自行消除污染的方式；也可以采取建立专门的污染物处理企业来集中处理污染物，而由污染者支付处理费的方式；还可以采取受害者自行购买相应设备，而由污染者给予相应补偿的方式。

3. 市场价值或生产率法

环境质量的变化对相应的商品市场产出水平有影响，因而可以用产出水平的变动导致的商品销售额的变动来衡量环境价值。如果环境质量变动影响到的商品在充分市场的条件下销售，就可以直接利用该商品的市场价格。

如果选定的商品是在市场不充分的条件下销售的，就需要对市场价格进行调整，甚至用影子价格来取代市场价格。

4. 人力资本法或收入损失法

一般地，环境质量脱离环境质量标准时，对人类健康会产生一定的负面影响。这种影响不仅表现为劳动者发病率与死亡率变化而给生产直接带来的损失或收益（可用上述市场价值法加以估算），而且还表现为医疗费开支的变化等，人力资本法就是专门评估反映在人身健康上的环境价值的方法。为避免重复计算，人力资本法只计算因环境质量脱离环境标准而导致的医疗费开支的变化，以及因为劳动者生病或死亡的提前或推迟而导致的个人收入变化。

可见,直接市场法不仅需要足够的实物量数据,而且需要足够的市场价格或影子价格数据。如果在因环境质量脱离环境标准而带来的损失或收益中,有相当部分根本没有相应的市场,因而也就没有市场价格;或者其现有市场只能充分地反映环境质量脱离环境标准的结果,在此情况下,直接市场法的应用或者不可能,或者有很大的局限性。

此外,直接市场法所使用的是有关商品和劳务的市场价格,而非消费者相应的支付意愿或受偿意愿,这就使得该方法不能反映在消费者因环境质量脱离环境标准而得到或失去的消费者剩余,因而也就不能充分衡量环境的价值。

在现实生活中,有些商品和劳务的价格只是部分地、间接地反映了人们对环境质量脱离环境标准的评价,用这类商品与劳务的价格来衡量环境价值的方法,称为间接市场法,即替代性市场法。替代性市场法使用的信息反映了多种因素产生的综合性后果,环境因素只是其中之一,因而排除其他方面的因素对数据的干扰,就成为采用替代性市场法时不得不面对的主要困难。所以,替代性市场法的可信度要低于直接市场法。另外,替代性市场法所反映的同样只是有关商品和劳务的市场价格,而非消费者相应的支付意愿或受偿意愿,因而也不能充分衡量环境质量的价值。但是,替代性市场法能够利用直接市场法所无法利用的可靠的信息,衡量时所涉及的因果关系也是客观存在的,这是该方法的优点所在。

环境管理会计的计量确认是难点,如何确定特定环境的金额,各种计量方法都有自己的特点。环境管理会计在计量特定环境价值时,应根据计量的、可获信息的充分性及可靠性和成本-效益原则来选择具体方法,也可采用非货币计量在会计报表附注中披露。

(二)环境成本的核算方法

环境管理会计内容广泛,但其核心是环境成本及其核算。环境成本是指企业为保护环境而发生的各项支出。

1. 环境成本的特点

环境成本有以下几项特点。

(1)“产品成本”内涵丰富。在环境管理会计中,要对产品整个生命周期内的成本进行核算,具体到环境成本,产品成本不仅包括生产过程中所发生的环境支出费用,而且包括产品从开发、销售直至淘汰整个生命过程的环境支出费用。

(2)发生额较大且呈现不断上升的趋势。由于人们对环保的日益重视,政府环境立法对企业约束力增强,公众对环境质量的要求标准越来越高,作为主要污染者的企业对此承担的责任日益增加,因而环境支出费用较大,并呈现不断上升的趋势。

(3) 发生时点不均衡。环境支出费用往往具有突发性或一次性，如违反环境法律受到的罚款而导致的支出、环保设施的投资等。

(4) 潜在成本剧增。环境活动有其特殊性，企业当期生产经营活动对环境的破坏可能并不明显，但这并不表明企业不负担任何环境成本。因为企业对环境的破坏终究要付出这样或那样的代价，并且代价有越来越大的趋势。

2. 环境成本核算的内容

环境成本核算的内容比较广泛，主要内容包括：企业排污造成的某种资源损失；自然资源被损坏后，丧失的能创造或转化的其他价值；自然资源受到破坏或污染后，为使其功能恢复而付出的修理费用；环境遭到破坏后，人工建造一个代替原来环境功能的耗费；企业排出的废水、废气、废渣对人体健康破坏引起的经济损失等。

3. 环境成本的计算方法

环境成本的计算一般可采用产品寿命周期成本法，就是在产品经济有效使用期间，从产品研究开发阶段开始，经过产品规划、设计、制造、售后服务等阶段，按每一阶段累计其发生的成本。因此产品寿命周期成本法考察的是产品整个生命周期的完全成本——从设计到开发，它是为了优化企业价值链而在成本计算上的时空观扩展。在当今社会，人们的消费观念发生了根本性的变化，对产品的需求从追求经久耐用转向标新立异，突出个性，产品寿命周期日益缩短，从而产品成本的构成也发生了重大变化：制造过程中发生的成本所占比重下降，而制造过程以外的成本日益增加。

按产品寿命周期成本法的要求，企业应就产品生产经营过程中所消耗的能源材料和产生的废弃物进行跟踪检测，就产品生产、销售、使用(或消耗)过程中发生的环境支出进行全过程的累计。按照产品寿命周期成本法，环境成本可分为三类：①普通生产经营成本，即在生产过程中与产品直接有关的成本，包括直接材料、直接人工、能源成本、厂房设备成本以及为保护环境而发生的生产工艺支出，建造环保设施支出等；②受规章约束的成本，即由于遵循政府环境法规而发生的支出，包括排污费、检测监控污染情况的成本，因违反环境法规而缴纳的罚款等；③或有负债成本，即对环境造成污染或损害，而按法律规定在将来发生的某种支出，包括由于环境污染严重而尚未治理，国家极有可能对企业处以的罚款，企业因污染对周围单位或个人的人身或财产造成损害而招致可能的赔付等。

产品寿命周期成本法是环境专家常常提倡的计算环境成本的方法，它立足于产品寿命周期的全过程，将寿命周期分析的结论转化为费用形式，对环境成本加以确认、计量、记录和报告，并将核算范围由企业内部扩展到企业外部。

四、环境管理会计的运用

（一）环境成本的预算和预测

随着环保时代的到来，企业短期和长期投资预算都必须考虑到环保因素，企业的折旧政策、存货估价、坏账准备金的提取等，都应充分考虑到环保的要求。例如，企业的固定资产已落后于环保标准而面临提前淘汰时，其折旧率就应该提高；企业存货已不能满足新的环保标准时，其存货价值就应予低估，相应地，对这类已出售的存货形成的应收账款的坏账准备计提比率也应提高。这些预算方面变化的最终结果是影响到企业的业绩目标，减少财务业绩目标对企业的压力，有利于企业为环保做出更大的贡献。

除预算外，企业在进行投资预测时也必须充分考虑环保因素，未来的环保问题会对投资项目的成败产生重大影响。因为如果企业投资项目违反环保政策法规，轻则需要追加环保方面的投资，如排污处理设备的投资等，重则会面临被强制搬迁、关闭等命运。所以，环保因素必须成为企业的一个重要预测变量，只有这样才能适应环保时代的需要。

（二）环境成本的控制

成本控制是管理会计的重要内容，在考虑环境因素后，对环境成本的控制也就变得更为重要。由于环境成本的范围比较广，其中很大一部分是无形的，例如污染环境所造成的公众形象的损失，企业所能直接控制的只是如治理废弃物成本等经济活动直接影响的部分。因此，从企业的角度来看，环境成本的控制主要是指废弃物成本的控制和能源消耗成本的控制等。通过衡量为降低能源消耗和废弃物而发生的成本和由此产生的收益，可以提高企业的经济效益，并达到经济效益和社会效益的协调。

（三）环境投资决策

企业为达到有关环境保护的法律、法规和标准的要求，必须要进行一些必要的投资活动以改善企业生产经营活动对环境的影响，从而为企业的长远发展做准备。传统管理会计的投资决策与考虑环境因素的决策可能产生冲突。这是因为企业现在不为改善环境进行投资，长久下去必将被社会所淘汰。就现阶段而言，环境管理会计仍是采用管理会计中原有的分析方法和模型，但在分析、决策过程中应坚持对环境负责的思想，考虑由环境因素导致的成本、效益问题。

（四）环境成本的效益分析

环境成本的效益分析是根据成本与效益之间的相互关系，借助于两者之间的动态变化反映，通过比较和分析得出结论，以评估企业环境投资、环境管理所取得的成效。从企业的角度来说，企业投入了大量的环境成本，其最终目的仍是为获得经济利益，只不过在考虑环境因素的条件下，其方式发生了变化。在法律、法规约束及舆论的监督下，企业要想在竞争中生存，就需要努力降低环境负荷，树立自身的环境保护形象。

环境成本导致环境负荷的降低，并最终产生环境效益。企业的环境效益包括经济效益和社会效益两个方面。经济效益是由于企业环境成本的支出降低了对环境的不利影响，从而产生的直接能以货币计量的效益。诸如排污费、诉讼赔偿额的减少、废物再生利用收益，原材料和能源消耗的节约、环境治理的咨询服务收入、获得优惠利率环境保护贷款的利息机会成本等。社会效益则包括企业形象的提高、企业绿色产品的开发与销售、企业环境风险的降低，减少职工和附近居民的疾病率、降低建筑物的侵蚀和酸雨浓度等。对环境效益的评估是环境负荷分析的延伸，只有获得良好的环境效益的环境负荷降低才是有意义的，为此发生的环境效益成本才是经济的。

（五）环保产品研究开发和工艺设计

要将环保政策落到实处，企业应重视环保产品的研究开发及产品工艺的设计等。重视产品的研究开发和设计，是一个战略性的问题。企业在短期的经营压力之下，一般都不愿意进行环保产品的研究开发、设计和创新，因为这些活动会导致短期利润下降。事实上，环保问题已使研究开发成本增加了许多，而且还会进一步地增长。但与环保相关的研究开发成本的支出，将在未来影响企业的产品在市场上的占有率。

相应地，工艺产品设计，包括产品本身和包装物的设计均需要考虑到环保问题。不少国家和地区专门制定了促进企业按环保要求设计产品的各种规则，这使得产品设计中的环保优先思想更加受到企业的重视，企业如在产品设计中忽视环保问题，那么就可能付出重大的代价。

第四节　作业成本计算

一、作业成本计算的产生和发展

近年来，高度自动化的先进制造企业在管理观念和管理技术上有了巨大的变革，适时制及与其密切相关的零库存、单元制造、全面质量管理等管理观念与技术相继产生，使企业传统的采购与制造过程发生了深刻的变化。相应地，产品成本计量与控制、会计决策、业绩评价等会计理论和方法也在相应地发生变革。例如，在先进的制造环境下，许多人工已被机器取代，因此直接人工成本比例大大下降，固定性制造费用大比例上升。不少企业以往直接人工成本占产品成本的40%～50%，而今天不到10%，甚至仅占产品成本的3%～5%。这就使传统的"数量基础成本计算"不能正确地反映产品的消耗，从而也不能正确核算企业自动化的效益，不能为企业决策和控制提供正确有用的会计信息。于是，作业成本计算产生了。

实际上，对作业成本计算的研究可追溯到20世纪40年代初，那时现代管理会计体系尚未完全建立。最早提出作业成本计算的是科勒。1941年，科勒在《会计论坛》杂志发表论文，首次对作业、作业账户设置等问题进行了讨论，并提出"每项作业都设置一个账户"。其后，斯托布斯从20世纪50年代开始对作业成本计算的理论问题进行研究，并认为，若要较好地解决成本分配问题，成本计算的对象就应当是作业而非产品，产品成本应根据资源投入量，计算利用每种资源的完全成本。1971年，斯托布斯在《作业成本计算和投入产出会计》一书中对"作业"、"成本"、"作业成本计算"等概念作了全面阐述。

但直到20世纪80年代中期以前，作业成本计算并未引起会计界的广泛关注和深入研究，直到库珀在1986年发表《一论作业成本计算的兴起：什么是作业成本计算系统?》。在该文中，库珀对作业成本计算给出了明确的解释。他认为：产品成本就是制造和运送产品所需全部作业的成本的总和，成本计算的最基本对象是作业。作业成本计算所赖以存在的基础是作业消耗资源，产品消耗作业。随后库珀又连续发表了《二论作业成本计算的兴起：何时需要作业成本计算系统?》、《三论作业成本计算的兴起：需要多少成本动因并如何选择?》、《四论作业成本计算的兴起：作业成本计算系统看起来到底像什么?》及《计量成本的正确性：制定正确的决策》等，对作业成本计算的现实意义、运作程序、成本动因的选择、成本库的建立等重要问题作了全方位的分析，奠定了作业成本计算研究的基石。此后，在英美发表了大量研究作业成本计算的文章，使作业成本计算成为会计学界研究的热点问题，并一直持续到20世纪90年代前期，而作业成本计算理论也日趋完善。

其后，由于一些企业在应用作业成本计算后又因种种原因而放弃使用作业成本计算，理论界对作业成本计算研究一度趋于冷静，也有人发表文章对作业成本计算的正确性、适用性提出质疑。但是，近年来随着作业成本计算在越来越多的企业、行业中得到应用，特别是作业成本计算应用软件的开发和使用，作业成本计算又进入了一个新的发展时期。

作业成本计算在实务界的应用发展相对于理论界是稳步前进的。作业成本计算的应用已由最初的美国、加拿大、英国，不断向澳洲、亚洲、南美洲以及欧洲其他国家扩展。在行业领域方面，也由最初的制造行业扩展到商品批发、零售行业，金融、保险机构、医疗卫生等公共用品部门，以及会计师事务所、咨询类社会中介机构等。作业成本计算应用最重要的决策领域是在确认企业发展机会、产品管理决策和作业过程改进决策等方面，应用最多的业务领域包括生产加工、产品定价、零部件设计和确立战略重点等。

在作业成本计算发展的进程中遇到的最大挑战之一，就是日益扩大的企业资源计划的实施。企业资源计划及其软件的应用使企业的注意力从作业成本计算转向基本资源（如人力、财务、生产、后勤资源等）的有效利用。企业资源计划的应用也使企业怀疑作业成本计算体系能否和耗资巨大的企业资源计划相适应，在美国就曾一度由于企业资源计划的实施而使很多企业推迟或者放弃作业成本计算计划。但后来情况有了变化，开发、出售企业资源计划的软件商将战略转移到作业成本计算市场，力争把以管理决策为目标的作业成本计算和以信息、数据流为目标的企业资源计划相结合，把作业成本计算的理念和方法融入企业资源计划系统之中，融入从预算、计划到销售、赢利能力分析等各个方面，使企业各有关部门能通过企业资源计划系统获得作业成本计算数据，从而最大限度地改善企业生产经营，形成整体最优化。作业成本计算已被认为是一种推动企业进步的基础方法。

二、作业成本计算的基本理论

（一）作业成本计算的基本概念

目前，对作业成本计算定义的描述不尽相同。例如，有的把作业成本计算描述为是以企业在经营过程中所发生的各项作业活动为成本对象，衡量各项作业活动耗用的资源总量及其成本，并分析引起各项作业活动成本发生的成本动因，以成本动因作为各项作业活动成本分摊的基础，计算产品成本的一种成本计算方法。有的则把作业成本计算描述为以作业为核心，通过对耗用企业资源的所有作业进行确认和计量，将耗用的资源成本分配给作业，然后根据成本动因将所有作业成本再分配给产品或服务，最终计算出相对真实的产品或服务成本的一种成本计算方法。

对作业成本计算定义的描述可以有所不同，但都是说作业成本计算以作业为基础，核心都是“产品消耗作业，作业消耗资源”。

（二）与作业成本计算相关的概念

为了正确理解和应用作业成本计算，需要了解与作业成本计算相关的以下基本概念的含义：

1. 作业

作业是指企业提供一定数量的产品或劳务过程中所消耗的人力、技术、原材料、方法和环境的集合体。增加顾客价值的作业叫做增值作业，不会增加顾客价值的作业叫做不增值作业。

2. 作业中心

作业中心是指相关的归集到一起的作业的集合。作业中心的作业所引发的成本可以用按作业中心设置的成本库来表示,因此作业中心是能个别显示其作业成本的成本集结单位。

3. 作业链

作业链是指为了满足顾客需要而建立的一系列前后有序的作业集合体。

4. 资源

资源是指一个企业所有的消耗。

5. 成本动因

成本动因是指引起成本(资源消耗)发生的作业或因素。

6. 作业成本

作业成本是指产品生产或劳务提供过程中有关作业消耗的资源。

7. 价值链

价值链是指在一系列前后有序的作业集合体中,每完成一项作业就消耗一定量的资源,同时又有一定价值量和产出转移到下一个作业,直到将产品提供给顾客而形成的全部作业的价值集合,是由价值来表现的作业链。

8. 作业成本观

作业成本观是指产品消耗作业,作业消耗资源,生产费用应根据其产生的原因汇集到作业,计算出作业成本,再按产品生产所消耗的作业,将作业成本计入产品成本的观念。

9. 作业成本习性

作业成本习性是指既定时期内成本总额与作业量的相互依存关系。

10. 作业的函数

成本是“增值作业”和“不增值作业”的函数,并以“顾客价值”作为衡量增值与否的最高标准。

三、作业成本计算的方法

(一)作业成本计算的基本步骤

1. 确认主要的作业和作业中心

一个作业中心即是生产程序的一部分。首先将产品生产过程中的主要作业加以确认,按照作业中心汇集费用，披露成本信息，以便于管理当局控制作业，评估业绩。只有明确了计算和管理的对象才能进行后面的工作。作业可以分为以下四个层次：①单位作业，是生产单位产品或提供一项服务的作业，它对资源的消耗一般与产品的产量或销售量成正比例变化，如直接人工、直接材料等。②批别作业，是为一批产品而进行的作业，如机器准备、批检验成本等。它与产品生产的批数成正比例变化，而与该批作业的单位产品无关。③产品作业，是为了某一产品的生产或某一项服务而执行的作业，如对每一种产品编制的数控规划、顾客关系等。④维持作业，是指为了维持企业的总体生产能力而执行的作业。如企业管理、土地使用等。

不同的企业，其经营规模、工艺流程和组织结构各不相同，因而其所要认定的作业也不尽相同。作业的认定要考虑到成本效益原则和信息需要的详细程度。不能只追求准确性而不顾为此所付出的代价，也不能因追求完美而不顾企业的实际需要。

2. 按照资源动因将归集起来的投入成本或资源分配到每一个作业中心的成本库中

成本库按作业中心设置，每个成本库所代表的是它那个作业中心的作业所引发的成本。为简化计算，可将同质作业的成本库合并为同质成本库。同质成本库是指可以用一项共同的成本动因解释其成本变动的成本。同质作业引发的成本可以合并分配以减少计算工作。这一步骤的计算反映了作业成本计算的一项基本原则，作业量决定资源的耗费量，资源的耗费量与作业直接相关，但资源耗用量的多少与最终产出量没有直接的关系，成本应按作业进行汇集。

3. 按照作业动因将各个作业中心的成本分配到最终产品、产出、劳务或顾客上

成本计算最终要计算出产品成本，在作业成本制下，产品成本由作业成本构成，汇集的作业成本按各产品消耗的作业量的比例分配，计算出各产品的作业成本，确定各产品成本。这一步骤反映了作业成本计算的另一原则，产品消耗作业，产品产出量的多少决定着作业的耗用量。

（二）作业成本计算的实施方法

以下描述了实施作业成本计算的一种结构化方法，这种方法已经在一些企业成功运用。这里所述的结构化方法可分为两大部分。第一部分描述在开始实施前应做的设计选择。这些选择定义了系统将拥有的特性。第二部分定义了成功实施作业成本计算系统的步骤。这些步骤帮助决定系统的实际设计将是什么形式和它将如何被很好地接受。

1. 需要先作的决策

至少有以下决策要在作业成本计算系统实施前作出，包括系统是和现存系统集成还是成为一个独立系统？在实施前是否应有正式设计？最终系统的所有权应归谁？系统应该有

多精确？系统应该报出历史的还是未来的成本？初步设计应该复杂还是简单？

2. 实施计划

实施计划是确保探索研究的成功，其主要目标是：确保实施小组对作业成本计算理论和实践了解和掌握得足够多，能设计出适当的系统；确保管理者对作业成本计算理论和它的潜在效益了解得足够多，使管理者能够接受和使用项目决定；确保项目的设计和数据采集阶段能高效完成。

实施计划一般有以下七个步骤或阶段：①作业成本计算研讨。其目的是介绍企业管理中作业成本计算的概念及效益，讨论设备的特性为以作业为基础的系统作准备，确定设计小组成员的需要。②设计研讨。其目的是对实施小组进行作业成本计算教育，确保实施小组理解设计小组所作决策的含义。③设计和数据采集。它分为两部分。首先检验直接材料和直接人工的标准，然后分析间接费用，确定产生费用的作业。④进展研讨。其主要目的是确保设计恰当和允许企业管理部门拥有开发一些系统设计的所有权。⑤行政研讨。行政研讨会比开始的讨论更详细地为企业管理部门解释作业成本计算。行政研讨会帮助构建作业成本计算系统的委托事项，准备管理项目结果，建议结果可以应用时他们应考虑的行动类型。⑥成效讨论。当作业成本计算可以使用的时候，将由一组由经理和工程师组成的评估人员分析成效。⑦解释。主要集中讨论如何解释以作业为基础的产品成本和以后应采取的行动。

四、作业成本计算的运用——作业管理

（一）作业管理的意义

作业成本计算出现的最初是为了精确地计算成本，解决共同成本的分配问题。但是后来的发展却证明它所提供的信息可以被广泛地应用于预算管理、生产管理、产品定价、新产品开发、顾客盈利能力分析等诸多方面，这使得作业成本计算很快超越了成本计算本身的意义，而上升为以价值链分析为基础的、服务于企业战略需要的作业管理。

所谓作业管理，就是根据作业信息对企业经营过程中的作业进行评价，尽可能地消除不增值作业，改进增值作业，从而作出战略性和经营性决策，使企业价值链优化，最终增加顾客价值和企业价值。它是把管理的重心深入到作业层次的一种新的管理观念。

作业管理的目的主要是从外部顾客的角度出发，尽量通过作业为顾客提供更多的价值，从企业自身的角度出发，尽量从为顾客提供的价值中获取更多的利润。

作业管理的出发点是将企业看做是由顾客需求驱动的系列作业组合而成的作业集合

体，在管理中以努力提高增值作业、减少乃至消除不增值作业为方向。

管理者在进行作业成本分析、了解产品成本之后，就会采取许多可行的策略来增加产品一系列的获利能力。管理者利用作业信息所采取的行动即为作业管理，主要内容包括：产品重新定价、替代产品、重新设计产品、改进生产过程和经营策略、技术投资和产品削减等。

作业管理方法主要有：①作业消除，就是消除不增值的作业，即先确定不增值的作业，进而采取有效措施予以消除；②作业选择，就是尽可能列举各项可行的作业并从中选择最佳的作业；③作业减低，就是改善必要作业的效率或者改善在短期内无法消除的不增值的作业；④作业分享，就是利用规模经济效应提高必要作业的效率，以降低单位作业成本及分摊于产品的成本。

（二）作业管理的主要应用

1. 产品定价

一些企业在产品定价方面很少有自主权。它们生产大量的产品并在高度竞争的市场上销售，这使得人们很难从质量和性能的角度上对产品品种进行区分，顾客也能够非常容易地转换供应商以获得最低价格的产品。一个企业，哪怕是一个大企业，都是行业中的一个小分子，除非这个企业的顾客非常忠诚（或者顾客的转换成本很高），否则这个企业就必须遵循行业领导者的价格政策。在这种情况下，即使是经过了一次详细的成本分析，企业也不能变更其价格政策。这些企业必须注重于经营策略而不是用定价来提高它们产品的获利能力，这些经营策略包括重新设计、替代、削减产品或改进生产。

然而许多企业在价格调整方面拥有自主权，尤其是对于那些高度顾客化的产品。当产品不是在高度竞争的市场上销售的情况下，管理者通常是根据对产品标准成本的补偿或根据现有的类似产品价格的推断来定价的。当价格政策来源于传统的标准成本制度时，由于制造费用的分配是通过直接人工或机器小时来实现的，管理者只能制定出有效性较差的价格政策。例如，高产量的蓝黑笔的价格是在激烈竞争的市场上建立起来的，特殊的产品如紫红色笔，虽然外表和生产过程都类似，但由于其独特的性质，价格就会稍高于普通的蓝黑笔，但也要为这种产品支付很高的关于产品发展、产品改进、购买、接收、检查、准备以及保持这种特殊颜色所需资源等方面的成本。在通常情况下，对于一位顾客来说，购笔的这项花费只是他全部花费中很小的一部分，同时顾客也许愿意为高品质、可靠的产品以及特殊产品的独特性能付出相当的高价。在进行初步的作业成本分析之后，往往能将那些特殊的、顾客化的和豪华产品的价格提高很多。相反地，一旦那些低产量的特殊产品的成本被正确地分配，那些高产量普通的技术成熟产品的成本就会下降一些。虽然这样的成本下降可能较小，但高产量的成熟产品通常在竞争市场上销售，要获得市场份额的增长是相当困难的。事实上，如果这些产品没有被分配它根本没有耗用的资源成本，那么它们早就可以取得更高的边际收益了。在这种情况下，企业就可能采取积极的价格策略以提高这些获利产品的销售量。而管理者们也会发现，这些产品增加的产量引起了单位水平费用的增加，但可能根本没有引起批量费用和生产费用的增加。

2. 产品代替

与提高低产量、特殊订货产品的价格可达到相同效果的方法是，用现有的低成本的可供选择的产品对其进行替代。在许多情况下，顾客对于需要耗用高成本的产品的一些特色是冷淡的。例如，他们可能希望拥有某一特色的产品，但另一种已经被大量生产的具有类似功能的产品因其价格较低，也许就会较好地满足顾客的需要。

定价和产品替代是相互补充的行为，销售代理可以为顾客提供一种选择，即以高价格获得专门指定性能的产品和以低价格获得一种低成本的替代品并放弃专门指定性能上的要求。运用作业成本分析提供的信息，销售代理可以同顾客进行易于理解的基于事实的讨论，以使顾客了解性能、独特性和价格之间的交替关系。因此，如果一位顾客不愿意为独特产品支付比普通产品高得多的价格，产品的销售代理就可以向其展示一种相同基本功能的现有产品也可以满足其技术上的基本要求，而这种产品不需要支付较高的价格。

3. 重新设计产品

一些产品之所以昂贵，是由于设计不合理。在没有作业成本引导产品设计的情况下，工程师们往往忽略许多部件及产品多样性和复杂的生产过程的成本。他们为性能而设计产品，却不考虑添加独特部件的成本及新买主和复杂生产的需要。通过设计来削减产品成本的最好时机是产品的初次设计。作业成本分析将揭示一些设计中存在的非常昂贵的复杂部件以及工艺成本较高的独特生产过程，它们很少增加产品的绩效和功能，故可以被删除或修改。产品的重新设计是非常有吸引力的选择。因为它经常不会被顾客发现，如果设计成功了，企业也不必进行重新定价或替代其他产品。

4. 改进生产经营过程

对作业成本计算所计算的产品水平成本进行仔细分析也会给改进生产过程带来机会。传统的复杂产品成本的计算是通过一个由最终产品所需的全部零部件和配件组成的材料清单来进行的，但还需要作业清单。在作业清单中除了要显示材料、人工和机器小时等单位水平作业成本外，还要揭示生产产品所需的批量水平和产品水平的作业，如订购部件、安排生产、处理顾客订单、机器准备、加工产品清单、设计产品和生产过程等。在前面，我们讨论了如何利用这些信息进行定价和同顾客讨论使用更便宜的替代产品的可能性，作业清单能提供额外的一系列可以降低产品所需资源成本的行为。例如，企业可以通过订购材料、加工产品、订单、机器准备、处理订单、发运、收款来改进其经营过程。

在企业的生产经营过程被改进以后，完成相同任务就会消耗更少的资源。这种效率上的收益将通过较低的作业成本动因比率的形式在未来的作业成本模型中予以量化，较低的作业成本动因又会反过来导致对使用这些作业的产品分配更少的成本，这是因为作业成本分析将显示出在经营作业和过程上的改进是怎样导致了较低的产品成本的。

5. 技术投资

弹性制造系统是为了高效地制造呈弹性变化的多种类产品而组成一个一体化的集合，它由数控机床、自动传送带、机器、仓库、工业机器人与计算机控制中心这几个硬件设施构成，这些设施对零部件的形状差异、数量变化等具有充分的适应能力。弹性制造系统的构成解释了先进的制造技术是怎样解决大量生产的效率与灵活性之间的矛盾的。弹性制造系统和其他信息密集型的制造技术，如计算机辅助设计、计算机辅助工程和计算机辅助软件技术等，极大地降低了批量与产品水平作业成本，而同时又保持了高度自动化生产的效率。因此，在这些高级且复杂的信息密集型制造技术上的投资，实际上是出于降低传统的制造技术导致的批量水平作业和产品水平作业成本的愿望。然而这些成本只有在企业为计算批量水平作业和产品水平作业而采用了作业成本制度时才是可视的。这些大量的、可视的批量水平作业和产品水平作业成本成了计算机综合制造技术的主要缩减任务。

6. 削减产品

上面介绍的方法都是将不获利产品转变为获利产品或增加获利产品的获利能力的方法，如果上述方法不能奏效，那么管理者将不得不采取终止不获利产品生产的方法。即使有些产品不能获利，但销售人员也不愿放弃。他们认为，这些产品是对获利产品的补充。从满足顾客需要和销售的角度来讲，企业必须拥有全面的产品线。在这种情况下，如果不获利产品确实能够增加整体产品的获利性，通过不获利产品和获利产品组合能使企业利润达到最大化，可以继续对不获利产品进行生产和销售；否则，要对其进行停产处理。

第五节　平衡计分卡

平衡计分卡(balanced score card，BSC)在保留了传统财务指标的基础上，增加了客户、内部业务流程、学习和成长三方面的非财务指标，从而可以达到全面计量企业业绩的目的。更重要的是，平衡计分卡把战略目标与实现过程联系起来，把当前的业绩与未来的获利能力联系起来，通过业绩评价使组织中的每个部门、每个成员的行为与企业战略目标保持一致。平衡计分卡已经发展成全面的战略管理模式。

一、平衡计分卡概述

（一）传统绩效评价体系的局限性及平衡计分卡的产生

传统绩效评价体系只由纯粹的财务指标构成，其最初形式为单一的财务指标（如利润或投资报酬率等），后来开始采用由多个指标构成的评价指标体系，最具代表性的是由美国杜邦公司创立的"杜邦财务分析体系"。这个体系以权益资金利润率为源头，利用各财务指标之间的内在联系，对企业综合经营状况进行系统的分析评价。

然而，当人类社会由工业经济时代进入知识经济时代，以管理有形资产来创造价值的战略正在转向以创造和配置无形资产为主要内容、以知识为基础的战略。以"杜邦财务分析体系"为代表的单纯的财务业绩评价指标已不能适应时代的变化，其原因主要在于：①传统的绩效评价体系以财务衡量为主，对无形资产和智力资产（包括企业的专利权、商标权、商誉、员工的专业技能、员工对企业的忠诚度、客户的满意度等）的确认、衡量难以奏效；②对企业经营绩效的评价注重于企业内部的管理水平和生产效率，而忽视了企业外在因素，如企业产品的市场份额、竞争对手的财务状况、客户对企业产品和服务的要求、企业的创新能力等；③对企业经营绩效的评价偏重于企业过去和现在的经营成果，而忽视了企业创造未来价值的潜在能力；④传统绩效考核制度与公司的战略和竞争优势关系不大，并且只看重短期绩效，忽视企业长期需要。

罗伯特·卡普兰（Rober Kaplan）在1986年出版的《失去关联性：管理会计的兴衰》一书中指出，传统的业绩衡量体系仅仅关注财务方面的指标，而没有衡量那些驱动未来财务业绩的非财务指标，不能揭示公司组织如何通过活动创造价值。

20世纪90年代初，哈佛商学院的教授罗伯特·卡普兰和全球复兴战略集团总裁戴维·诺顿（David Norton）发展出一种全新的企业绩效管理方法：平衡计分卡。该方法打破了传统的只注重财务指标的业绩管理方法。平衡计分卡认为，传统的财务会计模式只能衡量过去发生的事情（落后的结果因素），但无法评估企业前瞻性的投资（领先的驱动因素）。在工业时代，注重财务指标的管理方法还是有效的。但在信息社会里，传统的业绩管理方法并不全面，公司必须通过在客户、供应商、员工、企业流程、技术和革新等方面的投资，获得持续发展的动力。正是基于这样的认识，平衡计分卡方法认为，公司应从财务（financial）、客户（customers）、内部经营过程（internal business progress）、学习与成长（learning and growth）四个角度审视自身业绩。

（二）平衡计分卡的特点

具体来说，平衡计分卡有以下几个特点：①平衡计分卡既是一种评价系统，也是战略管理的重要组成部分，还是一种企业管理制度；②平衡计分卡重视对企业长远发展的评价，即评价指标中包括影响企业长远利益的因素；③平衡计分卡所设计的评价指标体系做到了财务指标与非财务指标的有机结合，能够对企业的经营绩效和竞争能力进行系统的评价；④平衡计分卡重视对企业经营过程的评价，即指标中包括评价企业的经营活动能否满足客户需要；⑤平衡计分卡重视企业与外部利益相关者，如客户、供应商、战略伙伴以及政府等的关系；⑥平衡计分卡重视对企业可持续发展能力的评价；⑦平衡计分卡从分析创造企业经营绩效的驱动因素入手，找出企业存在问题的真正症结所在，以确定企业为实现某种战略目标所必须改进或发展的方面。例如，平衡计分卡在对企业要提高资本回报率进行分析时，就可按照下列因果关系链展开：提高投资回报率──→提高客户对产品的认可程度──→提高准时交货率──→缩短产品生产周期并控制产品质量──→提高员工技能。

采用平衡计分卡的企业应具备一定的条件，如成本管理水平较高，以目标、战略为导向，实行分权管理等。平衡计分卡仍然存在一些有待于改进的地方。平衡计分卡的一些非财务指标，如客户满意度、员工满意度等，是不易收集且量化的，需要收集大量的信息，并经过充分加工后才有价值。平衡计分卡建立和实施的成本很高，它需要全员参加，每个部门、每个员工都有自己的平衡计分卡。当企业战略变更或结构变更时，平衡计分卡需要耗费企业大量的资源进行重新调整。在公司的经营环境不稳定的情况下，或者公司对自身所在的市场的竞争形势不甚了解的情况下，在应用平衡计分卡技术的过程中，公司整体的战略目标以及通过逐层分解得到的员工个人目标的设定本身就是一个难以解决的问题。

（三）平衡计分卡的内容

平衡计分卡作为一种战略绩效管理及评价工具，从其评价指标体系来看，其内容包括以下四个方面。

1. 财务指标

财务指标具有综合性的特点，它是企业追求的终极目标。平衡计分卡其他三个方面是否成功都能够在财务指标上体现出来。平衡计分卡的设计不是否认财务数据的重要性，而是在财务指标的基础上，对传统企业管理中因过度重视财务而忽视了其他方面造成的“不平衡”状况进行修正。财务指标仍是最重要的指标。

财务绩效指标主要包括：①收入增长指标；②成本减少或生产率提高指标；③资产利用或投资战略指标。当然，也可以根据企业的具体要求设置更加具体的指标，如经济增加值、净资产收益率、资产负债率、投资报酬率、销售利润率、应收账款周转率、存货周转率、成本降低率、营业净利额和现金流量净额等。

企业根据其生命周期的不同阶段，所选择的财务绩效指标可能会有很大的不同。例如，成长阶段的企业在提供产品和劳务获得收入方面有着较大的增长潜力，投资规模较大，投资报酬率可能较低，其财务目标主要是开发市场、提高市场占有率、扩大销售规模等，处于这一阶段的企业应主要采用销售增长率、目标市场收入增长率、成本率等财务绩效指标来加以评价。而维持阶段的企业可以根据其财务目标采用投资报酬率、利润等指标，成熟阶段的企业采用净现金流量等指标。美国 Metro 银行采用的财务指标是：①投资报酬率；②收入增长率；③储蓄服务成本降低额；④各类服务收入比率。

2. 客户指标

企业的活动必须以客户价值为出发点。企业经营成果的取得(实现)不取决于内部，而是取决于客户。客户方面的绩效指标主要包括市场份额、客户保留度、新客户获取率、客户满意度、客户利润贡献率、重要客户的购买份额等。如美国一家半导体公司采用的指标是：①新产品销售占总销售额的比率；②准时交货率/次数；③主要供应商占总购货额的比率；④客户参与产品革新的程度。美国 Metro 银行采用的四个指标是：①市场占用率；②与顾客联系情况；③客户保留度；④客户满意度。

3. 内部业务流程指标

企业对外提供的产品质量完全取决于内部价值链的各个环节是否真正创造了价值。企业必须以客户的需求和偏好为依据，重视内部业务流程的每个环节，创造持久的竞争优势。内部业务流程指标主要包括三个方面：①评价企业创新能力的指标，如新产品开发所用的时间、新产品销售额在总销售额中所占的比例、比竞争对手率先推出新产品的比例、所耗开发费用与营业利润的比例、第一批设计出的产品中可完全满足客户要求的产品所占的比例、在投产前需要对设计加以修改的次数等；②评价企业生产经营绩效的指标，如产品生产时间和经营周转时间、产品和服务的质量、产品和服务的成本等；③评价企业售后服务绩效的指标，如企业对产品故障的反应时间和处理时间、售后服务的一次成功率、客户付款的时间等。具体应用时，应根据不同阶段的内部业务采用不同的指标。如美国一家半导体公司采用的指标是：①制造技术水平；②交货时间；③单位成本；④设计效率；⑤产出率；⑥工程效率；⑦新品推出时间缩短率。

4. 学习与成长指标

学习和成长方面考评企业获得持续发展能力的情况，只有不断学习与创新的企业才会创造持久的竞争优势。学习与成长绩效指标主要包括三个方面：①评价员工能力的指标，如员工满意程度、员工保持率、员工工作效率、员工培训次数、员工知识水平等；②评价企业信

息能力的指标，如信息覆盖率、信息系统反应的时间、接触信息系统的途径、当前可能取得的信息与期望所需要的信息的比例等；③评价激励、授权与协作的指标，如员工所提建议的数量、所采纳建议的数量、个人和部门之间的协作程度等。美国 Metro 银行采用的指标是：①员工满意度；②员工平均销售额；③策略性信息提供率；④员工技术培训水平；⑤奖励制度与个人目标相容比率等。

上述四部分内容虽然各自有特定的评价对象和指标，但彼此之间存在着密切的联系。财务指标体系是根本，而其他三方面的指标体系则最终都要体现在财务指标上，各个评价指标之间存在着企业战略所体现的因果关系，共同构筑了一个完整的评价体系。如图 10-1 所示。

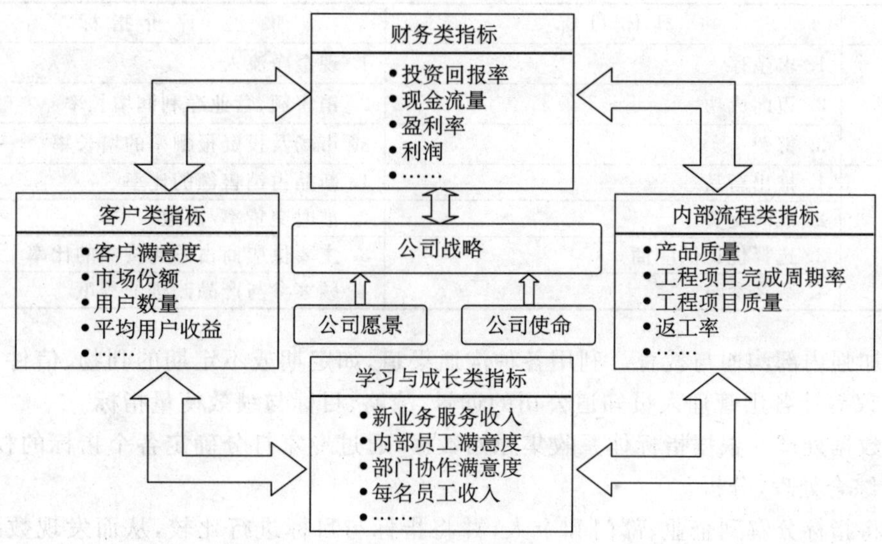

图 10-1　平衡计分卡成分框架图

卡普兰和诺顿认为，根据前述四个层面，分别设计适量的绩效衡量指标，可以提供公司经营所需的信息，又不会使信息过于复杂而失去效用，另外还可弥补传统绩效测评的不足，同时促进战略及愿景的实现。

二、平衡计分卡的应用

平衡计分卡在实际应用过程中，需要综合考虑企业所处的行业环境、企业自身的优势与劣势以及企业所处的发展阶段、企业自身的规模与实力等。企业应用平衡计分卡来建立绩效评价体系时，一般要经过以下步骤。

(1) 确立公司的使命、远景与战略。公司的远景与战略应简单明了,使每一部门可以采用一些业绩衡量指标去完成公司的远景和战略。

(2) 成立平衡计分卡小组或委员会,负责解释公司的使命、远景与战略,并建立财务、客户、内部流程、学习与成长四个方面的具体目标。

(3) 为四类具体目标确定最重要的绩效衡量指标。并对所设计的指标要自上而下,从内部到外部进行交流,征询各方面的意见。通过沟通和协调,使所设计的指标体系达到平衡,从而全面反映企业的战略目标。以美国一家半导体公司为例,所确定的财务类、客户类具体目标与评价指标如表 10-1 所示。

表 10-1　　美国一家半导体公司的目标与评价指标的关系

类　型	具体目标	评价指标
财务类	1. 求生存	1. 现金净流入
	2. 迈向成功	2. 销售额、营业净利润增长率
	3. 繁荣	3. 市场及投资报酬率的增长率
客户类	1. 推出新品	1. 新品占销售额的比率
	2. 准时交货	2. 准时交货率/次数
	3. 选择优良供应商	3. 主要供应商占总购货额的比率
	4. 顾客参与	4. 顾客参与产品改进的程度

(4) 加强内部沟通与教育。利用各种沟通渠道,如定期或不定期的刊物、信件、公告栏、标语和会议等让各层管理人员知道公司的远景、战略、目标与绩效衡量指标。

(5) 数据处理。根据指标体系收集原始数据,通过专家打分确定各个指标的权重,并对数据进行综合处理、分析。

(6) 将指标分解到企业、部门和个人,并将指标与目标进行比较,从而发现数据变动的因果关系。以部门层面的平衡计分卡作为范例,各部门把自己的战略转化为自己的平衡计分卡。在此过程中要注意结合各部门自身的特点,在各自的平衡计分卡中应有自己独特的、不同于其他部门的目标与指标。

(7) 预测并制订每年、每季、每月的绩效衡量指标具体数字,并与公司的计划和预算相结合。

(8) 将每年的报酬奖励制度与平衡计分卡挂钩。例如美国 Pioneer 石油公司与平衡计分卡挂钩的各类指标奖金权重如表 10-2 所示。

(9) 实施平衡计分卡,进行月度、季度、年度监测和反馈实施的情况。

(10) 不断采用员工意见修正平衡计分卡指标并改进公司战略。

表 10-2　　**Pioneer 石油公司平衡计分卡项目权重**

类别权重	评价指标	权重
财务(60%)	利润(与竞争者比较)	18.0
	投资报酬率(与竞争者比较)	18.0
	成本降低率(与计划比较)	18.0
	新市场销售成长率	3.0
	现市场销售成长率	3.0
客户(10%)	市场占有率	2.5
	顾客满意度	2.5
	经销商满意度	2.5
	经销商利润	2.5
内部流程(10%)	社区/环境保护指数	10.0
学习、成长(20%)	员工工作环境与满意度	10.0
	员工技能水平	7.0
	策略性信息供应情况	3.0

在平衡计分卡实施过程中,应该注意一些问题:切勿照抄照搬其他企业的模式和经验;权衡选用评价指标,将注意力集中在几个关键的评价指标上;找出衡量企业经营成功与否的关键指标,其他一般性指标应与关键指标保持一致;将平衡计分卡与企业的激励措施结合起来;正确对待平衡计分卡实施时投入成本与获得效益之间的关系等。

思考题

1. 战略管理会计与传统管理会计的差别有哪些?
2. 战略成本管理的特点与内容是什么?
3. 人力资源管理会计的计量有哪些特点?
4. 成本法人力资源管理会计和价值法人力资源管理会计有哪些区别?
5. 如何计量人力资源的价值?你是否知道更为准确和实用的人力资源价值的计量方法?
6. 如何进行环境成本核算?
7. 环境业绩评价应考虑哪些因素?应如何进行?
8. 什么是作业成本计算?它是如何发展的?
9. 什么是作业管理?作业管理主要应用于哪些方面?
10. 什么是平衡计分卡?其特点和内容分别是什么?
11. 编制平衡计分卡一般需要哪几个步骤?

附表 1　一元复利终值表

n \ i	1%	2%	3%	4%	5%	6%	7%	8%	9%	10%	11%	12%
1	1.010	1.020	1.030	1.040	1.050	1.060	1.070	1.080	1.090	1.100	1.110	1.120
2	1.020	1.040	1.061	1.082	1.103	1.124	1.145	1.166	1.188	1.210	1.232	1.254
3	1.030	1.061	1.093	1.125	1.158	1.191	1.225	1.260	1.295	1.331	1.368	1.405
4	1.041	1.082	1.126	1.170	1.216	1.262	1.311	1.360	1.412	1.164	1.518	1.574
5	1.051	1.104	1.159	1.217	1.276	1.338	1.403	1.469	1.539	1.611	1.685	1.762
6	1.062	1.126	1.194	1.265	1.340	1.419	1.501	1.587	1.677	1.772	1.870	1.974
7	1.072	1.149	1.230	1.316	1.407	1.504	1.606	1.714	1.828	1.949	2.076	2.211
8	1.083	1.172	1.267	1.369	1.477	1.594	1.718	1.851	1.993	2.144	2.305	2.476
9	1.094	1.195	1.305	1.423	1.551	1.689	1.838	1.999	2.172	2.358	2.558	2.773
10	1.105	1.219	1.344	1.480	1.629	1.791	1.967	2.159	2.367	2.594	2.839	3.106
11	1.116	1.243	1.384	1.539	1.710	1.898	2.105	2.332	2.580	2.853	3.152	3.479
12	1.127	1.268	1.426	1.601	1.796	2.012	2.252	2.518	2.813	3.138	3.498	3.896
13	1.138	1.294	1.469	1.665	1.886	2.133	2.410	2.720	3.066	3.452	3.883	4.363
14	1.149	1.319	1.513	1.732	1.980	2.261	2.579	2.937	3.342	3.797	4.310	4.887
15	1.161	1.346	1.558	1.801	2.079	2.397	2.759	3.172	3.642	4.177	4.785	5.474
16	1.173	1.373	1.605	1.873	2.183	2.540	2.952	3.426	3.970	4.595	5.311	6.130
17	1.184	1.400	1.653	1.948	2.292	2.693	3.159	3.700	4.328	5.054	5.895	6.866
18	1.196	1.428	1.702	2.206	2.407	2.854	3.380	3.996	4.717	5.560	6.544	7.690
19	1.208	1.457	1.754	2.107	2.527	3.026	3.617	4.316	5.142	6.116	7.263	8.613
20	1.220	1.486	1.806	2.191	2.653	3.207	3.870	4.661	5.604	6.727	8.062	9.646
25	1.282	1.641	2.094	2.666	3.386	4.292	5.427	6.848	8.623	10.835	13.585	17.000
30	1.348	1.811	2.427	3.243	4.322	5.743	7.612	10.063	13.268	17.449	22.892	29.960
40	1.489	2.208	3.262	4.801	7.040	10.286	14.974	21.725	31.409	45.259	65.001	93.051
50	1.645	2.692	4.384	7.107	11.467	18.420	29.457	46.902	74.358	117.39	184.57	289.00

续表

n \ i	13%	14%	15%	16%	17%	18%	19%	20%	25%	30%
1	1.130	1.140	1.150	1.160	1.170	1.180	1.190	1.200	1.250	1.300
2	1.277	1.300	1.323	1.346	1.369	1.392	1.416	1.440	1.563	1.690
3	1.443	1.482	1.521	1.561	1.602	1.643	1.685	1.728	1.953	2.197
4	1.630	1.689	1.749	1.811	1.874	1.939	2.005	2.074	2.441	2.856
5	1.842	1.925	2.011	2.100	2.192	2.288	2.386	2.488	3.053	3.713
6	2.082	2.195	2.313	2.436	2.565	2.700	2.840	2.986	3.815	4.827
7	2.353	2.502	2.660	2.826	3.001	3.185	3.379	3.583	4.768	6.276
8	2.658	2.853	3.059	3.278	3.511	3.759	4.021	4.300	5.960	8.157
9	3.004	3.252	3.518	3.803	4.108	4.435	4.785	5.160	7.451	10.604
10	3.395	3.707	4.046	4.411	4.807	5.234	5.696	6.192	9.313	13.786
11	3.836	4.226	4.652	5.117	5.624	6.176	6.777	7.430	11.642	17.922
12	4.335	4.818	5.350	5.936	6.580	7.288	8.064	8.916	14.552	23.298
13	4.898	5.492	6.153	6.886	7.699	8.599	9.596	10.699	18.190	30.288
14	5.535	6.261	7.076	7.988	9.007	10.147	11.420	12.839	22.737	39.374
15	6.254	7.138	8.137	9.266	10.539	11.974	13.590	15.407	28.422	51.186
16	7.067	8.137	9.358	10.748	12.330	14.129	16.172	18.488	35.527	66.542
17	7.986	9.276	10.761	12.468	14.426	16.672	19.244	22.186	44.409	86.504
18	9.024	10.575	12.375	14.463	16.879	19.673	22.091	26.623	55.511	112.46
19	10.197	12.056	14.232	16.777	19.748	23.214	27.252	31.948	69.389	146.19
20	11.523	13.743	16.367	19.461	23.106	27.393	32.429	38.338	86.736	190.05
25	21.231	26.462	32.919	40.874	50.658	62.669	77.388	95.396	264.70	705.64
30	39.116	50.950	66.212	85.850	111.07	143.37	184.68	237.38	807.79	2 620.0
40	132.78	188.88	267.89	378.72	533.87	750.38	1 051.7	1 469.8	7 523.2	36 119
50	450.74	700.23	1 083.7	1 670.7	2 566.2	3 927.4	5 988.9	9 100.4	70 065	497 929

附表 2　一元复利现值表

n \ i	1%	2%	3%	4%	5%	6%	7%	8%	9%	10%	11%	12%
1	0.990	0.980	0.971	0.962	0.952	0.943	0.935	0.926	0.917	0.909	0.901	0.893
2	0.980	0.961	0.943	0.925	0.907	0.890	0.873	0.857	0.842	0.826	0.812	0.797
3	0.971	0.942	0.915	0.889	0.864	0.840	0.816	0.794	0.772	0.751	0.731	0.712
4	0.961	0.924	0.888	0.855	0.823	0.792	0.763	0.735	0.708	0.683	0.659	0.636
5	0.951	0.906	0.863	0.822	0.784	0.747	0.713	0.681	0.650	0.621	0.593	0.567
6	0.942	0.888	0.837	0.790	0.746	0.705	0.666	0.630	0.596	0.564	0.535	0.507
7	0.933	0.871	0.813	0.760	0.711	0.665	0.623	0.583	0.547	0.513	0.482	0.452
8	0.923	0.853	0.789	0.731	0.677	0.627	0.582	0.540	0.502	0.467	0.434	0.404
9	0.914	0.837	0.766	0.703	0.645	0.592	0.544	0.500	0.460	0.424	0.391	0.361
10	0.905	0.820	0.744	0.676	0.614	0.558	0.508	0.463	0.422	0.386	0.352	0.322
11	0.896	0.804	0.722	0.650	0.585	0.527	0.475	0.429	0.388	0.350	0.317	0.287
12	0.887	0.788	0.701	0.625	0.557	0.497	0.444	0.397	0.356	0.319	0.286	0.257
13	0.879	0.773	0.681	0.601	0.530	0.469	0.415	0.368	0.326	0.290	0.258	0.229
14	0.870	0.758	0.661	0.577	0.505	0.442	0.388	0.340	0.299	0.263	0.232	0.205
15	0.861	0.743	0.642	0.555	0.481	0.417	0.362	0.315	0.275	0.239	0.209	0.183
16	0.853	0.728	0.623	0.534	0.458	0.394	0.339	0.292	0.252	0.218	0.188	0.163
17	0.844	0.714	0.605	0.513	0.436	0.371	0.317	0.270	0.231	0.198	0.170	0.146
18	0.836	0.700	0.587	0.494	0.416	0.350	0.296	0.250	0.212	0.180	0.153	0.130
19	0.828	0.686	0.570	0.475	0.396	0.331	0.277	0.232	0.194	0.164	0.138	0.116
20	0.820	0.673	0.554	0.456	0.377	0.312	0.258	0.215	0.178	0.149	0.124	0.104
25	0.780	0.610	0.478	0.375	0.295	0.233	0.184	0.146	0.116	0.092	0.074	0.059
30	0.742	0.552	0.412	0.308	0.231	0.174	0.131	0.099	0.075	0.057	0.044	0.033
40	0.672	0.453	0.307	0.208	0.142	0.097	0.067	0.046	0.023	0.022	0.015	0.011
50	0.608	0.372	0.228	0.141	0.087	0.054	0.034	0.021	0.013	0.009	0.005	0.003

续表

n \ i	13%	14%	15%	16%	17%	18%	19%	20%	25%	30%	35%	40%	50%
1	0.885	0.877	0.870	0.862	0.855	0.847	0.840	0.833	0.800	0.769	0.741	0.714	0.667
2	0.783	0.769	0.756	0.743	0.731	0.718	0.706	0.694	0.640	0.592	0.549	0.510	0.444
3	0.693	0.675	0.658	0.641	0.624	0.609	0.593	0.579	0.512	0.455	0.406	0.364	0.296
4	0.613	0.592	0.572	0.552	0.534	0.516	0.499	0.482	0.410	0.350	0.301	0.260	0.198
5	0.543	0.519	0.497	0.476	0.456	0.437	0.419	0.402	0.320	0.269	0.223	0.186	0.132
6	0.480	0.456	0.432	0.410	0.390	0.370	0.352	0.335	0.262	0.207	0.165	0.133	0.088
7	0.425	0.400	0.376	0.354	0.333	0.314	0.296	0.279	0.210	0.159	0.122	0.095	0.059
8	0.376	0.351	0.327	0.305	0.285	0.266	0.249	0.233	0.168	0.123	0.091	0.068	0.039
9	0.333	0.300	0.284	0.263	0.243	0.225	0.209	0.194	0.134	0.094	0.067	0.048	0.026
10	0.295	0.270	0.247	0.227	0.208	0.191	0.176	0.162	0.107	0.073	0.050	0.035	0.017
11	0.261	0.237	0.215	0.195	0.178	0.162	0.148	0.135	0.086	0.056	0.037	0.025	0.012
12	0.231	0.208	0.187	0.168	0.152	0.137	0.124	0.112	0.069	0.043	0.027	0.018	0.008
13	0.204	0.182	0.163	0.145	0.130	0.116	0.104	0.093	0.055	0.033	0.020	0.013	0.005
14	0.181	0.160	0.141	0.125	0.111	0.099	0.088	0.078	0.044	0.025	0.015	0.009	0.003
15	0.160	0.140	0.123	0.108	0.095	0.084	0.074	0.065	0.035	0.020	0.011	0.006	0.002
16	0.141	0.123	0.107	0.093	0.081	0.071	0.062	0.054	0.028	0.015	0.008	0.005	0.002
17	0.125	0.108	0.093	0.080	0.069	0.060	0.052	0.045	0.023	0.012	0.006	0.003	0.001
18	0.111	0.095	0.081	0.069	0.059	0.051	0.044	0.038	0.018	0.009	0.005	0.002	0.001
19	0.098	0.083	0.070	0.060	0.051	0.043	0.037	0.031	0.014	0.007	0.003	0.002	0
20	0.087	0.073	0.061	0.051	0.043	0.037	0.031	0.026	0.012	0.005	0.002	0.001	0
25	0.047	0.038	0.030	0.024	0.020	0.016	0.013	0.010	0.004	0.001	0.001	0	0
30	0.026	0.020	0.015	0.012	0.009	0.007	0.005	0.004	0.001	0	0	0	0
40	0.008	0.005	0.004	0.003	0.002	0.001	0.001	0.001	0	0	0	0	0
50	0.002	0.001	0.001	0.001	0	0	0	0	0	0	0	0	0

附表 3　一元年金终值表

n \ i	1%	2%	3%	4%	5%	6%	7%	8%	9%	10%	11%
1	1.000	1.000	1.000	1.000	1.000	1.000	1.000	1.000	1.000	1.000	1.000
2	2.010	2.020	2.030	2.040	2.050	2.060	2.070	2.080	2.090	2.100	2.110
3	3.030	3.060	3.091	3.122	3.153	3.184	3.215	3.246	3.278	3.310	3.342
4	4.060	4.122	4.184	4.246	4.310	4.375	4.440	4.506	4.573	4.641	4.710
5	5.101	5.204	5.309	5.416	5.526	5.637	5.751	5.867	5.985	6.105	6.228
6	6.152	6.308	6.468	6.633	6.802	6.975	7.153	7.336	7.523	7.716	7.913
7	7.214	7.434	7.662	7.898	8.142	8.394	8.654	8.923	9.200	9.487	9.783
8	8.286	8.583	8.892	9.214	9.549	9.897	10.260	10.637	11.028	11.436	11.859
9	9.369	9.755	10.159	10.583	11.027	11.491	11.978	12.488	13.021	13.579	14.164
10	10.462	10.950	11.464	12.006	12.578	13.181	13.816	14.487	15.193	15.937	16.722
11	11.567	12.169	12.808	13.486	14.207	14.972	15.784	16.645	17.560	18.531	19.561
12	12.683	13.412	14.192	15.026	15.917	16.870	17.888	18.977	20.141	21.384	22.713
13	13.809	14.680	15.618	16.627	17.713	18.882	20.141	21.495	22.953	24.523	26.212
14	14.947	15.974	17.086	18.292	19.599	21.015	22.550	24.215	26.019	27.975	30.093
15	16.097	17.293	18.599	20.024	21.579	23.276	25.129	27.152	29.361	31.774	34.405
16	17.258	18.639	20.157	21.825	23.657	25.673	27.888	30.324	33.003	35.950	39.190
17	18.430	20.012	21.762	23.698	25.840	28.213	30.840	33.750	36.974	40.545	44.501
18	19.615	21.412	23.414	25.645	28.132	30.906	33.999	37.450	41.301	45.559	50.396
19	20.811	22.841	25.117	27.671	30.539	33.760	37.379	41.446	46.018	51.159	56.939
20	22.019	24.297	26.870	29.778	33.066	36.786	40.995	45.762	51.160	57.275	64.203
25	28.243	32.030	36.459	41.646	47.727	54.865	63.249	73.106	84.701	98.347	114.41
30	34.785	40.588	47.575	56.085	66.439	79.058	94.461	113.28	136.31	164.49	199.02
40	48.886	60.402	75.401	95.026	120.80	154.76	199.64	259.06	337.89	442.59	581.83
50	64.463	84.579	112.80	152.67	209.35	290.34	406.53	573.77	815.08	1 163.9	1 668.8

续表

n \ i	12%	13%	14%	15%	16%	17%	18%	19%	20%	25%	30%
1	1.000	1.000	1.000	1.000	1.000	1.000	1.000	1.000	1.000	1.000	1.000
2	2.120	2.130	2.140	2.150	2.160	2.170	2.180	2.190	2.200	2.250	2.300
3	3.374	3.407	3.440	3.473	3.506	3.539	3.572	3.606	3.640	3.813	3.990
4	4.779	4.850	4.921	4.995	5.006	4.141	5.215	5.291	5.368	5.766	6.187
5	6.353	6.480	6.610	6.742	6.877	7.014	7.154	7.297	7.442	8.207	9.043
6	8.115	8.323	8.536	8.754	8.977	9.207	9.442	9.683	9.930	11.259	12.756
7	10.089	10.405	10.730	11.067	11.414	11.772	12.142	12.523	12.916	15.073	17.583
8	12.300	12.757	13.233	13.727	14.240	14.773	15.327	15.902	16.499	19.842	23.858
9	14.776	15.416	16.085	16.786	17.519	18.285	19.086	19.923	20.799	25.802	32.015
10	17.549	18.420	19.337	20.304	21.321	22.393	23.521	24.701	25.959	33.253	42.619
11	20.655	21.814	23.045	24.349	25.733	27.200	28.755	30.404	32.150	42.566	56.405
12	24.133	25.650	27.271	29.002	30.850	32.824	34.931	37.180	39.581	54.208	74.327
13	28.029	29.985	32.089	34.352	36.876	39.404	42.219	45.244	48.497	68.760	97.625
14	32.393	34.883	37.581	40.505	43.672	47.103	50.818	54.841	59.196	86.949	127.91
15	37.280	40.417	43.842	47.580	51.660	56.110	60.965	66.261	72.035	109.69	167.29
16	42.753	46.672	50.980	55.717	60.925	66.649	72.939	79.850	87.442	138.11	218.47
17	48.885	53.739	59.118	65.075	71.673	78.979	87.068	96.022	105.93	173.64	285.01
18	55.750	61.725	68.394	75.836	84.141	93.406	103.74	115.27	128.12	218.05	371.52
19	63.440	70.749	78.969	88.212	98.603	110.29	123.42	138.17	154.74	273.56	483.97
20	72.052	80.947	91.025	102.44	115.38	130.03	146.63	165.42	186.96	342.95	630.17
25	133.33	155.62	181.87	212.79	249.21	292.11	342.60	402.04	471.98	1 054.8	2 348.8
30	241.33	293.20	356.79	434.75	530.31	647.44	790.95	966.7	1 181.9	3 227.2	8 730.0
40	767.09	1 013.7	1 342.0	1 779.1	2 360.8	3 134.5	4 163.2	5 519.8	7 343.9	30 089	120 393
50	2 400.0	3 459.5	4 994.5	7 217.7	10 436	15 090	21 813	31 515	45 497	280 256	165 976

附表4　一元年金现值表

n \ i	1%	2%	3%	4%	5%	6%	7%	8%	9%	10%	11%	12%
1	0.990	0.980	0.971	0.962	0.952	0.943	0.935	0.926	0.917	0.909	0.901	0.893
2	1.970	1.942	1.913	1.886	1.859	1.833	1.808	1.783	1.759	1.736	1.713	1.690
3	2.941	2.884	2.829	2.775	2.723	2.673	2.624	2.577	2.531	2.487	2.444	2.402
4	3.902	3.808	3.717	3.630	3.546	3.465	3.387	3.312	3.240	3.170	3.102	3.037
5	4.853	4.713	4.580	4.452	4.329	4.212	4.100	3.993	3.890	3.791	3.696	3.605
6	5.795	5.601	5.417	5.242	5.076	4.917	4.767	4.623	4.486	4.355	4.231	4.111
7	6.728	6.472	6.230	6.002	5.786	5.582	5.389	5.206	5.033	4.868	4.712	4.564
8	7.652	7.325	7.020	6.733	6.463	6.210	5.971	5.747	5.535	5.335	5.146	4.968
9	8.566	8.162	7.786	7.435	7.108	6.802	6.515	6.247	5.995	5.759	5.537	5.328
10	9.471	8.983	8.530	8.111	7.722	7.360	7.024	6.710	6.418	6.145	5.889	5.650
11	10.368	9.787	9.253	8.760	8.360	7.887	7.499	7.139	6.805	6.495	6.207	5.938
12	11.255	10.575	9.954	9.385	8.863	8.384	7.943	7.536	7.161	6.814	6.492	6.194
13	12.134	11.348	10.635	9.986	9.394	8.853	8.358	7.904	7.487	7.103	6.750	6.424
14	13.004	12.106	11.296	10.563	9.899	9.295	8.745	8.244	7.786	7.367	6.982	6.628
15	13.865	12.849	11.938	11.118	10.380	9.712	9.108	8.559	8.061	7.606	7.191	6.811
16	14.718	13.578	12.561	11.652	10.838	10.106	9.447	8.851	8.313	7.824	7.379	6.974
17	15.562	14.292	13.166	12.166	11.274	10.477	9.763	9.122	8.544	8.022	7.549	7.102
18	16.398	14.992	13.754	12.659	11.690	10.828	10.059	9.372	8.756	8.201	7.702	7.250
19	17.226	15.678	14.324	13.134	12.085	11.158	10.336	9.604	8.950	8.365	7.839	7.366
20	18.046	16.351	14.877	13.590	12.462	11.470	10.594	9.818	9.129	8.514	7.963	7.469
25	22.023	19.523	17.413	15.622	14.094	12.783	11.654	10.675	9.823	9.077	8.422	7.843
30	25.808	22.396	19.600	17.292	15.372	13.765	12.409	11.258	10.274	9.427	8.694	8.055
40	32.835	27.355	23.115	19.793	17.159	15.046	13.332	11.925	10.757	9.779	8.951	8.244
50	39.196	31.424	25.730	21.482	18.256	15.762	13.801	12.233	10.962	9.915	9.042	8.304

续表

n \ i	13%	14%	15%	16%	17%	18%	19%	20%	25%	30%	35%	40%	50%
1	0.885	0.877	0.870	0.862	0.855	0.847	0.840	0.833	0.800	0.769	0.741	0.714	0.667
2	1.668	1.647	1.626	1.605	1.585	1.566	1.547	1.528	1.440	1.361	1.289	1.224	1.111
3	2.361	2.322	2.283	2.246	2.210	2.174	2.140	2.106	1.952	1.816	1.696	1.589	1.407
4	2.974	2.914	2.855	2.798	2.743	2.690	2.639	2.589	2.362	2.166	1.997	1.849	1.605
5	3.517	3.433	3.352	3.274	3.199	3.127	3.058	2.991	2.689	2.436	2.220	2.035	1.737
6	3.998	3.889	3.784	3.685	3.589	3.498	3.410	3.326	2.951	2.643	2.385	2.168	1.824
7	4.423	4.288	4.160	4.039	3.922	3.812	3.706	3.605	3.161	2.802	2.508	2.263	1.883
8	4.799	4.639	4.487	4.344	4.207	4.078	3.954	3.837	3.329	2.925	2.598	2.331	1.922
9	5.132	4.946	4.472	4.607	4.451	4.303	4.163	4.031	3.463	3.019	2.665	2.379	1.948
10	5.426	5.216	5.019	4.833	4.659	4.494	4.339	4.192	3.571	3.092	2.715	2.414	1.965
11	5.687	5.453	5.234	5.029	4.836	4.656	4.486	4.327	3.656	3.147	2.752	2.438	1.977
12	5.918	5.660	5.421	5.197	4.988	4.793	4.611	4.439	3.725	3.190	2.779	2.456	1.985
13	6.122	5.842	5.583	5.342	5.118	4.910	4.715	4.533	3.780	3.223	2.799	2.469	1.990
14	6.302	6.002	5.724	5.468	5.229	5.008	4.802	4.611	3.824	3.249	2.814	2.478	1.993
15	6.462	6.142	5.847	5.575	5.324	5.092	4.876	4.675	3.859	3.268	2.825	2.484	1.995
16	6.604	6.265	5.954	5.668	5.405	5.162	4.938	4.730	3.887	3.283	2.834	2.489	1.997
17	6.729	6.373	6.047	5.749	5.475	5.222	4.988	4.775	3.910	3.295	2.840	2.492	1.998
18	6.840	6.467	6.128	5.818	5.534	5.273	5.033	4.812	3.928	3.304	2.844	2.494	1.999
19	6.938	6.550	6.198	5.877	5.584	5.316	5.070	4.843	3.942	3.311	2.848	2.496	1.999
20	7.025	6.623	6.259	5.929	5.628	5.353	5.101	4.870	3.954	3.316	2.850	2.497	1.999
25	7.330	6.873	6.464	6.097	5.766	5.467	5.195	4.948	3.985	3.329	2.856	2.499	2.000
30	7.496	7.033	6.566	6.177	5.829	5.517	5.235	4.979	3.995	3.332	2.857	2.500	2.000
40	7.634	7.105	6.642	6.233	5.871	5.548	5.258	4.997	3.999	3.333	2.857	2.500	2.000
50	7.675	7.133	6.661	6.246	5.880	5.554	5.262	4.999	4.000	3.333	2.857	2.500	2.000

参考文献

[1] 颜敏．管理会计学[M]．北京:首都经济贸易大学出版社,2009.

[2] 秦洪珍．管理会计教程[M]．上海:立信会计出版社,2004.

[3] 余绪缨,等．管理会计[M]．沈阳:辽宁人民出版社,1996.

[4] 余绪缨,等．国际管理会计[M]．沈阳:辽宁人民出版社,1992.

[5] 曹刚．管理会计[M]．北京:北京经济学院出版社,1991.

[6] 曹中．管理会计学[M]．上海:立信会计出版社,2007.

[7] 石人瑾．管理会计[M]．上海:上海三联书店,1994.

[8] 潘飞．管理会计[M]．北京:清华大学出版社,2007.

[9] 刘志远,等．管理会计[M]．北京:北京大学出版社,2007.

[10] 乐艳芬．管理会计[M]．上海:上海财经大学出版社,2012.

[11] 罗伯特·卡普兰．高级管理会计[M]．北京:中国商业出版社,1989.

[12] 王雄元．管理会计[M]．大连:东北财经大学出版社,2008.

[13] 李守明,等．成本与管理会计[M]．武汉:武汉大学出版社,2002.